Disney

모아나

독자의 1초를 아껴주는 정성!

세상이 아무리 바쁘게 돌아가더라도
책까지 아무렇게나 빨리 만들 수는 없습니다.
인스턴트 식품 같은 책보다는
오래 익힌 술이나 장맛이 밴 책을 만들고 싶습니다.

길벗이지톡은 독자여러분이
우리를 믿는다고 할 때 가장 행복합니다.
나를 아껴주는 어학도서,
길벗이지톡의 책을 만나보십시오.

독자의 1초를 아껴주는
정성을 만나보십시오.

미리 책을 읽고 따라해본 2만 베타테스터 여러분과
무따기 체험단, 길벗스쿨 엄마 2% 기획단,
시나공 평가단, 토익 배틀, 대학생 기자단까지!
믿을 수 있는 책을 함께 만들어주신 독자 여러분께 감사드립니다.

홈페이지의 '독자마당'에 오시면
책을 함께 만들 수 있습니다.

(주)도서출판 길벗 www.gilbut.co.kr
길벗 이지톡 www.gilbut.co.kr
길벗 스쿨 www.gilbutschool.co.kr

mp3 파일 다운로드 무작정 따라하기

길벗이지톡 홈페이지 (gilbut.co.kr) 회원 (무료 가입) 이 되면 오디오 파일 및 관련 자료를 다양하게 이용할 수 있습니다.

1단계 도서명 ▼ [ ] 검색 에 찾고자 하는 책이름을 입력하세요.

2단계 검색한 도서로 이동하여 〈자료실〉 탭을 클릭하세요.

3단계 mp3 및 다양한 서비스를 받으세요.

* 본 CD는 일반 오디오에서는 재생되지 않습니다. 컴퓨터나 mp3 플레이어로 들을 수 있습니다.

30장면으로 끝내는

스크린 영어회화

스크린 영어회화 – 모아나

Screen English - Moana

초판 1쇄 발행 · 2017년 1월 30일
초판 7쇄 발행 · 2022년 1월 7일

해설 · 강윤혜
발행인 · 이종원
발행처 · (주)도서출판 길벗
브랜드 · 길벗이지톡
출판사 등록일 · 1990년 12월 24일
주소 · 서울시 마포구 월드컵로 10길 56(서교동)
대표 전화 · 02)332-0931 | **팩스** · 02)323-0586
홈페이지 · www.gilbut.co.kr | **이메일** · eztok@gilbut.co.kr

기획 및 책임 편집 · 신혜원 | **디자인** · 최주연 | **제작** · 이준호, 손일순, 이진혁
마케팅 · 이수미, 장봉석, 최소영 | **영업관리** · 김명자, 심선숙 | **독자지원** · 홍혜진

편집진행 및 교정 · 강윤혜 | **전산편집** · 조영라 | **오디오 녹음 및 편집** · 와이알 미디어
CTP 출력 · 상지사 | **인쇄** · 금강인쇄 | **제본** · 금강제본

ISBN 979-11-5924-089-8 03740 (길벗 도서번호 300939)

▶ 이 도서의 국립중앙도서관 출판예정도서목록(CIP)은 서지정보유통지원시스템 홈페이지(http://seoji.nl.go.kr)와
국가자료공동목록시스템(http://www.nl.go.kr/kolisnet)에서 이용하실 수 있습니다. (CIP제어번호: CIP2016029763)

정가 18,000원

30장면으로 끝내는

스크린 영어회화

Disney 모아나

해설 **강윤혜**

재미와 효과를 동시에 잡는 최고의 영어 학습법!
30장면만 익히면 영어 왕초보도 영화 주인공처럼 말한다!

재미와 효과를 동시에 잡는 최고의 영어 학습법!

영화로 영어 공부를 하는 것은 이미 많은 영어 고수들에게 검증된 학습법이자, 많은 이들이 입을 모아 추천하는 학습법입니다. 영화가 보장하는 재미는 기본이고, 구어체의 생생한 영어 표현과 자연스러운 발음까지 익힐 수 있기 때문이죠. 잘만 활용한다면, 원어민 과외나 학원 없이도 살아있는 영어를 익힐 수 있는 최고의 학습법입니다. 영어 공부가 지루하게만 느껴진다면 비싼 학원을 끊어놓고 효과를 보지 못했다면, 재미와 실력을 동시에 잡을 수 있는 영화로 영어 공부에 도전해 보세요!

영어 학습을 위한 최적의 영화 장르, 애니메이션!

영화로 영어를 공부하기로 했다면 영화 장르를 골라야 합니다. 어떤 영화로 영어 공부를 하는 것이 좋을까요? 슬랭과 욕설이 많이 나오는 영화는 영어 학습에는 별로 도움이 되지 않습니다. 실생활에서 자주 쓰지 않는 용어가 많이 나오는 의학 영화나 법정 영화, SF영화도 마찬가지죠. 영어 고수들이 추천하는 장르는 애니메이션입니다. 애니메이션에는 문장 구조가 복잡하지 않으면서 실용적인 영어 표현이 많이 나옵니다. 또한 성우들의 깨끗한 발음으로 더빙되어 있기 때문에 발음 훈련에도 도움이 되죠. 이 책은 디즈니의 따끈따끈한 신작 영화 〈모아나〉의 대본을 소스로, 현지에서 사용하는 신선한 표현을 배울 수 있습니다.

전체 대본을 공부할 필요 없다! 딱 30장면만 공략한다!

영화 대본도 구해놓고 영화도 준비해놨는데 막상 시작하려니 어떻게 공부를 해야 할지 막막하다고요? 영화를 통해 영어 공부를 시도하는 사람은 많지만 좋은 결과를 봤다는 사람을 찾기는 쉽지 않습니다. 어떻게 해야 효과적으로 영어를 공부할 수 있을까요? 무조건 많은 영화를 보면 될까요? 아니면 무조건 대본만 달달달 외우면 될까요? 이 책은 시간 대비 최대 효과를 볼 수 있는 학습법을 제시합니다. 전체 영화에서 가장 실용적인 표현이 많이 나오는 30장면을 뽑았습니다. 실용적인 표현이 많이 나오는 대표 장면 30개만 공부해도, 훨씬 적은 노력으로 전체 대본을 학습하는 것만큼의 효과를 얻을 수 있죠. 또한 이 책의 3단계 훈련은 30장면 속 표현을 효과적으로 익히고 활용하는 데 도움을 줍니다. ❶ 핵심 표현 설명을 읽으며 표현에 대한 전반적인 이해를 하고 ❷ 패턴으로 표현을 확장하는 연습을 하고 ❸ 확인학습으로 익힌 표현들을 되짚으며 영화 속 표현을 확실히 익히는 것이죠. 유용한 표현이 가득한 30장면과 체계적인 3단계 훈련으로 영화 속 표현들을 내 것으로 만드세요!

Disney 모아나

이 책은 스크립트북과 워크북, 전 2권으로 구성되어 있습니다. 이 책은 스크립트북으로 전체 대본과 번역, 주요 단어와 표현 설명이 포함되어 있습니다. 각 Day마다 가장 실용적인 표현이 많이 나오는 장면이 표시되어 있습니다. 이 장면을 워크북에서 집중 훈련합니다.

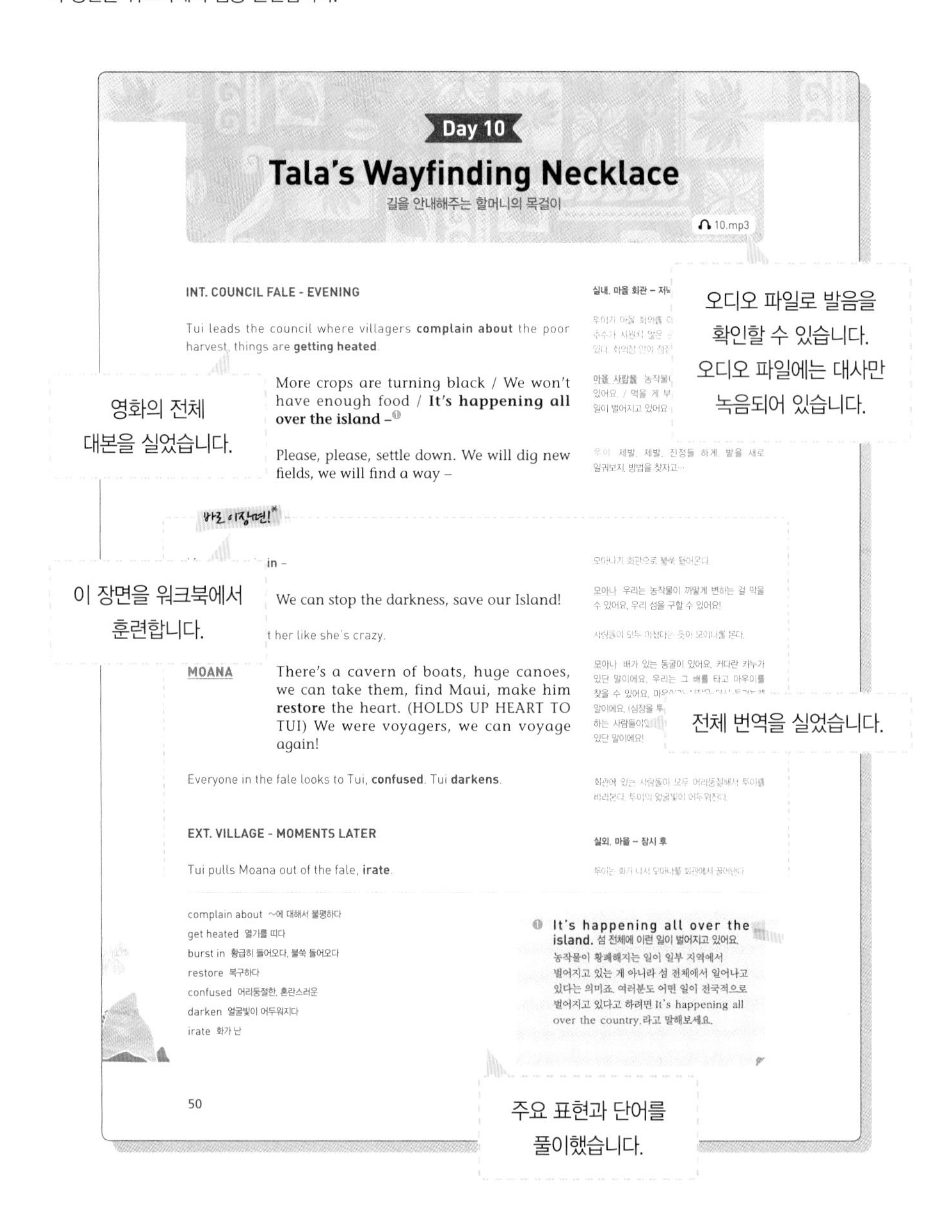

주인공 소개 Main Characters

모아나 Moana

평화로운 섬, 모투누이의 족장 딸. 섬의 작물이 말라죽고, 물고기가 사라지자, 전설로 전해내려 오는 테피티의 심장을 복구시키려고 머나먼 항해를 나선다. 바다가 선택한 딸답게 온갖 역경을 이기고 지상에 평화와 번영을 가져온다.

탈라 할머니 Gramma Tala

족장의 어머니. 마을에서는 미친 노파로 취급하지만, 조상들의 전설을 믿는 지혜로운 여인. 손녀인 모아나에게 항해에 나서라고 권하면서, 언제나 내면의 소리에 귀를 기울이라고 조언한다.

마우이 Maui

반신반인. 마법의 갈고리를 휘두르며, 온갖 동물로 변신할 수 있다. 테피티의 심장을 훔쳤기 때문에, 심장을 복구시키기 위해 모아나가 천신만고 끝에 찾아서 데려오지만, 막강한 괴물들 때문에 겁을 먹고 주저한다.

투이와 시나 Tui & Sina

모아나의 부모. 아버지 투이는 딸이 항해에 나서는 것을 말리는 보수적인 입장에 선다. 어머니 시나는 자애로운 여성으로, 딸의 항해를 은근히 격려한다.

카카모라 Kakamora

바다를 지배하는 코코넛 해적단. 모아나의 용기와 마우이의 능숙한 항해술로 모아나와 마우이는 이 해적들의 손아귀에서 벗어난다.

타마토아 Tamatoa

괴물들의 왕국, 랄로타이에 사는 거대한 게 괴물로 마우이의 갈고리를 갖고 있다. 마우이가 다리를 하나 잘랐기 때문에 원한을 품고 있다. 모아나와 마우이는 기지를 발휘하여 갈고리를 찾고는 이 괴물에게서 도망친다.

테카 Te ka

테피티의 심장을 복구하기 위해서 반드시 물리쳐야 할 용암 괴물. 절체절명의 순간, 모아나는 지혜를 발휘해 테카의 정체를 알아내어 대반전을 이룬다.

헤이헤이 Heihei

섬에 사는 멍청한 수탉으로 모아나가 항해에 데리고 다닌다. 항상 돌맹이를 쪼아 먹을 정도로 멍청하지만, 이 멍청한 습관 때문에 결정적인 순간에 모아나를 돕는다.

푸아 Pua

섬에 사는 귀여운 꼬마 돼지. 모아나의 사랑을 받는다.

차례

Contents

Day 01

In the Beginning...

태초에…

01.mp3

A **haunting Oceanian** chant echoes as fireworks explode over the shimmering water around the DISNEY CASTLE. BIG DRUMS come in strong as we transition to...

디즈니 성 주변의, 빛을 받아 일렁거리는 물 위로 불꽃이 터지자, 오세아니아 섬의 원주민들이 부르는 노랫소리가 뇌리를 떠나지 않을 것처럼 끊이지 않고 울려 퍼진다. 커다란 북을 치는 소리가 우렁차게 들려오면서 장면이 전환된다.

A **2D STYLIZED TAPA** of WAVES, which weave together, creating a vast ocean, which **undulates** to the rhythm.

물결 모양의 2차원 식 타파 천이 보인다. 그 물결들이 서로 엮어지더니 거대한 바다가 된다. 그 바다가 리듬에 맞춰 출렁인다.

TALA (V.O.) **In the beginning...** [1] there was only ocean. Until the mother island emerged: Te Fiti.

탈라 (소리만 들린다) 태초에는 바다만 있었지. 테피티라는 어머니 섬이 출현할 때까지는 그랬다는 말이지.

A beautiful ISLAND GODDESS emerges from the ocean. She is mostly an island, but with **feminine** features.

바다에서 아름다운 섬의 여신이 나타난다. 그 여신은 거의 섬의 형태로 나타났지만, 여성의 신체를 닮았다.

TALA (V.O.) Her heart held the greatest power ever known: *it* could create life itself. And Te Fiti shared it with the world.

탈라 (소리만 들린다) 그 여신은 심장에 어디에도 볼 수 없는 거대한 힘을 지니고 있었지. 그 힘은 생명 그 자체를 만들어낼 수 있는 바로 그것이었어. 그런데 테피티는 그것을 이 세상과 나누어 가졌지.

From the glowing **spiral** of TE FITI'S HEART, life springs forth, radiating across the ocean in every direction. Trees grow, humans populate, the world **flourishes.**

반짝이는 나선형의 테피티의 심장에서 생명이 분출되더니 바다를 건너 사방으로 뻗어나간다. 나무가 자라고, 인간이 자리를 잡고 살면서 세상은 번성한다.

TALA (V.O.) But in time, some began to seek Te Fiti's heart... they believed if they could possess it, the great power of creation would be theirs. And one day, the most daring of them all...

탈라 (소리만 들린다) 그러나 시간이 흐르자 어떤 자들이 테피티의 심장을 노리기 시작했지. 그자들은 심장을 차지하면 그 위대한 창조의 힘이 자신들의 것이 되는 줄 알았지. 그러던 중 어느 날 그자들 중 가장 대담한 자가…

Pan up from monsters **lurking over** Te Fiti to a stylized boat that sails across the tapa. The man sailing it **TRANSFORMS into** a MASSIVE HAWK, which flies right at camera!

카메라가 테피티에 도사리고 있는 괴물들을 지나 타파 천을 가로질러 항해하고 있는 벡터 타입의 배를 향해 올라간다. 그 배를 조종하고 있는 남자가 거대한 매로 변신하더니 카메라를 향해 곧장 날아온다!

haunting 뇌리를 떠나지 않을 것 같이 끊임없이 이어지는
Oceanian 호주와 뉴질랜드 근방의 남태평양 지역의
2D stylized tapa 2차원 식 형태로 표현된 타파 천
undulate 물결치듯 움직이다
feminine 여성다운, 여성 특유의
spiral 나선형의 물체
flourish 번성하다
lurk over ~에 도사리다

[1] **In the beginning...** 태초에는…
호랑이 담배 피던 시절, 즉 옛날 얘기를 할 때 정해진 표현은 Once upon a time...(옛날 옛적에…)입니다. 그러나 그보다 더 옛날 얘기, 즉 태초에 관한 얘기를 할 때는 Once upon a time...은 어울리지 않죠. 우주가 열리던 시절을 '옛날 옛적에…'라고 시작하면 좀 이상하죠? 그럴 땐 In the beginning...(태초에는…)이라고 시작해야 분위기가 살아나죠.

EXT. OPEN OCEAN AROUND TE FITI - DAY

TALA (V.O.) ...voyaged across the vast ocean to take it.

SCRAW! We transition from 2D TAPA into full CG, soaring through the sky with the MASSIVE HAWK, which **banks** toward... a BEAUTIFUL TROPICAL ISLAND: TE FITI.

As the hawk flies toward the tropical canopy, it shape-shifts, transforming into a **LIZARD**, crawling through the dense foliage. The lizard reaches a rocky outcropping and shape-shifts again into a BUG and squeezes through a tiny crack.

Emerging on the other side, we discover a GLOWING, PULSING SPIRAL and at its center: THE HEART OF TE FITI. The bug shape-shifts into... a MAN, his face hidden in shadow.

GRAMMA TALA (V.O.) He was a **demigod** of the wind and sea. A shape-shifter, a trickster, a **warrior** who **wielded** a **magical fishhook.** And his name... was Maui.

Maui lifts an ENORMOUS MAGICAL FISHHOOK and uses it to **pry** the heart from the spiral. The heart stone glows, revealing Maui's face. Maui **chuckles** and **flips** the stone in the air... but the ground begins to shake violently.

GRAMMA TALA (V.O.) But without her heart... Te Fiti began to **crumble... giving birth to** a terrible darkness.

Trees **wither** and die. Maui races as the island crumbles.

실외. 테피티 주변의 대양 – 낮

탈라 (소리만 들린다) 그자가 거대한 대양을 가로질러 테피티의 심장을 차지하러 왔지.

휙! 화면은 2차원의 타파 천에서 완전한 컴퓨터 그래픽으로 바뀌면서 거대한 매와 함께 하늘로 치솟는다. 그 매는 방향을 틀어 회전하더니 아름다운 열대의 섬으로 향한다. 바로 테피티다.

매가 열대 우림으로 뒤덮인 섬 상공을 향하더니 도마뱀으로 변한다. 도마뱀이 무성한 숲 사이를 기어가다 바위 돌출부에 다다르더니 다시 벌레로 변신하고는 작은 바위 틈새로 비집고 들어간다.

바위의 반대편에서 무엇인가가 나오는데, 자세히 보니 빛이 나며 고동치듯이 펄떡이는 나선형의 물체가 보인다. 그 중심부에는 있는 것은 바로 테피티의 심장이다. 벌레는 인간으로 변한다. 얼굴은 그늘에 가려 보이지 않는다.

탈라 할머니 (소리만 들린다) 그 남자는 바람과 바다를 관장하는 반신반인이었지. 변신에 능한 협잡꾼에다, 마법의 갈고리를 휘두르는 전사였어. 이름은 마우이었지.

마우이가 거대한 마법의 갈고리를 들더니 나선형 물체에서 심장을 꺼낸다. 돌덩어리 심장이 빛을 내자 마우이의 얼굴이 보인다. 마우이는 소리 내어 웃더니 돌덩어리를 공중에 던진다. 그러자 땅이 심하게 흔들린다.

탈라 할머니 (소리만 들린다) 하지만 심장이 없어지자… 테피티는 무너지기 시작했지. 그러자 엄청난 어둠이 깔리기 시작했어.

나무들이 시들더니 죽는다. 섬이 무너지기 시작하자 마우이가 달린다.

bank 비행기 등이 회전하느라 동체를 한쪽으로 기울이며 돌다
lizard 도마뱀
demigod 반신반인(半神半人)
warrior 전사(戰士)
wield (무기 등을) 휘두르다
magical fishhook 마법이 걸려 있는 낚시 바늘
pry 도구로 찍어서 들어 올리다
chuckle 소리 내어 웃다
flip 휙 던지다
crumble 무너지다
give birth to ~을 낳다
wither 시들다

EXT. OPEN OCEAN AROUND TE FITI

As a spreading blackness overtakes the island, Maui jumps off a cliff and transforms into a hawk. In four mighty flaps, he reaches his boat and pulls the sail taut.

GRAMMA TALA (V.O.) Maui tried to escape, but **was confronted by** another who sought the heart: Te Ka, a demon of earth and fire!

TE KA, a **massive lava** monster, rises through ash clouds and **volcanic lightning.** Maui brandishes his hook and leaps at Te Ka, yelling as the two **collide** in a blinding explosion.

GRAMMA TALA (V.O.) Maui was struck from the sky... never to be seen again. And his magical fishhook *and* the Heart of Te Fiti were lost to the sea...

The HOOK and HEART fall into the water and disappear into the depths of the ocean, and we TRANSITION BACK TO TAPA CLOTH...

INT. TALA'S FALE - MORNING

REVEAL an OLD WOMAN holding the **tapa cloth**: GRAMMA TALA, **quirky**, excited, a wonderful **storyteller**, but a bit "**off**."

GRAMMA TALA ...Where even now, a thousand years later, Te Ka and the **demons** of the deep still hunt for the heart, hiding in a darkness that will continue to spread, chasing away our fish, **draining the life from** island after island, until every one of us is **devoured** by the **blood-thirsty** jaws of inescapable death!

실외. 테피티 주위의 대양

암흑이 퍼지며 섬을 덮치자 마우이는 절벽에서 뛰어내리더니 매로 변한다. 네 번 힘차게 날개를 퍼덕여 배에 도착한 마우이는 돛을 팽팽하게 당긴다.

탈라 할머니 (소리만 들린다) 마우이는 도망치려 했지만 심장을 차지하려는 또 다른 자, 대지와 불을 관장하는 악마인 테카와 맞서야 했지!

거대한 용암 괴물인 테카가 재 구름과 화산에서 발생하는 번갯불에서 용솟음친다. 마우이가 갈고리를 휘두르면서 소리치며 테카에게 달려간다. 둘이 눈을 뜨고는 볼 수 없을 정도로 거대한 폭발을 일으키며 충돌한다.

탈라 할머니 (소리만 들린다) 마우이는 하늘에서 번개를 맞아 다시는 보이지 않았지. 그리고 마우이가 갖고 있던 마법의 갈고리와 테피티 심장은 바다로 떨어졌어.

갈고리와 심장이 바다로 떨어져 끝도 모를 바닷속으로 사라지자 화면은 다시 타파 천으로 돌아온다…

실내. 탈라의 집 – 오전

타파 천을 쥐고 있는 노파가 보인다. 사람이 좀 별나면서도 항상 신이 나 있는 탈라 할머니는 이야기를 아주 잘하지만, 조금 '머리가 돈' 것 같다.

탈라 할머니 천 년이 지난 지금까지도 그 바다에서는, 테카와 바다 깊숙한 곳에 사는 악마들이 심장을 찾고 있지. 암흑 속에 숨어서 말야. 그런데 그 암흑은 점점 퍼질 거야. 우리 물고기들을 쫓아내고, 섬마다 돌아다니며 생명을 빨아들여, 결국 우리는 모두 피에 굶주린, 피할 수 없는 죽음이라는 아가리로 들어가 먹혀버리는 거지.

---

be confronted by ~와 상대를 하게 되다
massive 거대한
lava 용암
volcanic lightning 화산이 폭발하면서 치는 번개
collide 부딪히다
fale 오세아니아 등 남태평양 지역의 주택을 가리키는 용어로, 기둥과 지붕만 있는 간단한 형태의 집
tapa cloth 타파 천. 남태평양 제도에서 꾸지나무 껍질로 만든 종이 같은 천
quirky 괴짜인
storyteller 이야기꾼
off 정신이 약간 돈
demon 악마
drain the life from ~에서 생명을 빼내다
devour 집어삼키다
blood-thirsty 피에 굶주린

REVERSE TO REVEAL TALA'S AUDIENCE: a dozen scared **TODDLERS** on the verge of tears… but one toddler loves the story: MOANA (TALA'S GRANDDAUGHTER, 4), who claps excitedly.

카메라가 후진하자 탈라의 얘기를 듣고 있는 청중들이 보인다. 겁에 질린 12명 정도의 어린아이들이 눈물을 흘릴 것 같은 모습을 보이고 있다. 그러나 한 아이는 탈라의 이야기를 아주 좋아한다. 탈라의 손녀인 모아나(4세)다. 모아나는 신이 나서 손뼉을 친다.

GRAMMA TALA But one day… the heart will be found… by someone who will journey beyond our reef, find Maui, deliver him across the great ocean to restore Te Fiti's heart… and save us all.

탈라 할머니 하지만 언젠가는… 그 심장을 도로 찾을 거야. 누군가가 우리 산호초 너머로 항해를 해서, 마우이를 찾아내, 그 자를 데리고 대양을 건너, 테피티의 심장을 도로 갖다 놓아서… 우리 모두를 구하게 될 거야.

As Tala is about to begin the story again, CHIEF TUI hurries in, worried.

탈라가 다시 이야기를 시작하려고 하는데, 족장인 투이가 걱정스러운 표정으로 바삐 들어온다.

TUI Whoa, whoa, whoa, thank you. Mother! (PICKS UP MOANA) **That's enough.**①

투이 이런, 이런, 이런, 고마워. 어머니! (모아나를 들어올린다) 그만하세요.

MOANA Papa!

모아나 아빠!

Tui gives Moana a **hongi.**

투이는 모아나에게 홍기를 해준다.

바로 이 장면!*

TUI No one goes outside the reef. We are safe here, there is no darkness, there are no monsters…

투이 누구도 산호초 바깥으로 나가서는 안 돼요. 여기에 있으면 우리는 안전해요. 어둠이니 뭐니 하는 건 없어요. 괴물 같은 것도 없고요…

As Tui says that, he knocks the side of the FALE and screens of MONSTERS **unravel** around the kids, who scream and panic.

투이가 이렇게 말하며 집의 벽을 치자 몬스터가 그려진 막이 아이들 주위에 펼쳐진다. 아이들은 비명을 지르며 두려움에 떤다.

FALE KIDS Monster! Monster! / It's the darkness! / This is how it ends! / I'm gonna **throw up!**

탈라의 집에 있는 아이들 괴물이다! 괴물이야! / 어둠이다! / 이렇게 끝나는 거야! / 난 토할 것 같아!

TUI (as kids **pile on**) There's no monsters– No monsters! (**KNEED IN GUT**) There is nothing beyond our reef but storms and rough seas! As long as we stay on our very safe (KNEED IN GUT) island, we'll be fine!

투이 (아이들이 우르르 몰려들어 엎치락뒤치락한다) 괴물 같은 건 없어, 괴물은 없단다! (아이의 무릎에 배를 맞는다) 우리 산호초 너머에는 아무것도 없어, 폭풍이나 치는 거친 바다만 있을 뿐이야! 아주 안전한 우리 섬에 있는 한 (아이의 무릎에 배를 맞는다) 우리는 걱정할 게 없단다!

toddler 아장아장 걸어 다니는 아기
hongi 마오리족 등 남태평양 제도의 원주민들이 이마와 코를 동시에 맞대고 하는 전통적인 인사
unravel 펼쳐지다
throw up 토하다
pile on 아이들이 우르르 몰려들어 엎치락뒤치락 하다
kneed in gut 아이의 무릎이 배에 박혔다는 의미

① **That's enough.** 그만하세요.
어머니가 꼬마들을 데리고 한참 신나게 얘기 보따리를 풀고 있는데, 족장이자 아들인 투이가 That's enough.라고 하네요. 물론 '충분합니다'라고 고마워하며 하는 인사는 아니죠. 충분하다는 뜻이긴 하지만 너무 충분해서 곤란하다, 즉 '됐다, 그만해라'란 의미로 하는 말이니, 이런 말을 누군가에게서 듣는다면 오해하지 마세요.

GRAMMA TALA The **legends** are true, someone will have to go!

TUI Mother, Motunui is **paradise**. Who would want to go anywhere else?

탈라 할머니 전설은 사실이란다. 누군가는 가야 해!

투이 어머니, 모투누이는 낙원이에요. 누가 다른 곳에 가고 싶어 하겠어요?

CUT TO: LITTLE MOANA, who, stands in front of a TAPA **depicting** TE FITI. The shade blows in the wind... revealing the sparkling ocean behind. Seeing the water, Moana's eyes light up and during the chaos... she slips out.

장면 전환. 테피티가 그려진 타파 천 앞에 어린 모아나가 서 있다. 바람이 불어 천이 펄럭이자 반짝이는 바다가 보인다. 바닷물을 보자 모아나의 눈이 반짝인다. 아이들이 소동을 피우는 동안 모아나는 슬쩍 빠져나온다.

legend 전설
paradise 낙원

Day 02

Heart of Te Fiti

테피티의 심장

02.mp3

EXT. MOTUNUI BEACH - MOMENTS LATER

Moana **toddles** to the beach and looks out at the **shimmering** water. Drawn to it. On the shore, something sparkles: a **CONCH shell** at the edge of the lapping water.

Moana wants it... but a noise grabs her attention: a BABY TURTLE emerging from the sand. It wants to go to the ocean... but HUNGRY **FRIGATE BIRDS** block its path. Moana's attention is pulled to the CONCH shell again, the tide threatening to pull it away– but then again, there's that turtle.

A **PALM FROND** lifts into frame and Moana uses it to shelter the baby turtle from the birds, **protecting it on its way to the ocean**. And the Ocean... seems to be watching.

With Moana's help, the turtle reaches the shore, but as it disappears below the water, the ocean magically **recedes**, offering Moana the CONCH SHELL she **passed up**. Delighted, Little Moana **squats down** to pick up the shell... but as she does, she spots another conch shell in the water. She motions for the ocean to **back up**. The ocean recedes, offering this shell too, then another and another, receding way back to form a CANYON OF WATER. **Spellbound**, little Moana toddles in to investigate. As she runs her hand along the watery walls, the baby turtle she helped swims by to join its mother. Then as they swim away, something appears deep in the ocean: a SHINY OBJECT. It drifts closer. **Intrigued**, Moana reaches into the water, grasping... the HEART OF TE FITI.

Though Little Moana doesn't understand its **significance**, she smiles, TRACING A FINGER AROUND ITS SPIRAL.

실외. 모투누이 해변 – 잠시 후

모아나는 해변으로 아장아장 걸어가더니 빛에 일렁이는 바닷물을 바라본다. 모아나는 바다에 이끌린다. 해변에 무언가가 반짝거린다. 파도가 찰싹거리는 해변가에 있던 소라고둥이 반짝이고 있다.

모아나는 소라고둥을 집고 싶다. 하지만 무슨 소리가 나자 모아나는 그것에 신경을 쓴다. 아기 거북이가 모래에서 나오고 있다. 거북이는 바다로 가고 싶은 것이다. 그러나 배가 고픈 군함새가 거북이의 길을 막고 있다. 모아나는 다시 소라고둥에 이끌린다. 조수가 밀려들어와 소라고둥을 휩쓸고 갈 것 같다. 그러나 그 거북이가 다시 신경 쓰인다.

야자나무 잎이 하나 화면으로 들어오자, 모아나는 그것을 이용해서 아기 거북이를 가려주어, 새들이 거북이가 바다로 가는 길을 방해하지 않도록 해준다. 마치 바다가 그런 행동을 지켜보고 있는 것 같다.

모아나의 도움으로 거북이는 해변에 도달한다. 거북이가 바다 밑으로 사라지자 바닷물은 마치 마법에 걸린 듯 뒤로 물러나며 모아나가 지나친 소라고둥을 볼 수 있도록 해준다. 어린 모아나는 너무 좋아서 그 고둥을 집으려고 몸을 쭈그린다. 그러자 물속에 소라고둥이 또 하나 보인다. 모아나가 바다에게 뒤로 물러나라고 손짓한다. 바닷물이 물러나며 그 소라고둥도 보여준다. 그러자 자꾸 소라고둥이 보이며, 바닷물은 계속해서 물러나며 거대한 물로 이루어진 협곡 형태를 띤다. 마법에 홀린 듯 어린 모아나는 아장아장 걸어 들어가며 살펴본다. 모아나가 손으로 물로 이루어진 벽을 만지자 아까 도와줬던 거북이가 헤엄을 치며 엄마 거북이를 만나러 간다. 거북이들이 멀리 사라지자 바닷물 깊은 곳에서 무언가가 반짝이는 것이 나타난다. 그것이 가까이 다가오자 호기심에 가득 찬 모아나는 물속으로 손을 뻗어 잡는다. 바로 테피티의 심장이다.

어린 모아나는 그것이 무엇인지 알지는 못하지만 나선형 심장을 손가락으로 훑으며 미소를 짓는다.

---

toddle 아장아장 걷다
shimmer 반짝반짝 빛나다
conch shell 소라고둥
frigate bird 군함새
palm frond 야자나무 잎
protect it on its way to the ocean 아기 거북이 바다로 가는 것을 보호하다
recede 물러나다
pass up 지나치다
squat down 쭈그려 앉다
back up 뒤로 물러나다
spellbound 무엇에 홀린 듯이
intrigued 아주 흥미로워 하는
significance 중요성, 의의

바로 이 장면!*

TUI (O.S.) Moana?!	투이 (소리만 들린다) 모아나?!
Hearing Tui, the ocean **whisks** Moana **back** to shore right as Tui races in (**unaware of** what just happened). As Moana lands on the sand, she bobbles the heart, and before she can see where it went, Tui snatches her up in his arms.	투이의 목소리가 들리자 바다는 모아나를 다시 해변으로 훽 데려다놓는다. 그러자 투이는 무슨 일이 일어났는지도 모른 채 해변으로 뛰어온다. 모아나는 해변 모래사장으로 돌아올 때 그 심장을 놓친다. 그때 투이가 모아나를 팔로 낚아채 올렸기 때문에 모아나는 그것이 어디로 갔는지 보지 못한다.
TUI **Oh there you are, Moana.**❶ **What are you doing?!**❷ You scared me.	투이 여기 있었구나, 모아나야. 뭘 하고 있는 거니?! 너 때문에 놀랐잖아.
Moana **wriggles** toward the water, trying to go back.	모아나는 다시 바닷물 쪽으로 가려고 버둥거린다.
LITTLE MOANA What– wanna go back–	어린 모아나 저, 다시 가고 싶어요…
TUI (**fatherly** but firm) I know, I know, but you don't go out there. It's dangerous.	투이 (인자한 아버지의 말투지만 단호하게) 나도 알아, 나도 알지만 넌 저기에 가면 안 돼. 위험해.
Moana looks back at the ocean, but the water is **neutral** and she can't see the heart anywhere. Tui holds out his hand.	모아나는 바다를 돌아보지만, 바닷물은 무표정한 모습을 띠고 있고, 심장은 어디에도 보이지 않는다. 투이가 손을 내민다.
TUI Moana...? Come on. Let's go back to the village.	투이 모아나야? 이리 온. 마을로 돌아가자.
Still looking at the water, Moana takes Tui's hand. As she walks to the village, she stares back at the ocean. As they walks they are joined by Moana's mother, SINA.	아직도 바닷물을 보면서 모아나는 아버지의 손을 잡는다. 모아나는 마을로 걸어가면서도 바다를 돌아본다. 아버지와 딸이 걸어가는 사이에 어머니 시나도 동행하게 된다.
MUSIC CUE: "WHERE YOU ARE"	Where You Are(네가 있는 곳)라는 음악이 들리기 시작한다.
TUI You are the next "great chief" of our people.	투이 너는 앞으로 '대족장'이 될 거야.
SINA (**tickling** Moana) And you'll do wondrous things, my little **minnow**.	시나 (모아나를 간질이며) 그러면 넌 엄청난 일을 하게 될 거야, 요 꼬맹이야.
TUI (excited) Oh yes, but first you must learn where you're meant to be.	투이 (신이 나서) 그럼, 그럼, 하지만 넌 먼저 네가 어디에 있어야 하는지, 그것부터 배워야 해.

whisk back ~를 훽 다시 데려놓다
unaware of ~을 인식하지 못하는
wriggle 꿈틀대다
fatherly 아버지 같은, 자애로운
neutral 중립적인, 아무런 감정도 나타내지 않는
tickle 간질이다
minnow 피라미, 꼬맹이

❶ **Oh there you are, Moana.**
여기 있었구나, 모아나야.
한참 찾고 있었던 사람을 드디어 발견했을 때 자연스럽게 입에서 나오는 표현입니다.

❷ **What are you doing?** 뭘 하고 있는 거니?
정말로 뭘 하고 있는지 궁금할 때도 쓸 수 있지만, 어처구니없는 행동을 하는 사람에게도 사용할 수 있는 표현이죠.

The music builds over beautiful **shots** of the village, and as Tui and Sina bring Moana into Motunui, we see it's a **vibrant** place, **full of pride and energy**.

카메라가 아름다운 마을의 모습을 비추자 음악이 고조된다. 투이와 시나가 모아나를 데리고 모투누이로 들어가자 이 마을은 자부심과 에너지가 넘치는 활기찬 곳이라는 것을 알 수 있다.

TUI MOANA...? / MAKE WAY! MAKE WAY! / MOANA, IT'S TIME YOU KNEW / THE VILLAGE OF MOTUNUI IS ALL YOU NEED.

투이 모아나야? / 길을 비켜라! 길을 비켜라! / 모아나야, 이제 넌 알아야 할 때가 됐단다 / 넌 모투누이 마을만 있으면 된단다.

SLAP DANCERS smack an exciting rhythm on their bodies. Tui pulls Moana up and joins them – he's pretty good. Little Moana's not so **coordinated** and still **distracted by** the ocean.

슬랩 댄스를 추는 사람들이 신나는 리듬에 맞춰 자신의 몸을 때린다. 투이는 모아나를 끌고 춤추는 사람들 속에 들어간다. 투이는 상당히 춤을 잘 춘다. 어린 모아나는 동작이 서투른데다, 아직도 바다에 정신이 팔려 있다.

TUI THE DANCERS ARE PRACTICING! / THEY DANCE TO AN ANCIENT SONG

투이 춤꾼들이 연습을 하고 있구나! / 춤꾼들은 옛날 노래에 맞춰 춤을 추는 거야

OLD SINGERS WHO NEEDS A NEW SONG? THIS OLD ONE'S ALL WE NEED.

나이가 든 가수들 새로운 노래 따위는 누가 필요할까? 우리한테는 이 오래된 노래만 있으면 된다네.

TUI THIS **TRADITION** IS OUR **MISSION** / AND MOANA, THERE IS SO MUCH TO DO!

투이 이 전통을 지키는 것이 우리들의 사명이라네 / 그러니 모아나야, 할 일이 아주 많단다!

VILLAGERS MAKE WAY!

마을 사람들 길을 비켜!

We find A DUMB LITTLE **ROOSTER**, HEIHEI, walking with a coconut on his head. Little Moana helps him from **tripping over** a **taro root**, but he turns and trips over another ROOT. He's dumb.

코코넛 열매를 머리에 뒤집어쓰고 걷는 멍청한 어린 수탉 헤이헤이가 보인다. 어린 모아나는 수탉이 타로토란 뿌리에 걸려 넘어지지 않게 도와주지만 헤이헤이는 몸을 돌리다 다른 뿌리에 걸려 넘어진다. 헤이헤이는 이렇게 멍청한 수탉이다.

TUI DON'T TRIP ON THE TARO ROOT

투이 타로토란 뿌리에 걸려 넘어지면 안 돼

TUI/VILLAGERS THAT'S ALL YOU NEED

투이/마을 사람들 그렇게 하기만 하면 되는 거야

TUI WE SHARE EVERYTHING WE MAKE!

투이 우리는 만든 걸 모두 나눈다네!

VILLAGERS WE MAKE!

마을 사람들 우리가 만든 걸!

TUI WE JOKE AS WE WEAVE OUR BASKETS

투이 우리는 바구니를 엮으며 농담을 나누지

the music builds over 음악이 ~에 따라 고조되다
shot 장면
vibrant 활기찬
full of pride and energy 자부심과 에너지가 충만한
slap dancer 사모아 등 남태평양의 섬에서 자신의 몸을 때리면 춤을 추는 원주민을 뜻함
smack an exciting rhythm on their bodies '자신의 몸에 신나는 리듬을 때리다' 즉 '자신의 몸을 때리며 신나는 리듬에 맞춰 춤을 추다'
coordinated (어떤 행동을 할 때 신체 기관 등이) 조화를 이룬
distracted by ~에 정신이 팔린
tradition 전통
mission 임무
rooster 수탉
trip over ~에 발이 걸려 넘어지다
taro root 타로토란

WEAVERS HA HA!

바구니를 엮는 사람들 하하!

Ladies **weave** baskets and Moana weaves... a little boat.

여인들은 바구니를 엮고 있고, 모아나는 작은 배를 엮는다.

TUI THE **FISHERMEN** COME BACK FROM THE SEA...

투이 어부들이 바다에서 돌아온다네…

LITTLE MOANA I WANNA SEE...

어린 모아나 난 보고 싶어…

As fishermen **walk by**, Moana runs back to the water. Tui **pulls** her **back to** the village.

어부들이 지나가자 모아나는 바닷가로 뛰어간다. 투이는 모아나를 다시 마을로 끌고 온다.

TUI DON'T WALK AWAY / MOANA STAY ON THE GROUND NOW / OUR PEOPLE WILL NEED A CHIEF AND THERE YOU ARE...

투이 멀리 가지 마라 / 모아나야 지금 발걸음을 멈춰라 / 우리 부족에게는 족장이 필요하단다. 바로 네가…

---

weaver (바구니 등을) 엮는 사람
weave (짚이나 풀 등을 이용해 바구니 등을) 엮다
fisherman 어부
walk by 곁을 지나가다
pull back to ~로 다시 끌고 오다

Day 03

Voice Inside

내면의 목소리

03.mp3

As Tui **deposits** Moana **back on** the ground, we discover she's now... 8-YEARS-OLD. Tui and Sina **fit** her **with** her **Tuiga**.

투이가 모아나를 땅에 내려놓는다. 이제 모아나는 8살이다. 투이와 시나는 모아나에게 머리 장식인 투이가를 씌워준다.

TUI THERE COMES A DAY / WHEN YOU'RE GONNA LOOK AROUND / AND REALIZE HAPPINESS IS

ALL WHERE YOU ARE...

투이 언젠가는 그날이 온단다 / 네가 사방을 둘러보며 / 깨닫는 때가, 행복이란

모두 네가 있는 바로 그곳이라는 것을…

Tui, holding a coconut, **slides down** a tree like a **firepole**.

투이가 코코넛을 들고 화재대피용 기둥을 타고 내려오듯이 나무에서 미끄러져 내려온다.

TUI CONSIDER THE COCONUT!

투이 코코넛을 생각해봐!

VILLAGERS THE WHAT?!

마을 사람들 뭘?!

TUI CONSIDER ITS TREE

투이 코코넛 나무를

ALL WE... USE EACH PART OF THE COCONUT, **IT'S ALL WE NEED...**[1]

모두 우리는 코코넛을 어느 것 하나 버리지 않고 다 이용해. 우리에게는 이것만 있으면 돼…

Tui **motions** to Sina to "take it away." Sina does her best and Tui and the villagers do their best "back-up."

투이가 시나에게 '시작해'라는 신호를 보낸다. 시나가 최선을 다해서 노래하자, 투이를 비롯해 마을 사람들이 모두 최선을 다해서 시나의 노래를 받쳐준다.

SINA WE MAKE OUR NETS FROM THE **FIBERS**

시나 우리는 코코넛 섬유질로 그물을 만들지

TUI AND THE VILLAGERS WE MAKE OUR NETS FROM THE FIBERS

투이 및 마을 사람들 우리는 코코넛 섬유질로 그물을 만들지

SINA THE WATER IS SWEET INSIDE

시나 코코넛 안에 있는 물은 달콤해

TUI AND THE VILLAGERS THE WATER IS SWEET INSIDE

투이 및 마을 사람들 코코넛 안에 있는 물은 달콤해

---

deposit back on ~를 다시 …에 내려놓다
fit with ~에게 …을 씌우다
Tuiga 사모아 등 남태평양 섬의 원주민들이 머리에 쓰는 장식
slide down 미끄러져 내려오다
firepole 화재 대피용 기둥
motion 손짓을 하다
fiber 섬유질

[1] **It's all we need.**
우리에게는 이것만 있으면 돼.
이 말을 글자 그대로 옮겨서, '이것은 우리가 필요한 모두이다'라고 하면 무슨 뜻인지 종잡을 수가 없겠죠? 이 표현은 아주 간단한 것 같지만, 그래도 명색이 숙어랍니다. '우리는 이것만 있으면 된다'라는 의미죠.

SINA WE USE THE ROOTS TO BUILD FIRES!

시나 뿌리로는 불을 지피지!

TUI AND THE VILLAGERS WE USE THE ROOTS TO BUILD FIRES!

투이 및 마을 사람들 뿌리로는 불을 지피지!

SINA TO **COOK UP** THE MEAT INSIDE!

시나 안에 있는 고기를 요리하려고!

TUI AND THE VILLAGERS TO COOK UP THE MEAT INSIDE.

투이 및 마을 사람들 안에 있는 고기를 요리하려고!

TUI CONSIDER THE COCONUT!

투이 코코넛을 생각해봐!

ALL CONSIDER THE COCONUT!

모두 코코넛을 생각해봐!

TUI THE **TRUNKS** AND THE LEAVES

투이 나무 줄기와 잎들을

ALL THE ISLAND GIVES US WHAT WE NEED

모두 섬에는 우리가 필요로 하는 게 전부 있어

8-YEAR-OLD MOANA (a question) AND NO ONE LEAVES...?

여덟 살이 된 모아나 (질문을 한다) 그러면 아무도 여기서 나가지 않아요?

TUI THAT'S RIGHT WE STAY / WE'RE SAFE AND WE'RE WELL PROVIDED / AND WHEN WE LOOK TO THE FUTURE THERE YOU ARE

투이 그렇단다. 우리는 여기에 있는 거야 / 우리는 여기에 있으면 안전하고, 또 모든 게 여기 있단다 / 그리고 우리가 기대하는 미래에 네가 있는 거야

As Tui and Sina place the tuiga on Moana and lead her toward the **council fale**, Moana notices Tala dancing by the water.

투이와 시나는 모아나에게 머리 장식인 투이가를 씌워주고는 마을 회의장으로 데리고 간다. 탈라가 바닷가에서 춤을 추고 있는 것이 모아나의 눈에 띈다.

TUI YOU'LL BE OKAY / **IN TIME** YOU'LL LEARN JUST AS I DID / **YOU MUST FIND HAPPINESS RIGHT WHERE YOU ARE.**❶

투이 넌 걱정할 필요가 없어 / 때가 되면 넌 내가 어떻게 했는지 배우게 될 거야 / 넌 바로 여기에서 행복을 찾아야 하는 거야

Tui and Sina **take their places** in the fale, but as they turn, expecting to find Moana taking her place... she's gone.

투이와 시나는 회의장에 자리를 잡는다. 그리고는 몸을 돌려 모아나가 제자리에 앉아 있는지 본다. 그러나 모아나는 자리에 없다.

cook up (음식을) 익히다
trunk 나무의 가장 큰 줄기, 즉 '기둥'
council fale 마을회관. fale은 사모아 등 남태평양 섬에 있는 집을 뜻하는데, 초가집과 비슷하나 기둥만 있지 사방이 탁 트인 집을 의미함
in time 때가 되면, 이윽고
take one's place 자신의 자리에 앉다

❶ **You must find happiness right where you are.** 넌 네가 있는 바로 여기에서 행복을 찾아야 하는 거야.

'네가 있는 바로 여기'는 right where you are라고 하면 됩니다. 누구나 아는 아주 간단한 단어만 사용해도 멋진 말을 할 수 있죠?

EXT. MOTUNUI BEACH - DAY

실외. 모투누이 해변 – 낮

Gramma Tala invites Moana to join her as she dances with the waves. Moana joins Tala, **falling in sync with** the music.

파도의 리듬에 맞춰 춤을 추던 탈라 할머니는 같이 춤추자고 모아나를 부른다. 모아나는 탈라와 함께 음악에 맞춰 춤을 춘다.

GRAMMA TALA I LIKE TO DANCE WITH THE WATER / THE **UNDERTOW** AND THE WAVES / THE WATER IS **MISCHIEVOUS** – HA! / I LIKE HOW IT **MISBEHAVES**
THE VILLAGE MAY THINK I'M CRAZY / AND SAY THAT I **DRIFT TOO FAR** / BUT ONCE YOU KNOW WHAT YOU LIKE / WELL THERE YOU ARE.

탈라 할머니 나는 바닷물과 함께 춤을 추는 걸 좋아하지 / 역류와 파도에 맞춰서 / 바닷물은 개구쟁이야 하! / 나는 개구쟁이 짓을 좋아해
마을에서는 나를 미쳤다고 할 거야 / 그리고는 내가 너무 멀리 앞서간다고 생각할 거야 / 하지만 너도 네가 뭘 좋아하는지 알게 되면 / 거기가 바로 네가 있어야 하는 곳이야

As Tala and Moana dance together in the water, we **DISSOLVE TO**:

탈라와 모아나가 물속에서 같이 춤을 추자 화면이 서서히 바뀐다.

EXT. MOTUNUI BEACH - GOLDEN HOUR - 8 YEARS LATER

실외. 모투누이 해변 – 절호의 기회 – 8년 뒤

Moana, (now 16) and Tala (also older) still dance together. Moana has mastered the dance, Tala is now **elderly** and uses a **CANE** as she **walks arm-in-arm with** Moana down the beach.

이제 열여섯 살이 된 모아나와 그만큼 더 늙은 탈라가 아직도 같이 춤을 춘다. 모아나는 이제 춤을 마스터했고, 탈라는 이제는 늙어서 모아나와 팔짱을 끼고 지팡이를 짚고 해변을 걸어간다.

GRAMMA TALA YOU ARE YOUR FATHER'S DAUGHTER / **STUBBORNNESS** AND PRIDE / **MIND** WHAT HE SAYS BUT REMEMBER / YOU MAY HEAR A VOICE INSIDE
AND IF THE VOICE STARTS TO WHISPER / TO FOLLOW THE FARTHEST STAR / MOANA THAT VOICE INSIDE IS WHO YOU ARE.

탈라 할머니 넌 네 아버지의 딸이지 / 네 아버지는 아주 고집이 세고 자존심이 강하지 / 아버지가 하는 말에 신경을 써야 되지만 그래도 잊지 말아라 / 네 내면의 목소리도 들을 줄 알아야 하느니라
그런데 그 목소리가 속삭이거든 / 가장 멀리 있는 별을 따라가라고 / 모아나야, 네 내면의 그 목소리가 바로 네 자신이란다

Tala pushes through a **thicket**, revealing... the village BOATS. Moana looks at them, interested, inspired... but as she **takes a step toward** them, she is **intercepted** by Tui.

탈라가 수풀더미를 헤치자 마을의 배들이 보인다. 모아나는 그 배들을 보자 흥미가 생기고, 뭔가 영감을 받는 것 같다. 그러나 배들을 향해 한 발짝 옮기자 투이가 모아나를 가로막는다.

fall in sync with ~과 맞추어, 어울려
undertow (바다 수면 밑의) 저층 역류
mischievous 장난스러운, 심술궂은
misbehave 장난치다, 못된 짓을 저지르다
drift too far 너무 멀리 떠내려가다, 정상적인 궤도에서 너무 멀리 이탈하다
dissolve to 영화 등의 장면이 다음 장면으로 서서히 바뀌다
elderly 나이가 많이 든, 노인이 된
cane 지팡이
walk arm-in-arm with ~와 팔짱을 끼고 걷다
stubbornness 고집스러움
mind ~에 신경을 쓰다
thicket 수풀
take a step toward ~로 향해 한 걸음 다가가다
intercept 가로채다

바로 이장면!*

MOANA (covering, **damage control**) Dad! **I was only looking at the boats–**[1] I wasn't gonna get on 'em–

모아나 (사태를 수습하려고) 아빠! 난 그냥 배를 보고 있었던 거예요. 배에 타려고 했던 게 아니에요.

Dad **ushers** Moana **away**, **giving Tala a pointed look**. Tala looks back at him, her expression says "**worth a shot.**" Dad redirects Moana, leading her toward... Motunui's tallest peak.

아빠는 탈라를 매섭게 노려보고는 모아나를 데리고 간다. 탈라는 투이를 뒤돌아보며, '그래도 이렇게 해볼 만 했어'라는 표정을 짓는다. 아빠는 모아나를 모투누이에서 가장 높은 봉우리로 데리고 간다.

TUI Come on, there's something I need to show you–

투이 자, 너한테 보여줘야 할 게 있단다…

THE FOLLOWING IS UNDER INSTRUMENTALS:

연주곡이 깔리며 다음 장면이 이어진다.

EXT. MOUNTAINTOP - DAY

실외. 산정 – 낮

Tui leads Moana to a ceremonial clearing on the top of the highest peak of Motunui. At the center of it, sits a large carefully stacked pile of stones. Moana's never been here.

투이는 모아나를 데리고 모투누이에서 제일 높은 봉우리에 마련된 제단으로 간다. 중앙에는 조심스럽게 쌓아올린 커다란 돌무더기가 놓여 있다. 모아나는 이곳에 처음 와본다.

TUI I've wanted to bring you here from the moment you opened your eyes. This is a **sacred** place. A place of chiefs.

투이 난 네가 처음 눈을 떴을 때부터 너를 여기에 데리고 오고 싶었단다. 여기는 신성한 곳이란다. 족장의 제단이지.

Tui steps toward the stones, placing his hand on them.

투이가 돌이 쌓여 있는 곳으로 가서는 돌에다 손을 얹는다.

TUI There will come a time, when you will stand on this peak and place a stone on this mountain, like I did, like my father did, and his father, and every chief that has ever been... and on that day, when you add *your* stone, *you* will raise this whole island higher. You are the future of our people, Moana. And they are not out there. They're right here. It's time to be who they need you to be.

투이 네가 이 봉우리에 서서 이 산에 돌을 올려놓는 때가 올 거야. 내가 그랬고, 내 아버지가 그랬던 것처럼. 내 아버지의 아버지가 그랬고, 지금까지 존재했던 족장들이 모두 그랬던 것처럼. 네가 돌을 올려놓는 그날이 오면 너는 이 섬을 모두 더 높은 곳으로 올리게 된단다. 너는 우리 마을 사람들의 미래야, 모아나야. 그런데 그 사람들은 저 멀리 있는 게 아냐. 그 사람들은 바로 여기에 있어. 그 사람들이 필요로 하는 그런 사람이 될 때가 됐어.

damage control 실수를 만회하려는 행동이나 말
get on 허리를 굽히지 않고 탈 수 있는 기차, 배 등에 타다. 허리를 굽혀야 들어갈 수 있는 것에 타는 동작은 get in이라고 함
usher away ~를 데리고 가다
give someone a pointed look ~를 매섭게 노려보다
worth a shot 해볼 만한 가치가 있는
sacred 신성한

[1] **I was only looking at the boats.**
난 그냥 배를 보고 있었던 거예요.
쓸데없는 것을 한다고 야단을 맞으면 모아나처럼 변명을 해보세요. I was only looking at the boats.에서 boats만 살짝 다른 것으로 바꾸면 되겠죠?

Moana looks at the village, then the **stack** of stones. She touches Tui's stone and *her* spot above that. Tui's message starts to **sink in on** Moana. She manages a soft smile back at Tui... and accepts what she needs to do.

모아나는 마을을 보다가 돌무더기를 보더니 투이의 돌을 만져본다. 그리고는 그 위에 있는, 자신의 돌을 놓아야 하는 자리를 만져본다. 투이가 하는 말의 의미가 모아나의 가슴 속에 새겨진다. 모아나는 부드러운 미소를 지으며 투이를 바라보며, 자신이 해야 하는 일을 받아들인다.

AND WE'RE BACK INTO THE BIG FUN ENERGY OF THE SONG:

이어서 아주 흥겨운 에너지의 음악이 다시 깔린다.

stack 물건을 쌓아놓은 것

sink in on ~에게 충분히 이해가 되다. 물속으로 무엇이 가라앉듯 마음속으로 말의 의미가 가라앉다, 즉 이해가 되다

Disney
모아나

Day 04

Where You Are

바로 이 자리에서

04.mp3

EXT. VILLAGE - DAY

As Moana **reenters** the village, her people sing all around her. They love her and Moana loves them. Giving herself to the village, she joins their celebration.

VILLAGERS WE MAKE OUR **NETS** FROM THE **FIBERS**!

OTHER VILLAGERS WE MAKE OUR NETS FROM THE FIBERS!

VILLAGERS THE **WATER** IS SWEET INSIDE!

OTHER VILLAGERS A REAL **TASTY TREAT** INSIDE!

VILLAGERS WE USE THE ROOTS TO BUILD FIRES!

TUI/SINA WE SING THESE SONGS IN OUR CHOIRS!

VILLAGERS TO **COOK UP** THE MEAT INSIDE!

TUI/SINA WE HAVE MOUTHS TO FEED INSIDE!

TUI THE VILLAGE BELIEVES IN US!

VILLAGERS THE VILLAGE BELIEVES!

TUI/SINA/ALL **THE ISLAND GIVES US WHAT WE NEED!**[1]

TUI AND NO ONE LEAVES...

실외. 마을 – 낮

모아나가 다시 마을로 돌아오자 사람들이 모두 모아나를 둘러싸고 노래를 부른다. 마을 주민들은 모아나를 사랑하고, 모아나도 주민들을 사랑한다. 자신을 마을에 바친 모아나는 마을의 축하연에 동참한다.

마을 사람들 우리는 코코넛 섬유질로 그물을 만들지!

마을의 다른 사람들 우리는 코코넛 섬유질로 그물을 만들지!

마을 사람들 코코넛 안에 들어 있는 물은 달콤해!

마을의 다른 사람들 안에 들어 있는 물은 진짜로 달콤한 감로수야!

마을 사람들 뿌리로는 불을 지피지!

투이/시나 우리는 합창단을 만들어 이런 노래를 부르지!

마을 사람들 안에 있는 고기를 요리하려고!

투이/시나 마을 안에는 먹여야 할 입이 있어!

투이 마을은 우리를 믿고 있어!

마을 사람들 마을은 믿고 있어!

투이/시나/마을 사람들 모두 이 섬에는 우리가 필요한 게 모두 있어!

투이 그래서 아무도 떠나지 않아…

reenter ~에 다시 들어가다
net 그물
fiber 섬유질
water 여기서는 열대과일 안의 '즙'을 의미
tasty 맛있는
treat 특별히 맛있는 음식, 특식
cook up ~을 푹 익히다

① **The island gives us what we need.** 이 섬에는 우리가 필요한 게 모두 있어!
글자 그대로 옮기면 '이 섬은 우리가 필요한 것을 우리에게 준다'이지만 그 속뜻은 '이 섬에는 우리가 필요한 게 다 있다'입니다. 어떤 사람이 또는 사물이 '우리가 필요한 걸 다 준다'라고 말하고 싶으면 위 문장에서 The island만 바꾸어 사용해 보세요.

MOANA SO HERE I'LL STAY / MY HOME, MY PEOPLE BESIDE ME / AND WHEN I THINK OF TOMORROW

모아나 그래서 난 여기에 있을 거야 / 우리 집, 내 곁에 있는 우리 주민들 / 그런데 내일을 생각하면

TUI/VILLAGERS THERE WE ARE

투이/마을 사람들 우리가 있잖아

MOANA I'LL LEAD THE WAY / I'LL HAVE MY PEOPLE TO GUIDE ME / **WE'LL BUILD OUR FUTURE TOGETHER WHERE WE ARE.**❶

모아나 내가 길을 이끌 거야 / 나를 안내해줄 사람들이 있을 거야 / 우리는 지금 있는 곳에다 우리의 미래를 함께 건설할 거야

Moana and Tui **celebrate** in the middle of the village, which surrounds them, **cheering** her **on**.

모아나와 투이는 마을 사람들 한 가운데에서 축하연을 즐기고 있다. 마을 사람들은 둘을 둘러싸고 축하해주고 있다

MOANA **CUZ** EVERY PATH LEADS YA BACK TO

모아나 왜냐하면 길은 모두 다시 돌아올 거니까

MOANA/VILLAGERS WHERE YOU ARE!

모아나/마을 사람들 지금 우리가 있는 곳으로!

Moana puts on her **headdress** herself and joins her parents' **procession** to the council fale. As Moana gets closer, she looks to the ocean, where she sees Gramma Tala dancing with the water. Moana pauses just the slightest **beat**... then decides to continue with her parents toward the council fale.

모아나는 스스로 머리 장식을 쓰고는 부모를 따라 마을 회관으로 걸어간다. 마을 회관이 가까워지자, 바닷물과 함께 춤을 추고 있는 탈라 할머니의 모습이 모아나의 눈에 띈다. 모아나는 아주 잠시 머뭇거린다. 그러나 다시 부모를 따라 마을 회관으로 가기로 한다.

MOANA YOU CAN FIND HAPPINESS RIGHT

모아나 행복은 찾을 수 있는 거야. 바로

MOANA/EVERYONE WHERE YOU ARE, WHERE YOU ARE!

모아나/모두 지금 네가 있는 곳에서, 네가 있는 곳에서!

As the song **reaches a climax**, Moana stands in the entrance to the council fale with her mother and father, surrounded by a village who loves her.

노래는 클라이맥스에 달하고 모아나가 마을 회관 입구에 아버지랑 어머니랑 함께 서자, 모아나를 사랑하는 마을 사람들이 빙 둘러선다.

바로 이장면!*

EXT. VILLAGE - DAY

실외. 마을 – 낮

QUICK CUTS:
1) Tui and Sina talk to MAIVIA who stands in front of his UMU FALE.

일상생활을 보여주는 화면이 빠르게 지나간다.
1) 투이와 시나가 전통요리 우무를 요리하는 장소인 팔레 앞에 서 있는 마이비아와 얘기하고 있다.

celebrate 축하하다
cheer on ~를 격려하다
cuz because를 구어체에서는 간단하게 줄여서 'cause라고도 하는데, 이것을 소리 나는 대로 표기한 것이 cuz임
headdress 머리장식
procession 행진, 행렬
beat 잠깐 멍하게 있는 동작
reach a climax 절정에 도달하다

❶ **We'll build our future together where we are.**
우리는 지금 있는 곳에다 우리의 미래를 함께 건설할 거야.
build our future(우리의 미래를 건설하다)는 참으로 가슴을 뛰게 하는 말이죠. 따라서 이런 말을 잘 쓰는 사람을 경계해야 합니다. 사기꾼일수록 사람의 가슴을 뛰게 하는 말을 애용하니까요.

We come in mid-conversation:

셋은 한창 얘기하는 중이다.

MAIVIA ...and every storm the roof **leaks** no matter how many fronds I add–

마이비아 폭풍이 불 때마다 지붕이 세요. 아무리 야자나무 잎을 얹어도 말이죠.

MOANA (O.S.) Fixed! (slides down post) Not the fronds, wind shifted the post.

모아나 (소리만 들린다) 고쳤어요! (기둥을 타고 내려온다) 잎사귀 때문에 그런 게 아니에요. 바람 때문에 기둥이 움직였어요.

Moana takes a bite of pork.

모아나가 돼지고기를 한 점 먹는다.

MOANA (eats pork, mouth full) Mm, that's good pork. (off Pua, oops) Oh, I didn't mean– I wasn't– what?– they're calling me so I gotta– byeee!

모아나 (입에 한가득 돼지고기를 넣고 먹는다) 음. 돼지고기가 맛있네. (돼지인 푸아가 보인다. 아이쿠) 아. 일부러 그런 건 아니고, 난 그렇게 말하려고 한 건 아니고… 뭐라고? 사람들이 부르니까 가볼게!

2) Moana holds the hand of TOLO, a big guy lying down, **gritting his teeth** as he gets his painful Pe'a **tattoo**.

2) 모아나가 톨로의 손을 잡고 있다. 톨로는 덩치가 큰 남자로, 지금 누워서 고통스러운 전통적인 페아 문신을 받느라고 이를 앙 다물고 참고 있다.

TOLO Ow. Ow. Ow.

톨로 아. 아. 아.

MOANA You're doing great.

모아나 잘하고 있어.

TOLO **Is it done yet?**❶

톨로 끝났어?

Moana looks at the tattoo it's tiny, nowhere near close.

모아나가 문신을 본다. 이제 조금밖에 하지 않아서 끝나려면 아직 멀었다.

MOANA (encouraging) So close.

모아나 (용기를 북돋느라) 거의 다 됐어.

Onlookers shake their heads. Moana gives them a "be nice and be encouraging" look. The **tattoo artists sticks** him **good** and he squeezes Moana's hand tight.

지켜보던 사람들이 머리를 흔든다. 모아나는 그 사람들에게 '용기를 북돋아 주세요'라는 표정을 짓는다. 문신을 새기는 사람이 톨로를 푹 찌르자 톨로는 모아나의 손을 꼭 잡는다.

3) Three little kids dance as Moana watches on proudly. A fourth kid dances in **going nuts**. The little boy gives her a smile and wiggles his eyebrows at Moana.

3) 아이들 세 명이 모아나가 자랑스러운 듯이 지켜보고 있는 가운데 춤을 춘다. 네 번째 아이는 미친 듯이 춤을 춘다. 그 꼬마남자애는 모아나에게 미소를 짓더니 눈썹을 꿈틀거린다.

4) Moana talks to MATUA, a village cook.

4) 모아나가 마을의 요리사인 마투아와 얘기를 나누고 있다.

leak 물이 새다
grit one's teeth 이를 악물고 고통 등을 참다
tattoo 문신
onlooker 구경꾼
tattoo artist 문신 시술자
stick good 쿡 찌르다
go nuts 미친 듯이 어떤 행동을 하다

❶ **Is it done yet? 끝났어?**

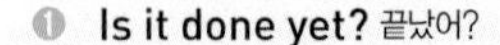

Is it done?은 '끝났냐?'고 물어보는 말입니다. 그런데 yet은 무슨 뜻일까요? yet이 '아직'이라고 해서 Is it done yet?이 '아직 끝났냐?'는 의미는 아니랍니다. 의문문에 yet이 쓰이면 '아직'이란 의미가 아니라, 그냥 아무런 의미 없이, 즉 중립적으로 덧붙이는 말이라고 보면 됩니다.

MATUA I'm curious about that chicken eating the rock – he seems to lack the basic **intelligence** required for pretty much everything, should we maybe just... cook him?

마투아 돌을 먹는 저 닭이 참 궁금해. 누구나 거의 무슨 일이든 하려면 기본적으로 지능이 필요하잖아. 그런데 저 애는 그런 기본적인 지능이 없는 것 같아. 우리 그냥 쟤를 요리해 먹을까?

Moana looks at Heihei trying to eat a rock.

모아나는 돌을 먹으려고 하는 헤이헤이를 본다.

MOANA Well, sometimes our strengths lie beneath the surface – far beneath in some cases – but **I'm sure there's more to Heihei than meets the eye.**[1]

모아나 그런데 말이죠, 어떤 땐 우리의 진정한 힘이란 보이지 않는 곳에 있는 것 같아요. 어떤 경우에는 아주 깊숙한 곳에요. 그래서 하는 말인데요, 헤이헤이의 힘은 보이지 않는 곳에 있다고 확신해요.

Heihei **chokes on** the rock and **spits** it **up**. Pua **is grossed out**.

헤이헤이는 돌이 목에 걸려 뱉는다. 푸아가 역겨워한다.

5) LELEI, a female farmer, shows Moana her crop of COCONUTS.

5) 여자 농부인 레레이가 모아나에게 수확한 코코넛을 보여준다.

LELEI It's the harvest, this morning I was **husking** the coconuts and...

레레이 이게 수확한 건데요. 오늘 아침에 껍질을 벗겨보니까 글쎄…

Lelei cracks open a seemingly healthy coconut, but inside it has turned black. Moana **leans in**. Tui looks too – this is definitely unusual. They all look to Moana for guidance.

레레이가 겉으로는 멀쩡해 보이는 코코넛을 쪼갠다. 그러자 안은 까만색으로 변해 있다. 모아나가 고개를 숙여 본다. 투이도 본다. 이건 분명히 뭔가 이상이 생긴 것이다. 모두 뭔가 알려주기를 바라는 눈빛으로 모아나를 바라본다.

MOANA Well... we should clear the diseased trees. And we will start a new **grove**. (POINTS) There.

모아나 그러니까… 병든 나무들을 없애야 해요. 그리고는 새 장소에다 다시 시작해야 돼요. (손으로 가리킨다) 저기다요.

LELEI Thanks, Moana. (to Tui, not quiet) She's doing great...

레레이 고마워, 모아나야. (투이에게, 다 들리도록 큰 소리로) 모아나는 아주 잘하고 있어요…

Moana points to an unclaimed grove area. Villagers nod. Tui gives Sina a "she's crushing it" look as they reach the "end" of the village rounds. Moana looks to her village. She did well today... and her parents are clearly proud. But we can see Moana's **wheels are turning**. Tui smiles at Moana.

모아나는 개간하지 않는 곳을 가리키고 있다. 마을 사람들이 고개를 끄덕인다. 마을 순시의 마지막 장소에 오자 투이는 시나에게 '얘가 너무 잘하고 있어'라는 눈짓을 한다. 모아나는 마을을 바라본다. 오늘은 아주 잘했다. 부모도 자랑스러워하는 것이 분명하다. 하지만 모아나의 머릿속에서 여러 가지 생각들이 스치고 있다는 것을 알 수 있다. 투이가 모아나에게 미소를 짓는다.

TUI This suits you.

투이 족장은 네게 어울려.

intelligence 지능
choke on ~을 먹다가 목이 막히다
spit up 뱉다
be grossed out 역겨워하다
husk 겉껍질을 벗기다
lean in 몸을 기울이다
grove 재배 장소
wheels are turning '생각하는 머리가 돌아가고 있다'는 의미

[1] I'm sure there's more to Heihei than meets the eye. 헤이헤이에게는 눈에는 보이지 않는 뭔가가 있다고 확신해요.

다른 사람들 눈에는 헤이헤이가 멍청한 수탉으로 보이지만 모아나는 헤이헤이에게는 뭔가 보이지 않는 힘이 있다고 확신합니다. 이때 사용한 표현이 there's more to someone than meets the eye라는 숙어 표현입니다. '누군가에게는 눈에 보이지 않는 뭔가가 있다'는 뜻이죠.

Day 05

Vast Ocean

망망대해

05.mp3

As they turn for their fale, a fisherman hurries up, LASALO.

가족이 집으로 돌아오려고 하는데 라살로라는 어부가 황급히 다가온다.

LASALO Chief? **There's something you need to see.**[1]

라살로 족장님? 보셔야 할 게 있어요.

EXT. MOTUNUI - BEACH - A LITTLE LATER

실외. 모투누이 – 해변 – 잠시 후

Lasalo stands next to his fishing boat, where fishermen lift an empty net.

라살로는 고깃배 옆에 서 있고, 어부들이 빈 그물을 들어올린다.

LASALO Our **traps** in the east **lagoon** are pulling up less and less fish.

라살로 동쪽 석호에 쳐놓은 그물에 잡히는 고기가 점점 줄어들고 있어요.

Tui turns to Moana to let her answer the question.

투이는 이 문제에 대한 해결책을 내놓으라는 듯이 모아나에게 몸을 돌린다.

MOANA Then we'll... rotate the fishing grounds.

모아나 그러면 고기 잡는 터를 돌아가면서 옮기도록 해요.

Tui smiles at Moana, she's **batting 1000** today–

투이가 모아나에게 미소를 짓는다. 모아나는 오늘 너무 완벽하다.

LASALO Uh, we have. There's no fish.

라살로 어, 그렇게 해봤어요. 고기가 없어요.

바로 이 장면!*

MOANA Oh, then we will fish the far side of the island–

모아나 아, 그러면 섬의 제일 끝쪽에서 고기를 잡도록 하죠.

LASALO We tried.

라살로 그것도 해봤어요.

MOANA (growing concern) The **windward side**?

모아나 (점점 걱정이 돼서) 바람이 불어오는 쪽이요?

LASALO And the **leeward side**, the shallows, the channel, we've tried the whole lagoon... they're just gone.

라살로 거기도 해봤고, 바람이 불어가는 쪽도 해봤고요, 얕은 물, 해협 등등, 석호 전체에서 다 해봤지만, 고기가 사라졌어요.

trap 고기가 잡히도록 쳐놓은 그물

lagoon 석호

bat 1000 완벽하다. 야구 경기에 출전하는 타자의 타율에 비유한 표현으로, bat 1.000을 뜻함. 공을 때리는 족족 안타가 난다, 즉 타율이 100퍼센트라는 의미

windward side 바람이 불어오는 쪽

leeward side 바람이 불어가는 쪽

1 There's something you need to see. 보셔야 할 게 있어요.

마을 주민이 투이에게 빈 그물을 보여주며 '당신이 봐야 할 게 있다.'는 뜻으로 There's something you need to see.라고 말합니다. 여러분도 누군가에게 보여줄 게 있을 때는 이 표현을 기억하세요.

TUI (BACKGROUND) Have you tried the **bait**?

투이 (뒤에서) 미끼를 써봤나?

LASALO (BACKGROUND) I don't think it's the bait.

라살로 (뒤에서) 미끼의 문제가 아닌 것 같아요.

TUI (BACKGROUND) Of course I understand. You **have reason for concern**.

투이 (뒤에서) 물론 나도 이해는 하네. 걱정할 만해.

LASALO (BACKGROUND) Every day it seems like it's a little bit worse and worse. **We've tried everything.**[1]

라살로 (뒤에서) 매일 조금씩 점점 더 악화되고 있는 것 같아요. 방법이란 방법은 다 써봤거든요.

Moana looks down the beach at other fishing boats, all returning with EMPTY NETS. As the fisherman continue talking to Tui, Moana looks to the water to all of the places with no fish. Everything within the reef has tried, but there's an obvious place no one's gone: beyond the **reef** to the vast ocean that surrounds them. She stands on a boat **to get a better view**.

모아나는 해변 아래쪽을 바라본다. 고기잡이배들이 모두 그물이 빈 채 들어오는 모습이 보인다. 어부들이 투이와 함께 이야기하는 사이에 모아나는 고기가 없는 장소들을 모두 돌아본다. 산호초 안에서는 모든 방법을 다 써봤겠지만 아무도 가보지 않은 곳이 분명히 있다. 바로 산호초 너머 섬을 둘러싸고 있는 망망대해다. 모아나는 더 잘 보려고 배 위에 서 있다.

TUI (concerned, sincere) ...I will talk to the council– I'm sure we–

투이 (걱정스러워 심각한 표정으로) 마을 회의에서 얘기하겠네. 우리한테 분명히 방법이…

MOANA **What if**... we fish *beyond* the reef?

모아나 산호초 너머에서 고기를 잡으면 어때요?

The fishermen look at Moana, surprised. Tui more so.

어부들이 놀라서 모아나를 바라본다. 투이는 더 놀란 표정이다.

TUI (**staying calm**) No one goes beyond the reef.

투이 (침착함을 유지한 채) 산호초 너머로는 아무도 가서는 안 된단다.

MOANA I know, but if there are no fish in the lagoon –

모아나 알아요. 하지만 석호에 고기가 없다면…

TUI – Moana –

투이 모아나야…

MOANA – and there's a whole ocean –

모아나 그런데 망망대해가 있는데…

TUI (**growing anger**) We have one rule –

투이 (점점 화가 치민다) 우리에게는 한 가지 법이 있어…

MOANA – an old rule when there were fish –

모아나 그건 물고기가 있었을 때 만들어진 옛날 법이죠…

bait 미끼
have reason for concern '걱정할 이유가 있다.' 즉 '걱정이 되는 것도 당연하다'
reef 산호초
to get a better view 더 잘 보려고
What if ~? 만약 ~한다면 어떠냐?
stay calm 침착한 상태를 유지하다
grow anger 화가 치밀다

1 We've tried everything.
방법이란 방법은 다 써봤거든요.
누군가가 무엇을 해봤냐는 의미로, Have you tried ~?라고 물어봤을 때, '난 할 수 있는 건 다 해봤어.'라고 대답하고 싶으면, I've tried everything.이라고 대답하면 되죠. '우리는 다 해봤어.'라고 하고 싶으면 주어만 바꿔서, We've tried everything.이라고 하면 되고요.

TUI (unleashing) – A rule that keeps us safe

MOANA – but Dad –

TUI – instead of **endangering** our people so you can run right back to the water!

As Tui **loses his temper**, he realizes the fishermen around have **witnessed** this **ugly exchange**. Moana stands on the boat, Tui stands on the sand. A **microcosm** of their relationship. Tui takes Moana off the boat and places her back on the sand.

TUI (low, **intense** to Moana) Every time I think you're past this... (walking away, calling out) No one goes beyond the reef!

투이 (버럭 화를 낸다) 그건 우리를 안전하게 지켜주는 법이야…

모아나 하지만, 아빠…

투이 우리 마을 사람들이 위험에 빠져 네가 다시 물로 뛰어드는 대신에 우리를 안전하게 지켜주는 법이란 말야!

투이는 화를 내면서도 주위의 어부들이 부녀가 언쟁을 하는 볼썽사나운 광경을 지켜보고 있다는 것을 의식한다. 모아나는 배에 서 있고, 투이는 모래 위에 서 있다. 부녀의 관계를 나타내는 소우주인 셈이다. 투이가 모아나를 배에서 끌어내려 다시 모래 위에 서 있게 한다.

투이 (낮은 목소리지만 강력한 어조로) 네가 이런 단계는 벗어났다고 생각할 때마다… (저쪽으로 걸어가며 소리친다) 그 어느 누구도 산호초를 벗어나면 안 돼!

---

endanger 위험에 빠뜨리다
lose one's temper 화를 내다
witness 목격하다
ugly exchange '추악한 교환' 즉 '볼썽사나운 언쟁'
microcosm 소우주
intense 강렬한

Day 06

A Different Song

다른 노래

06.mp3

EXT. SHORE - LATER

THWACK! Moana **chucks** a stick at the sand... where we find several other sticks. **Pull out** to reveal Sina is sitting next to her. They've been sitting here for a while. **Awkwardly**...

실외. 해변 – 잠시 후

쾍! 모아나가 모래에 막대기를 던진다. 모래에는 이미 막대기가 여러 개 있다. 카메라가 멀어지면서 시나가 모아나 옆에 앉아 있는 것이 보인다. 두 사람은 여기에 한 동안 앉아 있었던 것이 분명하다. 시나는 좀 거북스럽다.

바로 이장면!*

SINA Well, it's not like you said it in front of your dad... standing on a boat.

시나 아빠 앞에서 그렇게 말하는 건 좀… 배 위에 서서 말야.

Sina gives Moana a weak smile, Moana isn't amused.

시나는 모아나에게 희미한 미소를 짓지만, 모아나는 기분이 별로다.

MOANA I didn't say "go beyond the reef" because I want to "be on the ocean."

모아나 제가 '바다 위에' 있고 싶어서 '산호초 너머로 가자'고 한 건 아니었어요.

SINA (knowing, but loving) But you still do...

시나 (다 안다는 듯이, 그러나 사랑이 담긴 어조로) 하지만 넌 그래도…

Moana sighs, Sina's right, and Moana can't deny it. Sina **studies** Moana for a moment, thinking of what to say.

모아나는 한숨을 짓는다. 어머니 말이 맞다. 모아나는 그것을 부정할 수는 없다. 시나는 어떻게 말해야 할지 생각하면서 모아나를 잠깐 살펴본다.

SINA (SIGHS) **He's hard on you**[1] because...

시나 (한숨을 짓는다) 아빠가 네게 엄격하게 구는 것은…

MOANA ...because he doesn't get me...

모아나 내가 어떻게 되는 것을 바라지 않기 때문이죠…

SINA ...because he was you. Drawn to the ocean, down by the shore. He took a canoe, Moana, he crossed the reef... and found an **unforgiving** sea. Waves like mountains. His best friend begged to be on that boat... your dad couldn't save him. (THEN) He's hoping he can save you...

시나 아빠가 바로 너니까 그러는 거야. 아빠는 바다에 끌려서, 해변으로 내려가 카누를 탔단다, 모아나야. 아빠는 산호초를 건넜단다. 그러자 무자비한 바다를 만났지. 산더미 같은 파도가 밀려왔어. 가장 친한 친구가 배에서 튕겨나가지 않으려고 애를 썼지만 아빠는 그 친구를 구해주지 못했단다. (그러더니) 그래서 아빠는 너를 지켜주려고 하는 거야…

thwack 홱 던지는 소리를 나타내는 의성어
chuck 내던지다
pull out 카메라가 멀어진다는 의미
awkwardly 거북스럽게, 어색하게
study 자세하게 살피다
unforgiving 사나운, 가차없는

1 He's hard on you.

아빠가 네게 엄격하게 대한다.

엄마는 아빠가 왜 딸에게 엄격한지 그 이유를 설명하느라고 말을 꺼내고 있습니다. 여기서 hard는 '어려운'이나 '딱딱한'이란 의미가 아니라 '엄격한'이란 의미로 쓰인 것이란 점을 명심해야 합니다.

Moana looks to the village, to Tui, who **deals with** villagers. She sees a pain in Tui... and a **crown of responsibility**.

모아나는 마을과 투이를 본다. 투이는 마을 사람들과 얘기를 나누고 있다. 모아나는 투이가 느끼는 고통을 알 것 같다. 책임감의 극치를 투이에게서 보는 것이다.

SINA Sometimes... who we wish we were, what we wish we could do... it's just not meant to be.

시나 어떤 땐 우리가 어떤 사람이 되고 싶어 해도, 우리가 무엇을 하고 싶어 해도, 그렇게 되지 않는 경우가 있단다.

Sina **brushes the hair from Moana's face** and **leaves Moana to her thoughts**. Moana stares at the ocean, her mind swimming.

시나는 모아나의 얼굴에 늘어져 있는 머리카락을 쓸어주며 혼자 생각하도록 내버려둔다. 모아나는 바다를 바라보면서 생각의 소용돌이에 휩싸인다.

As Moana walks along the shore... **conflicted**.

모아나가 마음속에서 갈등하며 해변을 걷는다.

MOANA I'VE BEEN STARING / AT THE EDGE OF THE WATER / LONG AS I CAN REMEMBER / NEVER REALLY KNOWING WHY
I WISH I COULD / BE THE PERFECT DAUGHTER / BUT I COME BACK TO THE WATER / NO MATTER HOW HARD I TRY

모아나 나는 바라보고 있어요 / 바다 끝을 / 아주 오랫동안 보고 있어요 / 왜 그런지는 나도 몰라요
나도 그렇게 되고 싶어요 / 완벽한 딸이 되고 싶어요 / 하지만 난 다시 바다로 와요 / 아무리 가지 않으려고 해도 그게 안 돼요

MOANA EVERY TURN I TAKE / EVERY TRAIL I TRACK / EVERY PATH I MAKE / EVERY ROAD LEADS BACK / TO THE PLACE I KNOW / WHERE I CANNOT GO / WHERE I LONG TO BE...
SEE THE LINE WHERE THE SKY MEETS THE SEA / IT CALLS ME / AND NO ONE KNOWS / HOW FAR IT GOES
IF THE WIND IN MY SAIL ON THE SEA / STAYS BEHIND ME / ONE DAY I'LL KNOW / IF I GO, **THERE'S JUST NO TELLING HOW FAR I'LL GO...** ❶

모아나 내가 몸을 돌릴 때마다 / 내가 오솔길을 걸을 때마다 / 내가 길을 걸을 때마다 / 길은 모두 이리로 통해요 / 내가 아는 곳으로 / 내가 갈 수 없는 곳으로 / 내가 가고 싶은 곳으로…
하늘과 바다가 만나는 저 수평선을 보세요 / 저 수평선이 나를 불러요 / 그러나 아무도 몰라요 / 저 수평선이 얼마나 멀리 있는지
바다에 나서서 내 돛에 이는 바람이 / 내 뒤에서 불면 / 나는 알아요, 언젠가는 / 내가 간다면, 얼마나 멀리 갈지는 알 수 없다는 걸요

Moana walks back through the village.

모아나는 다시 마을로 돌아온다.

MOANA I KNOW EVERYBODY ON THIS ISLAND / SEEMS SO HAPPY ON THIS ISLAND / EVERYTHING IS BY DESIGN...

모아나 나는 알아요, 이 섬에 있는 사람들은 모두 / 이 섬에서 사는 게 너무나 즐거운 것 같다는 걸요 / 이 섬에서는 모든 게 미리 계획된 대로 움직여요…

deal with ~와 상대하다

crown of responsibility 책임감의 극치. crown은 '왕관'이란 뜻이지만, 여기서는 '극치'를 의미

brush the hair from someone's face 누구의 얼굴에 흐트러진 머리칼을 쓸어주다

leave someone to someone's thoughts 누가 혼자 생각하도록 내버려두다

conflicted 갈등을 겪는

❶ **There's just no telling how far I'll go.** 얼마나 멀리 갈지는 알 수 없어요.
〈There's no + -ing〉는 '~하는 것은 불가능하다'란 뜻입니다. 또한 tell은 여기서는 '말하다'가 아니라 '알다'라는 뜻이죠. 그래서 모아나가 한 말은 '내가 바다로 나가면 얼마나 멀리 가게 될지는 알 수 없다'란 의미입니다.

I KNOW EVERYBODY ON THIS ISLAND / HAS A ROLE, ON THIS ISLAND / SO MAYBE I CAN ROLL WITH MINE.

나는 알아요. 이 섬에 있는 사람들은 모두 / 자기 역할이 있어요 / 그래서 아마 나도 내 역할대로 움직일 수도 있어요

Moana climbs to the top of the mountain... to the **stack of stones**. She picks up a stone and looks at the pile...

모아나가 산꼭대기로 올라가, 돌을 쌓아놓은 곳으로 간다. 모아나는 돌을 하나 집더니 돌무더기를 바라본다…

MOANA I CAN LEAD WITH PRIDE / I CAN MAKE US STRONG / I'LL BE SATISFIED / IF I PLAY ALONG / BUT A VOICE INSIDE SINGS A DIFFERENT SONG / **WHAT IS WRONG WITH ME?**❶

모아나 난 자부심으로 똘똘 뭉친 채 이끌 수 있어요 / 난 마을 사람들을 강하게 만들 수 있어요 / 난 만족감을 느낄 거예요 / 내 역할대로 한다면요 / 하지만 내 내면의 목소리는 다른 노래를 불러요 / 난 뭐가 잘못된 건가요?

As **the sun glints off the ocean into Moana's eyes**, she **can't help it**, and runs for the water.

바다에서 반사된 태양빛이 눈에 들어오자 모아나는 더 이상 견딜 수 없어 바다로 뛰어간다.

MOANA SEE THE LIGHT AS IT SHINES ON THE SEA / IT'S **BLINDING** / BUT NO ONE KNOWS / HOW DEEP IT GOES / AND IT SEEMS LIKE IT'S CALLING OUT TO ME / SO COME FIND ME / AND LET ME KNOW / WHAT'S BEYOND THAT LINE, WILL I CROSS THAT LINE?

모아나 바다로 내리쬐는 태양빛을 보세요 / 너무 눈부시죠 / 하지만 아무도 몰라요 / 바다가 얼마나 깊은지는요 / 그런데 그 바다가 나를 부르고 있는 것 같아요 / 와서 날 찾아보리고요 / 그리고는 나에게 저 수평선 너머에 뭐가 있는지 알려주려는 것 같아요. 저 수평선을 넘을까요?

Moana finds a boat, Pua offers her an **oar** and jumps on the boat as Moana pushes it onto the water. **Paddling** hard.

모아나가 배를 발견하자, 푸아가 노를 모아나에게 내밀고는 배에 올라탄다. 한편 모아나는 배를 바다로 밀더니 열심히 노를 젓는다.

MOANA THE LINE WHERE THE SKY MEETS THE SEA / IT CALLS ME / AND NO ONE KNOWS / HOW FAR IT GOES
IF THE WIND IN MY SAIL ON THE SEA / STAYS BEHIND ME / ONE DAY I'LL KNOW / HOW FAR I'LL GO – whoa!

모아나 하늘과 바다가 만나는 저 수평선이 / 나를 불러요 / 그런데 아마도 몰라요 / 저 수평선이 얼마나 멀리 있는지
바다에서 내 돛에 부는 바람이 / 내 뒤에서 분다면 / 언젠간 알겠죠 / 내가 얼마나 멀리 갈 건지… 와!

---

stack of stones 돌을 쌓아놓은 무더기

the sun glints off the ocean into Moana's eyes '햇빛이 바다에 반사되어 모아나의 눈에 들어온다'는 의미. glint off the ocean은 '빛이 바다에 반사되다'라는 뜻

can't help it 어쩔 수 없다

blinding 빛이 너무 강해 눈을 뜰 수 없을 정도인

oar 노

paddle 노를 젓다

❶ **What is wrong with me?**
난 뭐가 잘못된 건가요?
상대방이 뭔가 이상한 말을 하거나 행동을 하면, What is wrong with you?라고 핀잔을 줄 수 있죠. 그런데 자신에게 뭔가 문제가 있다고 생각되면, What is wrong with me?라고 반문할 수 있답니다.

Disney
모아나

Day 07

Village Crazy Lady

마을의 미친 여인

07.mp3

EXT. MOTUNUI - SHORELINE - CONTINUOUS

실외. 모투누이 – 해변 – 계속

Moana's boat **wobbles**, **unsteady** – it's not easy and her balance isn't great, but she's determined. Pua looks **freaked out**.

모아나가 탄 배가 불안정하게 흔들거린다. 안정을 유지하는 건 쉽지 않다. 모아나의 균형감각도 별로다. 하지만 모아나는 결심을 했다. 푸아가 겁에 질린 표정을 짓는다.

MOANA I can do this... (determined) There's more fish beyond the reef. (small, internal) There's more beyond the reef.

모아나 난 할 수 있어… (결의에 찬 표정으로) 산호초 너머에는 물고기가 더 많아. (작은 소리로 스스로에게 다짐하듯) 산호초 너머에는 더 많아.

Moana paddles hard, **crests a wave**... she did it.

모아나가 열심히 노를 저어 파도 위에 올라선다. 해낸 것이다.

MOANA Not so bad.

모아나 잘했어.

But the wind changes and the **boom** swings, almost hitting her. As she recovers, a wave rushes toward her, breaking before she has a chance to react. It **slams into** her boat hard. Moana **sputters** and looks out to see – Pua's been knocked into the water, struggling to **stay afloat**.

그러나 바람의 방향이 바뀌자 돛의 아래 활대가 휙 돌아 모아나가 맞을 뻔한다. 정신을 차리자, 파도가 앞으로 밀려와서는 부서진다. 모아나가 대응할 기회도 주지 않는다. 파도가 배를 세게 친다. 모아나는 숨을 식식거리며 바다를 내다보니 물속으로 떨어진 푸아가 물에 떠 있으려고 발버둥을 치는 게 보인다.

MOANA Pua!

모아나 푸아야!

Moana tries to paddle to Pua to save him, but a bigger wave crashes into her, knocking Moana into the water. As she tries to **surface** with Pua, she shoves him onto a broken **outrigger** but - BAM! The boat slams her head and Moana **is churned underwater** and her foot gets stuck in CORAL.

모아나는 푸아를 구하려고 노를 저으려 하지만, 더 큰 파도가 닥쳐 모아나는 물속으로 떨어진다. 모아나는 푸아를 데리고 물위로 나가려고 푸아를 부러진 배 현외 장치로 올려놓지만, 쾅! 배가 모아나의 머리를 치자 물밑으로 가라앉아 산호에 발이 낀다.

Moana struggles to free herself, pulling at her foot, **desperate**, running out of air, she grabs a rock, and smashes the coral, **freeing herself**, and washes up on the sand.

모아나는 발을 빼려고 사력을 다하다. 숨이 막히자 돌을 집어 산호를 찍어 발을 빼고는 모래사장으로 휙 올라간다.

wobble 흔들리다
unsteady 불안정한
freaked out 질겁한
crest a wave 파도 위에 올라서다
boom 돛의 아래 활대
slam into ~에 쾅 부딪히다
sputter 숨을 식식거리다
stay afloat 물 위에 떠 있다
surface 수면 위로 떠오르다
outrigger 배의 현외 장치
be churned underwater 물밑으로 소용돌이치며 가라앉다
desperate 필사적인
free oneself 벗어나다

EXT. MOTUNUI BEACH - MOMENT LATER

Moana **washes ashore**. She **rescued** Pua, who gives her a **clueless** lick and trots off to chase birds... but Moana is shaken. Her foot is **scraped** and the boat she borrowed is **smashed**. She**'s going to be in big trouble**.

실외. 모투누이 해변 – 잠시 후

모아나는 해변에 올라가 있다. 모아나가 구조해준 푸아는 모아나를 정신없이 핥더니 새들을 쫓으러 아장아장 걸어간다. 그러나 모아나는 몸과 마음이 다 떨린다. 발은 까졌고, 빌린 배는 박살났다. 이제 큰 일이 난 것이다.

바로 이 장면!*

GRAMMA TALA (O.S.) Whatever just happened... blame it on the pig.

탈라 할머니 (소리만 들린다) 무슨 일이 일어났든지 간에 다 돼지한테 책임을 돌려.

Startled, Moana turns to see Gramma Tala, emerging through the shrubs. Moana can't even pretend to hide the wreckage.

깜짝 놀란 모아나가 몸을 돌리니 탈라 할머니가 수풀을 헤치고 나오는 것이 보인다. 모아나는 배가 파손된 것을 숨길 시늉도 못한다.

MOANA Gramma...?

모아나 할머니…?

Moana tries to hide her foot, but Tala motions "let me see it." Tala tends to the scratch.

모아나는 발을 숨기려고 하지만 탈라는 몸짓으로 '내가 좀 볼게'라고 말한다. 탈라는 모아나의 발에 난 상처를 치료해준다.

MOANA Are you gonna tell Dad?

모아나 아빠한테 이르실 거예요?

GRAMMA TALA I'm his mom, I don't have to tell him anything.

탈라 할머니 내가 네 아빠의 엄만데, 뭘 다 얘기하니.

Moana looks at the broken boat, then out at the water, then shakes her head, making up her mind.

모아나는 박살이 난 배를 보더니 이번에는 바다를 바라본다. 그러더니 머리를 흔들면서 결심을 굳힌다.

MOANA He was right... about going out there. (then, resolved) **It's time to put my stone on the mountain.**[1]

모아나 아빠 말씀이 맞아요. 바다로 나가는 문제 말예요. (그러더니 결심을 굳힌 듯) 이제 산에다 제 돌을 얹을 때가 됐어요.

Gramma studies Moana, then turns to the ocean... breathing in the air. Like she's communicating with it. A beat, then:

할머니는 모아나를 유심히 살펴보더니 바다를 향해 몸을 돌리고는 숨을 들이쉰다. 할머니는 바다와 이렇게 교감을 하고 있는 것이다. 잠시 후에 할머니가 입을 연다.

GRAMMA TALA Okay. (SHE WALKS PAST MOANA TO THE WATER) Well, then head on back, put that stone up there.

탈라 할머니 알았다. (모아나를 지나쳐 바다로 간다) 그렇다면 돌아가서 거기다 그 돌을 얹어라.

wash ashore 해변으로 올라가 있다
rescue 구조하다
clueless 정신없는
scraped 긁힌
smash 박살내다
be going to be in big trouble 크게 혼날 것이다
startle 깜짝 놀라게 하다

[1] **It's time to put my stone on the mountain.** 이제 산에다 제 돌을 얹을 때가 됐어요.
모아나는 이제는 자신이 족장이 되어 마을을 이끌어야 된다는 의미로, 돌을 얹어야 될 때가 됐다고 말하는군요. 이렇게 무슨 일을 할 때가 됐다고 말하고 싶으면 모아나처럼 〈It's time to + 동사원형〉의 패턴을 활용해 보세요.

Moana walks away. Then after a beat, Moana returns.

모아나는 발걸음을 돌리다 잠시 후에 돌아온다.

MOANA **Why aren't you trying to talk me out of it?**[1]

모아나 왜 그렇게 하지 말라고 말씀을 안 하시는 거예요?

GRAMMA TALA You said that's what you wanted.

탈라 할머니 네가 그렇게 하고 싶다고 말했으니까.

MOANA It is.

모아나 내가 바라는 건 그거예요.

Tala nods. Moana, turns and heads back toward the village... but just as she's about to cross the **threshold** of **shrubs** separating the beach from the jungle :

탈라가 고개를 끄덕인다. 모아나는 몸을 돌려 마을로 돌아간다. 그러나 해변과 정글을 갈라놓는 문턱 격인 수풀을 막 건너려고 하는 순간 할머니의 목소리가 들린다.

GRAMMA TALA When I die... I'm going to come back as one of these. (THEN) Or I chose the wrong tattoo.

탈라 할머니 내가 죽으면 난 이런 것이 되어 돌아올 거야. (잠시 후에) 아니면 내가 문신을 잘못 골랐나보다.

MOANA (suspicious) Why are you **acting weird**?

모아나 (의심스러워) 할머니는 왜 이상한 사람처럼 행동하세요?

GRAMMA TALA I'm the village crazy lady... that's my job.

탈라 할머니 난 마을에서 이상하게 구는 여인네야. 그게 내가 맡은 일이지.

Moana looks at Tala, should she stay or go, or...

모아나는 탈라를 바라본다. 여기에 그대로 있어야 하나, 아니면 가야 하나, 아니면…

MOANA If there's something you want to tell me, just tell me. (ALMOST DESPERATE) Is there something you want to tell me?

모아나 나한테 하고 싶은 말이 있으면, 그냥 하세요. (거의 필사적으로) 나한테 하고 싶은 말이 있어요?

Gramma leans in and whispers.

할머니가 상체를 기울이더니 속삭인다.

GRAMMA TALA Is there something you want to hear?

탈라 할머니 듣고 싶은 얘기가 있니?

Gramma smiles and walks away. As Tala **hobbles off**... Moana follows after.

할머니는 미소를 짓더니 가버린다. 탈라가 뒤뚱거리며 걸어가자 모아나는 뒤를 따른다.

threshold 문턱, 서로 상반되는 상황을 가르는 '문턱'이란 의미로 사용되는 경우가 많음
shrub 수풀, 관목
act weird 괴이한 행동을 하다
hobble off 절뚝거리며 가다

1 Why aren't you trying to talk me out of it?
왜 그렇게 하지 말라고 말씀을 안 하시는 거예요?
여기서 중요한 것은 talk someone out of something이란 표현입니다. '누구를 설득해서 무엇을 하지 않도록 하다'란 복잡한 의미를 아주 간단하게 나타내니까요.

Day 08

Ancient Wayfinders

고대의 개척자들

08.mp3

EXT. MOTUNUI - LAVA TUBE - DUSK

실외. 모투누이 – 용암 동굴 – 황혼

Tala, tired, but **driven**, follows a **treacherous** path around the **craggy lava** rocks of the farthest point of the island. Gramma is fearless, but **still** old and tired. She **takes a break**, exhausted. Moana tries to help her, but Tala **shoos her away**.

탈라는 피곤하지만 결심을 한 터라, 섬의 끝자락에 있는 울퉁불퉁한 용암 바위 주변의 위험한 길을 걷고 있다. 할머니는 무서움이 없지만 그래도 늙고 지쳐 있다. 탈라는 너무 힘들어 잠시 숨을 돌린다. 모아나가 도우려고 하지만 탈라는 저리 가라고 쫓는다.

바로 이장면!*

GRAMMA TALA You've been told all our people's stories... but one.

탈라 할머니 너는 우리 마을에 관한 얘기는 전부 들었지. 이것만 빼고.

Tala uses her **walking stick** to move **vines** aside, revealing: a hidden LAVA TUBE, the entrance of which has **been blocked up by** large stones. Gramma uses her walking stick to **leverage** one of the stones loose. She's not strong enough, so Moana helps her.

탈라가 지팡이로 덩굴을 걷어내자 숨겨진 용암 동굴이 그 모습을 드러낸다. 입구는 커다란 돌들로 막혀 있다. 할머니는 지팡이를 지렛대로 삼아 돌 하나를 치운다. 그러나 할머니는 힘이 약해 모아나가 돕는다.

MOANA What is this place?

모아나 여기가 뭐하는 곳이에요?

GRAMMA TALA Do you really think our ancestors stayed within the reef?

탈라 할머니 너는 우리 조상들이 정말로 산호초 안에 갇혀 지냈다고 생각하니?

Moana knocks down the rocks. A **gust of wind** comes out of the cave, blowing Moana's hair. It's **mysterious**, a little **spooky**.

모아나가 돌들을 다 치우자 동굴에서 바람이 훅 불어와 모아나의 머리카락이 휘날린다. 신비스럽기도 하고 약간 으스스하다.

GRAMMA TALA (ENTERING FRAME) Ooooooooo.

탈라 할머니 (화면 속으로 들어오며) 오오오오오.

MOANA What's in there?

모아나 저기에 뭐가 있어요?

GRAMMA TALA The answer... to the question you keep asking yourself, "who are you meant to be?"

탈라 할머니 네가 항상 자신에게 던지는 질문인 '나는 진정 어떤 사람인가?'에 대한 답이 있지.

driven 의욕이 넘치는, 결심을 단단히 한
treacherous (겉보기와는 달리) 위험한
craggy 바위투성이의
lave 용암
still 여기서는 '아직'이란 뜻이 아니라, '그래도, 그러나'의 뜻
take a break 쉬다, 휴식을 취하다
shoo away 쫓다
walking stick 지팡이
vine 넝쿨 식물, 덩굴
be blocked up by ~에 의해 꽉 막히다
leverage 무엇을 지렛대로 사용하여 어떤 것을 들어내다, 움직이다
gust of wind 돌풍
mysterious 신비한
spooky 으스스한

Moana looks at the cave. Tala **hands** Moana a **torch**.

모아나가 동굴을 들여다본다. 탈라가 모아나에게 횃불을 건네준다.

INT. DARK LAVA TUBE - MOMENTS LATER

실내. 어두캄캄한 용암 동굴 – 잠시 후

GRAMMA TALA (V.O.) Go inside... bang the drum... and find out.

탈라 할머니 (소리만 들린다) 안에 들어가라… 그리고 북을 울려라… 그러면 알게 될 거다.

Moana climbs through the hole left from the missing stones and heads into the dark, lava tube, **intrigued**, cautious. As she continues past the **dripping** walls into the darkness, she hears a noise ahead, a deep rumble... a **WATERFALL** growing louder. Moana continues, stepping around a huge boulder and then she sees it... a **MASSIVE** CAVERN filled with huge ocean voyaging BOATS. DOZENS! Moana can't believe her eyes.

모아나는 돌을 치워 생긴 구멍을 통해 어두운 용암 동굴 안으로 기어들어간다. 호기심에 차있지만 조심스럽다. 모아나가 물이 뚝뚝 떨어지는 벽을 지나 어둠 속으로 들어서자 앞쪽에서 육중하게 울리는 소리가 들린다. 폭포가 더욱 더 큰 소리를 내고 있는 것이다. 모아나가 커다란 바윗덩어리 주위를 돌아 계속 가자 바다를 항해할 수 있는 커다란 배들로 가득찬 거대한 동굴이 보인다. 12척이다! 모아나는 자신의 눈을 믿을 수 없을 정도로 놀란다.

INT. CAVERN OF THE ANCESTORS - CONTINUOUS

실내. 조상들의 동굴 – 계속

Moana rushes down to the boats, walking amongst the huge canoes **in awe**. She spots a smaller canoe, near the pool of water leading through a waterfall. Moana jumps onto the **hull** and **maneuvers** the boom, but as the sail swings, it reveals... a MASSIVE **DOUBLE-HULLED CANOE**.

모아나는 배가 있는 곳으로 달려가, 거대한 카누 사이를 놀라움을 감추지 못하고 걸어 다니다가, 폭포로 이어지는 웅덩이 근처에 있는, 좀 작은 카누를 발견한다. 모아나는 선체로 뛰어올라가 돛의 아래 활대를 조종해본다. 그러나 돛이 움직이자 이것은 거대한 이중 선체 카누라는 것을 알게 된다.

INT. CAVERN OF THE ANCESTORS - TOP OF OCEAN CANOE

실내. 조상들의 동굴 – 바다 항해용 카누의 꼭대기

Moana climbs up onto the **upper deck** of the massive boat. After **taking it in for a beat**, she notices a LOG DRUM on the deck.

모아나는 거대한 배의 상갑판으로 올라간다. 잠시 살펴보자 갑판에 통나무로 만든 북이 있다는 것을 알게된다.

MOANA (to herself) "Bang the drum..."

모아나 (혼잣말로) '북을 울려라…'

Moana picks up the drum's **mallets** and **tentatively** bangs the drum... nothing. She bangs it again. Nothing. Then... AN ECHO... a rhythm. Moana listens... and bangs out that same rhythm... and WHOOSH! A WIND BLOWS through the cavern. Torches magically light, illuminating... the SAILS OF THE BOAT... A MASSIVE TAPA.

모아나는 북치는 망치를 들고는 시험 삼아 한 번 북을 울려본다. 아무 일도 일어나지 않는다. 다시 한 번 쳐본다. 역시 아무 일도 일어나지 않는다. 그러자 메아리가 들려온다. 리듬을 타는 소리다. 모아나는 귀를 기울이다가 똑같은 리듬으로 북을 친다. 그러자 휙 소리를 내며 동굴에서 바람이 불어온다. 마법에 걸린 것처럼 횃불에 불이 켜지며 배의 돛을 비춘다. 타파 천으로 만든 거대한 돛이다.

hand 건네주다
torch 횃불
intrigued 아주 흥미로워하며
dripping 물이 뚝뚝 떨어지는
waterfall 폭포
massive 거대한
in awe 경이로워서
hull 선체
maneuver 조종하다
double-hulled canoe 선체가 두 개인 카누
upper deck 상갑판
take in 살펴보다
for a beat 잠시
mallet 북을 치는 나무망치
tentatively 임시로, 시험 삼아

As Moana stares at the **tapa sail**, it begins to move, filling with wind. Drums echo in the distance... then **build**.

모아나가 타파 천 돛을 바라보자 바람을 가득 머금은 돛이 움직이기 시작한다. 멀리서 북 소리가 메아리치더니 점점 크게 울린다.

Moana's eyes go wide, as a shadow sea now **ANIMATES**. Coming to life, carrying us into **full-color 3-D**...

모아나의 눈이 휘둥그레진다. 그림자 같던 바다가 이제 움직이며, 마치 살아 있는 것처럼 총천연색 3차원의 바다로 변한다.

ANCESTORS TATOU O TAGATA FOLAU / VALA'AUINA E LE ATUA / O LE SAMI TELE / E O MAI IA AVA'E / LE LU'ITAU E LELEI / TAPENAPENA

조상들 타토우 오 타가타 폴라우 / 발라아우이나 에 레 아투아 / 오 레 사미 텔레 / 에 오 마이 이아 아바아에 / 레 루이타우 에 렐레이 / 타페나페나

EXT. OPEN OCEAN - MOANA'S IMAGINATION

실외. 대양 – 모아나의 상상

A **hawk swoops high over** the **fluttering** sails of an **impressive** voyaging fleet. An ancient tribe of voyagers SING:

장관을 연출하고 있는 항해 선단의 펄럭이는 돛 위로 매가 휙 날아오른다. 고대의 항해 부족이 노래를 부른다.

ANCIENT WAYFINDERS WE READ THE WIND AND THE SKY, WHEN THE SUN IS HIGH / WE **SAIL THE LENGTH OF THE SEAS**, ON THE OCEAN BREEZE. / AT NIGHT WE NAME EVERY STAR / WE KNOW WHERE WE ARE / WE KNOW WHO WE ARE, WHO WE ARE...

고대 개척자들 우리는 바다와 하늘을 읽는 자들이지. 태양이 높이 떠 있을 때는 / 바다를 가로질러 가지. 바다의 미풍을 받으며 / 밤에는 별마다 이름을 지어주지 / 우리는 여기가 어디인지 잘 알아 / 우리는 우리가 누구인지 잘 알아. 우리가 누구인지…

The **voyagers navigate** by the stars, dance in the salt and sun.

항해하는 사람들은 별을 보며 방향을 잡고, 태양이 내리쬐는 대낮에는 소금기가 있는 바닷바람을 쐬며 춤을 춘다.

ANCIENT WAYFINDERS AWAY, AWAY, WE SET A COURSE TO FIND A **BRAND NEW** ISLAND EVERYWHERE WE ROAM / AWAY, AWAY, WE KEEP OUR ISLAND IN OUR MIND / AND WHEN IT'S TIME TO FIND HOME, WE KNOW THE WAY

고대 개척자들 멀리, 멀리, 우리는 가는 곳마다 새로운 섬을 발견하러 여정을 잡는다네 / 멀리, 멀리, 우리는 가슴 속에 우리 섬을 가지고 있다네 / 고향이 그리워질 때가 되면, 우리는 그 길을 안다네

A happy **tribe**, they sail toward a familiar island. MOTUNUI.

환희에 찬 부족이 고향인 모투누이 섬을 향해 항해한다.

tapa sail 타파 천으로 만든 돛
build (음악이) 고조되다
animate 살아서 움직이다
full-color 3-D 총천연색 3차원 영상이란 의미
hawk 매
swoop high over ~위로 휙 높이 날아오르다
flutter 펄럭이다
impressive 인상적인
sail the lengths of the seas 바다를 가로질러가다
voyager 항해자, 여행자
navigate 길을 찾아 항해하다
brand new 아주 새로운
tribe 부족

EXT. MOTUNUI ISLAND - DAY

실외. 모투누이 섬 – 낮

Brown-skinned feet leap onto sand. Red-feathered ankles.
Moana's first ancestor, MATAI VASA, wears the same sunrise shell **necklace** as Tala.

모래 위에 갈색으로 빛나는 발들이 보인다. 빨간 깃털로 장식된 발목도 보인다.
모아나 부족의 시조인 마타이 바사가 탈라처럼 썬라이즈 쉘 목걸이를 차고 있다.

ANCIENT WAYFINDERS AWAY, AWAY / WE ARE EXPLORERS, READING EVERY SIGN / WE TELL THE STORIES OF OUR ELDERS IN A NEVER-ENDING CHAIN.

고대 개척자들 멀리, 멀리 / 우리는 개척자들이라네, 사물의 징조를 모두 읽어내지 / 우리는 우리 조상들의 이야기를 끊임없이 돌고 또 돌면서 이야기하지

Matai Vasa **takes off** his necklace and puts it around the neck of a YOUNGER NAVIGATOR.

마타이 바사가 목걸이를 벗어 젊은 선원에게 걸어준다.

JUMP BACK OUT to the ocean, where the younger navigator is now sailing away from Motunui in search of new islands.

화면이 급하게 바뀌어 바다가 보인다. 젊은 선원이 모투누이를 떠나 새로운 섬을 찾아 항해를 하고 있다.

ANCIENT WAYFINDERS AWAY, AWAY / TE FENUA TE MALIE / NAE KO HAKILIA / WE KNOW THE WAY.

고대 개척자들 멀리, 멀리 / 테 페누아 테 말리에 / 나에 코 하키릴아 / 우리는 길을 잘 알지.

As this young navigator stands proudly on the **bow** of the boat, we CROSS-DISSOLVE TO:

이 젊은 선원이 자랑스러운 듯이 뱃머리에 서 있는 것이 보이며 장면이 서서히 교차하며 바뀐다.

---

brown-skinned 햇볕에 탄 갈색 피부인, 구리 빛 피부인
necklace 목걸이
take off (목걸이를) 벗다
bow 선체의 앞부분, 뱃머리, 이물

Day 09

Finding Maui

마우이를 찾아라

09.mp3

INT. SECRET CAVERN - EVENING

Moana standing on the BOW of the double-hulled canoe staring at these stories in awe.

MOANA (SHOUT) We were voyagers. (BIGGER) We were voyagers!

EXT. SECRET CAVERN - SAME TIME

Gramma sits on the rocks outside the cave - from within, she can hear Moana, who **races out** of the cave and out of frame!

MOANA WE WERE VOYAGERS! WE WERE VOYAGERS! WE WERE VOYAGERS!

Moana **plops down** next to Gramma on a rock.

MOANA Why'd we stop?

GRAMMA TALA (grunts, then) Maui. (she motions to the horizon and it "comes to life") When he stole from the mother island, darkness fell, Te Ka **awoke**, monsters **lurked** and boats stopped coming back. (THEN) To protect our people the ancient chiefs **forbid** voyaging and now **we have forgotten who we are.**[1] (looks up at island)

실내. 비밀 동굴 – 저녁

이중 선체 카누의 뱃머리에 서 있는 모아나가 보인다. 앞의 이야기들을 놀라운 눈으로 바라보고 있다.

모아나 (소리친다) 우리는 항해를 하는 사람들이었어. (더 크게) 우리는 항해를 하는 사람들이었다고!

실외. 비밀 동굴 – 같은 시각

할머니는 동굴 밖의 바위에 앉아 있다. 안에서 모아나가 외치는 소리가 들린다. 모아나는 동굴에서 뛰쳐나오더니 화면 밖으로 사라진다!

모아나 우리는 항해를 하는 사람들이었어! 우리는 항해를 하는 사람들이었다고! 우리는 항해를 하는 사람들이었다니까!

모아나는 바위에 앉아 있는 할머니 옆에 풀썩 주저앉는다.

모아나 그런데 왜 우리는 항해를 하지 않게 됐어요?

탈라 할머니 (끙 하고 앓는 소리는 내더니) 마우이 때문이지. (탈라가 수평선을 가리키자 수평선이 살아서 움직인다) 그자가 어머니 섬에서 그것을 훔쳐가자 어둠이 덮쳤어. 테카가 깨어나자 괴물들이 도사리고 있었지. 그러자 배들이 돌아오지 않았어. (잠시 후) 우리 마을 사람들을 보호하느라 고대 족장들이 항해를 금지시켰어. 그러자 우리는 우리 자신이 누구인지도 잊어버리게 된 거야. (고개를 들어 섬을 바라본다)

---

cavern 동굴
race out of ~에서 뛰쳐나오다
plop down 풀썩 앉다
awake 잠에서 깨다
lurk (나쁜 짓을 하려고) 숨어 있다
forbid 금지하다

1 We have forgotten who we are.
우리는 자신이 누구인지도 잊어버리게 된 거야.
탈라는 자신의 부족이 정체성을 잊어버렸다고 말하는군요. 요즘 흔히 말하는 '정체성'을 identity라고 말해도 되지만, 탈라처럼 We have forgotten who we are.라고 하면, 자연스러운 말이 되죠.

바로 이장면!*

GRAMMA TALA And the darkness has continued to spread, **chasing away** our fish, **draining** the life from island after island...

탈라 할머니 그런데 그 어둠은 계속해서 퍼지고 있어. 우리 물고기들을 쫓아내고, 섬마다 돌아다니며 생명을 빨아먹고 있는 거지…

The vision of blackness races toward them. Tala snaps out of it and motions to the bluff... which Moana can now see is turning black. Moana touches a vine, it **crumbles** in her hand. Concern growing on Moana's face, she realizes the whole side of the island is starting to blacken.

어둠이 자신들을 향해 줄달음쳐 오는 것이 보인다. 탈라는 정신을 차리더니 그 위협적이 어둠을 향해 손짓을 한다. 그 어둠이 까매지는 것이 모아나의 눈에 보인다. 모아나가 덩굴을 만지자 손안에서 부서진다. 모아나의 얼굴에 근심이 짙어진다. 모아나는 섬 전체가 까매지고 있다는 것을 깨닫는다.

MOANA (small, to herself) Our island...

모아나 (혼잣말을 하듯 작은 소리로) 우리 섬은…

GRAMMA TALA But... one day, someone will journey beyond our reef, find Maui... deliver him across the great ocean... to restore the heart of Te Fiti...

탈라 할머니 그러나 언젠가는 누군가가 우리 산호초 너머로 나아가서 마우이를 찾을 거야. 그자를 대양 너머로 데리고 와서 테피티의 심장을 다시 돌려놓을 거야.

Tala places the HEART OF TE FITI in Moana's hand. Moana looks at it... a memory is **triggered**. Gramma smiles.

탈라가 테피티의 심장을 모아나의 손에 올려놓는다. 모아나가 그것을 보자 기억이 되살아난다. 할머니가 미소를 짓는다.

GRAMMA TALA I was there that day. The ocean chose you.

탈라 할머니 그때 나도 거기에 있었지. 바다는 너를 선택했단다.

MOANA **I... thought it was a dream.**❶

모아나 난… 그게, 꿈인 줄 알았어요.

Moana rubs her finger around the **spiral**. It's the HEART OF TE FITI. As Moana does this, the water around them, **literally** forms a spiral in the shallows, with Moana in the middle. It takes her breath away. The spiral heart stone glows.

모아나가 손가락으로 나선형의 물체를 비빈다. 이것은 테피티의 심장이다. 모아나가 손가락으로 심장을 비비는 사이에 주위의 물이 얕은 곳에서 문자 그대로 나선형을 이룬다. 모아나는 그 중심에 서 있다. 그것을 보자 모아나가 숨을 죽인다. 나선형 돌이 빛난다.

GRAMMA TALA Nope!

탈라 할머니 아니야!

Tala points her walking stick to a HOOK **CONSTELLATION**. Moana, meanwhile, **can't help but** stare at the heart of Te Fiti, lost in thought.

탈라가 지팡이로 갈고리 성좌 모양을 가리킨다. 한편 모아나는 생각에 빠져, 테피티의 심장을 뚫어지게 쳐다본다.

---

chase away 쫓아내다
drain (액체 등을) 빼내다, 말리다
crumble 부서지다
trigger 방아쇠를 당기다, 촉발시키다
spiral 나선형의 물체
literally 문자 그대로
constellation 별자리
can't help but + **동사원형** ~을 할 수밖에 없다

❶ **I thought it was a dream.**
난 그게 꿈인 줄 알았어요.
당시는 꿈인 줄 알았는데, 그게 아니었다는 의미입니다. 이렇게 I thought...로 시작하면 대개는 사실은 그게 아니었다는 의미죠.

GRAMMA TALA Our ancestors believed Maui lies there, at the bottom of his hook. Follow it, and you will find him.

MOANA But why would it choose me? I don't even know how to make it past the reef... (then, realizing) But I know who does...

탈라 할머니 우리 조상들은 마우이가 갈고리 끝에 누워 있다고 믿었단다. 그것을 따라가라. 그러면 마우이를 찾게 될 거다.

모아나 하지만 왜 그게 날 선택하려고 했던 거예요? 난 산호초 너머로 나아가는 방법도 모르는데요… (그러다 깨닫는다) 하지만 누가 할 수 있는지는 알아요…

As Gramma Tala watches Moana go, she **takes a seat** and **exhales**... then looks to the sea. Gramma seems **content**... but older and more **frail** than we've ever seen her.

모아나가 가는 걸 지켜보던 탈라 할머니는 앉으며 숨을 내쉬고는 바다를 본다. 할머니는 만족스러운 표정을 짓는다. 그러나 여느 때보다 더 늙고 쇠약해 보인다.

take a seat 자리에 앉다
exhale 숨을 내쉬다
content 만족스러운
frail 허약한

Disney
모아나

Day 10

Tala's Wayfinding Necklace

길을 안내해주는 할머니의 목걸이

10.mp3

INT. COUNCIL FALE - EVENING

실내. 마을 회관 – 저녁

Tui leads the council where villagers **complain about** the poor harvest, things are **getting heated**.

투이가 마을 회의를 이끌고 있다. 마을 사람들은 추수가 시원치 않은 것을 두고 불평을 쏟아내고 있다. 회의장 안이 점점 더 열기를 띠고 있다.

VILLAGERS More crops are turning black / We won't have enough food / **It's happening all over the island** –[1]

마을 사람들 농작물이 더욱 더 까맣게 변하고 있어요. / 먹을 게 부족해요. / 섬 전체에 이런 일이 벌어지고 있어요…

TUI Please, please, settle down. We will dig new fields, we will find a way –

투이 제발, 제발, 진정들 하게. 밭을 새로 일궈보지. 방법을 찾자고…

바로 이 장면!*

Moana **bursts in** –

모아나가 회관으로 불쑥 들어온다.

MOANA We can stop the darkness, save our Island!

모아나 우리는 농작물이 까맣게 변하는 걸 막을 수 있어요. 우리 섬을 구할 수 있어요!

They all look at her like she's crazy.

사람들이 모두 미쳤다는 듯이 모아나를 본다.

MOANA There's a cavern of boats, huge canoes, we can take them, find Maui, make him **restore** the heart. (HOLDS UP HEART TO TUI) We were voyagers, we can voyage again!

모아나 배가 있는 동굴이 있어요. 커다란 카누가 있단 말이에요. 우리는 그 배를 타고 마우이를 찾을 수 있어요. 마우이가 심장을 다시 돌려놓게 말이에요. (심장을 투이에게 쳐든다) 우리는 항해를 하는 사람들이었어요. 우리는 다시 항해를 할 수 있단 말이에요!

Everyone in the fale looks to Tui, **confused**. Tui **darkens**.

회관에 있는 사람들이 모두 어리둥절해서 투이를 바라본다. 투이의 얼굴빛이 어두워진다.

EXT. VILLAGE - MOMENTS LATER

실외. 마을 – 잠시 후

Tui pulls Moana out of the fale, **irate**.

투이는 화가 나서 모아나를 회관에서 끌어낸다.

complain about ~에 대해서 불평하다
get heated 열기를 띠다
burst in 황급히 들어오다, 불쑥 들어오다
restore 복구하다
confused 어리둥절한, 혼란스러운
darken 얼굴빛이 어두워지다
irate 화가 난

[1] **It's happening all over the island.** 섬 전체에 이런 일이 벌어지고 있어요.
농작물이 황폐해지는 일이 일부 지역에서 벌어지고 있는 게 아니라 섬 전체에서 일어나고 있다는 의미죠. 여러분도 어떤 일이 전국적으로 벌어지고 있다고 하려면 It's happening all over the country.라고 말해보세요.

MOANA You told me to help our people, this is how we help our people!

모아나 아빠가 나한테 마을 사람들을 도우라고 했잖아요. 이게 마을 사람들을 돕는 거예요!

Tui considers this **for the briefest of seconds**, then walks past her, grabbing a torch.

투이가 이 말을 아주 잠깐 생각해 보더니 횃불을 쥐고 모아나를 지나쳐간다.

MOANA Dad? What are you doing?

모아나 아빠? 어떻게 하시려는 거예요?

TUI **I should've burned those boats a long time ago.** ❶

투이 내가 오래 전에 진작 그 배들을 태워버렸어야 했는데.

MOANA No! Don't!

모아나 안 돼요! 태우지 마세요!

Moana struggles with Tui, pulling him to stop.

모아나는 배를 태우지 못하게 하느라 투이를 잡아끌며 버둥거린다.

MOANA We have to find Maui, we have to restore the heart!

모아나 우리는 마우이를 찾아야 해요. 우리는 심장을 돌려놔야 해요!

Tui grabs the heart out of Moana's hand.

투이가 모아나의 손에 있는 심장을 움켜쥔다.

TUI There is no heart! This? This is just a rock!

투이 심장 같은 건 없어! 이거? 이건 그냥 돌이야!

Tui throws the heart of Te Fiti.

투이가 테피티의 심장을 던진다.

MOANA NO!

모아나 안 돼요!

Moana **scrambles** to find the heart, but as Tui turns, his torch illuminates... something on the ground... a stick. Gramma's walking stick. Something's not right. Moana **picks it up**. A CONCH SHELL **WAILS**. A warrior **races up in the distance**.

모아나가 허둥대며 심장을 찾지만 투이가 몸을 돌리자 횃불에 보이는 것은 땅에 있는 막대기다. 할머니가 지팡이로 사용하는 막대기다. 뭔가가 이상하다. 모아나가 그 막대기를 집는다. 소라고둥을 부는 소리가 들린다. 멀리서 전사가 한 사람 뛰어온다.

WARRIOR Chief. It's your mother!

전사 족장님. 족장님의 어머니입니다!

Tui realizes something has gone very wrong.

투이는 뭔가가 심각하게 잘못되어 가고 있다는 것을 알아챈다.

for the briefest of seconds 아주 짧은 순간 동안
scramble 허둥대다
pick up 주워들다
wail 울부짖다
race up 달려오다
in the distance 멀리서

❶ **I should've burned those boats a long ago.**

내가 오래 전에 진작 그 배들을 태워버렸어야 했는데.

투이의 이 말은 그 유명한 〈should have + p.p.〉 패턴을 이용한 겁니다. 과거에 진작 했어야 했는데 하지 않아서 유감이라는 어감을 전하고 있죠.

EXT. MOTUNUI VILLAGE - NIGHT

실외. 모투누이 마을 – 밤

Moana races – faster, desperate, as she sees a group of villagers **circled around** Gramma's Fale.

모아나가 달리고 있다. 마을 사람들이 할머니 집을 빙 둘러싸고 있는 것이 보이자 더 빨리, 필사적으로 뛴다.

INT. GRAMMA'S FALE - CONTINUOUS

실내. 할머니 집 – 계속

Moana races in to find Tala... laying down, **almost lifeless**. Sina is already by her side. Tui enters and shares a worried look with Moana, then turns to the warrior.

모아나가 달려들어가 보니 할머니는 거의 죽은 것처럼 누워 있다. 시나는 벌써 탈라의 곁에 있다. 투이가 들어온다. 모아나를 쳐다보며 근심스러운 표정을 짓다가, 전사에게 몸을 돌린다.

TUI Mother...

투이 어머니…

Tui turns to the **healer**.

투이가 의사에게 몸을 돌린다.

TUI **What can be done...?**[1]

투이 어떻게 할 수 있는가?

As Moana watches the conversation, a hand touches hers... it's Gramma Tala; she weak, about to **pass**. She whispers something to Moana, but Moana can't hear it.

모아나가 두 사람의 말을 듣고 있는데, 손 하나가 모아나의 손을 만진다. 탈라 할머니다. 허약해진 탈라는 당장이라도 의식을 잃을 것 같다. 할머니는 모아나에게 뭔가를 속삭이고 있지만 모아나에게는 들리지 않는다.

GRAMMA TALA Go...

탈라 할머니 가라…

Moana **bends down close**.

모아나가 할머니에게 가까이 고개를 숙인다.

MOANA Gramma...?

모아나 할머니…?

GRAMMA TALA (barely a whisper) Go.

탈라 할머니 (겨우 속삭인다) 가라.

MOANA Not now, I can't.

모아나 지금은 안 돼요. 갈 수가 없어요.

GRAMMA TALA (barely a whisper) You must. The ocean chose you. Follow the fishhook...

탈라 할머니 (겨우 속삭인다) 가야 한다. 바다가 너를 선택했단다. 갈고리를 따라가라…

MOANA – Gramma –

모아나 할머니…

circle around ~의 주위를 빙 둘러싸다
almost lifeless 거의 죽은 것 같은
healer 원주민 사회에서 '의사'에 해당되는 사람을 칭하는 용어
pass 의식을 잃다
bend down close 더 가까이 다가가려고 몸을 굽히다

[1] **What can be done?**
무슨 수가 있는가?
어머니의 임종 직전에 아들인 투이는 의사에게 어떻게든 어머니를 살릴 수 있는 방법이 있는지 절박한 심정으로 What can be done?이라고 물어봅니다.

GRAMMA TALA – And when you find Maui, you grab him by the ear, you say "I am Moana of Motunui... you will **board** my boat... sail across the sea and restore the heart of Te Fiti."

탈라 할머니 그래서 마우이를 만나게 되면, 귀를 잡고 이렇게 얘기해. '난 모투누이의 모아나예요… 당신은 내 배를 타야 해요. 그리고 바다를 건너 테피티의 심장을 돌려놓아야 해요.'

MOANA **I can't leave you.** ❶

모아나 난 할머니 곁을 떠날 수 없어요.

GRAMMA TALA (giving her a **hongi**) There is nowhere you could go that I won't be with you.

탈라 할머니 (코와 이마를 대는 인사인 홍기를 모아나에게 해준다) 네가 어디를 가든 나는 너와 함께 있단다.

As the healer enters and hurries to Tala's side. Gramma presses something into Moana's hand... it's TALA'S NECKLACE.

의사가 들어와 바삐 탈라의 곁으로 간다. 할머니는 모아나의 손에 뭔가를 쥐어준다. 탈라의 목걸이다.

GRAMMA TALA Go.

탈라 할머니 가라.

As Gramma **loses consciousness**, Moana looks at the necklace in her hand and **backs out of** the fale. Moana looks at the night sky, where she sees the constellation of MAUI'S HOOK.

할머니가 의식을 잃자 모아나는 손에 든 목걸이를 바라보고는 뒷걸음쳐 집을 나선다. 모아나는 밤하늘을 쳐다본다. 마우이의 갈고리 성좌가 보인다.

Moana **makes up her mind**. She **fastens** the wayfinding necklace around her neck. She's going to go.

모아나는 결심하며, 길을 안내하는 목걸이를 목에 건다. 모아나는 이제 떠나려고 한다.

board (배 등에) 타다

hongi 사모아 등 남태평양 섬의 원주민들이 상대방과 이마를 마주대고 코를 비비며 하는 인사

lose consciousness 의식을 잃다

back out of 뒷걸음쳐 ~에서 나가다

make up one's mind 마음을 결정하다

fasten 여기서는 '목걸이를 차다'

❶ **I can't leave you.**
난 할머니 곁을 떠날 수 없어요.
섬을 떠나 망망대해로 나서라는 할머니에게 모아나는 할머니 곁을 떠날 수 없다는 의미로, I can't leave you.라고 합니다. 여러분도 이 표현을 사용할 기회가 있으면, 잊지 말고, I can't leave you.라고 해보세요.

Day 11

Sailing Off with Heihei

헤이헤이와 함께 돛을 올리다

11.mp3

Moana **collects supplies**.

모아나는 필요한 물품들을 챙긴다.

바로 이장면!*

MOANA THERE'S A LINE WHERE THE SKY MEETS THE SEA / AND IT CALLS ME / BUT NO ONE KNOWS HOW FAR IT GOES / ALL THAT TIME, WOND'RING WHERE I OUGHTA BE / IS BEHIND ME / I'M ON MY OWN TO WORLDS UNKNOWN.

모아나 하늘과 바다가 만나는 수평선이 있어요 / 그 수평선이 나를 불러요 / 하지만 그곳이 얼마나 먼지는 아무도 몰라요 / 내가 가야 하는 곳을 찾아 방랑해야 하는 그 시간이 / 내 뒤에 있어요 / 나는 혼자서 알지 못하는 세계로 나아가요

As Moana **hurries out of** the fale, she **almost runs into** Sina. They stare at each other **for an electric second**, then Sina hands Moana more supplies and **steps aside**. Moana hurries out of the village, passing the DYING **BANYAN TREE**, its DEAD LEAVES under her feet.

모아나가 바삐 집을 나서다 시나와 거의 몸을 부딪칠 뻔한다. 둘은 잠깐 서로 바라보다가, 시나가 모아나에게 물품을 더 건네고는 길을 비킨다. 모아나는 바삐 마을을 빠져나오다, 죽어가는 반얀 나무를 지나친다. 발밑에 죽은 나뭇잎이 밟힌다.

MOANA EVERY TURN I TAKE / EVERY TRAIL I TRACK / IS A CHOICE I MAKE / NOW I CAN'T TURN BACK / FROM THE GREAT UNKNOWN / WHERE I'LL GO ALONE / WHERE I LONG TO BE

모아나 갈림길마다 / 내가 가는 길마다 / 선택의 문제예요 / 난 이제 돌이킬 수 없어요 / 알지 못하는 거대한 것으로부터요 / 나는 그곳에 혼자 가요 / 내가 가고 싶어 하는 곳으로

Moana goes to the cavern and picks a canoe. Pua is there, and holds up her oar. Just as he did earlier. Moana **launches** the boat and **blasts through** the waterfall into the lagoon.

모아나는 동굴로 가서 카누를 한 척 고른다. 푸아도 그곳에 와서 노를 들고 있다. 전에 했던 것처럼. 모아나는 배를 띄워서 폭포를 뚫고 석호로 나아간다.

As she sails out... she looks back at her village... is she really doing this? She sees the lights in Gramma's fale **go out**. A sign she has **passed**. Then a glow on the shore **streaks toward** her in the water. As it rockets under the boat, Moana sees it's a **SPECTRAL MANTA RAY**. It streaks toward the ocean, **breaching over** the reef, illuminating a safe passage out.

모아나는 항해를 나서려고 하면서 마을을 돌아본다. 모아나는 정말로 항해에 나서려고 하는가? 모아나의 눈에 할머니 집의 불이 꺼지는 게 보인다. 할머니가 돌아가셨다는 표시다. 그러자 해변에서 반짝이던 것이 모아나를 향해 물속에서 빠른 속도로 오고 있다. 그것이 배 밑으로 휙 지나가자, 모아나는 유령 가오리인 맨터 레이가 지나갔다는 것을 알게 된다. 가오리가 바다를 향해 휙 지나가면서 산호의 위를 하얗게 덮는다. 안전한 뱃길을 알려주느라 빛을 발하고 있는 것이다.

---

collect supplies 필요한 물품들을 챙기다
hurry out of ~에서 급히 나오다
almost run into ~에게 부딪힐 뻔하다
for an electric second 아주 짧은 시간 동안
step aside 옆으로 비키다
banyan tree 반얀 나무
launch (배 등을) 물에 띄우다
blast through ~를 뚫고 나아가다
go out 여기서는 '불이 꺼지다'란 뜻
pass 여기서는 '돌아가시다'란 뜻
streak toward (빛 등이) ~로 향해서 쭉 비치다
spectral manta ray 유령 가오리
breach over ~의 위를 하얗게 덮다

MOANA SEE HER LIGHT UP THE NIGHT IN THE SEA / SHE CALLS ME / AND YES, I KNOW / THAT I CAN GO / THERE'S A MOON IN THE SKY / THE WIND IS BEHIND ME / AND SOON I'LL KNOW / HOW FAR I'LL GO!

모아나 가오리가 밤바다를 밝히는 것을 보세요 / 가오리가 나를 불러요 / 나는 알아요 / 갈 수 있다는 것을요 / 하늘에 달이 떠 있어요 / 바람은 내 뒤에서 불어요 / 이제 곧 알게 될 거예요 / 내가 얼마나 멀리 가게 되는지!

Determined, Moana pushes toward the reef. A wave **swells** toward her, but Moana **paddles** harder, then opens her sail. As the wave crashes, Moana blasts over the reef!

단호한 표정으로 모아나는 산호초를 향해 배를 젓는다. 파도가 밀려오지만 모아나는 열심히 노를 젓다가, 돛을 펼친다. 파도가 배에 부딪히자 모아나는 산호초를 넘는다.

She looks back at her island, which disappears below the horizon. She looks out at the open ocean. Excited. Nervous. She looks up at the **constellation** of MAUI'S HOOK. Moana **clutches** her necklace, **committed**, it's time to get Maui!

모아나가 뒤를 돌아 섬을 바라본다. 섬은 수평선 아래로 사라진다. 모아나는 대양을 바라본다. 상기되었지만 조금 불안하다. 모아나는 마우이의 갈고리 성좌를 쳐다본다. 모아나는 목걸이를 움켜쥔다. 마우이를 찾아야 할 때라는 것을 가슴에 새긴다.

On the **starry sky**, we CROSS-DISSOLVE TO:

별이 총총한 하늘이 보이며, 화면이 교차하며 변한다.

EXT. CANOE - DAWN - CLOSE ON:

실외. 카누 – 새벽 – 클로즈업

BRIGHT SUN. Moana paddles along, repeating her **mantra**:

태양이 밝게 빛난다. 모아나는 노를 저으며 주문을 외운다.

MOANA I am Moana of Motunui, you will board my boat, sail across the sea and restore the heart of Te Fiti. (then) I am Moana (THUNK) of Motu– (THUNK) nui– (THUNK)

모아나 난 모투누이의 모아나예요. 당신은 내 배를 타야 해요. 그리고 바다를 건너 테피티의 심장을 돌려놓아야 해요. (다시) 난 모투누이의 (텅) 모아 (텅) 나예요 (텅)

Curious, Moana **peers into** the **cargo hold** to investigate and a coconut rises and she shuts the coconut right away.

이상하다. 모아나는 짐을 싣는 칸을 유심히 살펴본다. 코코넛이 올라오자, 모아나는 그것을 휙 채버린다.

MOANA Heihei?

모아나 헤이헤이니?

Moana takes off the coconut revealing, Heihei, who looks at the water and **SCREAMS**!Moana **puts the coconut back on**. He stops screaming. **Pulls it off**. He screams. Puts it back on. Stops screaming... She put it back on and then takes it off again.Puts it back on.

모아나가 코코넛을 벗기자 바닷물을 보게 된 헤이헤이가 비명을 지른다! 모아나가 다시 코코넛을 씌워주자 비명을 멈춘다. 다시 벗기자 또 비명을 지른다. 씌워주자 비명을 멈춘다. 모아나는 코코넛을 씌워줬다 벗겼다 다시 씌워준다.

determined 결심을 단단히 한
swell (파도 등이) 높이 밀려오다
paddle 노를 젓다
constellation 별자리
clutch 꽉 잡다
committed 결심을 굳힌
starry sky 별들이 총총한 하늘
mantra 주문
peer into ~안을 들여다보다
cargo hold (배 등의) 짐칸
scream 비명을 지르다
put back on ~을 다시 씌우다
pull off 벗겨내다

MOANA It's okay. You're alright.❶

모아나 괜찮아. 괜찮아.

She then pulls it off... and he's fine.... for no reason. Weird.

모아나가 코코넛을 벗기자 헤이헤이가 웬일인지 조용하다. 이상한 놈이다.

MOANA See? There we go, yeah, nice water. The ocean's a friend of mine.

모아나 봤지? 자, 가자. 물이 좋구나. 바다는 내 친구야.

Heihei looks at the water and... walks into it.

헤이헤이가 바닷물을 바라보더니 물 안으로 걸어 들어간다.

MOANA Heihei?! HEIHEI!

모아나 헤이헤이야?! 헤이헤이!

Heihei **floats upside down**. Moana jumps into the water to save him. But now the boat **drifts away**. With effort, Moana swims back to the boat with Heihei in hand. She pulls Heihei back onto the boat. He tries to walk off again and she catches him **mid fall**. Moana puts Heihei in the cargo hold. He keeps trying to walk off but hits the edge of the cargo hold.

헤이헤이가 거꾸로 처박혀서 물에 떠 있다. 모아나가 물속으로 뛰어들어 구해낸다. 하지만 배가 사라지려고 한다. 모아나는 한 손으로는 헤이헤이를 안고 힘들게 헤엄을 쳐 다시 배로 간다. 모아나는 헤이헤이를 다시 배로 올려놓는다. 헤이헤이는 다시 물속으로 걸어 들어가려고 하지만 모아나가 물속으로 떨어지는 헤이헤이를 붙잡는다. 모아나는 헤이헤이를 짐 싣는 칸에 넣어둔다. 헤이헤이는 계속해서 나가려고 하지만 짐 싣는 칸 모서리에 머리를 부딪친다.

MOANA Stay. (OFF HEIHEI, **BONKING AROUND**) Okay, next stop: Maui.

모아나 거기 있어. (헤이헤이는 계속해서 머리를 부딪친다) 자, 다음에 정박할 곳은 마우이야.

Moana pulls the rope, starts going again.

모아나는 밧줄을 끌어 다시 출발한다.

MOANA (practicing mantra) I am Moana of Motunui. You will board my boat, sail across the sea and restore the heart of Te Fiti.

모아나 (주문을 연습한다) 난 모투누이의 모아나예요. 당신은 내 배를 타야 해요. 그리고 바다를 건너 테피티의 심장을 돌려놓아야 해요.

EXT. ROUGH SEAS - NIGHT

실외. 거친 바다 – 밤

Moana struggles to **keep her boat on course toward** the hook constellation.

모아나는 갈고리 성좌를 향해 배를 몰려고 애를 쓰고 있다.

MOANA (struggling) I am Moana of Motunui. You will board my boat, sail across the sea and restore the heart of Te Fiti.

모아나 (애를 쓰며) 난 모투누이의 모아나예요. 당신은 내 배를 타야 해요. 그리고 바다를 건너 테피티의 심장을 돌려놓아야 해요.

Heihei **sways back and forth** in the cargo hold.

헤이헤이는 짐 싣는 칸에서 이리저리 흔들리고 있다.

- float upside down 거꾸로 처박혀 둥둥 떠다니다
- drift away 멀어지다
- mid fall 떨어지는 중간에
- bonk around 이리저리 머리를 부딪히다
- keep her boat on course toward 배가 ~로 향하게 진로를 고정시키다
- sway back and forth 이리저리 몸을 흔들다

❶ **It's okay. You're alright.**
괜찮아, 괜찮아.
불안해하는 수탉 헤이헤이에게 모아나는 괜찮다고 안심시키는군요. 여러분도 누구를 안심시키고 싶으면 It's okay. You're alright.라는 표현을 기억했다가 써먹어 보세요.

EXT. SEA - NIGHT

As Moana sleeps, the ocean **splashes her awake**.

MOANA (sleepy) I... am Moana... of... Motu... (the ocean splashes her awake) Board my boat!

She looks around for the constellation, **it's nowhere to be seen**... wait, it's behind her. Frustrated, Moana tries to change direction, but the wind **pushes her boat off balance**, it starts to **capsize** –

MOANA Whu– no-no-no–

Sploosh! Her boat capsizes. Moana surfaces to find her supplies floating away, along with her oar. Heihei stands on the upside down canoe.

MOANA Uh, ocean... **can I get a little help?**[1]

As Moana tries to collect her supplies, there's a RUMBLE on the horizon. A STORM BUILDS. **Moana's face falls**: "Not this too." As the storm **closes in**, Moana gives up on her supplies, **strains** to reach oar, and tries to **right** her boat...

MOANA No. No. Come on...

But the waves grow bigger. More violent.

MOANA (to the ocean) Help me! Please.

Moana clings to the canoe as it's tossed like a toy... a MASSIVE WAVE comes crashing right at her, blocking out the sky and WHAM!

BLACK OUT.

실외. 바다 – 밤

모아나가 잠이 들자 바닷물이 철썩거려 잠을 깨운다.

모아나 (졸며) 난… 모투누이의… 모아나예요. (바닷물이 철썩거려 잠을 깨운다) 당신은 내 배를 타야 해요!

모아나가 사방을 둘러보며 성좌를 찾지만 보이지 않는다. 잠깐, 뒤에 있잖아. 모아나는 짜증을 내며 배의 방향을 바꾸려고 하지만 바람이 불어 배가 균형을 잃고 뒤집히려고 한다…

모아나 뭐야… 안 돼, 안 돼, 안 돼…

풍덩! 배가 뒤집힌다. 모아나는 물에 떴지만 노와 함께 물품들이 떠내려가는 것을 보게 된다. 헤이헤이는 뒤집힌 배 위에 서 있다.

모아나 어, 바다야, 좀 도와주면 안 되겠니?

모아나가 물품을 다시 건져내려고 하는데, 수평선 쪽에서 우르릉거리는 소리가 난다. 폭풍우가 발달하고 있는 것이다. 모아나가 시무룩한 표정을 짓는다. '또 이렇게 되면 어떡해.' 폭풍우가 다가오자 모아나는 물품을 챙기는 것을 포기하고 간신히 노를 집어 배를 일으키려고 한다…

모아나 안 돼, 안 돼, 자, 자…

그러나 파도가 더욱 커지며 거세진다.

모아나 (바다에게) 나 좀 도와줘! 제발.

카누가 장난감처럼 흔들리자, 모아나는 배에 매달린다. 거대한 파도가 모아나를 향해 직방으로 쳐들어온다. 하늘이 보이지 않는다. 쾅!

화면이 까매진다.

---

splash awake ~에게 물을 끼얹어 깨우다
It's nowhere to be seen 그것이 보이지 않는다
push her boat off balance 모아나가 탄 배를 밀어 균형을 잃게 만들다
capsize 전복되다
Moana's face falls 모아나가 실망의 기색을 나타내다
close in 몰려들어 포위하다
strain 고생을 하다, 애를 쓰다
right 여기서는 동사로, '바로잡다'의 뜻

① Can I get a little help?
도움을 좀 받을 수 있을까요?
모아나가 바다에게 도와달라고 할 때 사용한 말이죠. 여러분도 누군가의 도움을 받고 싶으면 이런 표현을 한 번 사용해 보세요. 약간 정중하면서도 귀여운 표현이죠.

Day 12

Demigod Maui

반신반인 마우이

12.mp3

EXT. MAUI'S ISLAND - NEXT DAY - DAY

실외. 마우이가 사는 섬 – 다음날 – 낮

We find Moana's canoe on its side and Heihei standing on the mast, with a basket on his head. He steps off, falling to the ground. As he **pecks**, **oblivious**, the sand beneath him rises – it's Moana, who emerges, sputtering to find she**'s marooned** on a **craggy** island.

모아나의 배가 옆으로 세워져 있고, 헤이헤이가 바구니를 머리에 쓰고 돛 위에 서 있는 것이 보인다. 헤이헤이가 발을 헛디뎌 땅에 떨어진다. 헤이헤이가 멍하게 모래를 쪼자, 아래에 있는 모래가 땅 위로 올라온다. 모아나다. 모래를 뱉으며 일어선 모아나는 바위투성이 섬에 조난당한 것을 알아챈다.

She puts her hand to her neck – **feeling for** the necklace. It's there. The Heart of Te Fiti is safe. Moana looks to her boat, then to the ocean, **furious**.

모아나는 목에 손을 대고는 목걸이를 찾는다. 목걸이가 그대로 있다. 테피티의 심장은 무사하다. 모아나는 배를 보더니 화가 나서 바다를 쳐다본다.

MOANA UM... WHAT?! I said "help me" and "**tidal-waving** my boat?!" NOT HELPING!

모아나 음… 이게 뭐야?! 내가 '도와줘'라고 했더니 '내 배를 해일로 쳐?!' 그건 도와준 게 아니잖아!

Moana tries to kick the ocean, but it **retreats** and Moana **falls on her butt**. She stands **impotently** and turns back to the boat, then turns back to the ocean again, **defiant**.

모아나는 바닷물을 차려고 하지만 바다가 물러나자 모아나는 엉덩방아를 찧는다. 모아나는 하릴없이 서서 배가 있는 곳으로 가려고 몸을 돌린다. 그러더니 반항하듯이 다시 바다 쪽으로 몸을 돌린다.

MOANA Fish pee in you! All day! So... (She points at the water like she just made a great point) Hmmph.

모아나 물고기들이 너한테 오줌을 쌀 거야! 하루 종일! (모아나는 자신의 말을 굉장히 잘 입증했다는 듯이 바닷물을 가리킨다) 흥.

The sound of Heihei (his head is stuck in a basket), draws Moana's attention as he pecks a rock.

머리에 바구니를 쓴 헤이헤이가 바위를 쪼는 소리 때문에 모아나는 헤이헤이를 돌아본다.

Then something catches her eye... the ROCK has thousands of check marks in the shape of a fishhook. On the ground, GIANT **FOOTPRINTS** lead to... a **MAKE-SHIFT** CAMP. Moana starts to realize what this place is.

그러다 무언가가 모아나의 눈에 띈다. 그 바위에는 사방에 갈고리 모양의 무늬가 무수히 찍혀 있는 것이다. 땅에 새겨진 거대한 발자국은 임시 거처로 향하고 있다. 모아나는 여기가 어디인지 깨닫기 시작한다.

MOANA (looks to ocean) Maui...?

모아나 (바다를 보며) 마우이가 사는 곳이야?

---

peck 쪼다
oblivious 멍하게, 의식하지 못하는
be marooned 조난당하다
craggy 바위투성이의
feel for ~을 더듬어 찾다
furious 화가 난
tidal-wave 해일이 밀고 가다
retreat 후퇴하다, 물러나다
fall on her butt (모아나가) 엉덩방아를 찧다
impotently 무력하게, 하릴없이
defiant 반항하듯이
footprint 발자국
make-shift 임시로 만든

The ocean gives her a "yeah, **dummy**" expression. As Moana realizes she was marooned here **for a reason**, there's a NOISE – someone's coming. A SHADOW approaches.

바다는 모아나에게 '그래, 이 바보야' 하는 표정을 짓는 것 같다. 모아나가 자신이 이곳에 난파된 것은 이유가 있다는 것을 깨닫고 있을 때 무슨 소리가 들린다. 누군가가 오고 있는 것이다. 그림자가 다가온다.

MOANA (uh-oh) Maui.

모아나 (이런, 이런) 마우이다.

A rush of adrenaline. Moana grabs her oar and Heihei and hides behind her boat, **psyching herself up**.

몸속에서 아드레날린이 뿜어져 나오는 것 같다. 모아나는 노와 헤이헤이를 움켜쥐더니 배 뒤로 숨어서 마음의 준비를 한다.

MOANA (determined, to herself) Maui, **demigod** of the wind and sea? I am Moana of Motunui. You will board my boat – no – you will board my boat – yeah – I am Moana of Motunui, you will board... (WHERE'D HE GO) my...

모아나 (결심을 굳히며, 혼잣말로) 바람과 바다의 반신반인인 마우이예요? 난 모투누이의 모아나예요. 당신은 내 배를 타야 해요. 아냐, 당신은 내 배를 꼭 타야 해요. 맞아, 이렇게 해야 해. 난 모투누이의 모아나예요. 당신은 내 배를 타야… (어디 갔지?) 해요…

MAUI (O.S.) Boat! (HE'S RIGHT THERE!) A BOAT! (lifting the boat) THE GODS HAVE GIVEN ME A B-AGH!!

마우이 (소리만 들린다) 배다! (마우이가 바로 배 옆에 와 있는 것이다!) 배다! (배를 들면서) 신들이 내게 배를 주셨… 악!!

As he lifts the boat over his head, he discovers Moana below. Maui drops the boat on her head. **After a beat**, a confused Maui lifts the boat again, this time, he finds Heihei, **squashed**. Maui's confused. As he looks around, Moana **pops up behind** him.

마우이는 배를 머리 위로 들다가 밑에 모아나가 있는 것을 발견한다. 마우이는 모아나의 머리 위로 배를 떨어뜨린다. 잠시 후에 어리둥절한 마우이가 배를 다시 든다. 이번에는 찌부러진 헤이헤이가 보인다. 마우이는 어리둥절해진다. 마우이가 사방을 둘러보는데, 모아나가 마우이의 뒤에 딱 나타난다.

MOANA (O.S.) A–Hem!

모아나 (소리만 들린다) 어험!

Maui turns to face Moana, almost knocking her with the boat.

마우이가 몸을 돌려 모아나를 똑바로 바라본다. 그러는 와중에 배로 모아나를 칠 뻔한다.

MOANA (I'M IN CHARGE) Maui? **Shapeshifter**? Demigod of the wind and sea?

모아나 (자신이 주도권을 잡고 있다는 듯이) 마우이예요? 변신하는 자? 바람과 바다의 반신반인이에요?

Moana **takes a deep breath**, **this is her moment**.

모아나는 숨을 깊이 들이마신다. 이 순간을 위해서 얼마나 애를 태웠던가.

MOANA I, am Moana of–

모아나 난, 모아나예요…

MAUI – hero of men.

마우이 남자들의 영웅.

MOANA What?

모아나 뭐라고요?

---

dummy 바보
for a reason 어떤 이유가 있어서
a rush of adrenaline 아드레날린이 뿜어져 나오는
psych oneself up 마음의 준비를 하다
demigod 반신반인
after a beat 잠시 후에
squash 찌부러뜨리다
pop up behind ~의 뒤에 톡 나타나다
be in charge 주도권을 잡다
shapeshifter 변신하는 자
take a deep breath 심호흡을 하다
this is her moment (모아나가) 행동해야 할 때는 바로 지금이라는 의미

바로 이 장면!*

MAUI	Maui, shapeshifter, demigod of the wind and sea, hero of men... I interrupted – from the top – hero of men – go.	마우이 마우이, 변신하는 자, 바람과 바다의 반신반인, 남자들의 영웅… 내가 방해했군. 처음부터 다시. 남자들의 영웅, 자, 해봐.
MOANA	Uh... I, am Mo...	모아나 어, 난, 모아…
MAUI	...Sorry, sorry, and women. Men and women – both, all – not a **guy-girl thing** – Hero to all. (WHISPERS) You're doing great– (WINKS)	마우이 미안, 미안, 그리고 여자들. 남자들과 여자들, 둘 다, 모두, 남자애와 여자애, 뭐, 그런 얘기가 아니고, 모든 사람들의 영웅이란 말이지. (속삭인다) 넌 잘하고 있어… (윙크한다)

Moana looks at Maui, **speechless**, confused, so she just pushes her oar toward him.

모아나는 어리둥절해서 할 말을 잊은 채 마우이를 바라보다가 그냥 노를 마우이에게 내민다.

MOANA	Wha- no, I'm here to–	모아나 뭐라… 아뇨, 난 여기에…
MAUI	(re: oar) Of course, yes, **Maui always has time for his fans.**[1]	마우이 (노와 관련지어 말한다) 물론, 그렇지, 마우이는 팬들한테는 언제나 시간을 내줄 수 있지.

Maui takes the OAR from her, grabs HEIHEI and uses his **BEAK** to... **SCRATCH** the symbol of a hook onto it: his "**AUTOGRAPH**."

마우이는 모아나의 노를 낚아채고는 헤이헤이를 움켜쥐고 부리로 노에 갈고리 모양을 새긴다. 자신의 '사인'인 셈이다.

MAUI	When ya use a bird to write with, It's called "tweeting." (FINISHES "AUTOGRAPH," WINKS) Eh? I know, not every day you get a chance to meet your hero–	마우이 새를 이용해서 쓸 때는 '트위터를 한다'고 하지. ('사인'을 다하고는 윙크를 한다) 됐지? 나도 알아. 자신이 그리는 영웅을 만날 기회가 매일 있는 건 아니니까…

Moana looks at the "HOOK AUTOGRAPH" then **jabs** Maui in the gut with the oar, he **doubles over**, allowing Moana to grab his ear.

모아나는 '갈고리 모양의 사인'을 쳐다보더니, 노로 마우이의 배를 꾹 찌른다. 마우이가 배를 꺾자 모아나는 마우이의 귀를 움켜쥔다.

MOANA	(controlled, in his ear) You are not my hero! And I am not here so you can sign my oar, I am here 'cause you stole the Heart of Te Fiti! (REVEALS HEART) And you will board my boat, sail across the sea and put it back!	모아나 (침착한 목소리로 마우이의 귀에 대고) 당신은 내 영웅이 아니라고요! 그리고 난 노에 사인해 달라고 여기에 온 게 아니라, 난 당신이 테피티의 심장을 훔쳤기 때문에 여기 온 거거든요! (심장을 보여준다) 당신은 내 배를 타야 해요. 그리고 바다를 건너 테피티의 심장을 돌려놓아야 해요!

guy-girl thing 남자와 여자가 만나서 벌이는 수작
speechless 말문이 막힌
beak 부리
scratch 긁다
autograph 유명인사가 해주는 사인
jab 쿡 때리다, 찌르다
double over 반으로 구부리다, 꺾다

[1] **Maui always has time for his fans.** 마우이는 팬들한테는 언제나 시간을 내줄 수 있지.

마우이는 모아나가 자신의 사인을 받으려고 왔다고 착각하고는 팬들에게는 언제나 시간을 내줄 수 있다고 말하는군요. 유명인사가 되면 이 말을 기억하고 있다가 팬들에게 한번 활용해 보세요.

Disney
모아나

Day 13

Maui Takes the Boat

마우이, 모아나의 배를 빼앗다

13.mp3

Moana tries to pull Maui away, but he **won't budge**. Maui looks at Moana, the heart and stands, pulling her off the ground.

모아나가 마우이를 끌고가려 하지만 마우이는 꿈쩍도 하지 않는다. 마우이는 모아나와 심장을 보더니 서서 모아나를 땅에서 들어올린다.

바로 이 장면!*

MAUI Um, yeah... it almost sounded like you don't like me which is impossible 'cause I **got stuck** here for a thousand years trying to get the heart as a gift for you **mortals**, so you could have the "power to create life itself..." (OFF MOANA) yeah, so what I believe you were trying to say... is thank you.

MOANA Thank you?

MAUI You're welcome.

MOANA What? No, that's not... I wasn't...

As Moana **sputters** to explain, Maui begins to sing...

MAUI OKAY, OKAY... **I SEE WHAT'S HAPPENING.** ❶ YEAH. / YOU'RE FACE TO FACE WITH GREATNESS AND IT'S STRANGE.

Maui looks at... HIS OWN TATTOO OF HIMSELF. The tattoo **nods** and **gives Maui a "HIGH-FIVE."** His tattoos can move?! Moana's eyes go wide. As Maui sings, his tattoo "takes the stage-"

MAUI YOU DON'T EVEN KNOW HOW YOU FEEL, IT'S ADORABLE. / WELL, IT'S NICE TO SEE THAT HUMANS NEVER CHANGE.

마우이 어, 그래… 네가 날 좋아하지 않는 것처럼 들을 뻔했는데 말야. 그건 불가능한 일이지. 난 여기 천 년 동안이나 갇혀 있었거든. 너희들. 죽을 수밖에 없는 인간들에게 심장을 선물로 갖다 주려고 말야. 그래서 너희들이 '생명 그 자체를 만들어낼 수 있는 힘'을 갖도록 말야. (모아나는 화면에 보이지 않는다) 그래서 네가 하려고 하는 말은 바로 이거라고 생각하는데. '고맙습니다'라고 말야.

모아나 고맙습니다. 라고요?

마우이 천만에.

모아나 뭐라고요? 아니. 그게 아니고요. 난…

모아나가 열을 받아 설명하려고 버벅거리자, 마우이는 노래를 부르기 시작한다.

마우이 알았어. 알았어… 난 무슨 일이 일어나고 있는지 잘 알아. / 넌 위대한 것과 대면하고 있는 거야. 위대한 것은 이상한 법이지.

마우이는 자신의 모습을 새긴 문신을 본다. 문신이 고개를 끄덕이더니 마우이와 하이파이브를 한다. 문신이 움직일 수 있다니?! 모아나의 눈이 휘둥그레진다. 마우이가 노래를 하자 문신이 무대에 나선다.

마우이 넌 네 감정도 제대로 몰라. 그건 굉장한 거야. / 인간들이란 변하지 않는다는 걸 보는 것은 아주 좋은 일이야.

won't budge 꿈쩍도 하지 않는다
got stuck 갇혔다
mortal 죽을 수밖에 없는 자, 즉 인간
sputter (감정에 북받쳐) 식식거리며 말하다
nod 고개를 끄덕이다
give someone a high-five ~에게 하이파이브를 하다

❶ **I see what's happening.**
난 무슨 일이 일어나고 있는지 잘 알아.

무슨 일이 일어나고 있는지 아는 것은 쉬운 것 같으면서도 어려운 일이죠. 살아가면서 제일 어려운 것이 아마도 무슨 일이 일어나고 있는지 제대로 알고 있는 것이라고 할 수도 있습니다. 현상 파악에 자신이 있는 경우에는 I see what's happening.이라고 큰소리를 칠 수 있겠죠?

Maui high-fives Mini-Maui, who **unveils** and acts in various tattoos on Maui's body (sometimes like **Vanna White**, sometimes acting it out like a **sketch**, over-acted, **false modesty**, etc.)

마우이는 미니 마우이와 하이파이브를 한다. 미니 마우이는 정체를 드러내더니 마우이의 몸에 있는 여러 문신들의 흉내를 낸다. (어떤 경우에는 바나 화이트의 흉내를 내는가 하면, 어떤 때는 촌극을 하는 시늉을 하기도 하는데, 일부러 과장된 연기를 하거나 겸손한 척하기도 한다.)

MAUI OPEN YOUR EYES / LET'S BEGIN / YES, IT'S REALLY ME, IT'S MAUI, BREATHE IT IN. / I KNOW IT'S A LOT, / THE HAIR, THE BOD / WHEN YOU'RE STARING AT A DEMI-GOD.

마우이 눈을 떠 / 시작하자 / 그래, 바로 나야. 마우이. 숨을 들이쉬어. / 너무 크다는 것은 나도 알아. / 머리카락이랑, 몸이랑 / 반신반인을 볼 때면 그런 거지.

Maui really starts to **turn on the charm**.

마우이가 정말로 매력을 발산하기 시작한다.

MAUI WHAT CAN I SAY EXCEPT YOU'RE WELCOME? / FOR THE TIDES, THE SUN, THE SKY? / HEY, IT'S OKAY, IT'S OKAY, YOU'RE WELCOME. / I'M JUST AN **ORDINARY** DEMI-GUY.
HEY, WHAT HAS TWO THUMBS AND PULLED UP THE SKY, / WHEN YOU WERE **WADDLING** YEA HIGH? / THIS GUY.

마우이 천만에, 라는 말밖에 내가 무슨 말을 할 수 있겠니? / 조수, 태양, 하늘에 대해서? / 이봐, 괜찮아, 괜찮아, 천만에. / 난 그냥 평범한 반신반인이야.
이봐, 도대체 누가 하늘을 걷어 올렸게, / 네가 이 정도 키로 뒤뚱뒤뚱 걸을 때 / 바로 나야.

Maui uses his hook to **pull up** the sky, allowing mortals to stand upright. Mortals on Maui's tattoo stand up and **shower Maui with gifts**.

마우이가 갈고리로 하늘을 걷어 올린다. 인간들이 제대로 서 있을 수 있도록. 마우이의 문신에 있는 인간들이 일어서서 마우이에게 선물을 뿌려준다.

MAUI WHEN THE NIGHTS GOT COLD, WHO STOLE YOU FIRE FROM DOWN BELOW? / YOU'RE LOOKING AT HIM, YO.

마우이 밤에 추워졌을 때 누가 저 아래에서 불을 훔쳐줬게? / 바로 여기에 있잖아, 여기.

Maui punches out Mafuie'a (an **EARTHQUAKE GOD**) / steals fire from him and takes it to mortals, who **cheer**.

마우이가 지진의 신인 마푸이를 때려눕히고는 불을 훔쳐 인간들에게 갖다 준다. 인간들이 환호한다.

MAUI OH, ALSO I **LASSOED** THE SUN (you're welcome) / TO STRETCH YOUR DAYS AND BRING YOU FUN. / ALSO I **HARNESSED** THE **BREEZE** (you're welcome) / TO FILL YOUR SAILS AND SHAKE YOUR TREES.

마우이 아, 그리고 내가 또 태양을 밧줄로 잡았지 (천만에) 너희들의 낮을 길게 해서 재미있게 해주려고. / 그리고 내가 바람도 길들였어 (천만에) / 너희들 돛이 바람을 머금을 수 있게, 그리고 나무를 흔들 수 있도록 말이야.

unveil 정체를 드러내다
Vanna White 미국의 여배우
sketch 촌극
false modesty 겸손한 채하는 것
turn on the charm 매력을 발산하다
ordinary 평범한
waddle 뒤뚱뒤뚱 걷다
pull up 위로 걷어 올리다
shower someone with something ~에게 …을 마구 주다
earthquake god 지진의 신
cheer 환호하다
lasso (동물 등을) 올가미 밧줄로 잡다
harness 길들이다
breeze 바람

Maui slows the sun, **elongating** the days. Mortals cheer. Mini- Maui kills another monster, grabs wind and throws it into man's sails, they cheer.

마우이가 태양을 천천히 가게 해서 낮을 길게 해준다. 인간들이 환호한다. 미니 마우이가 다른 괴물을 죽여서 바람을 움켜쥐고는 인간의 돛에다 뿌려준다. 인간들이 환호한다.

MAUI SO WHAT CAN I SAY EXCEPT YOU'RE WELCOME? / FOR THE ISLANDS I PULLED FROM THE SEA / **THERE'S NO NEED TO PRAY,**❶ IT'S OKAY, YOU'RE WELCOME. / I GUESS THAT'S JUST MY WAY OF BEING ME. / YOU'RE WELCOME! YOU'RE WELCOME! / WELL, COME TO THINK OF IT... /

마우이 그러니, 천만에, 라는 말밖에 내가 무슨 말을 할 수 있겠니? / 내가 바다에서 끌어온 섬들에 대해서 / 기도할 필요는 없어, 괜찮아, 천만에. / 나는 원래 이런 것 같아. / 천만에! 천만에! / 그러고 보니… /

Maui bounces his **pecs** in Moana's face, juggling "tattoos" which bounce off his pecs.

마우이가 가슴근육을 모아나의 얼굴에 들이밀자, 그곳에 새겨진 문신들이 튀어나오려고 요동친다.

MAUI KID, HONESTLY I COULD GO ON AND ON / I COULD EXPLAIN EVERY **NATURAL PHENOMENON** / THE TIDE? THE GRASS? THE GROUND? / OH THAT WAS MAUI JUST MESSING AROUND.

마우이 얘야, 솔직히 말하자면 나는 무한정 계속할 수 있단다 / 난 자연현상은 뭐든 설명할 수 있지 / 조수? 풀? 땅? / 아, 그건 이 마우이가 그냥 장난을 좀 친 거야.

Maui jumps around different tapas of sea, grass, and earth.

마우이가 바다, 풀, 그리고 땅이 그려진 여러 가지 타파 천을 뛰어다닌다.

MAUI I KILLED AN **EEL** AND I BURIED ITS **GUTS**. / **SPROUTED** A TREE NOW YOU GOT COCONUTS.

마우이 내가 뱀장어를 한 마리 죽여서, 내장을 묻었어. / 그랬더니 나무가 자라나서 너희들이 코코넛을 따먹는 거야.

Mini-Maui slams a MONSTROUS EEL in the head, then buries him in the sand, where a tree grows, coconuts emerge and drop into Mini-Maui's hands which he gives to a bunch of mortals.

미니 마우이가 괴물 같은 뱀장어 머리를 치고는 모래에다 묻는다. 거기서 나무가 자라고, 코코넛이 나오더니 미니 마우이의 손에 떨어진다. 미니 마우이가 그것을 한 무리의 인간들에게 준다.

MAUI WHAT'S THE LESSON? WHAT IS THE TAKE AWAY? / DON'T MESS WITH MAUI WHEN HE'S ON A BREAKAWAY / AND THE TAPESTRY HERE IN MY SKIN / IS A MAP OF THE VICTORIES I WIN / LOOK WHERE I'VE BEEN / I MAKE EVERYTHING HAPPEN / LOOK AT THAT MEAN MINI-MAUI JUST TICKETY TAPPIN'!

마우이 교훈이 뭐냐고? 취할 게 뭐냐고? / 마우이가 떠날 때는 개기지 말라는 거지 / 그리고 말야, 내 피부에 있는 이 태피스트리는 내 승리의 지도 같은 거야 / 내가 어디에 있었는지 한번 봐 / 모든 게 일어나도록 내가 만든 거야 / 저 형편없는 미니 마우이가 신나게 춤을 주는 것 좀 봐!

---

elongate 길게 만들다
pecs 흉근
natural phenomenon 자연의 현상
eel 뱀장어
guts 내장
sprout 싹이 트게 하다

❶ **There's no need to pray.**
기도할 필요는 없어.
'뭘 할 필요는 없다'는 여러 가지로 나타낼 수 있지만 〈There's no need to + 동사원형〉도 이런 의미를 아주 간단하게 표현할 수 있는 패턴입니다. 여러 가지 동사를 넣어 활용해 보세요.

We **zoom out** and see Maui, tapping his fingers for Mini-Maui, breathless. Mini-Maui does a tap-dance/haka combo. Milkin' it.

카메라가 멀어지자 마우이가 손가락으로 몸을 두드려 미니 마우이가 춤을 추게 해준다. 미니 마우이는 숨이 차게 탭댄스와 하카 춤이 어우러진 춤을 춘다. 춤이 길게 늘어진다.

MAUI Hey, hey, hey, hey, HEY!

마우이 헤이, 헤이, 헤이, 헤이, 헤이!

Mini-Maui does a big flourish - going all out.

미니 마우이가 신나게 온힘을 다해 흔들어댄다.

MAUI WELL, ANYWAY, LET ME SAY YOU'RE WELCOME / FOR THE WONDERFUL WORLD YOU KNOW / HEY, IT'S OKAY, IT'S OKAY YOU'RE WELCOME / WELL, **COME TO THINK OF IT, I GOTTA GO.**[1]

마우이 뭐, 어쨌든, 천만에, 라고 말해야겠네 / 네가 알고 있는 멋진 세계에 대해서 말야 / 이봐, 괜찮아, 괜찮아, 천만에 / 그런데, 생각해보니, 가야겠네

Maui nears the top of the island.

마우이가 섬의 꼭대기로 다가간다.

MAUI HEY, IT'S YOUR DAY TO SAY YOU'RE WELCOME! / CUZ I'M GONNA NEED THAT BOAT / I'M SAILING AWAY, AWAY, YOU'RE WELCOME / CUZ MAUI CAN DO EVERYTHING BUT FLOAT! / YOU'RE WELCOME! YOU'RE WELCOME! And thank you!

마우이 이봐, 천만에, 라고 말하는 날이라니깐! / 왜냐하면 내가 그 배가 필요하니까 / 난 멀리, 멀리 배를 타고 갈 거야, 천만에 / 왜냐하면 마우이는 뭐든 다 할 줄 알아도, 물 위에 둥둥 뜨는 것은 못하거든 / 천만에! 천만에! 그리고 고마워!

With a smile, Maui shoves Moana in a cave, and rolls a **boulder** in front of it. **Trapping** her!

미소를 지으며 마우이는 모아나를 동굴로 밀더니 그 앞에다 바위를 굴린다. 모아나를 가둔 것이다!

MOANA Huh–? HEY?! LET ME OUT... YOU lying, **slimy**, son of a...

모아나 어? 이봐요?! 꺼내줘요, 이 거짓말쟁이에다 치사한 개새…

EXT. MAUI'S ISLAND - BEACH - SAME TIME

실외. 마우이의 섬 – 해변 – 같은 시각

Maui skips right back down the beach, **humming** his song.

마우이는 콧노래를 부르며 깡충거리며 다시 해변으로 간다.

MAUI You're welcome... you're so welcome...

마우이 천만에… 아이구, 천만에…

Mini-Maui pulls on Maui's arm, upset that Maui would **treat** Moana so **unfairly**. Mini-Maui snaps his tattoo.

미니 마우이가 마우이의 팔을 당긴다. 마우이가 모아나를 아주 부당하게 대한 것에 대해 화를 내고 있는 것이다. 미니 마우이가 문신을 탁 친다.

zoom out 카메라가 급히 멀어지다
boulder 바위
trap 가두다
slimy 비열한
hum 콧노래를 부르다
treat ~를 대하다
unfairly 부당하게

[1] Come to think of it, I gotta go.
생각해보니, 가야겠네.
갑자기 어떤 생각이 났는데, 그게 지금 당장 해야 되는 일인 경우, 우리는 '생각해보니까, 그러고 보니' 등으로 말하는데, Come to think of it이 바로 이런 경우에 사용하는 표현입니다. gotta는 got to를 소리 나는 대로 표기한 것이고, got to는 have to의 구어체적 표현이죠.

MAUI (to Mini-Maui, **bickering**) Ow. No, I'm not going to Te Fiti with some kid, I'm gonna go **get** my hook **back**! (OFF TATTOO) You have your hook, and I'm not "Maui" without mine. (MINI-MAUI **PROTESTS**, MAUI SHOVES HIM TO HIS BACK) Okay, talk to the back.

마우이 (미니 마우이에게 말싸움하듯이) 아. 아냐. 난 애랑 테피티에 가지는 않을 거야. 난 내 갈고리를 찾으러 가는 거야! (문신은 화면에 보이지 않는다) 넌 네 갈고리를 가지고 있지만. 난 내 갈고리가 없으면 '마우이'가 아닌 거야. (미니 마우이가 이의를 제기하자 마우이는 미니 마우이를 등으로 민다) 알았어. 등에다 얘기해.

Maui knocks his tattoo onto his back and **without breaking stride**, **BAGOCK**! Maui grabs clueless Heihei by the neck and **hauls** the boat to the water.

마우이가 문신을 쳐서 등에다 돌리고는 발걸음을 늦추지 않고 걸어가는데, 꼭꼬! 마우이가 멍청한 헤이헤이의 목을 움켜쥐고는 배를 바닷가로 끈다.

MAUI Boat snack!

마우이 배에서 먹는 간식거리구나!

bicker 말다툼하다
get back 되찾다
protest 이의를 제기하다
without breaking stride 성큼성큼 걷는 것을 멈추지 않고
bagock 닭이 '꼭꼬'하고 우는 소리를 나타내는 의성어
haul 끌다

Day 14

Fearful Maui

두려워하는 마우이

14.mp3

INT. MAUI'S CAVE - SAME TIME

Moana **throws herself against** the boulder, trying to **dislodge** it, but it won't budge. She looks around... determined, she's not going to let Maui get away.

She **sprints into** the narrow canyon which **dead-ends** at Maui's castaway pad, where he's been **sculpting** a STATUE of himself. Moana scans her options: no escape but sheer funnel cliffs rising to blue sky. She climbs the statue of Maui, shoving it Indiana Jones style, then rides it as it tumbles and LEAPS to the opening above, then **FRICTION-CLIMBS up** the walls.

실내. 마우이의 동굴 – 같은 시각

모아나는 바위를 움직여보려고 몸을 던져보지만 바위는 꿈쩍도 하지 않는다. 모아나가 단호한 표정으로 사방을 둘러본다. 마우이가 도망치게 내버려두지는 않겠다는 것이다.

모아나가 비좁은 동굴 안으로 뛰어 들어간다. 동굴 한 쪽은 막혀 있는데, 그곳은 마우이가 거처하는 곳이다. 마우이는 그곳에다 자신의 조각상을 새기고 있었다. 모아나는 둘러보며 자신에게 어떤 방법이 있는지 생각한다. 푸른 하늘을 향해 뚫려 있는 깎아지른 듯한 절벽밖에는 나갈 수 있는 방법이 없다. 모아나는 마우이의 조각상으로 기어 올라가서는 영화에서 인디애나 존슨이 했던 것처럼 확 밀쳐 떨어질 때 그것에 타고는 위에 있는 구멍을 향해 펄쩍 뛴다. 그리고는 맨손으로 암벽등반을 하는 식으로 기어 올라간다.

EXT. CANOE - OUT TO SEA

Maui "parties" on the boat/dancing.

MAUI **Good riddance ya filthy pile of pebbles!**❶ (LAUGHS, THEN TO MINI-MAUI) Oh, no, no, no. Don't look at me like that–it's a beautiful cave, she's gonna love it. (TO HEIHEI) And I'm gonna love you. In ma belly. Now let's **fatten you up, Drumstick.**

Maui puts some food down for Heihei, who pecks but misses the pile of food. He's stupid.

실외. 카누 – 바다

마우이가 배에서 춤을 추며 '파티'를 한다.

마우이 냄새나는 조약돌을 안 보니 살 것 같네! (웃더니 미니 마우이에게) 아냐, 그러지 마. 아니라고. 그러지 마. 날 그렇게 보지 마. 그 동굴은 아름다워. 그 애는 거기를 좋아할 거야. (헤이헤이에게) 그리고 난 너를 아주 좋아하게 될 것 같아. 내 뱃속에서 말야. 자, 그럼 살 좀 찌우자, 이 멍청한 닭대가리야.

마우이는 헤이헤이의 먹이를 바닥에 조금 떨어뜨려준다. 헤이헤이는 그것을 쪼지만 빗나간다. 멍청하다.

EXT. ROCK SPIRE - SUMMIT

WHOOSH! Legs first, Moana hauls herself out. She spots Maui - Moana might be able to cut him off – Yes! She sprints and with a

실외. 나선형 바위 – 꼭대기

후유! 모아나의 다리가 먼저 나오고, 몸을 뺀다. 모아나는 마우이를 발견한다. 마우이를 막을 수 있을지도 모른다. 그렇게 하는 거야! 모아나는

throw oneself against ~을 향해 자신의 몸을 내던지다, 부딪히다
dislodge 움직이다, 빼내다
sprint into ~로 뛰어들다
dead-end 끝이 막히다, 막다른 길이다
sculpt 조각하다
friction-climb 맨손으로 암벽등반을 하다
fatten up 살을 찌우다
drumstick 닭다리

❶ **Good riddance ya filthy pile of pebbles!** 냄새나는 조약돌을 안 보니 살 것 같네!

Good riddance는 무엇을 안 보게 되어, 없어져서 속이 다 시원하다고 할 때 사용하는 표현이죠. 그 대상을 나타낼 때는 보통 Good riddance 다음에 to를 넣는데, 마우이는 그냥 ya filthy pile of pebbles라고 했네요. 반신반인이니까, 인간들의 문법 같은 건 그냥 무시했겠죠.

warrior yell, she leaps to stop him! And...

돌격하는 전사 같이 소리를 지르며 내달리다가 마우이를 막으려고 펄쩍 뛰어오른다. 그런데…

EXT. MAUI'S ISLAND - LAGOON - SAME TIME

실외. 마우이의 섬 – 산호초 – 같은 시각

SPLASH! She **belly-flops** and Maui sails right past her.

풍덩! 모아나는 배치기 다이빙을 하듯이 배로 물을 철썩 치며 떨어지고, 마우이가 탄 배는 바로 그 곁을 지나간다.

MAUI I could watch that all day. Okay, enjoy the island. Maui, out!

마우이 하루 종일이라도 구경할 수는 있지만. 잘했어. 섬에서 잘 지내. 마우이는 간다!

Maui **trims** the sail and **takes off**... leaving Moana in his **wake**. Moana tries to swim after him...

마우이는 돛을 조종하고는 떠난다. 배 뒤로 모아나를 바닷물에 내버려둔 채. 모아나는 헤엄을 쳐서 뒤쫓아 가려고 한다.

MOANA No! Stop! HEY! You have to put back the heart!

모아나 안 돼! 멈춰요! 이봐요! 당신은 심장을 돌려놔야 한다고요!

Moana looks to the island...then to Maui... will she quit? **Nope**, she's going to keep going. Then...

모아나는 섬을 돌아보다가, 다시 마우이를 본다. 그만둘까? 아냐, 계속해서 갈 거야. 그러자…

SLURP! She is pulled underwater and dragged, turbo speed.

쭈르륵! 모아나가 바다 밑으로 빨려 들어간다. 굉장한 속도다.

EXT. MOANA'S BOAT - OPEN OCEAN - SAME TIME

실외. 모아나의 배 – 바다 – 같은 시각

Floomp! **Out of nowhere**, Moana is popped on board her boat. She and Maui stare at each other, both a little shocked.

슉! 난데없이 모아나가 배에 팍 올라온다. 모아나와 마우이는 서로 약간 충격을 받은 듯 노려보고 있다.

MAUI Did not see that coming.

마우이 이럴 줄은 몰랐는데.

MOANA I am Moana of Motunui. This is my canoe and you will journey to Te Feee–

모아나 나는 모투누이의 모아나예요. 이건 내 카누라고요. 당신은 가야 해요. 테피…

Maui tosses Moana off the boat. Maui's tattoo pops back up, **mad at him** for doing that.

마우이가 모아나를 배에서 밀어버린다. 마우이의 문신이 도로 팍 나타나더니 그런 짓을 했다고 마우이에게 화를 낸다.

MAUI (to Mini-Maui) **Alright, get over it.**[1] We gotta move.

마우이 (미니 마우이에게) 괜찮아. 잊어버려. 우린 가야 해.

But FLOOMP! The ocean puts Moana on the front of the boat.

하지만 슉! 바다가 다시 모아나를 뱃머리에 올려놓는다.

belly-flop 배치기 다이빙을 하다
trim 미세하게 조정하다
take off 떠나다
wake 배가 지나가고 난 후에 생기는 물 자국
nope no의 구어체적인 표현
out of nowhere 난데없이
mad at ~에게 화를 내는

[1] **Alright, get over it.**
괜찮아, 잊어버려
실연의 상처를 잊어버리라고 할 때 흔히 사용하는 표현이 바로 get over it입니다. 다 잊어버리고 새 출발을 하라는 의미죠. 마우이도 꼬마 마우이에게 모아나에 관한 건 잊어버리라는 의미로 get over it이라고 하네요.

MAUI And she's back.

MOANA I am Moana of Motunu--eeee!

Maui digs in the oar like water brakes, Moana falls off the front. Immediately, the ocean puts her back on the boat.

MAUI (**deadpan**) It was... "Moana" right?

MOANA Yes and you will restore the heart–

Moana holds out the heart to Maui. He grabs it and **throws it a mile**. Moana is speechless. Then – WHACK! The ocean throws it back, knocking Maui in the head. Maui looks at the heart.

MAUI Alright, I'm out–

Maui dives over the side, but now the ocean puts Maui back.

MAUI OH, COME ON!

The ocean splashes him in the face.

MOANA **What is your problem?**[1] (THEN, REALIZING, AMUSED) Are... you afraid of it?

Moana holds the heart closer to Maui, who **backs up**.

MAUI No. No, (CHUCKLES) I'm not afraid.

Mini-Maui disagrees, he nods, "Heck yes, Maui's afraid."

MAUI (TO MINI-MAUI) **Stay out of it** or you're sleeping in my **armpit**. (TO MOANA) You, stop it. That is not a heart, it is a **curse**. **The second** I took it, I got blasted outta the sky and I lost my hook. Get it away from me.

마우이 그리고 재가 돌아왔잖아.

모아나 난 모아나예요, 모투누이…!

마우이가 배를 멈출 것처럼 노를 물에 집어넣자, 모아나가 뱃머리에서 떨어지지만 즉시 바다가 모아나를 배로 올려놓는다.

마우이 (무표정한 얼굴로) 모아나였어, 맞지?

모아나 그래요, 당신은 심장을 돌려놓아야…

모아나가 심장을 마우이에게 내민다. 마우이가 그것을 잡아채 멀리 던진다. 모아나는 말을 잃는다. 그러자, 훽! 바다가 다시 심장을 마우이의 머리에 던진다. 마우이가 심장을 바라본다.

마우이 알았어, 난 가볼게…

마우이가 배 옆머리에서 물로 뛰어들지만, 바다가 다시 마우이를 배로 올려놓는다.

마우이 아, 이런, 그러지 좀 마!

바다가 마우이의 얼굴에 물을 끼얹는다.

모아나 당신, 무슨 문제 있어요? (그러자 마우이의 문제를 알아차리고는 재미있어 한다) 무서운 거예요?

모아나가 심장을 마우이에게 들이대자, 마우이가 뒷걸음친다.

마우이 안 돼, 안 된다고, (소리 내어 웃으며) 무서운 게 아냐.

미니 마우이는 생각이 달라서, '그래, 네 말이 맞아, 마우이는 무서워서 그래'라는 듯이 고개를 끄덕인다.

마우이 (미니 마우이에게) 넌 좀 빠져, 안 그러면 내 겨드랑이에서 잠이나 자게 될 거야. (모아나에게) 너도 좀 그만해. 그건 심장이 아니라, 저주받은 물건이라고. 내가 그것을 채가자마자 하늘은 나를 팍 내쳤어. 그래서 난 갈고리를 잃어버렸어. 그걸 내 앞에서 치워버려.

deadpan 표정이 없는
throw it a mile 멀리 휙 던지다
back up 뒷걸음치다
stay out of it 끼어들지 마라
armpit 겨드랑이
curse 저주받은 물건
the second S + V ~하자마자

1 What is your problem?
당신, 무슨 문제 있어요?
상대방이 좀 의아스럽게 말하거나 행동할 때 사용할 수 있는 말이죠. 모아나도 마우이가 자꾸 자신의 말을 듣지 않고 회피하려고 하자, 의아해서 무슨 문제가 있냐고 물어보느라 What is your problem?이라고 하네요.

MOANA (TEASING, HOLDING IT CLOSER) Get this away?

모아나 (더 가까이 대며 놀린다) 이걸 치우라고요?

바로 이 장면!*

MAUI (**dodging** her) Hey. Hey. I'm a demigod okay. Stop that. I will **smite** you... you wanna get smote? Smoten? S- Agh! Listen... that thing doesn't give you power to create life, it's a **homing beacon of death**. If you don't put it away, bad things are gonna come for it!

마우이 (모아나를 피하며) 이봐, 이봐, 난 반신반인이라고. 그만해. 안 그러면 널 깨부술 거야. 넌 왕창 부서지고 싶어? 부셔지고 싶어, 라고 해야 하나? 악! 잘 들어. 그게 너한테 생명을 창조할 수 있는 힘을 주는 게 아냐. 그건 바로 죽음으로 직행하는 지름길이야. 그걸 치우지 않으면, 사악한 것들이 그걸 찾으러 올 거야!

Moana stops and considers this, then:

모아나가 멈칫하면서 이 말을 생각해본다. 그러더니…

MOANA (calling out) Come for this?! The heart? You mean THIS HEART RIGHT HERE?! **COME AND GET IT!**[1]

모아나 (소리친다) 이걸 찾으러 온다고요?! 이 심장을? 바로 여기 있는 이 심장을 말하는 거예요?! 와서 갖고 가보라고 그래요!

MAUI (WORRIED **FUMPFERS**) No. Don't. YOU can't raise your voice like that. (THEN, **RESIGNED**) You are gonna get us killed.

마우이 (걱정스러워 말을 버벅거린다) 안 돼. 하지 마. 그렇게 목소리를 높이면 안 돼. (그리고는 체념한 듯이) 너 때문에 우리는 죽게 될 거야.

MOANA No, I'm gonna get us to Te Fiti so you can put it back. Thank you. (MAUI VOICE) "You're welcome."

모아나 아니요. 난 당신을 데리고 테피티에 가서 내가 이걸 도로 갖다 놓게 할 거예요. 고마워요. (마우이의 목소리를 흉내내어) '천만에.'

tease 놀리다
dodge 피하다
smite 세게 치다
homing beacon of death 죽음으로 직행하는. homing beacon은 자동 유도 표지
fumpfer 말을 버벅거리다
resigned 체념한 듯이

① Come and get it!
와서 빼앗아봐!
테피티의 심장을 사악한 것들이 뺏으러 올 것이라고 마우이가 말하자, 모아나는 단호하게 올 테면 와보라는 의미로 Come and get it!이라고 하네요. 여러분도 누군가가 무엇을 뺏으려고 할 때, Come and get it!이라고 말해보세요.

Day 15

Little Pirates Kakamora Attack!

꼬마 해적, 카카모라의 공격!

15.mp3

THUNK! A HUGE **SPEAR** sticks into their boat, it barely misses Heihei, who... pecks at it.

턱! 거대한 창이 배에 박힌다. 헤이헤이가 맞을 뻔했다. 헤이헤이는 그 창을 쪼다.

Moana and Maui look into the fog... where a large silhouette approaches.

모아나와 마우이가 안개 속을 응시한다. 거대한 형체가 다가오고 있다.

MAUI (**with dread**) Kakamora...

마우이 (두려워서) 카카모라야…

바로 이 장면!*

MOANA Kaka-what?

모아나 카카, 뭐라고요?

MAUI Murdering little **pirates**. (POINTED) Wonder what they're here for.

마우이 사람을 잡아 죽이는 꼬마 해적들이야. (손가락으로 가리키며) 저 애들이 뭣 때문에 여기 왔겠냐?

Then through the fog we find... a weird island with a CUTE LITTLE COCONUT DUDE on top. TWO MORE coconut dudes join him.

그러자 안개 사이를 뚫고 괴이한 섬이 보인다. 꼭대기에는 귀여운 코코넛 아이가 서 있다. 코코넛 아이 두 명이 더 합세한다.

MOANA (confused) They're... kinda... cute?

모아나 (어리둥절해서) 쟤들은… 그래도… 귀여운데요?

But the COCONUT PEOPLE then paint angry faces on their coconut shells. And **go berserk**. They're murderers. BIG DRUMS!

그러나 코코넛 사람들은 코코넛 껍질에다 화난 얼굴을 칠한다. 그러더니 광포해진다. 진짜 살인자들인 것이다. 그리고 큰 북도 보인다!

Their "CHIEF" beats out a rhythm and aims a **battle-axe** at... the Heart of Te Fiti in Moana's hand. The KAKAMORA bang huge drums and start loading **SPEAR CATAPULTS**.

이자들의 '족장' 격인 자가 북을 치더니, 전투용 도끼를 모아나의 손에 있는 테피티의 심장에 겨눈다. 이 카카모라가 거대한 북을 치더니 투석기에 창을 장전한다.

MOANA (LOOKING TO OCEAN) Ocean! **DO something!**[1] Help us!

모아나 (바다를 보며) 바다야! 어떻게 좀 해줘! 우리를 도와줘!

spear 창
with dread 무서워서
pirate 해적
go berserk 광포해지다
battle-ax 전투용 도끼
load 무기를 장전하다
spear catapult 창을 쏘는 투석기

1 Do something!
어떻게 좀 해봐!
모아나는 바다에게 어떻게 좀 해달라는 의미로 Do something!이라고 외칩니다. 다급한 상황에서 손을 놓고 있는 사람에게 '어떻게 좀 해봐!'라고 외치고 싶으면 간단하게 Do something!이라고 하면 된답니다.

MAUI	(SCOFFS) The Ocean doesn't help you, you help yourself!	**마우이** (콧방귀를 뀌며) 바다는 널 도와주지 않아. 네 힘으로 해야지!

Maui rushes to the back of the boat. — 마우이가 배 뒷전으로 달려간다.

MAUI Tighten the halyard! Bind the stays! — **마우이** 마룻줄을 단단히 감아! 버팀줄을 묶어!

Moana stands – she has no idea what he's talking about. — 모아나는 그대로 서 있다. 마우이가 무슨 말을 하는지 전혀 모르기 때문이다.

MAUI You can't sail?! — **마우이** 넌 배를 조종할 줄도 모르니?!

MOANA I uh... **I am self-taught.**[1] — **모아나** 난… 독학했거든요.

BOOM BOOM BOOM! Here come the Kakamora! They'**re gaining**! — 쿵 쿵 쿵! 카카모라가 오고 있다! 점점 가까워진다!

MOANA Can't you shape-shift or something?! — **모아나** 변신이나 뭐 그런 거 좀 하면 안 돼요?!

MAUI You see my hook? No magic hook, no magic powers! — **마우이** 네가 내 갈고리를 봤어? 마술 갈고리가 없으면 마력이 안 나온다고!

GIANT SPEARS strike their boat, one almost hits Heihei, who starts pecking that one. The spears have ropes **tethered** to them and the giant vessel starts to **reel** them **in**. — 커다란 창들이 배에 박힌다. 하나는 헤이헤이를 찌를 뻔한다. 헤이헤이는 그 창을 쫀다. 창에는 밧줄이 감겨 있다. 커다란 배가 밧줄을 감기 시작한다.

Another order from the chief and the main vessel separates into three vessels, which start to surround them. — 족장이 또 명령을 내리자 주력함이 배 세 척으로 분리되더니 모아나의 배를 둘러싼다.

MOANA Their boat is TURNING INTO MORE BOATS! — **모아나** 배가 배를 더 낳아요!

Up on the Kakamora vessel, dozens of Kakamora warriors jump on the lines, **ziplining** toward them. Maui and Moana struggle to pull the spears out before the army of Kakamora arrive. — 카카모라의 배 위에서는 카카모라 전사들 수십 명이 밧줄에 올라타서는 줄을 타고 몰려온다. 마우이와 모아나는 카카모라 전사들이 도착하기 전에 창을 빼려고 애를 쓴다.

Moana finally **yanks** the final one from the mast of the ship and smiles at Maui, **smugly**. — 모아나가 드디어 돛대에 박혀 있던 마지막 창을 빼내고는 흐뭇해서 마우이에게 미소를 짓는다.

scoff 콧방귀를 뀌다
be gaining 가까이 다가오고 있다
tether 줄로 묶다
reel in 줄을 감아서 끌어들이다
zipline 줄을 타고 가다
yank 힘을 써서 뽑아내다
smugly 우쭐해 하며

[1] **I am self-taught.** 독학했거든요.
배에 관한 용어는 상당히 전문적인 게 많아서 보통 사람은 알아듣기 힘들죠. 마우이가 마구 배에 관한 용어들을 뱉어내니까 모아나는 어리둥절하죠. 그러자 마우이가 배를 조종할 줄 모르냐고 힐난합니다. 이에 대해 모아나는 I am self-taught.라고 응대하네요. 누군가가 그것도 모르냐고 힐난하면 여러분도 I am self-taught.라고 변명 아닌 변명을 해보세요.

MOANA Yup, **I just did that.**[1]

모아나 됐다. 내가 방금 해냈어.

BONK! A Kakamora lands on her head, there was one more spear high up on the mast, and the army has arrived! As Moana is knocked to the deck, the heart of Te Fiti falls from her necklace and rolls across the **hull**.

떡! 카카모라가 하나 모아나의 머리 위에 떨어진다. 돛대 위 높은 곳에 창이 하나 더 있었는데, 그것을 이용해서 카카모라 무리가 도착한 것이다! 모아나가 갑판 위로 쓰러지자 목걸이에 있던 테피티의 심장이 떨어져 선체에 굴러다닌다.

Moana **scrambles for** it, but Heihei picks it up and

모아나가 그것을 잡으려고 허둥대지만, 헤이헤이가 심장을 주둥이로 쪼아서는…

MOANA Hey, no, no, no, no, no.

모아나 이봐, 안 돼, 안 된다고, 안 돼, 안 된단 말야.

... EATS IT.

헤이헤이가 심장을 먹는다.

MOANA Heihei!

모아나 헤이헤이야!

The Kakamora then GRABS HEIHEI and races back up the mast. Moana leaps after him, but the Kakamora jump on the rope and cut it, swinging freely back to the vessel.

카카모라가 헤이헤이를 움켜쥐더니 돛으로 달려 올라간다. 모아나가 뒤를 쫓지만 카카모라는 밧줄에 올라타더니 줄을 끊어버리고는 그것을 잡고 배로 휙 날아간다.

MOANA Maui! They took the heart!

모아나 마우이! 쟤들이 심장을 가져갔어요!

Maui looks over to see... the Kakamora with Heihei.

마우이가 헤이헤이를 잡아간 카카모라를 건너다본다.

MAUI That's a chicken.

마우이 저건 닭이잖아.

MOANA The heart's in the... (OFF MAUI) We have to get him back! MAUI!

모아나 쟤 안에 심장이 있단 말예요… (마우이가 보이지 않는다) 우리는 헤이헤이를 도로 찾아야 해요! 마우이!

Two more vessels **coining their way**. Maui **grits his teeth** and in a bad-ass move, he jumps to the other side of the boat, **pitch- poles** it and the boat sails back toward the main vessel.

배 두 척이 더 다가온다. 마우이는 이를 갈더니 난폭하게 움직여 카카모라 배의 반대편으로 뛰어올라 배를 뒤집어 놓는다. 배는 주력함으로 다시 가버린다.

MAUI Chee-hoo!

마우이 치후, 야 신난다!

Moana watches in awe, amazed. She spots the Kakamora with Heihei **being winched back to** the Kakamora's vessel.

모아나는 놀라서 바라보며 경탄한다. 모아나는 헤이헤이를 쥐고 있는 카카모라가 배로 끌려올라가는 것을 발견한다.

MOANA (POINTS) There! Right there!

모아나 (손으로 가리키며) 저기예요! 바로 저기!

---

hull 선체
scramble for ~을 주우려고 허둥대다
coin one's way 이리저리 교묘하게 움직이며 다가오다
grit one's teeth 이를 갈다
pitch-pole 벌렁 뒤집다
be winched back to ~으로 다시 끌려가다

① I just did that.
내가 방금 해냈어.
이 말은 단순히 '내가 방금 그것을 했다.'라는 의미가 아니라, 힘든 일을, 불가능한 것처럼 보였던 일을 내가 해냈다고 의기양양하게 외치는 말이죠. 여러분도 자랑스러운 일을 해냈으면 I just did that.이라고 소리쳐 보세요.

But then Maui... **veers** to the side of the main vessel, he's not trying to get the heart, he's escaping.

그러나 마우이는 주력함의 측면으로 방향을 튼다. 마우이는 심장을 찾으려고 하는 게 아니라 도망가려고 하는 것이다.

MOANA You're turning?! What are you doing?!

모아나 방향을 틀어?! 뭘 하려고 하는 건데요?!

MAUI Uh, escaping?!

마우이 어, 도망가려고?!

MOANA The heart!

모아나 심장!

MAUI **Forget it. You'll never get it back.**❶ Besides ya got a better one.

마우이 그건 잊어버려. 넌 그걸 도로 찾을 수 없을 거야. 게다가 넌 더 좋은 걸 가졌잖아.

Moana grabs the **oar** out of Maui's hands and jumps onto the main vessel as they pass it. Maui, now oarless, can't **steer**.

모아나는 마우이가 가지고 있던 노를 빼앗고는 마침 옆으로 스치는 주력함으로 뛰어오른다. 노가 없는 마우이는 방향을 틀 수 없다.

MAUI Hey– what'm I gonna steer with?! (then, calling out) THEY'RE JUST GONNA KILL YA!

마우이 이봐, 뭘로 방향을 틀어?! (소리를 지른다) 걔들이 널 죽여 버릴 거야!

---

veer 방향을 틀다
oar 노
steer 방향을 조정하다

❶ **Forget it. You'll never get it back.**
그건 잊어버려. 넌 그걸 도로 찾을 수 없을 거야.
마우이는 심장에 대해 집념을 보이는 모아나에게 그 심장은 잊어버리라는 의미로 Forget it.이라고 하네요. 단순히 잊어버리라는 말이라기보다는 '포기해라, 그런 건 그만 잊어버리고 다른 걸 생각해보자'라는 어감을 가진 표현입니다.

Disney
모아나

Day 16

Getting Maui's Hook

마우이의 갈고리를 찾으러

16.mp3

EXT. KAKAMORA MAIN VESSEL - SAME TIME

실외. 카카모라의 주력함 – 같은 시각

Moana leaps up to a higher level of the vessel, and **comes face- to-face with** a wall of Kakamora.

모아나가 배의 상갑판으로 뛰어올라가자 떼를 지어 몰려 있는 카카모라들과 정면으로 마주보게 된다.

MOANA (smiles) Coconuts...

모아나 (미소를 지으며) 코코넛들이네.

WHACK! Moana uses her oar to **bat** them **aside** as she races across the vessel. As a warrior presents his chief with Heihei - YOINK! Moana snatches Heihei and runs.

철썩! 모아나가 노로 카카모라들을 쳐서 몰아버리고는 배를 가로질러 뛰어간다. 카카모라 전사 하나가 헤이헤이를 족장에게 주자, 용용 죽겠지! 모아나가 헤이헤이를 채더니 달아난다.

The Kakamora run after her, **shooting blow darts**, one hits their chief, **knocking** him **unconscious**. Moana keeps running, holding Heihei in her teeth, then ziplines, launching herself into the air toward Maui and the canoe.

카카모라가 모아나의 뒤를 쫓으며 독침을 입으로 분다. 독침 하나가 족장에게 맞자 의식을 잃으며 쓰러진다. 모아나는 이빨로 헤이헤이를 물고는 계속 달려서 밧줄을 타고 공중을 날아 마우이가 있는 카누로 돌아온다.

EXT. MOANA'S CANOE - SAME TIME

실외. 모아나의 카누 – 같은 시각

WHAM! Moana lands on Maui and triumphantly holds up Heihei, who **pukes up** the heart.

쿵! 모아나가 마우이의 머리 위에 떨어져서는 의기양양하게 헤이헤이를 들어 보인다. 헤이헤이는 심장을 토해낸다.

MOANA Got it! (realizes they're surrounded by boats) Oh.

모아나 찾았어! (카카모라의 배들이 둘러싸고 있다는 것을 깨닫는다) 아니, 이런.

Maui grabs the oar back, pulls the sail - and as the vessels **converge** and Kakamora shoot more darts at them, Maui shoots the gap, narrowly escaping as the ships converge on each other, **collide** and sink!

마우이가 노를 다시 움켜쥐더니 돛을 잡아당긴다. 카카모라의 배들이 한 곳으로 모이더니 독침을 더 쏘아댄다. 마우이가 카누를 몰아 카카모라의 배들 사이로 간신히 도망치자, 배들이 서로 부딪혀 침몰한다!

MOANA Yeah! Woooo!

모아나 와! 우!

Moana looks back at the sinking Kakamora, **hands in the air!**

모아나는 카카모라들이 손을 허공에 허우적거리며 가라앉는 것을 뒤돌아본다.

MOANA We did it![1]

모아나 우리가 해냈어요!

---

come face-to-face with ~와 직면하다
bat aside ~를 때려 옆으로 치우다
shoot blow darts 입으로 부는 화살을 쏘다
knock unconscious ~를 때려눕혀 의식을 잃게 하다
puke up 토하다
converge 한 곳으로 모이다
collide 충돌하다
hans in the air 손을 허공에 허우적거리며

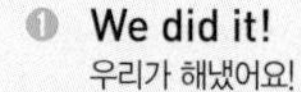

1 We did it!
우리가 해냈어요!
이 말도 단순히 '우리가 그것을 했다.'가 아니라 어려운 일을 성취했을 때 '우리가 해냈다!'고 자랑스럽게 외치는 말이랍니다.

바로 이 장면!*

MAUI Congratulations on not being dead. Curly. You surprised me. (**ON A DIME**) But I'm still not taking that thing back. (OFF MOANA) You wanna get to Te Fiti you gotta go through a whole ocean of bad – not to mention Te Ka. **Lava** Monster? Ever defeat a lava monster?

마우이 죽지 않고 살아 있으니 축하해. 곱슬아. 너 때문에 놀랐어. (갑자기 어조를 바꾸어) 그렇지만 난 역시나 그걸 도로 갖다놓지는 않을 거야. (모아나를 보지 않은 채) 테피티에 가려면 엄청난 고난이 기다리고 있는 바다를 건너야 해. 테카는 말할 것도 없고. 용암 괴물 말이야? 용암 괴물하고 싸워서 이긴 적이 있어?

Maui motions to a tattoo of TE KA, knocking him from the sky.

마우이가 테카 문신을 가리키며, 하늘에 있던 테카 문신을 쳐서 떨어뜨린다.

MOANA (**breezy**) No. Have you?

모아나 (쾌활하게) 아뇨, 없어요. 당신은요?

Ouch, that stung. Mini-Maui winces and gives Moana a "tick on the score card." Maui looks at Moana, unamused.

아얏, 아프다. 미니 마우이가 눈살을 찌푸리더니 모아나에게 '한 점 올렸네'라는 표정을 짓는다. 마우이는 재미있지도 않다는 표정으로 모아나를 본다.

MAUI I'm not **going on a suicide mission** with some... "mortal" – (BEFORE SHE CAN INTERRUPT) – Ya can't restore the heart without me... and me says no. I'm getting my hook. **End of discussion.**

마우이 난 자살 특공대로 나서지는 않을 거야. '죽을 수밖에 없는 인간하고' (모아나가 말을 가로막기 전에 급히) 넌 나 없이는 그 심장을 복구할 수 없어… 그런데 내 대답은 '노'야. 난 내 갈고리를 찾으러 갈 거야. 더 이상 너랑 할 얘기가 없어.

Maui sits down. Moana looks at him. His tattoos. Beat.

마우이가 앉는다. 모아나는 마우이랑, 마우이에 있는 문신을 바라본다. 잠시 후에…

MOANA (O.S.) You'd be a hero.

모아나 (소리만 들린다) 당신은 영웅이 될 거예요.

Moana is right next to Maui.

모아나는 마우이 바로 옆에 앉아 있다.

MOANA **That's what you're all about, right?**①

모아나 그게 바로 당신의 전부잖아요, 그렇죠?

MAUI Little girl, (EATING BANANA) I am a hero.

마우이 이 아가씨야, (바나나를 먹으며) 난 이미 영웅이야.

MOANA Maybe you were... but now... now you're just the guy who stole the heart of Te Fiti...the guy who **cursed** the world. (chews banana) You're no one's hero.

모아나 그거야 전에는 그랬겠죠. 하지만 지금은… 지금은 테피티의 심장을 훔친 그냥 평범한 아저씨에 불과해요. 세상을 저주에 빠뜨린 남자죠. (바나나를 씹으며) 이제는 당신을 아무도 영웅으로 인정해주지 않아요.

---

on a dime 금방 태도를 바꾸어
lava 용암
breezy 쾌활한
go on a suicide mission 자살 특공대 같은 일을 하러 가다, 죽는 줄 뻔히 알면서 어떤 일을 하다
end of discussion 얘기는 끝났다, 이제 할 말이 없다
curse 저주하다.

① **That's what you're all about, right?** 그게 바로 당신의 전부잖아요, 그렇죠?
모아나가 마우이의 영웅 심리를 자극하네요. 영웅이 되는 것, 그래야만 하는 존재가 마우이 당신 아니냐는 의미로 이렇게 말한 거죠. 그러니 테피티의 심장을 복구해서 세상을 구하는 영웅이 되자고 말이죠. 어떤 것에 목매거나 그것이 전부인 냥 살아가는 사람이 주변에 있다면 한 번쯤 사용해볼 수 있는 표현이죠.

MAUI (SCOFFS) No one?

Maui looks to the water, who **shakes its head no**. This **lands on** Maui – his **legacy** is clearly important to him.

MOANA (then, holds up heart) But, put this back, save the world? You'd be everyone's hero.

We hear the CHEER of a stadium...

MOANA (O.S.) (like a stadium roar) Maui! Maui! You're so amazing.

Maui enjoys the moment, then realizes it's just Moana making the sounds in Maui's ear. He **swats** her **away like a gnat**.

MAUI We'd never make it past Te Ka. Not without my hook.

MOANA Then we get it. We get your hook, take out Te Ka, restore the heart. (extends hand) Unless you don't wanna be Maui, demigod of the wind and sea, hero to... all.

Maui considers this, looks down at tattoo who is **jumping up and down**. Maui **scoots** him to his back again.

MAUI (thinks, then) First, we get my hook.

MOANA (NODS) Then save the world. **Deal?**[1]

MAUI Deal.

He takes Moana's hand, then... SPLASH! **Chucks** her **overboard.** The Ocean lifts her right back on. Maui shrugs.

MAUI **Worth a shot.**

마우이 (콧방귀를 뀌며) 아무도?

마우이가 바닷물을 바라본다. 바닷물은 아니라고 고개를 흔든다. 그러자 마우이는 크게 느끼게 된다. 자신의 전설은 마우이에게는 너무나 중요한 것이다.

모아나 (심장을 들어 보인다) 하지만 이걸 다시 돌려놓고 세상을 구한다고 생각해봐요. 누구나 당신을 영웅으로 생각할 거예요.

경기장에 운집한 군중들이 환호하는 소리가 들린다.

모아나 (소리만 들린다) (마치 군중들이 환호하는 것처럼) 마우이! 마우이! 정말 굉장해.

마우이는 순간적으로 이 상황을 즐기지만, 모아나가 마우이의 귀에 대고 내는 소리라는 것을 깨닫고는, 몰려드는 각다귀를 쫓듯이 모아나를 찰싹 쳐서 쫓아버린다.

마우이 우리는 테카를 피하지 못할 거야. 내 갈고리가 없으면 불가능해.

모아나 그러면 찾으면 되잖아요. 우리, 갈고리를 찾아요. 그리고 테카를 처치하는 거예요. 그리고 심장을 복구하는 거죠. (손을 내밀며) 당신이 마우이, 바람과 바다의 반신반인, 모든 사람들의 영웅인 마우이가 되고 싶지 않다면야 할 수 없지만.

마우이는 모아나의 말을 생각해 보더니 문신을 내려다본다. 문신은 팔짝팔짝 뛰면서 좋아한다. 마우이는 문신을 등으로 다시 돌려보낸다.

마우이 (생각해 보더니) 먼저, 갈고리를 찾자.

모아나 (고개를 끄덕이며) 그리고는 세상을 구해요. 됐죠?

마우이 그래.

마우이가 모아나의 손을 잡더니, 풍덩! 모아나를 배 밖으로 던져버린다. 바다가 모아나를 다시 배로 되돌려 놓는다. 마우이가 어깨를 으쓱한다.

마우이 한 번 해볼 만한데.

shake one's head no 아니라는 의미로 머리를 흔들다
land on 여기서는 '가슴에 새겨지다'란 의미
legacy 전설
swat away like a gnat 각다귀를 쫓듯이 찰싹 쳐서 쫓아버린다
jump up and down 좋아서 팔짝팔짝 뛰다
scoot 보내다
chuck overboard 쳐서 배에서 떨어뜨리다
worth a shot 해볼 만한 가치가 있는

[1] Deal? 됐죠?
모아나가 마우이를 꼬시려고 여러 가지 말을 한 다음에 Deal?이라고 물어봅니다. 그러자 마우이도 Deal.이라고 대답하죠. 따라서 deal이란 말에는 여러 가지 의미가 함축되어 있다는 것을 알 수 있죠. 명사로는 '거래'란 뜻이고 동사로는 '상대하다'란 의미가 있지만, 여기서는 '그러면 됐냐, 그러면 네 욕구도 충족되고 내 욕구도 충족되는 것이니 서로 좋은 것 아니냐?' 정도의 어감이 들어 있습니다.

Day 17

Tamatoa the Bottom Feeder

해저에 사는 타마토아

17.mp3

Maui puts his hand up to the stars, then checks the water - a series of preparations Moana doesn't understand.

마우이가 별을 향해 손을 들고는 바닷물을 살펴본다. 무슨 준비를 하는 것 같은데, 모아나는 왜 그렇게 하는지 모른다.

바로 이 장면!*

MAUI Okay, we go east, to the **lair** of Tamatoa. If anyone has my hook it's that **beady** eyed **bottom feeder**.

마우이 됐어. 우리는 동쪽으로 가는 거야. 타마토아가 숨어 있는 곳으로. 누군가가 내 갈고리를 갖고 있다면, 그건 바로 바다 밑바닥에서 사는 그 눈이 빤질빤질한 놈일 거야.

With a **mighty** pull, Maui fills sail, Moana barely hangs on. Maui swings the sail around, quick-ties a **knot**. When he looks up, Moana is inches from his face, watching, eager to learn.

마우이가 힘을 주어 당기자 돛에 바람이 가득 찬다. 모아나는 간신히 지탱하고 있다. 마우이는 돛을 빙 돌리더니 재빨리 매듭을 묶는다. 마우이가 위를 올려다보자, 모아나가 바로 코앞에 있는 것이 보인다. 어떻게 하는지 배우려고 열심히 지켜보고 있다.

MOANA Teach me to sail. (off Maui) **My job is to "deliver Maui across the great ocean."**[1] I should– (SLIPS ON BOOM, RECOVERS) I should be sailing.

모아나 나한테 배를 모는 것을 가르쳐줘요. (마우이를 보지 않은 채) 내 일은 '마우이를 대양을 건너 데려오는 거야.' 난… (돛을 펴는 하활에 미끄러진다. 다시 자세를 바로 하고는) 난 배를 몰아야 해.

MAUI It's called wayfinding, princess. And it's not just sails and knots, it's seeing where you're going in your mind... knowing where you are by knowing where you've been...

마우이 그건 바닷길잡이라고 하는 거야, 공주 아가씨. 그건 단순히 돛이나 매듭을 말하는 게 아냐. 그건 어디로 가고 있는지 마음속으로 보는 것을 말하는 거야. 어디에 있었는지 파악해서 지금 어디에 있는지 알아내는 걸 말하는 거야.

MOANA Okay, first, I'm not a "princess," I am the daughter of the chief–

모아나 알았어요. 먼저, 난 '공주'가 아니에요. 난 족장의 딸이라고요.

MAUI – Same difference –

마우이 그게 그거지 뭐.

MOANA – NO –

모아나 아니라고…

MAUI If you wear a dress and have an animal **sidekick** you're a princess–

마우이 드레스를 입고, 동물을 시녀처럼 데리고 다니니까 너는 공주야.

lair (야생 동물의) 집, 굴
beady 눈이 반짝거리는
bottom feeder 강, 바다, 호수 등의 바닥에서 먹이를 찾는 물고기
mighty 강력한
knot 매듭
sidekick 조수, 보조, 들러리

❶ My job is to "deliver Maui across the great ocean."
내 일은 '마우이를 대양을 건너 데려오는 거야.'
모아나는 자신이 해야 될 일을 아주 간단명료한 말로 나타내고 있죠. 여러분도 자신이 할 일을 〈My job is to + 동사원형〉이라는 간단한 패턴으로도 말해보세요.

Moana tries to **interject**.

모아나가 끼어들어 말하려고 한다.

MAUI (**cutting** her **off**) You are not a **wayfinder**. You will never be a wayfinder. You will never be a way–

마우이 (모아나의 말을 끊으며) 넌 바닷길잡이가 아냐. 넌 바닷길잡이가 될 수 없어. 넌 바닷길잡이가 될 수 없어…

Maui **picks up** Moana and **places** her in the **cargo hold** with Heihei, but... THUNK! The ocean sticks a dart in Maui**'s butt**.

마우이는 모아나를 번쩍 들어다 헤이헤이와 함께 짐칸에 놓는다. 그러자, 푹! 바다가 마우이의 엉덩이에다 화살을 하나 꽂는다.

MAUI (to ocean) Really? **Blow dart** in ma **buttcheek**?

마우이 (바다에게) 정말이야? 내 엉덩이에다 화살을 쏜 거야?

A beat, and **crumples to** the deck. Maui's HEAD isn't **paralyzed**, but the rest of his body is. He looks at Moana, who smiles.

잠시 후에 마우이는 갑판에 푹삭 주저앉는다. 마우이의 머리는 마비되지 않았지만, 나머지 몸은 모두 마비됐다. 마우이는 미소를 짓고 있는 모아나를 바라본다.

JUMP CUT TO: Moana **flopping** paralyzed Maui onto the outrigger.

장면이 급하게 바뀐다. 모아나가 몸이 마비된 마우이를 아웃리거에 던진다.

MAUI (**smoosh-faced**) You are a bad person.

마우이 (얼굴이 죽상이 돼서) 넌 나쁜 애야.

MOANA If you can talk, you can teach. Wayfinding, lesson one: Hit it.

모아나 말을 할 수 있으면 가르쳐줄 수 있겠네요. 항해술, 제1과, 시작.

Maui grunts.

마우이가 툴툴거린다.

MAUI (**RELUCTANT**) Pull the sheer. (SHE UNTIES WRONG ROPE) Not the sheet. (TRIES MORE) Nope. (ANOTHER) No. No. No... tried that one already.

마우이 (마지못해) 현호 줄을 당겨. (모아나가 다른 줄을 푼다) 아딧줄이 아니라. (다른 줄을 또 당겨본다) 아냐. (또다른 것을 당겨본다) 아냐. 아니라고, 아냐. 그건 벌써 해봤잖아.

– MOANA TRYING TO READ THE STARS

– 모아나가 별자리를 식별하려고 한다.

MAUI You're measuring the stars, not giving the sky a high five.

마우이 별들을 관측하라고 했지, 별들이랑 하이파이브를 하라고 한 게 아니야.

– MOANA PUTS HER HAND IN THE WATER

– 모아나가 바닷물에 손을 넣는다.

MAUI If the **current's** warm you're going the right way.

마우이 물살이 따듯하면 제대로 가고 있는 거야.

interject 끼어들다
cut off 말을 막다
pick up 들어 올리다
place 놓다
cargo hold 짐칸
butt 엉덩이
blow dart 불어서 쏘는 화살
buttcheek 엉덩이(butt의 속어적 표현)
crumple to ~에 폭삭 주저앉다
paralyze 마비시키다
jump cut to ~으로 장면이 급격하게 변하다
flop 휙 던지다
smoosh-faced 죽상이 된 얼굴로
reluctant 주저하며
current 해류

MOANA It's cold... wait it's getting warmer. (Maui laughs) That is **disgusting**! **What is wrong with you?!** ❶

모아나 찬데… 가만, 따듯해지고 있어. (마우이가 웃는다) 완전히 기절하겠구만! 도대체 왜 그러는 거죠?!

As Moana **works hard into the night**, we pan up into the sky.

모아나가 밤이 깊을 때까지 열심히 배우려고 하는 동안 카메라는 하늘을 비춘다.

EXT. OPEN OCEAN MORNING - NEXT DAY

실외. 대양의 아침 – 다음날

The next morning, Moana wakes up to find... they are **nearing** a beautiful green island. Moana **brightens**.

다음날 아침 모아나가 잠에서 깨어나 보니… 배는 아름다운 녹색 섬으로 다가가고 있다. 모아나의 얼굴이 밝아진다.

MOANA We're here? (SMILES) See? Told you I could do it!

모아나 여기가 어디야? (미소를 짓는다) 보여요? 내가 말했죠, 내가 해낼 수 있다고!

Maui keeps **snoring**. Moana looks at the island and realizes... it's... Motunui, Moana's home island.

마우이는 계속해서 코를 곤다. 모아나는 섬을 보다가 깨닫는다. 저기는 모투누이, 모아나의 고향이다.

MOANA Motunui... I'm home...?

모아나 모투누이 아냐, 집에 왔나?

But then the beautiful green island starts to **wither** and die before her eyes. Everything turning black... on the shore, we see Tui and Sina in trouble, calling for help.

그러자 아름다운 녹색 섬이 시들기 시작하더니 모아나의 눈앞에서 죽는다. 해변에 있는 모든 것이 까매진다. 투이와 시나가 곤경에 처해 도와달라고 하는 것이 보인다.

TUI (O.S.) Moana!

투이 (소리만 들린다) 모아나야!

MOANA Dad?

모아나 아빠?

SINA Moana!

시나 모아나야!

MOANA Mom?!

모아나 엄마?

TUI Help!

투이 도와줘!

MOANA NO!

모아나 안 돼요!

TUI MOANA!

투이 모아나야!

---

disgusting 역겨운
work hard into the night 공부나 일을 열심히 하다가 밤에도 계속하다
near ~로 가까이 다가가다
brighten 얼굴빛이 밝아지다
snore 코를 골다
wither 시들다

❶ **What is wrong with you?**
도대체 왜 그러는 거죠?
상대방이 무슨 이상한 짓을 하거나 좀 기이한 말을 할 때 '도대체 왜 그러냐?'고 따지듯이 묻고 싶으면 모아나처럼 What is wrong with you?라고 말해보세요.

EXT. OPEN OCEAN - MORNING

실외. 대양 – 아침

Moana **jerks awake**... and **catches her breath**.

모아나가 움찔하며 잠에서 깬다… 그리고는 숨을 돌린다.

MAUI Enjoy your beauty rest. (off Moana) You know a real wayfinder never sleeps, so they actually get where they need to go.

마우이 잠을 잘 자야 예뻐지지. (모아나를 보지 않은 채) 있잖아, 진짜 바닷길잡이는 잠을 자지 않아. 그래야 가야 할 데로 가게 되는 거야.

SQUAWK!! A **frigate bird flies overhead** and **flaps** toward... a huge, rock-spired island towering 1000 feet high.

꽥꽥! 군함새가 머리 위를 날더니 천 피트 높이의, 바위로 된 거대한 나선형 섬으로 날개를 퍼덕이며 날아간다.

MAUI **Muscle up, buttercup** – we're here.

마우이 준비해, 귀염둥이야. 우리는 이제 도착했어.

jerk awake 움찔하며 잠에서 깨다
catch one's breath 숨을 돌리다
squawk 꽥꽥. 큰 새들이 지르는 소리를 나타내는 의성어
frigate bird 군함새
fly overhead 머리위를 날다
flap 날개를 펄럭이다
muscle up 준비하다, 대비하다
buttercup 미나리아재비, 귀여운 여자아이를 부르는 별명으로 자주 쓰임

Day 18

Going to the Realm of Monsters

괴물들의 왕국으로 가다

18.mp3

EXT. SPIRE ISLAND - ROCKY SHORE - DAY

Thunk! The boat reaches a rocky shore at the base of the spire. Moana turns to Maui, who **ties up** the boat.

MOANA You sure this guy's gonna have your hook?

MAUI Tamatoa? Oh, he'll have it. He's a **scavenger**. **Collects stuff**. **Thinks it makes him look cool.**[1] And for Tamatoa, trust me, my hook is the coolest collectable.

Maui **sprinkles** a pile of seeds in front of Heihei and does the "you eat, I eat" pantomime.

MAUI (tongue depressor sound) Aaaahhhhhh.

Dumb Heihei eats.

MOANA And he lives... up there?

MAUI (CHUCKLES) Oh no, no, no that's just the entrance. To Lalotai.

MOANA Lalotai? **Realm** of monsters? We're going to the realm of monsters?

MAUI We? No. Me. You are going to stay here... with the other chicken. Bagock!

Maui holds up a hand to Mini-Maui. Over the following, Maui climbs the cliff.

실외. 나선형 섬 – 바위투성이 해변 – 낮

쿵! 배가 나선형 섬 자락인 바위투성이 해변에 닿는다. 모아나는 배를 묶고 있는 마우이를 돌아본다.

모아나 그 친구가 당신 갈고리를 갖고 있는 게 확실해요?

마우이 타마토아? 그럼, 갖고 있지. 그놈은 쓰레기 청소부야. 물건들을 모으지. 그렇게 하면 자기가 멋있어진다고 착각하고 있지. 그래서 말야, 타마토아에게는 내 갈고리가 최고의 수집품인 셈이야. 진짜야.

마우이가 헤이헤이 앞에 씨앗을 가득히 뿌리고는 '네가 먹으면 나도 먹을게'라는 듯이 팬터마임을 한다.

마우이 (혀 누르는 기구를 대고 소리를 내듯이) 아아아아아아아.

멍청한 헤이헤이가 먹는다.

모아나 그런데 그 친구가 저 위에 살아요?

마우이 (소리내어 웃는다) 아, 아냐, 아냐, 아냐. 저기는 그냥 입구일 뿐이야. 랄로타이로 들어가는.

모아나 랄로타이라고요? 괴물들이 사는 왕국? 우리, 괴물들이 사는 왕국으로 가는 거예요?

마우이 우리라고? 아냐. 내가 가는 거지. 넌 여기 그냥 있어. 다른 닭하고. 꽥꽥!

마우이가 미니 마우이에게 손을 든다. 다음은 마우이가 절벽을 기어오르면서 하는 말이다.

---

spire 나선형
rocky 바위투성이의
thunk 둔중하게 부딪히는 소리를 나타내는 의성어
tie up 묶다
scavenger 죽은 동물을 먹는 동물, 쓰레기를 뒤지는 자
collect stuff '물건을 모으는 것을 취미로 삼다'는 의미
sprinkle 흩뿌리다
realm 영역, 왕국

[1] **Thinks it makes him look cool.**
그렇게 하면 자기가 멋있어진다고 착각하고 있지.
앞에 주어인 He가 생략되어 있습니다.
타마토아는 물건을 긁어모으면 '쿨'하게 보이는 줄 안다고 마우이가 비웃고 있네요. 엉뚱한 짓을 하면서 '쿨'하게 보이는 줄 착각하는 사람에 대해서 한 번 사용해 볼 수 있는 표현이죠?

MAUI **That's what I'm talking about.**[1] **Gimme** some. Come on that was a good one. How do you not get it? I called her a chicken, there's a chicken on the boat. I know she's human, but that's not the... you know what? Forget it. Forget it. I'm not explaining it to you. (THEN) 'cause then it's not funny!

마우이 내가 하는 말이 바로 그거야. 나한테 조금 줘. 왜 그래, 그건 좋은 거였는데. 왜 그걸 안 받아? 내가 걔한테 닭이라고 했는데, 배에도 닭이 한 마리 있어. 걔가 인간이란 건 알지만, 그렇다고… 왜, 알잖아? 잊어버려, 잊어버려. 너한테 설명해주지 않을래. (잠시 후) 그러면 재미가 없어지니까!

As Maui climbs, Moana looks to her necklace, **drawing courage**.

마우이가 기어오르자, 모아나는 목걸이를 보면서 용기를 얻는다.

EXT. CLIFF-FACE - A LITTLE LATER

실외. 절벽 – 잠시 후

A **nesting bird flaps away**, as two hands appear: Maui's. As Maui **takes a breather**, two more hands **pop up** next to his. Moana is right there, breathing heavily, trying to **keep up**.

손이 두 개 나타나자 둥지에 있던 새가 날아가버린다. 마우이의 손이다. 마우이가 숨을 돌리자 손이 두 개 더 옆에 불쑥 나타난다. 모아나가 마우이를 따라잡느라고 힘을 써서 숨을 헐떡이며 나타난 것이다.

Moana keeps climbing, jumping to catch the next rock up and continues – it's not easy. Maui watches Moana, amused.

모아나가 계속해서 기어오르고 있다. 위에 있는 바위를 잡으려고 펄쩍 뛰면서 계속 올라간다. 쉽지 않다. 마우이는 모아나가 오르는 모습을 보며 재미있어 한다.

바로 이 장면!*

MAUI So "daughter of the chief," thought you stayed in the village... you know kissing babies and things. (OFF MOANA) Hey. I'm just trying to understand why your people decided to send – how do I phrase this – you.

마우이 그래서 '족장의 딸'아, 사람들은 네가 마을에 있는 줄로 알았을 거야… 아이들에게 키스하거나 뭐 그러면서 말야. (모아나를 보지 않고) 이봐, 네 마을 사람들이 왜 너를 보내기로, 어떻게 말해야 하나, 하여간, 너를 왜 보내기로 결정했는지 이해해보려고 하는데 말야.

MOANA My people didn't send me. The ocean did.

모아나 우리 마을 사람들이 나를 보낸 게 아녜요. 바다가 보냈어요.

MAUI The ocean. **Makes sense**: you're what, eight, can't sail. Obvious choice.

마우이 바다라. 말이 되네. 넌, 그 뭐냐, 여덟 살이냐? 항해도 못하고. 참 확실한 선택이네.

MOANA It chose me **for a reason**.

모아나 이유가 있어서 날 선택한 거예요.

MAUI If the ocean's so smart, why didn't it just take the heart back to Te Fiti itself? Or bring me my

마우이 바다가 그렇게 머리가 좋다면, 왜 그냥 심장을 테피티에다가 직접 돌려놓지 않았을까? 아니면 내 갈고리를 가져다 주든가? 바다는

Gimme Give me를 소리 나는 대로 표기한 것
draw courage 용기를 얻다
nesting bird 알을 품고 있는 새
flap away 날개를 펄럭이며 날아가다
take a breather 숨을 돌리다
pop up 폭 나타나다
keep up 따라잡다
make sense 말이 된다
for a reason 어떤 이유가 있어서

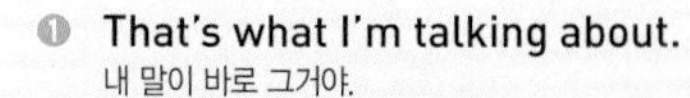

❶ **That's what I'm talking about.**
내 말이 바로 그거야.
내가 하려는 말을 상대방이 먼저 꺼냈을 때 우리는 '내 말이 바로 그거라니까.'라고 하죠? 영어에서는 That's what I'm talking about.이 바로 그런 어감을 지닌 표현이죠.

hook? The Ocean's straight up kooky-dooks.

괴짜인 게 틀림없어.

Moana looks down to the ocean hundreds of feet below.

모아나는 수백 피트 아래에 있는 바다를 내려다본다.

MAUI But I'm sure it's not wrong about you. You're the Chosen One!

마우이 하지만 바다가 너를 잘못 본 건 아니라는 건 확실해. 넌 선택받은 자야!

EXT. THE JUMPING OFF POINT - A LITTLE LATER

실외. 뛰어 들어가는 곳 – 잠시 후

Moana **plops up onto** the **plateau**. She stands and takes in the **expansive** horizon, her own private moment. She closes her eyes.

모아나가 몸을 올려 고원에 올라선다. 모아나는 서서 거대한 수평선을 바라보며 자신만의 시간을 갖는다. 모아나가 눈을 감는다.

MOANA (willing it) The ocean chose you for a reason...

모아나 (마음을 다잡는다) 바다는 너를 이유가 있어서 선택한 거야.

Beat.

잠시 후.

MAUI If you start singing I'm gonna throw up.

마우이 네가 노래라도 하기 시작하면 난 토할 것 같아.

Moana looks over to see Maui hefting himself up. Moana looks around at the desolate mountaintop.

마우이가 몸을 올리는 것을 모아나가 지켜보고 있다. 모아나는 황량한 산정을 둘러본다.

MOANA So... Not seeing an entrance.

모아나 그런데 입구 같은 건 보이지 않는데요.

MAUI (SERIOUS) Yes. Because it only appears after a **human sacrifice**. (OFF MOANA) **Kidding.**[1] So serious...

마우이 (진지한 어조로) 그래. 인간을 제물로 바쳐야 나타나는 거야. (모아나를 보지 않은 채) 농담이야. 심각하기는…

Maui does a big HAKA and punches the ground.

마우이가 동작을 크게 하면서 하카 춤을 추더니 땅을 두드린다.

MAUI Ana kss ana less ana kss aue hi!

마우이 아나 크스 아나 레스 아나 크스 아우에 히!

It **cracks** revealing a MASSIVE FACE, which opens its mouth revealing a swirling **vortex** 1000 feet below. Moana stares, **intimidated**.

땅이 갈라지며 엄청나게 큰 얼굴이 나타난다. 그 입이 벌어지더니 천 피트 아래에 소용돌이가 치는 것이 보인다. 모아나는 겁이 나서 보고 있다.

---

plop up onto ~에 폴짝 뛰어오르다
plateau 고원지대
expansive 광활한
human sacrifice 인신공양, 살아 있는 사람을 제물로 바치는 의식
crack 갈라지다
vortex 소용돌이
intimidated 무서워 겁이 나다

❶ Kidding.
농담이야.
마우이는 문을 열려면 인신공양(human sacrifice)을 해야 한다고 말해놓고는 금방 '농담이야.'라는 의미로 Kidding.이라고 덧붙입니다. 농담이라는 말을 복잡하게 말할 필요 없이 간단하게 Kidding.이라고 하면 된답니다.

MAUI Don't worry, it's a lot farther down than it looks. (JUMPING) Cheeeehoooo! **(AFTER A LONG BEAT) I am still falling!**❶

마우이 걱정하지 마. 보기보다는 아주 멀리 있어. (뛰어든다) 치이이이후우우우! (한참 있다가) 아직도 떨어지고 있어!

Moana watches him disappear into the **swirling portal** below. She **FREEZES** at the ledge, scared. It's too far. The whirlpool starts to close.

모아나는 마우이가 아래에 있는 소용돌이치는 입구로 사라지는 것을 지켜본다. 모아나는 가장자리에서 겁이 나서 몸이 얼어붙는다. 너무 멀다. 소용돌이치는 것이 닫히려고 한다.

MOANA You can do this. Go!

모아나 넌 할 수 있어! 가자!

Moana dives right as the portal closes. BOOM!

모아나는 입구가 닫히려고 하는 바로 그 순간 뛰어든다. 쿵!

after a long beat beat는 '짧은 순간'을 의미하니까, after a long beat는 '한참 있다가'라는 뜻

swirling 소용돌이가 치는

portal 다른 세계로 들어가는 문

freeze 겁이 나서 '얼다'

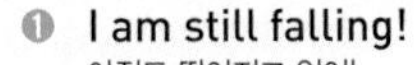

❶ **I am still falling!**
아직도 떨어지고 있어!

랄로타이로 가려면 문을 통해 떨어지면 되는데, 떨어져도 한참 떨어져야 됩니다. 그래서 마우이가 I am still falling!이라고 한 것입니다. 여러분도 '아직 무엇을 하고 있다'고 말하고 싶으면 〈I am still + -ing〉의 패턴을 이용해 보세요.

Disney
모아나

Day 19

The Hook Sitting on a Huge Pile of Gold

금더미 위에 놓여 있는 마우이의 갈고리

19.mp3

EXT. OCEAN - UNDERWATER

SPLOOSH! Moana hits the water, DIVING down, down, down–

Moana's eyes **bulge**, vision **blurs**, as her last breath escapes. Below a **purple** spiral swirls **supernaturally**. **Sucks** them **in**...

EXT. LALOTAI - OTHERWORLDLY

Maui bursts through the liquid threshold that marks the bottom of our ocean and the ceiling of this **mythic realm**. He lands **with effortless grace**.

MAUI And he **sticks the landing**. Eh?

Maui looks down at Mini-Maui who pulls down the "**scoreboard**" and gives a check to... Moana. Maui looks confused.

MAUI What? Dumdum, she's not even here... no mortal's gonna jump into the realm of... huh?

BAM! Moana crashes onto Maui, then bounces off and rolls down a hill into the glowing "forest." Maui watches her go.

MAUI (**casual**) Well, she's dead. (then, **shrugs**) Okay, let's get ma hook.

Mini-Maui gives Maui a **judgmental** "go help her" look.

실외. 바다 – 해저

풍덩! 모아나가 물로 들어가 계속 아래로, 아래로, 아래로 다이빙한다.

모아나의 숨이 끊어지는 것 같이, 눈이 튀어나오고, 눈앞이 흐려진다. 아래에는 보라색 나선형 소용돌이가 치고 있다. 초자연적이다. 다 빨아들인다.

실외. 랄로타이 – 저세상

마우이가 지상의 해저를 나타내는 물이 있는 문턱, 해저이자 신비한 왕국의 천장에 해당되는 곳을 뚫는다. 마우이는 무리 없이 우아하게 내려앉는다.

마우이 마우이는 착지도 완벽하게 하지. 안 그래?

미니 마우이가 채점표를 끌어내리더니 모아나에게 체크를 하는 것을 마우이가 내려다본다. 마우이는 혼란스러운 표정이다.

마우이 뭐야? 얼간아. 걔는 여기에 오지도 않았어. 인간은 이 왕국에는 뛰어들지 않아… 어?

쿵! 모아나가 마우이의 머리 위로 떨어지더니 튕겨나가서는 언덕을 굴러 빛이 나는 '숲'으로 떨어진다. 마우이는 모아나가 굴러 떨어지는 것을 지켜본다.

마우이 (무심한 듯이) 저런. 죽었네. (그러더니 어깨를 으쓱하고는) 자, 갈고리를 찾으러 가자.

미니 마우이가 그러면 안 된다는 듯한 눈길을 보내며 '가서 도와줘'라고 말하는 듯하다.

underwater 해저
sploosh 풍덩
bulge (눈알 등이) 튀어나오다
blur 흐릿해지다
purple 자주 빛의, 보라색의
supernaturally 초자연적으로
suck in 빨아들이다
mythic realm 신비의 영역, 신비의 왕국
with effortless grace 힘들이지 않고 우아하게
stick the landing 완벽하게 착지하다
scoreboard 점수표
casual 무심한 듯이
shrug 어깨를 으쓱하다
judgemental 가치를 판단하는

EXT. LALOTAI FOREST - SAME TIME

We find Moana hanging upside down... but she**'s** slowly **pulled upwards**. **Widen to reveal**: she's hanging from the TONGUE of a MONSTER. Moana panics, but as she's about to be eaten – CHOMP! A BIGGER MONSTER eats the first monster, freeing Moana who falls to the ground, still wrapped in its severed tongue.

MOANA Ew! Ew! Ew! Ew!

She throws off the tongue and **races for cover**, peering out to discover... A BIOLUMINESCENT MAGICAL WORLD rising from a misty void. Giant anemone trees. Bristling, **spiny sea urchin** spires.

THEN – a HUGE MONSTER approaches! It's just a few feet away, when BOOSH! It steps on a **WATER GEYSER** and gets blasted into the ceiling of the underworld. As Moana catches her breath, she looks up to discover she has taken refuge along side... a HUGE, CREEPY SHELL-SHAPED CAVE, GLOWING FROM WITHIN.

Moana **sneaks a peek into** the cave... and there... sitting on a huge pile of GOLD and RICHES, is MAUI'S HOOK. As TRIUMPHANT MUSIC swells and Moana stares at it... Maui appears behind her... he gazes at his hook too... the 1000-year wait is over!

실외. 랄로타이 숲 – 같은 시각

모아나는 거꾸로 매달려 있지만, 서서히 위로 끌려올라가고 있다. 카메라가 멀어지자 모아나는 괴물의 혀끝에 매달려 있다는 것을 알 수 있다. 모아나는 겁에 질린다. 막 먹히려고 하는 순간, 꿀꺽! 더 큰 괴물이 먼저 괴물을 먹어치우자, 모아나는 땅에 떨어진다. 그러나 아직도 잘린 혀에 싸여 있다.

모아나 윽! 윽! 윽! 윽!

모아나는 혀를 떼어내고는 숨을 곳을 찾아 기웃거리며 뛰다가, 안개가 자욱한 허공에서 생체 발광하는 신비한 세계가 솟아오르는 것을 보게 된다. 거대한 아네모네 나무들이다. 뾰족한 성게 가시가 있다.

잠시 후에 거대한 괴물이 다가온다! 몇 피트밖에 떨어져 있지 않다. 그러자 휙! 괴물이 간헐천을 밟자 물이 치솟아 괴물은 저세상의 천장에 휙 날아오른다. 모아나가 숨을 돌리고 올려다보자 자신은 징그러운 조개껍질 모양의 거대한 동굴을 따라 몸을 숨기고 있다는 것을 알게 된다. 동굴의 내부에서는 빛이 나온다.

모아나가 동굴을 살며시 들여다본다. 거기에는 금이랑 보물들이 엄청나게 쌓여 있는데, 그 위에 마우이의 갈고리가 놓여 있다. 승리에 도취된 듯한 음악이 크게 울리고, 모아나는 그 갈고리를 쳐다보고 있다. 마우이가 모아나 뒤에 나타난다. 마우이도 갈고리를 보고 있다. 천 년 동안 기다린 시간은 이제 끝난 것이다!

바로 이 장면!*

MOANA (to herself, in awe) Maui's fishhook...

MAUI Yeah...

Startled by the noise behind her, Moana turns and **throws a wild punch**, connecting with Haui's face. Hard. He stares at her for an awkward beat.

MOANA Sorry... **I thought you were a monster...** ❶ but I found your hook, and you're right this Tamatoa guy really likes his treasure...

모아나 (혼잣말로 놀라서) 마우이의 갈고리네…

마우이 그래…

뒤에서 소리가 나자 놀란 모아나는 몸을 돌리더니 주먹을 세게 날린다. 그 주먹이 마우이의 얼굴에 정통으로 맞는다. 마우이는 잠시 거북한 자세로 모아나를 쳐다본다.

모아나 미안해요. 괴물인 줄 알았어요. 하지만 내가 당신 갈고리를 찾았어요. 그리고 당신 말이 맞았어요. 이 타마토아라는 괴물은 정말로 보물을 좋아해…

be pulled upwards 위로 끌려올라가다
widen to reveal 카메라가 뒤로 물러가면서 전에는 안 보이던 상황이 나타난다는 뜻
race for cover 은폐할 곳을 찾아 달리다
spiny sea urchin 가시가 돋친 성게
water geyser 간헐천
sneak a peek into 살금살금 ~안을 들여다보다
startled 깜짝 놀란
throw a wild punch 주먹을 세게 날리다

❶ **I thought you were a monster.**
괴물인 줄 알았어요.
모아나는 마우이에게 주먹을 날리고는 '괴물인 줄 알았다'고 변명 아닌 변명을 하네요. 이렇게 '~인 줄 알았다'고 변명을 하고 싶으면, 꼭 I thought you were ~의 패턴을 기억해 두세요.

Maui places her to the side of the cavern.

마우이가 모아나를 동굴의 가장자리에 놓는다.

MAUI Stay.

마우이 거기 가만히 있어.

Maui **heads for** the entrance to the cave.

마우이가 동굴의 입구로 향한다.

MOANA What? No. **I'm the one who found your hook...** ❶

모아나 뭐죠? 안 돼요. 갈고리를 찾은 건 나라고요…

MAUI Listen, for a 1000 years, I've only been thinking of getting my hook and being **awesome** again. And it's not getting **screwed up** by a mortal who has no business inside a monster-cave... (**LIGHTBULB**) except... except maybe as **bait**.

마우이 잘 들어. 천 년 동안 난 내 갈고리를 되찾아 예전의 영광을 도로 찾을 생각밖에는 하지 않았어. 그런데 이제 와서 괴물들의 동굴에는 볼 일이 없는 인간 때문에 망칠 수는 없어… (머리에 전구가 켜진다) 뭐, 미끼로 사용한다면야, 이야기가 달라지지만.

Maui smiles.

마우이가 미소를 짓는다.

MOANA Huh?

모아나 네?

Moana knows whatever he's thinking isn't good.

마우이가 무슨 생각을 하든 그건 좋은 게 아니라는 걸 모아나는 알고 있다.

head for ~로 향하다
awesome 굉장한
screw up 망치다
lightbulb 전구. 좋은 생각이 났을 때 만화 등에서 머리에 전구가 켜지는 것을 가리킴
bait 미끼

❶ **I'm the one who found your hook.**
갈고리를 찾은 건 나라고요.
마우이의 갈고리를 찾은 건 다른 어느 누구도 아닌 자신이라는 걸 강조하느라 모아나는 I'm the one who ~라고 말하고 있는 거죠. 따라서 여러분도 무엇을 한 것은 다른 어떤 사람이 아니라 바로 '나'라고 강조하고 싶으면 I'm the one who ~의 패턴을 활용해 보세요.

Day 20

Fighting against Tamatoa

타마토아와의 대결

20.mp3

INT. TAMATOA'S LAIR - MOMENTS LATER

Intimidated, Moana enters the LAIR - she wears a gold goblet on her head like a hat and bandolier of gold and two gold plates. She looks back at Maui who motions "make some noise."

MOANA (loud, but like she's reading cue cards) "Wow, a shiny glittery cave and just like me it is covered in sparkley treasure. SPARKLE, SPARKLE, SPARKLE"

MAUI You're not selling it!

MOANA This is stupid! I'm just gonna walk up and get it.

MAUI (loud whisper) You go up there, he will kill you. **Stick to the plan–**[1] (off Moana's banging) Oh, and when he shows up, keep him distracted, make him talk about himself. He loves bragging about how great he is.

MOANA (Sotto) You two must **get along great**.

MAUI (Sotto) Not since I **ripped off** his leg.

MOANA You ripped off his l–? (NOTHING) Maui?

Maui is gone. Behind Moana the pile of treasure begins to rise. Moana falls off, only to be grabbed by... a HUGE **CLAW**, which lifts her to the face of... TAMATOA, AN ENORMOUS 50-foot tall **crab**. He sees her **glittery** decorations and giggles.

실내. 타마토아의 굴 – 잠시 후

겁을 잔뜩 집어먹은 모아나가 타마토아의 굴로 들어간다. 모아나는 금잔을 모자처럼 머리에 쓰고, 금을 두르고, 금 접시를 두 개 들고 있다. 모아나가 마우이를 돌아보자, 마우이는 '소리를 좀 내'라고 손짓을 하고 있다.

모아나 (크게 소리치지만, 큐 카드를 읽는 것처럼 어색하다) '와, 반짝반짝 빛이 나는 동굴이네. 꼭 나처럼 반짝이는 보물로 둘러싸여 있잖아. 반짝, 반짝, 반짝.'

마우이 별로 실감이 나지 않잖아!

모아나 바보 같아요. 그냥 걸어가서 가지고 올래요.

마우이 (속삭이지만 큰 소리로) 네가 가면 널 죽일 거야. 각본대로 해. (모아나가 두드리는 것을 보지 않은 채) 아, 그리고 그놈이 나타나면 주의를 다른 데로 끌어서 자기 자신에 대해서 이야기하게 해. 그놈은 자신이 얼마나 위대한 놈인지 자랑하는 것을 아주 좋아하거든

모아나 (낮은 소리로) 둘이 아주 잘 어울릴 것 같네요.

마우이 (낮은 소리로) 내가 그놈 다리를 하나 끊어놓은 이후로는 안 그래.

모아나 당신이 그놈 다리를 끊었…? (아무것도 보이지 않는다) 마우이?

마우이가 사라졌다. 모아나 뒤에서 보물 더미가 솟아오르기 시작한다. 모아나가 넘어지지만 거대한 집게발이 모아나를 잡는다. 그리고는 자신의 얼굴로 들어올린다. 타마토아는 50피트나 되는 거대한 게인 것이다. 타마토아는 모아나가 번쩍거리는 금으로 장식한 것을 보더니 낄낄 웃는다.

lair 야생 동물의 굴, 집
intimidated 무서워 겁에 질려
get along great 사이가 아주 좋게 지내다
rip off 찢어발기다, 뜯어내다
claw 게 등의 집게발
crab 게
glittery 번쩍거리는

1 Stick to the plan.
각본대로 해.
모아나가 사전에 둘이 짜놓은 계획대로 하지 않고, 그냥 걸어가서 갈고리를 가져온다고 하니까, 마우이는 세워놓은 각본대로 행동하라는 뜻으로 Stick to the plan.이라고 하네요. 제멋대로 하려고 하는 사람에게, 미리 짜놓은 계획대로 움직이라고 할 때 사용할 수 있는, 아주 유용한 표현이죠.

바로 이 장면!*

TAMATOA Ooo-hoo-hoo, what have we here? It's a sparkley, shiny– (THEN, REALIZING) Wait a minute– (SHAKES GOLD OFF OF HER, **WITH DISDAIN**) Uch, a human? **What are you doing down here?**[1] In the realm of the monst– just pick an eye babe, I can't, I can't **concentrate on** what I'm saying if you keep, yup pick one– pick one.

타마토아 와, 후후, 이게 뭐야? 반짝반짝 빛나네… (그러더니 깨닫는다) 가만 있어보자… (모아나가 장식한 금을 흔들어 떨어뜨리더니, 경멸하는 투로) 억, 사람이잖아? 넌 도대체 여기서 뭘 하고 있는 거니? 괴물의 왕국에서, 눈 하나를 찔러, 얘야, 내가 말에 집중할 수가 없잖아, 네가 계속해서 그러면, 하나를 찔러, 하나를.

Tamatoa flips Moana in the air and get a better hold… as he does, Moana sees Maui trying to **sneak around behind** Tamatoa to get in position.

타마토아가 모아나를 공중에서 훌쩍 뒤집더니 자세히 본다. 타마토아가 그러는 동안 모아나의 눈에 마우이가 타마토아의 뒤로 슬쩍 돌아가 자세를 잡으려고 하는 것이 보인다.

TAMATOA (suspicious) You're a funny little thing, aren't you?

타마토아 (의심스러운 듯이) 넌, 작은 게 우습게 생겼구나, 안 그래?

Tamatoa uses a **jagged** leg/arm to poke at Moana, **creepily fiddling with** her necklace.

타마토아는 삐쭉삐쭉한 다리로 모아나를 쿡쿡 찌르며, 목걸이를 가지고 징그럽게 장난을 친다.

MOANA Don't, that's my Gramma's.

모아나 그러지 마. 할머니 거야.

TAMATOA "That's my gramma's." I ate my gramma and it took a week 'cause she was absolutely **humongous** – why are you here?

타마토아 '할머니 거'라고? 난 할머니를 먹었는데, 엄청나게 커서 먹는 데 1주일이 걸렸어. 넌 왜 여기 있는 거니?

Moana looks to Maui who is making progress, but not enough. Tamatoa hears a noise, about to see Maui, when:

모아나는 마우이 쪽을 본다. 좀 더 가까이 가고 있지만 충분하지는 않다. 타마토아도 소리를 듣고는 마우이를 막 보려고 한다. 그때…

MOANA 'Cause you're amazing! (TAMATOA TURNS BACK TO HER) And we mortals have heard of the tale of the crab who became a legend… (HE LOOMS CLOSER, SHE LOSES STEAM) and I just had to know how you… became so… crab…ulous…?

모아나 왜냐하면 네가 엄청나니까! (타마토아는 다시 모아나 쪽으로 몸을 돌린다) 그래서 우리 죽을 수밖에 없는 인간들은 전설이 된 게에 관한 얘기를 들었거든… (타마토아가 더 가까이 온다. 모아나는 김이 빠진다) 그래서 난 네가 어떻게 그렇게 게스러워졌는지 알아야 했다고나 할까…?

with disdain 경멸하듯이
concentrate on ~에 집중하다
sneak around behind 살금살금 돌아서 ~의 뒤로 가다
jagged 삐쭉삐쭉한
creepily 징그럽게, 소름끼치게
fiddle with ~을 가지고 장난치다, 만지작거리다
humongous 거대한

1 What are you doing down here?
넌 도대체 여기서 뭘 하고 있는 거니?
타마토아는 모아나가 뭘 하는지 진짜로 알고 싶어서 이렇게 물었다기보다는, 기가 막혀서 What are you doing down here?라고 물어봤겠죠? 자, 여러분도 기가 막힌 광경을 보면 What are you doing?이라고 물어보세요.

Tamatoa stares at Moana, **the jig is up**. A beat.

타마토아가 모아나를 물끄러미 쳐다본다. 끝장이다. 잠시 후에.

TAMATOA (suspicious) Are you just trying to get me to talk about myself? Because if you are... (then, big smile) **I will gladly do so!**[1] In a song!

타마토아 (의심스러운 듯이) 넌, 그러니까, 내가 내 자신에 대해서 이야기해 보라고 그러는 거니? 네가 정 그렇다면… (그러더니 함박웃음을 지으며) 얘기해줄게! 노래로!

Tamatoa **strikes a pose**, BRING THE MUSIC!

타마토아가 음악을 주세요, 라는 포즈를 취한다!

TAMATOA WELL TAMATOA HASN'T ALWAYS BEEN THIS **GLAM** / I WAS A **DRAB** LITTLE CRAB ONCE / NOW I KNOW I CAN BE **HAPPY AS A CLAM** / BECAUSE I'M BEAUTIFUL, BABY.

DID YOUR GRANNY SAY TO "LISTEN TO YOUR HEART. / BE WHO YOU ARE ON THE INSIDE. I NEED THREE WORDS TO TEAR THEIR ARGUMENT APART / YOUR GRANNY LIED.

I'D RATHER BE SHINY / LIKE A TREASURE FROM A SUNKEN PIRATE WRECK / SCRUB THE DECK / AND MAKE IT LOOK SHINY / I WILL SPARKLE LIKE A WEALTHY WOMAN'S NECK / JUST A SEC, DON'T YA KNOW FISH ARE DUMB DUMB DUMB / THEY CHASE ANYTHING THAT GLITTERS / BEGINNERS, OH / AND HERE THEY COME COME COME TO THE BRIGHTEST THING THAT GLITTERS, FISH DINNERS...

타마토아 타마토아가 항상 이렇게 멋진 건 아니었지 / 전에는 우중충한 작은 게였어 / 지금은 너무 행복해 / 왜냐하면 내가 예쁘기 때문이지.
네 할머니가 말씀하시길, '네 마음의 소리를 들어라 / 네 내면의 모습대로 살아라.' / 난 세 마디로 이 구라를 뭉개버릴게 / 네 할머니는 구라야.
난 반짝반짝해 / 가라앉은 해적선의 보물처럼 / 갑판을 닦아 / 그래서 반짝거리게 해놔 / 난 부자 사모님의 목처럼 반짝거릴 거야 / 잠깐, 넌 모르니 물고기들은 너무 너무 멍청해 / 반짝거리는 건 무조건 쫓아간다니까 / 완전 초짜야 / 그런데 걔들이 몰려들고 있어, 제일 반짝거리는 것에, 물고기 저녁밥인 거지

Tamatoa picks Moana up, about to devour her. Moana looks to Maui who struggles to climb to his hook on Tamatoa's shell.

타마토아는 모아나를 들어 올려 막 삼키려고 한다. 모아나는 마우이 쪽을 돌아본다. 마우이는 타마토아의 등껍질에 있는 갈고리를 향해 기어오르느라 애를 쓰고 있다.

TAMATOA I JUST LOVE FREE FOOD / AND YOU LOOK LIKE **SEAFOOD**!

타마토아 난 공짜 음식이 너무 좋아 / 그런데 넌 해산물처럼 생겼어!

Moana looks for Maui, but he'**s nowhere to be seen**! The plan didn't work! She's going to be eaten!

모아나는 마우이를 찾아보지만 보이지 않는다! 각본대로 되지 않은 것이다! 모아나는 이제 먹힐 것이다!

MOANA NO!

모아나 안 돼!

The jig is up '다 틀렸다, 끝장이다, 볼장 다 봤다'라는 어감을 가진 속어 표현
strike a pose 자세를 취하다
glam 멋진, glamorous의 약어
drab 우중충한
happy as a clam 아주 기분 좋은
seafood 해산물
be nowhere to be seen 아무데도 보이지 않는다

[1] **I will gladly do so!**
내가 얼마든지 그렇게 해줄게!
마지못해 해주는 것이 아니라 하고 싶어서 안달이 나던 것을 해준다는 기분이 듬뿍 든 표현이죠. 타마토아는 모아나가 자신의 얘기를 듣고 싶어 하는 줄 착각하고는 I will gladly do so!라고 반색하며 말하네요.

MAUI Hey, Crab cake!

마우이 야, 이 게 튀김아!

Reverse to reveal Maui pull his hook from Tamatoa's shell like the sword in the stone.

카메라가 뒤로 물러가면서 마우이가 타마토아의 등껍질에 박혀 있는 갈고리를 마치 바위에 꽂혀 있는 칼을 뽑듯이 뽑는 장면을 보여준다.

MAUI (TO HOOK) I'm back.

마우이 (갈고리에게) 내가 돌아왔어.

Maui lifts his hook and kisses it.

마우이가 갈고리를 들어 키스한다.

MAUI It's Maui time! **Whattya say little buddy?**①

마우이 자, 이제 마우이가 활약할 때가 왔도다! 어떻게 생각하니, 이 친구야?

Mini-Maui **transforms into** a hawk.

미니 마우이가 매로 변신한다.

MAUI Giant hawk? Comin' up! CHEE-HOOO!

마우이 거대한 매로 변할까? 자, 간다! 치이후우우!

Maui **triumphantly** holds the hook above his head, it glows brighter and brighter and Maui transforms into... a fish and random animals? Something's wrong. Tamatoa (who had **recoiled**) stares at Maui... and **grins**.

마우이가 자랑스러운 듯이 갈고리를 머리 위로 쳐든다. 갈고리는 더욱더 밝아지며, 마우이는 변신하는데… 물고기로 변하더니 아무 동물이나 막 변하는 것이 아닌가. 뭔가가 잘못됐다. 움찔하던 타마토아는 마우이를 쳐다보더니 씩 웃는다.

TAMATOA WELL, WELL, WELL, LITTLE MAUI'S **HAVING TROUBLE WITH** HIS LOOK / YOU LITTLE SEMI-DEMI-MINI-GOD / OUCH.
WHAT TERRIBLE PERFORMANCE / GET THE HOOK (get it?) / YOU DON'T SWING IT LIKE YOU USE TO, MAN.

타마토아 저런, 저런, 저런, 꼬맹이 마우이가 갈고리 때문에 말썽이군 / 이런 꼬맹이 세미, 드미, 미니 신 같으니라고 / 아얏.
얼마나 형편없었으면 / 갈고리를 그런 식으로 얻니 (얻기는 했니?) / 넌 왕년에 했던 것처럼 갈고리를 휘두를 수는 없어, 이 친구야

BAM! Tamatoa knocks him across the cavern.

쾅! 타마토아가 마우이를 쳐서 동굴에 쓰러뜨린다.

TAMATOA YET I HAVE TO **GIVE YOU CREDIT FOR** MY START / AND YOUR TATTOOS ON THE OUTSIDE / FOR JUST LIKE YOU, I MADE MYSELF A WORK OF ART / I'LL NEVER HIDE, I CAN'T

타마토아 하지만 그래도 시작한 것은 네 공로라고 인정해줄게 / 그리고 드러나 있는 네 문신 말야 / 꼭 너 같이 생긴 거, 나도 예술 작품을 만들었지 / 난 절대 숨지 않아, 그럴 수가 없어

As Maui stands – WHAM! Tamatoa knocks Maui again. Moana is shocked by the **violence** of it.

마우이가 일어서자, 팡! 타마토아가 다시 쓰러뜨린다. 모아나는 너무나 난폭한 광경에 충격을 받는다.

transform into ~로 변신하다
triumphantly 의기양양하게
recoil 움찔하다
grin 씩 웃다
have trouble with ~에 문제가 있다
credit 여기서는 '공로.' give you credit for는 '무엇에 대한 너의 공로를 인정해주다'라는 뜻
violence 광포함

① **Whattya say little buddy?**
어떻게 생각하니, 꼬마 친구야?
마우이가 문신의 미니 마우이에게 하는 말입니다. Whattya say는 What do you say를 소리 나는 대로 표기한 것이죠. What do you say?는 '너는 뭘 말하느냐?'라는 뜻이 아니라, '네 생각은 어떠냐?'라는 숙어 표현입니다.

Day 21

The Great Escape

대탈주

21.mp3

Tamatoa **tosses Moana into** a "holding cell" of **dismembered skeletons**. Over the next **chorus**, Moana looks up to see a crack in the cavern wall to the outside – Moana has a chance to escape. But Moana looks back at Maui, being badly beaten.

타마토아는 팔다리가 잘린 해골을 '보관하는 방'에 모아나를 집어던진다. 타마토아가 다음 후렴부를 부르는 동안 모아나는 바깥세상으로 통하는, 동굴 벽이 갈라진 틈을 올려다본다. 도망칠 수 있는 기회가 있는 것이다. 그러나 모아나는 심하게 맞은 마우이를 돌아본다.

TAMATOA I'M TOO SHINY! / WATCH ME **DAZZLE** LIKE A **DIAMOND IN THE ROUGH** / STRUT MY STUFF! / MY STUFF IS SO SHINY! / SEND YOUR ARMIES, BUT THEY'LL NEVER BE ENOUGH! / MY SHELL TOO TOUGH! / MAUI, MAN!
YOU COULD TRY TRY TRY / BUT I HATE NEGOTIATIONS, **PROSTRATIONS** / AND YOU WILL DIE DIE DIE / NEVER TEST A BIG **CRUSTACEAN'S** IMPATIENCE

타마토아 난 너무 반짝거려! / 가공하지 않은 다이아몬드처럼 반짝거리는 나를 좀 봐 / 내 기량을 뽐내야지! / 난 너무 반짝거려! / 네 졸개들을 수십만 명 보내봐, 아무리 많이 와도 소용이 없을 걸 / 내 등껍질은 너무 단단하니깐! / 마우이, 이 친구야!
네가 아무리 기를 쓰고 해봤자야 / 난 협상이나 엎어져서 비는 것 따위는 아주 싫어해 / 그래서 넌 죽어야 해 / 덩치가 큰 갑각류의 인내심을 시험하려고 하면 안 되지

Tamatoa **jams** Maui into the ground with the sharp **segment** of his torn leg, which cuts into MAUI'S BACK, digging into a TATTOO WE HAVEN'T SEEN BEFORE OF A WOMAN AND A BABY.

타마토아가 끊긴 다리의 날카로운 부분으로 땅에 누운 마우이를 쑤신다. 타마토아의 다리는 마우이의 등을 뚫고 들어가 지금까지 보이지 않았던 여자와 아이의 문신을 파고든다.

TAMATOA FAR FROM THE ONES WHO ABANDONED YOU / CHASING THE LOVE OF THESE HUMANS WHO MADE YOU FEEL WANTED / YOU TRY TO BE TOUGH / BUT YOUR **ARMOR'S** JUST NOT HARD ENOUGH

타마토아 너를 버린 자들에게서 멀리 떨어져서 / 네가 마치 필요한 존재처럼 느끼게 해준 그 인간들의 사랑을 쫓으며 / 넌 강인한 존재가 되려고 하지만 / 네 갑옷은 강하지가 않아

Maui tries with all his **might** to push Tamatoa off of his **pressure point**, and just barely gets leverage, when Tamatoa grabs Maui by the hair:

마우이는 온 힘을 다해 자신의 급소에서 타마토아를 떨어뜨리려고 하다가 간신히 성공하는가 했더니 타마토아가 마우이의 머리카락을 잡는다.

toss into ~를 …로 던지다
dismembered 사지가 찢겨진
skeleton 해골, 유해
chorus (노래의) 후렴부
dazzle 반짝거리다
diamond in the rough 가공하지 않은 다이아몬드
prostration 납작 엎드리기
crustacean 갑각류 동물
jam 쑤셔 넣다
segment 부분
armor 갑옷
might 힘
pressure point 급소

바로 이 장면!

TAMATOA MAUI, NOW IT'S TIME TO KICK YOUR HEINIE / EVER SEEN SOMEONE SO SHINY! SOAK IT IN 'CUZ IT'S THE LAST YOU'LL EVER SEE / **C'EST LA VIE,**[1] MON AMI, I'M SO SHINY / NOW I EAT YOU SO PREPARE YOUR FINAL **PLEA** / JUST FOR ME

타마토아 마우이, 네 엉덩이를 걷어찰 시간이 됐구나 / 이렇게 반짝이는 존재를 본 적이 있느냐! 잘 봐둬. 이게 마지막일 테니까 / 이게 인생이야, 친구야. 난 너무 반짝거려 / 이제 널 먹을게. 그러니 마지막으로 애원을 해봐 / 날 위해서 말야

Tamatoa **gloats** as he prepares to deliver his **death blow**.

타마토아는 마우이에게 한 방 먹여 완전히 죽여 버리려고 준비하며 흡족한 웃음을 띤다.

TAMATOA YOU'LL NEVER BE QUITE AS SHINY / YOU SHOULD'VE BEEN NICE AND SHINY!

타마토아 넌 앞으로도 전혀 반짝거리지 못하게 될 거야 / 넌 아주 반짝거렸어야 했어!

MOANA (O.S.) Hey! I got something shiny for ya!

모아나 (소리만 들린다) 이봐, 나도 반짝거리는 게 있어, 너한테 줄게!

Tamatoa looks over to see Moana holding the HEART OF TE FITI.

타마토아는 모아나가 테피티의 심장을 갖고 있는 것을 보게 된다.

TAMATOA The Heart of Te Fiti... (then) You can't run from me! (Moana runs from him) Oh, you can. You keep surprising me. (CHASES HER) There's only so far you can get on those two little legs!

타마토아 테피티의 심장이라… (잠시 후에) 넌 도망칠 수 없어! (모아나가 도망친다) 어, 도망치네. 너 때문에 내가 계속 놀라는구나. (모아나의 뒤를 쫓는다) 그 작은 다리 두 개로 갈 수 있는 데는 뻔하지!

Moana races away and as Tamatoa chases her, he releases Maui, who watches, **stunned**. Moana runs, but **loses her footing** and drops the heart, which rolls into a **crevice**!

모아나가 도망치자 타마토아는 마우이를 놓아주고는 모아나의 뒤를 쫓는다. 마우이는 너무 놀라서 지켜보고 있다. 모아나는 도망치다 발을 헛디뎌 심장을 떨어뜨린다. 심장은 틈새로 굴러 떨어진다!

TAMATOA Power of creation for a crustacean. Where is it, where is it–

타마토아 갑각류가 창조할 때 사용하는 파워야. 어디 있지, 어디 있지…

As Tamatoa races for the crevice, Moana races... up Tamatoa's shell... grabs Maui's hook, jumps down and drags it to Maui. Moana sees the cut on Maui's back near the "LADY TATTOO."

타마토아가 틈새로 달려가자, 모아나는 타마토아의 등껍질로 올라가 마우이의 갈고리를 잡고는 뛰어내려 마우이에게 끌고 간다. 모아나는 마우이의 등에 있는 '여인 문신' 근처에 난 상처를 본다.

MOANA We gotta go–

모아나 가야 해…

---

plea 애원
gloat 흐뭇해하다
death blow 최후의 일격
stunned 어안이 벙벙할 정도로 놀란
lose one's footing 발을 헛디디다
crevice 틈새

1 C'est la vie.
이런 게 인생이야.
원래 영어에는 프랑스어가 많이 편입되어 있을 뿐만 아니라, 현재도 프랑스어는 영어에서는 고급 언어로 대접을 받고 있죠. C'est la vie.는 프랑스어를 모르더라도 누구나 한 번쯤 들어봤던 표현이죠. 바로 '이것이 인생이다.'라는 뜻인데, 여러 가지 다양한 의미로 해석할 수 있는 표현입니다.

MAUI **What about the heart?**❶

마우이 심장은 어떻게 하고?

MOANA He can have it. (PULLS REAL HEART FROM NECKLACE) I've got a better one.

모아나 그건 재가 가지라고 해요. (목걸이에 있는 진짜 심장을 꺼낸다) 난 더 좋은 게 있으니까.

ANGLE ON: Tamatoa who pulls... a **barnacle** that fell off his gross teeth from the crevice... Moana switched them.

카메라의 앵글이 바뀐다. 바위 틈새에 있는 따개비를 타마토아가 그 큰 이빨로 물다 떨어뜨린다. 모아나가 바꿔치기를 한 것이다.

TAMATOA Yes, I have the... wait a minute... ach... I see, she's taken a barnacle and she's covered it in **bioluminescent algae as a diversion**. Ah!

타마토아 그래, 이제 내가 가졌어··· 잠깐··· 윽··· 재가 따개비를 가져다가 생체발광 바닷말로 가려놔서 나를 속였구나, 이런!

A noise behind Tamatoa **draws his attention to** Moana and Maui escaping! He chases after them.

모아나와 마우이가 도망치는 소리가 나자 타마토아가 알아차린다. 타마토아가 둘의 뒤를 쫓는다.

TAMATOA Come back here!

타마토아 돌아와!

Tamatoa's right behind, they're in trouble! But as he **rears up** to attack, Moana pulls Maui onto a GEYSER HOLE - WHICH **ERUPTS**.

타마토아가 바로 뒤에 있으니 이제 큰일이다! 그러나 타마토아가 공격하려고 몸을 위로 치키자 모아나는 마우이를 간헐천 구멍으로 끈다. 간헐천이 물을 뿜는다.

MOANA CHEE-HOO!

모아나 치이후우!

The geyser blows Moana and Maui into the WATER CEILING ABOVE, while the force of the water knocks Tamatoa back on his shell like a turtle and his treasures crack, spilling everywhere.

간헐천 때문에 모아나와 마우이는 위에 있는 물 천장으로 올라가고, 물의 압력으로 타마토아는 거북이처럼 등껍질을 땅에 대고 넘어지면서, 쌓아놓은 보물들이 사방으로 흩어진다.

TAMATOA HEY?! HEY! (THEN) Did you like the song?

타마토아 이봐?! 이봐! (잠시 후에) 내 노래 좋았어?

barnacle 따개비
bioluminescent 생체발광하는
algae 바닷말
as a diversion 주의를 다른 곳으로 돌리려는 수단으로
draw someone's attention to ~의 주의를 …로 돌리다
rear up 몸을 위로 치키다
erupt 뿜다

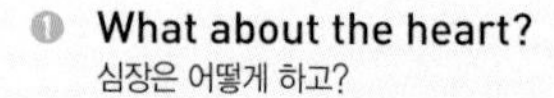

❶ **What about the heart?**
심장은 어떻게 하고?
모아나가 도망치자니까, 마우이는 네가 소중하게 여기는 심장은 어떻게 하고 도망치냐는 의미로 What about the heart?라고 물어보고 있습니다. What about ~?은 이런 경우에도 사용하니까 잘 익혀두었다가 활용해 보시기 바랍니다.

Disney
모아나

Day 22

Maui's Secret

마우이의 비밀

22.mp3

EXT. OCEAN AROUND SPIRE ISLAND - SAME TIME

실외. 나선형 섬 주위의 바다 – 같은 시각

BOOM! Through the water, shoot Moana and Maui (who **glitches** between **transformations**). They **crash down** (not gracefully) in the shallows next to the spire island.

쿵! 간헐천에서 뿜어져 나오는 물을 타고 모아나와 마우이는 위로 치솟다가 나선형 섬의 얕은 물로 쿵 떨어진다. 모양새가 별로 좋지 않다. 마우이는 변신하다가 잘못된 꼴을 하고 있다.

MOANA Whoo! We're alive, we're al—AAAGH!

모아나 후! 우리는 살았다. 우리는 이제 괜찮… 악!

As Moana turns, she finds the face of a HUGE **SHARK**. Actually, it's Maui, half-transformed: body of a man, head of a shark.

모아나가 마우이에게 몸을 돌리자, 거대한 상어 얼굴이 보인다. 몸은 사람이고, 얼굴은 상어인 마우이다. 변신이 반만 된 것이다.

SHARK-HEAD MAUI Listen... **I uh, appreciate what you did down there,**[1] **took guts**, but uh–

상어 머리를 한 마우이 잘 들어… 난 말이지, 저 아래에서 네가 한 일을 아주 고맙게 생각하고 있어. 배짱이 두둑했지. 하지만 말야…

MOANA (nodding but not really listening) – Mm-hm, mm-hm, mm-hm –

모아나 (고개를 끄덕이지만 진짜로 듣고 있지는 않다) 그래요. 음. 네. 음. 그래…

SHARK-HEAD MAUI I'm sorry, I'm trying to be sincere for once and it feels like you**'re distracted** --

상어 머리를 한 마우이 미안해. 한 번쯤은 진지하게 말하려고 하는데, 넌 정신이 딴 데 팔린 것 같구나…

MOANA No, no... no way.

모아나 아니. 아녜요. 그런 건 아녜요.

Shark-head Maui looks at her **suspiciously**.

상어 머리를 한 마우이가 모아나를 의심스러운 듯이 본다.

SHARK-HEAD MAUI Really? 'Cause you're looking at me like I have a... (REALIZING, SIGH) shark-head.

상어 머리를 한 마우이 진짜야? 네가 마치 내 머리가 (이제야 깨닫고는 한숨을 쉰다) 상어 대가리인 것처럼 보고 있으니까…

MOANA Whaaa? Do you have a shark-head? 'Cause I–

모아나 뭐라고요? 당신 머리가 상어 대가리인 거예요? 난 또…

---

glitch 제대로 하지 못하다
transformation 변신
crash down 밑으로 쿵 떨어지다
shark 상어
take guts 두둑한 배짱으로 해내다
be distracted 정신을 다른 데로 팔다
suspiciously 의심스러워서

[1] I appreciate what you did down there. 난 말이지, 저 아래에서 네가 한 일을 아주 고맙게 생각하고 있어.

고맙다, 감사하다, 이런 말을 꼭 Thank you를 사용해서 말해야만 되는 건 아니죠. 마우이처럼 appreciate를 사용하면 좀 고급스럽고, 공식적인 느낌이 나죠. appreciate라는 동사 다음에 고마워하는 일을 말하면 됩니다.

SHARK-HEAD MAUI Look! The point is for a little girl child thing, whatever... who had no business being down there, you did me a solid... (THEN) but you also almost died... and I couldn't even beat that dumb crab, so chances of beating Te Ka? **Bupkis**. (then) We're never **making it to** Te Fiti. This mission **is cursed**.

상어 머리를 한 마우이 이것 봐! 문제는 쪼그만 여자앤지 뭔지, 하여튼 그런 애가 자기와는 아무 상관도 없는 저 아래에 내려가서 나한테 큰 도움을… (잠시 후에) 하지만 너도 죽을 뻔했어… 그런데 난 저 멍청한 게를 처치하지도 못했는데, 테카를 물리친다고? 어림 반 푼어치도 없는 소리야. (잠시 후에) 우리는 테피티까지 가지도 못해. 이 일은 저주를 받은 거라고.

MOANA It's not cursed.

모아나 저주를 받은 게 아녜요.

SHARK-HEAD MAUI Shark-head.

상어 머리를 한 마우이 상어 대가리처럼 멍청한 일이야.

MOANA It is not cursed.

모아나 저주를 받은 게 아니라고요.

Moana hefts Maui's hook into his little **flipper** hands and ZAP! He goes back to being a MAN. Moana gives him a smile. Then ZAP! ZAP! ZAP! ZAP! Maui cycles through some embarrassing transformations back to being a dude... but instead of legs he has shark lower **extremities**.

모아나가 마우이의 갈고리를 들어 마우이의 손에 해당되는 지느러미 발에 넣어주자, 팍! 마우이가 인간으로 다시 변하고 있다. 모아나가 마우이에게 미소를 짓는다. 그러자, 팍! 팍! 팍! 팍! 마우이가 인간으로 어색하게 변하고 있는데, 다리가 아니라 상어 지느러미가 나타난다.

MAUI (O.S.) Cursed.

마우이 (소리만 들린다) 저주를 받았다니까.

EXT. OPEN OCEAN - NIGHT

실외. 대양 – 밤

They're **in the doldrums**. Moana looks down at the heart of Te Fiti around her neck... concerned for her mission. Maui **lies on his back** on his back, singing.

무풍지대에 와 있다. 모아나는 목에 걸려 있는 테피티의 심장을 내려다보며 자신의 임무에 대해 걱정한다. 마우이는 등을 대고 누워 노래를 부른다.

MAUI (singing to himself) "Hey, what can I say except we're dead soon... we're dead soon..."

마우이 (혼잣말로 노래를 부른다) '이봐, 우리는 곧 죽을 거라는 말 이외에 내가 무슨 말을 할 수 있겠니… 우리는 곧 죽을 거야…

MOANA **Can you at least try?**[1]

모아나 적어도 한 번 해볼 수는 있잖아요?

MAUI (pointed) Giant hawk.

마우이 (날카로운 목소리로) 큰 매.

Maui puts one finger onto the hook and glitches a few more times, then back to human.

마우이가 갈고리에 손가락 하나를 댄다. 몇 번 해보지만 실패하고 다시 인간으로 돌아온다.

bupkis 전혀 없는
make it to ~로 가는 데에 성공하다
be cursed 저주를 받다
flipper 지느러미
extremity 맨 끝, 심장에서 가장 먼 신체부위인 손발
in the doldrums 무풍대에 있는
lie on one's back 등을 대고 누워 있다

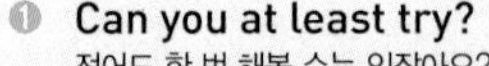

❶ Can you at least try?
적어도 한 번 해볼 수는 있잖아요?
요리조리 핑계를 대며 할 수 없다는 마우이에게 모아나가 적어도 한 번 해볼 수는 있지 않냐고 하네요. 여러분도 이런 상황에서는 Can you at least try?라고 물어보세요.

MAUI (a little louder) "Hey! it's okay, it's okay, we're dead soon..."

마우이 (조금 더 큰 소리로) '이봐! 됐어, 됐다고, 우리는 곧 죽을 거야…'

Moana **pokes Maui with her oar**.

모아나가 노로 마우이를 쿡쿡 찌른다.

바로 이 장면!*

MOANA Alright... **break time's over**... get up...

모아나 됐어요. 휴식시간은 끝났어요. 일어나요.

MAUI Why? You gonna gimme a speech? Tell me I can beat Te Ka 'cause "I'm Maui?" (Mini-Maui protests) **Take a hike**, Tiny.

마우이 왜? 나한테 일장 연설을 하려고? '난 마우이니까, 테카를 물리칠 수 있다는 말을 하려고? (미니 마우이가 이의를 제기하려고 한다) 꺼져, 꼬맹아.

Maui **tosses** Mini-Maui over his back, drawing Moana's attention Maui's tattoos... to the TATTOO OF THE LADY that Tamatoa was **digging into**, Maui is about to lie down again.

마우이가 미니 마우이를 등으로 던진다. 그러자 모아나는 타마토아가 파헤치던 여인의 문신에 신경이 쓰인다. 마우이는 다시 드러누우려고 한다.

MOANA How do you get your tattoos?

모아나 문신은 어떻게 새긴 거예요?

MAUI They **show up**... when I earn 'em.

마우이 내가 문신을 얻을 일을 하면 생겨.

MOANA How'd you earn that one? What's that for?

모아나 저건 어떻게 얻은 건데요? 저건 뭘 나타내는 거죠?

MAUI (NOTICES) That's uh... man's discovery of "Nunya."

마우이 (뭘 가리키는지 알아차린다) 저건… 어, '누냐'를 발견해서 얻은 거지.

MOANA What's Nunya?

모아나 누냐가 뭐예요?

MAUI Nunya business.

마우이 누냐가 누냐지

Maui tries to **lie down**. Whap. Moana knocks Maui with her oar again.

마우이가 드러누우려고 한다. 탁. 모아나가 다시 노로 마우이를 친다.

MOANA I'll just keep asking. **What's it for?**[1]

모아나 난 계속 물을 거예요. 그건 뭘 나타내는 거예요?

Nothing. Tap.

아무 말도 없다. 탁.

- poke someone with something ~으로 …를 찌르다
- break time's over 휴식시간은 끝났다
- take a hike 꺼져
- toss 던지다
- dig into 파 들어가다
- show up 나타나다
- lie down 눕다

① What's it for?
그건 뭘 나타내는 거예요?
마우이의 등에 있는 처음 보는 문신에 대해서 모아나는 비상한 관심을 나타냅니다. 그래서 노로 마우이를 탁탁 치며 그게 뭘 나타내는 거냐고 집요하게 묻는군요. 이때 사용하는 표현이 바로 What's it for?죠. 여러분도 잘 익혀두었다가 비슷한 상황에서 활용해 보세요.

MAUI	You need to stop doing that.	마우이 그만해.
The oar leaves frame. Then a moment later... it returns and taps him on the "man bun."		노가 화면을 벗어난다. 그러더니 잠시 후에 다시 화면으로 들어와서 마우이의 땋은 머리를 탁 친다.
MAUI	**Back off.**	마우이 그만해.
Whap.		탁.
MOANA	**Just tell me what it is.**[1]	모아나 그게 뭔지 말만 해요.
MAUI	I said back off.	마우이 그만하라고 했다.
Whap.		탁.
MOANA	Is it why your hook's not working, 'cause–	모아나 그래서 당신 갈고리가 말을 듣지 않는 건가요? 왜냐하면···

Fed up, Maui spins and knocks Moana into the water, hard. Maui looks at his hook... **embarrassed** by what he did, but still mad and walks to the other side of the boat. The ocean helps Moana back into the boat... she stares at Maui, not sure what to do... how to **get through to** him.

지겨워진 마우이가 몸을 돌리더니 모아나를 세게 쳐서 물로 빠뜨린다. 마우이가 갈고리를 보면서 자신이 한 짓에 창피해 한다. 그러나 여전히 화가 나서 배의 다른 쪽으로 걸어간다. 바다는 모아나를 도와 다시 배로 올려보낸다. 모아나는 어떻게 하면 좋을지, 어떻게 하면 마우이의 마음에 다가갈지 궁리를 하면서 마우이를 바라본다.

back off 그만두다
whap 탁 치는 소리를 나타내는 의성어
fed up 지겨운
embarrassed 창피한
get through to ~의 마음으로 다가가다

1 Just tell me what it is.
그게 뭔지 말만 해요.
문신에 관한 비밀을 털어놓지 않는 마우이를 노로 치며 모아나는 계속해서 몰아붙입니다. 그러면서 말만 하라는 의미로, Just tell me what it is.라고 합니다.

Day 23

Wanting to Feel Loved

인간들의 사랑을 받고 싶었던 마우이

23.mp3

바로 이 장면!*

MOANA You don't wanna talk. Don't talk. You wanna **throw me off the boat**, throw me off. You wanna tell me **I don't know what I'm doing**... I know I don't. (THEN) **I have no idea why the ocean chose me.** ❶ You're right. (THEN) But my island... is dying... so I am here. It's just me and you... (then, small) ...and I want to help, but I can't... if you don't let me.

모아나 말하고 싶지 않으면 말하지 마요. 나를 배 밖으로 던지고 싶으면 던져요. 당신은 내가 무슨 짓을 하고 있는지도 모른다는 말을 나한테 하고 싶은 거예요. 내가 무슨 짓을 하는지 모른다는 것은 나도 알아요. (잠시 후에) 바다가 왜 나를 택했는지 나도 몰라요. 당신 말이 맞아요. (잠시 후에) 하지만 내가 살고 있는 섬은 죽어가고 있어요. 그래서 내가 여기 있게 된 거라고요. 나하고 당신밖에 없어요. (그러더니 자신이 초라하게 느껴져) 그리고 난 돕고 싶어요. 하지만 당신이 허락하지 않으면 난 당신을 도와줄 수가 없어요.

Moana looks at Maui. He seems to be **ignoring** her. Moana **sighs**, then turns to sit and...

모아나는 마우이를 바라본다. 마우이는 모아나를 무시하고 있는 듯하다. 모아나는 한숨을 쉬더니 앉으려고 몸을 돌린다. 그러자…

MAUI (back to her) **I wasn't born a demigod**...

마우이 (모아나를 돌아보며) 나는 반신반인으로 태어나지는 않았어…

Moana stops, looks at Maui, he half turns to her...

모아나는 걸음을 멈추고 마우이를 바라본다. 마우이도 몸을 반쯤 돌려 모아나를 바라본다.

MAUI ...I had human parents. They uh... they took one look and decided they did not want me. They threw me into the sea. **Like I was nothing**.

마우이 우리 부모님은 인간이었어. 그분들은 태어난 나를 보자마자 기르지 않기로 했어. 그래서 나를 바다로 던졌지. 마치 나는 아무것도 아닌 것처럼.

Moana looks at his tattoo... realizes the "lady" is Maui's mother... throwing him away.

모아나는 마우이의 문신을 본다. 그러자 '여인'이 마우이의 어머니라는 것을 알게 된다. 마우이를 던지고 있는…

MAUI Somehow I was found by the gods... they gave me the hook. (POINTS TO HOOK) They made me "Maui." And back to the humans I went... I gave them islands, fire... coconuts. Anything they could ever want...

마우이 어떻게 된 건지 신들이 나를 발견했지. 그 신들이 갈고리를 내게 준 거야. (갈고리를 가리킨다) 그리고는 나를 '마우이'로 만들어준 거야. 그런 다음에 나는 인간들에게 다시 갔어. 나는 인간들에게 섬, 불, 코코넛을 줬어. 인간들이 원하는 것은 뭐든지…

Moana looks at Maui, then to his tattoos, finally understanding.

모아나는 마우이를 보다가, 문신을 본다. 드디어 이해가 되는 것이다.

throw someone off something ~에서 …를 던져버리다
I don't know what I'm doing 내가 무슨 짓을 하고 있는지 모른다
ignore 무시하다
sigh 한숨을 쉬다
I wasn't born a demigod 난 반신반인으로 태어난 게 아니다
like I was nothing 마치 나는 아무것도 아닌 것처럼

❶ **I have no idea why the ocean chose me.**
바다가 왜 나를 택했는지 나도 몰라요.
모아나는 왜 바다가 자신을 택했는지 모른다는 말을 하려고 〈I have no idea why S + V〉의 패턴을 이용하고 있네요. 이 말은 I don't know ~보다는 '전혀 모른다'는 어감이 더 강한 표현이죠.

MOANA (INTERNAL) You took the heart for them... **you did everything for them...**[1] so they'd love you...

모아나 (속으로) 인간들을 위해서 심장을 가져온 거였어… 인간들을 위해서 뭐든지 했구나. 그래서 인간들이 당신을 사랑하도록…

Maui looks back to the ocean.

마우이는 다시 바다를 본다.

MAUI (almost to himself) It was never enough...

마우이 (거의 혼잣말로) 내가 무엇을 해줘도 인간들은 만족하지 않았지…

Moana looks to the tattoo of Maui being thrown to the sea.

모아나는 마우이를 바다로 던지는 문신을 바라본다.

Maui looks at Moana, his look says everything. He did it for himself... but not **out of selfishness**... he was trying to fill a **void**, he was doing it to feel loved. Moana sits down next to Maui and looks to the water, thinking of the right words.

마우이가 모아나를 바라본다. 마우이의 눈빛이 모든 것을 말해주고 있다. 마우이는 자신을 위해서 그것을 한 것이지만, 이기심에서 한 것은 아니다. 마우이는 허한 마음을 채우려고 한 것이다. 사랑을 받고 있다는 감정을 느끼려고 한 것이다. 모아나는 마우이의 옆에 앉아 적당한 말을 찾으며 바다를 바라본다.

MOANA Maybe... the gods found you for a reason... maybe the ocean brought you to them... because it saw someone who was **worthy of being saved**. (then) But the gods aren't the ones who make you Maui. You are.

모아나 아마도 신들은 이유가 있어서 당신을 발견했을 거예요. 아마도 바다는 구해줄 가치가 있는 누군가를 봤기 때문에 당신을 신들에게 데려갔을 거예요. (잠시 후에) 그러나 당신을 마우이로 만든 건 신들이 아녜요. 바로 당신 자신이죠.

Maui lets that **sink in**. It means a lot, but he's tough... won't let her see that emotion. Maui looks down to see Mini- Maui give Maui a hug. Maui "hugs" him back.

마우이는 그 말을 곰곰이 새긴다. 그 말은 많은 것을 의미한다. 그러나 마우이는 강인한 남자다. 모아나에게 자신의 감정을 들키고 싶지는 않다. 마우이는 미니 마우이가 자신을 끌어안는 것을 내려다본다. 마우이도 미니 마우이를 끌어안는다.

MAUI Okay, okay... I– I love you too, buddy.

마우이 자, 자, 나… 나도 너를 사랑해, 친구.

Maui **reaches for** his hook, will it work? Moana turns to see, Maui pick up his hook, he's ready.

마우이는 갈고리를 잡으러 손을 뻗는다. 갈고리가 말을 들을까? 모아나가 몸을 돌려 마우이가 갈고리를 드는 것을 본다. 마우이는 준비가 됐다.

The **training** montage and this time Maui, gets better and better, improving his skills, transforming, **brandishing** his hook, generally kicking butt. He transforms into a hawk, then **sheers a craggy cliff in half**. He's ready for Te Ka. Maui lands on the boat and gives Moana a high five. He **fist-bumps** mini Maui.

몽타주가 연속적으로 지나간다. 마우이의 기량이 점점 좋아진다. 변신하고, 갈고리를 휘두르고, 온갖 묘기를 다 부린다. 마우이가 매로 변신하더니 바위투성이 절벽의 중간쯤에서 휙 방향을 튼다. 마우이는 테카를 상대할 준비가 됐다. 마우이가 배에 내리더니 모아나와 하이파이브를 한다. 마우이는 미니 마우이와 주먹치기 인사를 한다.

out of selfishness 이기심에서
void 공허한 마음
worthy of being saved 구해줄 가치가 있는
sink in 마음에 새기다
reach for ~을 잡으려고 손을 뻗다
brandish 휘두르다
sheer a craggy cliff in half 절벽의 중간쯤에서 휙 방향을 틀다
fist-bump 주먹치기 인사를 하다

1 You did everything for them.
당신은 그 사람들을 위해서 뭐든지 했어.
마우이는 인간들을 위해 뭐든지 다 했다는 것을 모아나가 깨닫기 시작합니다. 이 표현은 꼭 마우이에게만 해당되는 것이 아니죠. 자식들을 위해 뭐든지 하는 부모에게도 사용할 수 있는 말이죠. 부모님에게 You did everything for us.라고 말해볼 수도 있겠죠?

Heihei walks off the canoe. The ocean puts Heihei in a basket. Moana offers Maui the oar.

헤이헤이가 카누에서 떨어진다. 바다가 헤이헤이를 바구니에 넣어준다. 모아나는 마우이에게 노를 건넨다.

MOANA Next stop Te Fiti.

모아나 다음에 정박할 곳은 테피티예요.

Maui smiles, **spinning** the oar around before offering it to Moana. Moana is surprised he's **handing** it to her. Maui gives her a nod. This isn't the time to **get sappy**, but we can see this means a lot. As the ocean carries them, we continue with a montage of Moana learning to wayfind.

마우이는 미소를 짓더니 노를 빙그로 돌리고는 다시 모아나에게 준다. 모아나는 마우이가 노를 자신에게 주자 놀란다. 마우이가 모아나에게 고개를 끄덕인다. 지금은 감상에 젖을 때가 아니지만 이것은 시사하는 바가 아주 많다. 바다를 항해하는 동안 모아나가 항해술을 익히는 몽타주가 계속된다.

spin 빙글빙글 돌리다
hand 건네다
get sappy 감상에 젖다

Day 24

Molten Monster Te Ka

용암 괴물 테카

24.mp3

EXT. OPEN OCEAN MORNING - LATER

실외. 대양의 아침 – 잠시 후

With Maui's help, Moana wayfinds through until **dawn**. She's doing well. As **day breaks**, we find Maui perched on the MAST of the boat, looking out about the haze. He looks down at Moana skillfully guiding the boat, then to the ocean, like he's putting it all together. Maui smiles at Moana.

마우이의 도움을 받아 모아나는 새벽까지 항해를 한다. 모아나는 잘하고 있다. 동이 트자 마우이가 돛 위에 걸터앉아 있는 것이 보인다. 옅게 낀 안개를 뚫고 사방을 바라보고 있다. 마우이는 능숙하게 배를 조종하고 있는 모아나를 내려다보고는 다시 바다를 본다. 마치 이 모든 것을 종합적으로 생각하고 있는 눈치다. 마우이가 모아나에게 미소를 짓는다.

MOANA (**amused curiosity**) What?

모아나 (재미있어서 궁금하다) 왜요?

바로 이장면!*

MAUI **I figured it out.**[1]

마우이 내가 알아냈어.

Thud! Maui jumps down to the deck of the boat.

쿵! 마우이가 갑판 위로 뛰어내린다.

MAUI (OFF MOANA'S **CONFUSION**) You know the ocean used to love when I pulled up islands, 'cause your ancestors would sail her seas and find 'em. All those new lands, new villages... it was the water that connected 'em all. And if I were the ocean, I think I'd be looking for a **curly-haired** non-princess to start that again.

마우이 (어리둥절한 모아나를 보지 않은 채) 내가 섬들을 끌어올렸을 때는 바다가 나를 아주 좋아했지. 왜냐하면 네 선조들이 바다를 항해해서 그 섬들을 발견하게 될 거니까. 그 모든 땅들 하며, 마을들 하며… 그것들을 연결한 것은 바다였거든. 그런데 내가 바다라면 나는 그것을 다시 시작하게 될 사람으로 곱슬머리에다 공주처럼 생기지 않은 애를 찾을 것 같아.

Moana looks at Maui and smiles and punches him in the arm.

모아나는 마우이를 보더니 미소를 짓고는 팔을 친다.

MOANA That is **literally** the nicest thing you've ever said to me. (THEN) (SMALL, PLAYFUL) Probably should've saved it for Te Fiti.

모아나 당신이 나한테 한 말 중에서 그게 문자 그대로 제일 멋진 말이네요. (잠시 후에, 부끄러운 듯, 장난스럽게) 그런 말은 테피티를 보면 해야죠.

Maui smiles.

마우이가 미소를 짓는다.

dawn 새벽
day breaks 동이 트다
amused curiosity 재미가 있어 궁금함
confusion 혼란
curly-haired 머리가 곱슬인
literally 문자 그대로

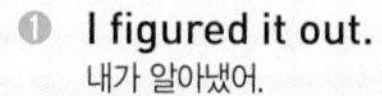

1 I figured it out.

내가 알아냈어.

figure out이란 숙어는 아주 많이 쓰이는 표현으로, '알아내다, 이해하다, 계산해내다' 등등의 의미를 담고 있습니다. 어떤 일에 대해서 생각해 보니 해결책이나 원인 등을 알아냈다고 할 때, I figured it out.이라고 말해보세요.

MAUI	I did.	**마우이** 그럴 거야.

Then, as the **haze** begins to **clear**... Moana sees something in the distance... something beyond the **rolling swells**... a ring of barrier islands... inside of which is... TE FITI.

그러자 옅은 안개가 걷힌다. 모아나의 눈에 멀리 있는 것이 보인다. 넘실대는 바다 저편, 반지처럼 보초도가 둘러싼 곳에 테피티가 있는 것이다.

MAUI (off Moana, who is still stunned she made it) Moana of Motunui, I believe you have officially delivered Maui across the great sea.

마우이 (자신이 성공했다는 것에 아직도 놀란 모아나를 보지 않은 채) 모투누이의 모아나, 네가 대양을 건너 마우이를 공식적으로 데리고 온 거야.

-Maui cheers (as does his "human" audience.)

– 마우이가 '인간'인 군중들처럼 자신도 환호한다.

MAUI (AS CROWD) Haaaa... Moanaaaaaa... Moana...you're so amazing...

마우이 (군중처럼) 하하하하… 모아나아아아아… 모아나… 넌 참 대단해…

Moana chuckles. Maui and Moana look at each other. It's a proud moment for both of them. A beat.

모아나가 소리내어 웃는다. 마우이와 모아나는 서로 바라본다. 지금은 둘에 있어 자랑스러운 순간이다. 잠시 후에…

MAUI It's time.

마우이 지금이야.

Maui holds his hand out. Moana pulls the HEART OF TE FITI from her necklace. As she does... VWOOOOOOM... a subsonic tone breaks the silence and a plume of smoke and ash begins to build. Moana hands Maui the heart of Te Fiti.

마우이가 손을 내민다. 모아나가 목걸이에서 테피티의 심장을 빼내려고 한다. 그러자, 부우우우우우움… 저주파의 소리가 정적을 가르더니 연기가 피어오르고, 재가 쌓이기 시작한다. 모아나는 마우이에게 테피티의 심장을 준다.

MOANA **Go save the world.**❶

모아나 가서 세상을 구해요.

Maui takes the heart and transforms into a HAWK, **rocketing toward** the churning water around the barrier islands.

마우이가 심장을 받더니 매로 변신하고는 보초도 주변에 넘실대는 바다를 향해 쏜살같이 날아간다.

Moana cheers him on... but as Maui **nears** the **plumes** of ash and steam...

모아나가 마우이를 마음속으로 격려한다. 그러나 마우이가 재와 김이 기둥처럼 쌓인 곳으로 접근하자…

a face appears through the clouds: TE KA: A MOLTEN MONSTER, the size of a mountain, **dripping** with lava – horrifying, violent.

구름 속에서 얼굴이 나타난다. 테카다. 산처럼 크고, 용암이 뚝뚝 떨어지는 용암 괴물로 난폭해서 무섭다.

haze 옅은 안개, 박무, 아지랑이
clear 여기서는 안개 등이 '걷히다'라는 뜻
rolling swells 넘실대는 바닷물
rocket toward ~를 향해 로켓처럼 돌진하다
near 여기서는 동사로 쓰여서, '~로 가까이 다가가다'의 뜻
plume 연기 등이 피어오르는 기둥
dripping 액체 등이 '뚝뚝 떨어지는'

❶ **Go save the world.**
가서 세상을 구해요.
Go 다음에 and나 to가 없다고 해서 문법적으로 틀렸다고 오해하면 안 됩니다. go나 come이 원형으로 쓰일 때는 바로 뒤에 동사원형이 오는 것은 문법적으로 올바른 표현입니다.

MOANA Maui...

모아나 마우이…

Before Maui can even react – WHAM! Te Ka knocks Maui hard, and his powers **glitch**. He regains his powers, but as he tries to fly higher and higher, Te Ka raises a molten fist and knocks Maui from the sky.

마우이가 무슨 수를 쓰기도 전에 쾅! 테카가 마우이를 세게 치자 마우이의 파워가 고장난다. 마우이는 파워를 회복해서 더 높이 날아오르려고 하지만 테카는 용암 손을 쑥 올려 하늘을 나는 마우이를 친다.

MOANA NO!

모아나 안 돼!

As Maui **plummets toward** the ocean, Moana fills her sail, and races to **intercept** him. Maui hits the water hard but – WHOOSH! Moana sails right past and grabs him, then aims for a gap in the barrier islands. Maui looks up.

마우이가 바다로 곤두박질치자 모아나는 돛에 바람을 가득 싣고 마우이를 받으러 배를 젓는다. 마우이가 수면에 그대로 부딪히려는 찰나 휙! 모아나가 그 옆으로 배를 저으며 마우이를 잡는다. 그리고는 보초도 사이에 난 틈을 향해 배를 젓는다. 마우이가 올려다본다.

MAUI Wh-what are you doing?

마우이 어떻게 하려고 하는 거니?

MOANA Finding you a better way in!

모아나 들어갈 수 있는 더 좋은 방법을 찾고 있는 거예요.

Moana **slaloms** the boat, she has a shot to break through the barrier islands, but Te Ka is coming fast.

모아나는 카누를 슬랄롬으로 저어 보초도 사이를 빠져나가려고 하지만 테카가 빠른 속도로 다가오고 있다.

MAUI **We won't make it!**❶

마우이 할 수 없어!

Maui grabs the oar, trying to take control of the canoe.

마우이가 노를 잡더니 카누를 조종하려고 한다.

MAUI TURN AROUND! STOP! MOANA, STOP!

마우이 돌려! 그만! 모아나, 멈춰!

Te Ka is almost on them, finally Maui shoves Moana hard, knocking her away from the oar, but he's too late, Te Ka's fist comes down for the death blow, and **at the last second**, Maui raises his hook to block it.

테카가 거의 다가왔다. 마침내 마우이는 모아나를 세게 밀쳐 노에서 떨어지게 하지만 너무 늦었다. 테카의 주먹이 쑥 내려와 한 방에 보내려고 한다. 마지막 순간에 마우이는 갈고리를 올려 테카의 주먹을 막는다.

As Te Ka hits Maui's hook – BOOM! A huge shockwave ripples out, causing tidal waves that blast Moana and Maui away. Over the top of the wave, Te Ka **lunges**, but can only reach so far - it seems **tethered to** the barrier islands.

테카가 마우이의 갈고리를 치자, 쾅! 거대한 충격파 때문에 조수가 밀려와 모아나와 마우이를 확 밀어버린다. 파도 꼭대기로 테카가 달려들지만 어느 정도에서 멈춘다. 테카는 보초도에 묶여 있는 것 같다.

WHOOSH! The enormous tidal surge blows them into the darkness.

휙! 거대한 조수에 밀려 모아나와 마우이는 어둠 속으로 사라진다.

glitch 고장 나다, 말을 듣지 않다
plummet toward ~로 곤두박질치다
intercept 중간에서 가로채다
slalom 배를 슬랄롬으로 젓다
at the last second 마지막 순간에
lunge 달려들다
tethered to ~에 묶여 있는

❶ **We won't make it!**
할 수 없어!
여기서 make it은 '어떤 장소에 도착하다, 어떤 일을 성공적으로 해내다'라는 뜻입니다. 모아나가 온갖 재주를 다 부리며 테카를 피하려고 하지만 마우이는 쓸데없는 일이라고 포기하려고 하면서 We won't make it!이라고 외치고 있습니다.

Disney 모아나

Day 25

Disappearing into the Night Sky

밤하늘로 도망치는 마우이

25.mp3

EXT. OPEN OCEAN - LATER

As the **tidal surge** finally **subsides** miles away, Moana picks herself off the hull to discover the canoe is **in shambles**: the sail **is torn**, sides of the boat are cracked. All her fault.
And she knows it. Moana turns to see Maui sitting up front.

MOANA Are you okay? Maui?

Maui turns... he's holding his hook... a deep crack cuts through the center of it, **end to end**. Moana's heart **sinks**.

MAUI (small) **I told you to turn back.**[1]

Maui finally looks up, emotion in his eyes.

MOANA I... thought we could make it...

MAUI We...?

Moana avoids his look. Quiet. She looks at his cracked hook.

MOANA We can **fix** it.

MAUI It was made by the gods. You can't fix it!

Moana considers this for a moment.

실외. 대양 – 잠시 후

밀려든 조수가 드디어 몇 마일 떨어진 곳에서 잠잠해지자 모아나가 선체에서 몸을 일으켜 보니, 카누는 엉망이 되었다. 돛은 찢겨지고, 배의 측면은 부서졌다. 모두가 모아나의 잘못이다. 모아나도 그 사실을 알고 있다. 모아나는 몸을 돌려보니 마우이가 앞에 앉아 있는 것이 보인다.

모아나 괜찮아요, 마우이?

마우이가 몸을 돌린다. 손에는 갈고리를 쥐고 있는데, 가운데가 끝에서 끝까지 깊게 금이 가 있다. 모아나의 가슴이 쿵 내려앉는다.

마우이 (작은 소리로) 내가 돌리라고 했잖아.

마우이가 드디어 모아나를 올려다본다. 눈에는 격한 감정을 담고 있다.

모아나 난, 우리가 해낼 수 있다고 생각했거든요.

마우이 우리… 라고?

모아나는 마우이의 시선을 피한다. 둘 다 말이 없다. 모아나는 갈라진 갈고리를 본다.

모아나 우리는 갈고리를 고칠 수 있어요.

마우이 이건 신들이 만든 거야. 넌 고칠 수 없어!

모아나는 잠시 그 말에 관해서 생각해본다.

tidal surge 조수가 밀려든 것
subside 잠잠해지다
in shambles 엉망이 된
be torn 찢어지다
end to end 한 끝에서 다른 끝까지
sink 가슴이 쿵 내려앉다
fix 고치다

1 I told you to turn back.
내가 돌리라고 했잖아.
〈I told you to + 동사원형〉의 패턴은 대개 '내가 전에 ~하라고 했는데 왜 안 했느냐'는 어감을 담고 있습니다. 여기서도 마우이는 모아나에게 내가 '배를 돌리라고 했는데 왜 그러지 않았느냐'는 힐책의 어감이 담겨 있는 것입니다.

바로 이장면!*

MOANA Next time we'll be more careful. (off Maui) Te Ka was stuck on the barrier islands... it's lava, it can't go in the water. We can find a way around.

모아나 다음번에는 좀 더 조심하자고요. (마우이를 보지 않은 채) 테카는 보초도에 묶여 있어요. 테카는 용암이에요. 물에 들어갈 수가 없죠. 돌아서 가는 길을 찾을 수 있을 거예요.

Maui stares at Moana, **incredulous**.

마우이는 믿을 수 없다는 듯이 모아나를 바라본다.

MAUI I'm not going back.

마우이 난 돌아가지 않아.

MOANA You still have to **restore** the heart.

모아나 당신은 아직 심장을 복구시켜놔야 해요.

MAUI My hook is cracked. **One more hit and it's over–**❶

마우이 내 갈고리가 금이 갔어. 한 번만 더 맞으면 끝장이야…

MOANA Maui, you have to restore the heart.

모아나 마우이, 당신은 심장을 복구시켜놔야 한다고요.

MAUI Without my hook I'm nothing.

마우이 갈고리가 없으면 난 아무것도 아냐.

MOANA Maui–

모아나 마우이…

MAUI WITHOUT MY HOOK I AM NOTHING!

마우이 갈고리가 없으면 난 아무것도 아니라고!

Maui's anger **takes Moana's breath away**. He looks at her and drops the heart of Te Fiti onto the hull of the boat.

마우이가 화를 내자 모아나는 숨을 죽인다. 마우이는 모아나를 보더니 테피티의 심장을 선체로 떨어뜨린다.

MOANA Maui... (HE PUSHES PAST HER) – we're only here because you stole the heart **in the first place**.

모아나 마우이… (마우이는 모아나의 곁을 그냥 지나간다) 애당초 당신이 심장을 훔쳤기 때문에 우리가 이렇게 여기에 있는 거예요.

This **lands on** Maui, but he **pushes ahead**.

그 말에 마우이는 약간 동요하지만, 그냥 지나친다.

MAUI No, we're here, because the ocean told you you were special and you believed it.

마우이 아냐, 바다가 넌 특별한 존재라고 말했는데, 네가 그 말을 믿었기 때문에 우리가 여기 있는 거야.

incredulous 못 믿겠다는 듯이
restore 복구하다
take someone's breath away '누구의 숨을 빼앗다', 즉 '누가 숨을 죽이다'
in the first place 애당초
land on (말 등이) ~의 가슴 속에 박히다
push ahead 가버리다

❶ **One more hit and it's over.**
한 번만 더 맞으면 끝장이야.

마우이는 자신의 갈고리에 금이 간 것을 보고 낙담하고 있는데, 모아나가 자꾸 심장을 복구시키러 가자고 하니까, 어처구니가 없어서, '이 갈고리가 한 번만 더 맞으면 모든 게 끝장이다'라는 의미로 One more hit and it's over.라고 간결하게 말하네요.

Moana **picks the heart of Te Fiti off the hull**.

모아나가 선체에 있는 테피티의 심장을 주워든다.

MOANA I am Moana of Motunui, you will board my boat–

모아나 난 모투누이의 모아나예요. 당신은 내 배를 타고…

MAUI – Goodbye, Moana –

마우이 안녕, 모아나…

MOANA – Sail across the sea –

모아나 바다를 건너…

MAUI – I'm not killing myself so you can prove you're something you're not–

마우이 넌 아무것도 아닌 존재인데, 네가 착각하고 그런 존재인 걸 증명하느라 내가 죽고 싶지는 않아.

MOANA – and restore the heart of Te Fiti! (**HOLDS UP THE HEART**) The ocean chose me.

모아나 테피티의 심장을 복구시켜야 해요. (심장을 들고) 바다가 나를 선택했어요.

Maui looks at the heart, and turns away.

마우이가 심장을 보더니 몸을 돌린다.

MAUI It chose wrong.

마우이 잘못 선택한 거야.

Maui **transforms** into a HAWK, **flickering** back to human then angrily forcing himself to hawk and **streaks off**, disappearing into the night sky, leaving Moana on her **battered** boat, alone.

마우이는 매로 변신해서는 날개를 몇 번 퍼덕이다가 다시 인간으로 돌아온다. 그러자 화를 내면서 억지로 매로 다시 변신하더니 밤하늘로 날아가 버린다. 모아나를 망가진 배에 홀로 남겨놓은 채.

MOANA Maui?!!

모아나 마우이?!

pick something off somewhere ~에 있던 …을 주워들다
hold up 들어올리다
transform 변신하다
flicker 날개를 퍼덕이다
streak off 쏜살같이 가버리다
battered 망가진

Day 26

Quiet Voice Still inside You

여전히 내면에서 속삭이는 작은 목소리

26.mp3

EXT. OPEN OCEAN

실외. 대양

Moana searches the sky, angry, but almost hoping Maui will come back - but he's gone... and Moana's boat is damaged... she's failed... and now she's all alone. She looks down at the Heart of Te Fiti... **dusted with** ash... scratched. A symbol of her failure. She looks to the ocean.

모아나는 화가 나서 밤하늘을 살펴보지만, 그래도 마우이가 돌아올 거라는 희망은 조금은 갖고 있다. 그러나 마우이는 사라졌다. 그리고 배는 망가졌다. 모아나는 실패한 것이다. 그리고 지금은 완전히 혼자다. 모아나는 테피티의 심장을 내려다본다. 재가 묻었고, 긁힌 자국이 있다. 실패의 상징인 것이다. 모아나는 바다를 바라본다.

바로 이장면!*

MOANA (to the ocean) Why did you bring me here?

모아나 (바다에게) 왜 나를 이리로 데려왔어?

The Ocean doesn't **respond**. Moana looks at the heart.

바다는 대답하지 않는다. 모아나는 심장을 본다.

MOANA (CBB) **I'm not the right person.**[1] (holding the heart out to the ocean) You have to choose someone else. **(desperate)** CHOOSE SOMEONE ELSE! (small) Please...

모아나 (이제는 만사가 귀찮다는 듯이) 나는 적임자가 아냐. (심장을 바다에 내밀며) 다른 사람을 골라봐. (필사적으로) 다른 사람을 고르라고! (작은 소리로) 제발…

Then, in the light of the moon, the ocean reaches up and surrounds Moana's hand... almost like it's going to gently **nudge it** back toward her... but instead... the ocean takes the heart back. It sinks beneath the surface and... it's gone. Moana tries to catch her breath, part of her hoped the ocean would tell her not to give up. To go on. Moana **falls to her knees**, her **sense of purpose** gone. Her failure **overwhelming**.

그러자 달빛 속에서 바다가 다가와 모아나의 손을 감싼다. 심장은 모아나가 가지고 있으라는 듯이 부드럽게 미는 것 같다. 그러나 바다는 심장을 뺏는다. 심장이 수면 아래로 가라앉는다. 사라졌다. 모아나는 숨을 고르려고 한다. 바다가 포기하지 말라고, 계속하라고, 말해줄 거라는 기대를 조금은 가지고 있었던 것이다. 모아나는 무릎을 꿇는다. 목적의식이 사라졌다. 실패는 너무나 엄청난 것이었다.

Moana kneels on the floor of the canoe, tears in her eyes. Moana looks down at her wayfinding necklace – it breaks Moana's heart even more – Tala believed in her so much.

모아나는 눈에 눈물이 가득한 채 카누 바닥에 무릎을 꿇고 있다. 모아나는 뱃길을 알려주는 목걸이를 내려다본다. 그러자 모아나의 가슴은 더욱 찢어지는 것 같다. 탈라는 자신을 너무나 믿어줬는데.

dusted with ash 재가 묻은
respond 응답하다
CBB Can't Be Bothered의 약자. '만사가 귀찮다는 듯이'
desperate 필사적인
nudge 밀다, 건드리다
fall to one's knees 무릎을 꿇다
sense of purpose 목적의식
overwhelming 압도하는

1 I'm not the right person.
나는 적임자가 아냐.
모아나는 낙담해서 '나는 그 일에 알맞은 사람이 아니다' 즉 '난 적임자가 아냐.'라고 말합니다. 낙담하지 않더라도 어떤 일에 적임자가 아니라고 분명히 말하고 싶으면 모아나처럼 I'm not the right person.이라고 밝혀봅시다.

But then a **glimmer**... far away on the horizon, something races toward her... streaking through the ocean.

그러자 멀리 수평선에서 빛이 깜빡이더니 자신을 향해서 빠른 속도로 헤엄쳐오고 있다.

WE HEAR A HAUNTING CHORAL (IN NATIVE TONGUE) as the glow comes closer... (it sounds mysterious, not "happy" or "hopeful.")

빛이 점점 다가오자 원주민의 언어로 합창하는 소리가 계속해서 들려온다. 즐겁지도, 희망적이지도 않은 이상한 노래다.

As it rockets under her boat... Moana sees it's a SPECTRAL MANTA RAY. Moana follows as it circles her boat.
Anticipating... but then... it's gone, where'd it go?

빛이 모아나의 배 밑으로 쏜살같이 들어간다. 모아나는 그것이 유령 가오리라는 것을 알아챘다. 가오리가 배 주위를 빙빙 돌자 모아나는 눈으로 쫓는다. 일종의 기대감이 인다. 그러나 가오리가 사라졌다. 어디로 간 것일까?

GRAMMA TALA You're a long ways past the reef.

탈라 할머니 넌 산호초에서 멀리 왔어.

Moana turns to see... TALA sitting on the **bow** of the boat.

모아나가 몸을 돌리자, 탈라가 뱃머리에 앉아 있는 것이 보인다.

MOANA Gramma?

모아나 할머니?

TALA Guess I chose the right tattoo.

탈라 내가 적절한 문신을 골랐구나.

MOANA Gramma!

모아나 할머니!

Moana stumbles across the boat, scrambling to reach Tala. She falls into her arms.

모아나는 비틀거리며 할머니한테 가서는 팔에 안긴다.

MOANA I tried... Gramma, I... I couldn't do it...

모아나 난 해보려고 애를 썼어요… 할머니, 그런데 난, 난 할 수가 없었어요…

Gramma **wipes away Moana's tear**.

할머니는 모아나의 눈물을 닦아준다.

GRAMMA TALA **It's not your fault...**[1] I never should have put so much on your shoulders. (then, gently) If you are ready to go home... I will be with you.

탈라 할머니 그건 네 잘못이 아니란다… 네 어깨에 그렇게 무거운 짐을 지우지 말았어야 했는데. (그러더니 부드럽게) 네가 집에 갈 준비가 됐다면 내가 함께 가마.

Moana nods... then reaches for her oar. She lifts it up... but as she goes to **dip** it in the water... she hesitates. She stares at the oar... something **holding** her **back**. Moana looks at her oar frozen, deeply **conflicted**... stuck.

모아나는 고개를 끄덕인다. 그러더니 노를 집으려고 손을 뻗는다. 모아나가 노를 들어올린다. 그러나 노를 물에다 집어넣으려고 하는 순간 주저한다. 모아나는 노를 응시한다. 뭔가가 모아나를 제지하고 있다. 모아나는 몸이 얼어붙은 듯이, 마음속에서 갈등을 하며, 무언가에 꼼짝못하고 매여 있는 듯이 노를 응시한다.

GRAMMA TALA Why do you hesitate?

탈라 할머니 왜 주저하니?

glimmer 깜빡이는 빛
anticipate 기대하다
bow 배의 이물, 뱃머리
wipe away someone's tear ~의 눈물을 닦아주다
dip 물에 잠그다
hold back 제지하다, 저지하다
conflicted 갈등하는

[1] It's not your fault.
그건 네 잘못이 아냐.
할머니는 모아나의 눈물을 닦아주며, 그건 네 잘못이 아니라는 의미로 It's not your fault.라고 말합니다. 한 순간의 실수로 마음고생을 하는 사람에게 위로할 때 제격인 표현입니다.

Moana stares at the oar.

모아나는 노를 응시하고 있다.

MOANA (**tearing up**, breaking from the conflict) I don't know...

모아나 (갈등에서 벗어나려는 듯이) 모르겠어요…

Tala can see Moana's conflict and... sings... softly at first... almost spoken:

탈라는 모아나가 느끼고 있는 갈등을 꿰뚫어 보고는 노래를 부른다. 처음에는 부드럽게. 거의 말하듯이.

GRAMMA TALA I KNOW A GIRL FROM AN ISLAND / SHE **STANDS APART FROM THE CROWD** / SHE LOVES THE SEA AND HER PEOPLE / SHE MAKES HER WHOLE FAMILY PROUD
SOMETIMES THE WORLD SEEMS AGAINST YOU / THE JOURNEY MAY LEAVE A **SCAR** / BUT SCARS CAN HEAL AND REVEAL JUST / WHERE YOU ARE
THE PEOPLE YOU LOVE WILL CHANGE YOU / THE THINGS YOU HAVE LEARNED WILL GUIDE YOU / AND NOTHING ON EARTH CAN **SILENCE** / THE QUIET VOICE STILL INSIDE YOU
AND WHEN THAT VOICE STARTS TO WHISPER / "MOANA, YOU'VE COME SO FAR." / MOANA, LISTEN... DO YOU KNOW WHO YOU ARE?

탈라 할머니 난 섬에서 자란 여자애를 알고 있다네 / 그 아이는 다른 사람들과는 다르지 / 그 아이는 바다와 마을 사람들을 사랑하지 / 가족은 모두 그 아이를 자랑스러워하지
어떤 때는 세상이 네게 매정하게 구는 것처럼 느끼기도 할 거야 / 이 여정은 상처를 남기기도 할 거야 / 그러나 상처는 아물고, 결국 / 네가 어디에 있다는 것을 알려줄 거야
네가 사랑하는 사람들이 너를 변화시킬 거야 / 네가 배운 것들이 너를 안내해줄 거야 / 그리고 세상의 어떤 것도 / 아직도 네 내면에 있는 조용한 소리를 잠재우지는 못할 거야
그리고 그 소리가 '모아나야, 넌 지금까지 너무 잘했어.'라고 / 속삭이기 시작하면 / 모아나야, 들어봐라… 넌 네가 누구인지 알고 있니?

tear up (갈등에서 벗어나려고) 마음을 확 추스르다
stand apart from the crowd 대세에서 벗어나 독립적인 사고를 하다
scar 생채기
silence 침묵시키다

Day 27

Nice Work, Heihei!

잘했어, 헤이헤이!

27.mp3

Moana looks at Tala... trying to **draw strength**... but **still not totally sure of herself**. She's trying to listen... trying to find herself. Trying to **listen to that voice inside**.

모아나는 힘을 끌어 모으려고 탈라를 본다. 그러나 아직도 전적으로 자신에 대해서 확신할 수가 없다. 모아나는 들으려고, 자신을 찾으려고 애를 쓰고 있다. 자신의 내면의 그 목소리를 들으려고.

MOANA (half sung, half spoken) Who am I... ?

모아나 (반은 노래하고 반은 이야기하듯이) 나는 누구인가?

Moana begins to sing... **timidly** at first.

모아나가 노래를 부르기 시작한다. 처음에는 주저주저하면서.

바로 이장면!*

MOANA I AM A GIRL WHO LOVES MY ISLAND / AND A GIRL WHO LOVES THE SEA / IT CALLS ME
I AM THE DAUGHTER OF THE VILLAGE CHIEF / WE **ARE DESCENDED FROM** VOYAGERS / WHO FOUND THEIR WAY ACROSS THE WORLD / THEY CALL ME

모아나 난 우리 섬을 사랑하는 여자애예요 / 그리고 바다를 사랑하는 여자애이죠 / 바다가 나를 불러요
난 마을 족장의 딸이에요 / 우리는 세상을 가로질러 길을 찾은 / 항해자들의 후손이죠 / 그 조상들이 나를 불러요

WHOOSH! An **ARMADA** of ocean-voyaging canoes **rockets around** her. At the front of one stands MATAI VASA, her **ancestor**, who opens his sail and rockets away, **urging** Moana to continue forward.

휙! 바다를 항해하는 카누 함대가 쏜살같이 모아나를 둘러싼다. 그중 한 척의 뱃머리에 모아나의 선조인 마타이 바사가 서 있다. 마타이 바사는 돛을 펼치더니 쏜살같이 달린다. 모아나에게 계속 항해하라고 재촉하면서.

MOANA I HAVE DELIVERED US TO WHERE WE ARE / I HAVE JOURNEYED FARTHER / I AM EVERYTHING I'VE LEARNED AND MORE / STILL IT CALLS ME

모아나 난 우리들을 현재 있는 곳에 데리고 왔단다 / 난 더 멀리 항해했어 / 내가 배운 것이 모두 바로 나야 / 그것이 아직도 나를 부르고 있단다

The ancestors arrive to sing along with MOANA WHO OWNS THE SONG HERE IN EARNEST, HER MELODY **SOARING OVER** THE **MASSIVE** CHANT OF HER ANCESTORS! As Moana stands on the mast of the boat, looking down into the water at the heart glowing on the ocean floor. Moana realizes what she must do. She is the answer. She will find a way.

조상들이 모아나의 곁에 와서는 같이 노래를 부른다. 모아나는 그 노래가 진정으로 자신에 속하는 것을 느낀다. 모아나의 멜로디는 조상들의 육중한 노래 소리를 뛰어넘어 하늘 높이 나른다. 모아나는 돛 위에 서서 해저에서 빛을 발하고 있는 심장을 내려다본다. 모아나는 무엇을 해야 하는지 깨닫는다. 자신이 바로 대답인 것이다. 모아나는 길을 찾을 것이다.

draw strength 힘을 얻다
still not totally sure of oneself 아직도 완전히 자신감을 얻지 못하는
listen to that voice inside 그 자신의 내면의 목소리를 듣다
timidly 주저주저하며
be descended from ~의 후예다
whoosh 무엇이 갑자기 휙 나타나는 상황을 나타내는 의성어
armada 함대
rocket around 빠른 속도로 ~의 주위를 돌다
ancestor 조상
urge 촉구하다
soar over ~의 위로 높이 날다
massive 거대한

MOANA AND THE CALL ISN'T OUT THERE AT ALL IT'S INSIDE ME / IT'S LIKE THE **TIDE**, ALWAYS FALLING AND RISING / I WILL CARRY YOU HERE IN MY HEART / YOU REMIND ME / THAT COME WHAT MAY, I KNOW THE WAY! I AM MOANA.

모아나 그런데 그 부르는 소리는 밖에 있는 게 절대 아니야. 내 안에 있어 / 그건 조수 같아. 언제나 올라갔다 내려갔다 하는 / 난 너를 바로 이 내 심장 안으로 데리고 올 거야 / 너 때문에 난 알게 됐어 / 무슨 일이 벌어지든, 난 길을 알아! 난 모아나야.

As the ancestors **reach a peak**, and their **HUGE CHORAL** CONTINUES, Moana dives into the ocean, swimming deeper and deeper to grab the Heart of Te Fiti. This should be hugely **empowering**, emotional and exciting. **Building**...

조상들의 노래가 절정에 달하면서 거대한 합창이 계속된다. 그때 모아나는 바다로 뛰어들며 테피티의 심장을 되찾으려고 더욱 더 바다 깊숙한 곳으로 들어간다. 엄청나게 힘을 북돋는, 감정에 북받치는, 신나는 장면이다. 장면이 더욱 힘차게 전개된다…

Ext. UNDERWATER - MOMENTS LATER

AS THE ANCESTORS' CHORAL CONTINUES TO BUILD, Moana swims deeper and deeper. Then down in the darkness... The heart of Te Fiti begins to **glow**. It seems like it's 1000 feet down, on the **ocean floor**.

The dive is difficult – Moana has to really want it.

Moana is almost **out of air**, but keeps going, nothing is going to stop her. The heart of Te Fiti is only 10 feet away.

Closer, closer, closer as the choral **reaches a climax**!

실외. 해저 – 잠시 후

조상들의 합창이 계속해서 고조되자 모아나는 더욱 깊이 바다 속으로 들어간다. 그러자 저 아래 어둠 속에서 테피티의 심장이 빛을 발하기 시작한다. 천 피트쯤 되는 것 같다. 해저 바닥이다.

잠수는 어렵지만 모아나는 진정으로 잠수해서 테피티를 건지기를 원한다.

모아나는 이제 거의 공기가 바닥이 났지만 계속해서 들어간다. 그 무엇도 모아나를 막을 수는 없다. 테피티의 심장은 이제 겨우 10피트 떨어진 곳에 있다.

합창이 절정을 향해 치닫자 모아나는 더욱 더 깊이 들어간다!

EXT. OPEN OCEAN - PRE-DAWN

Moana **surfaces** like a **torpedo**. Silence. Tala, the ancestors and the canoes are gone... it's just Moana on the open ocean. She opens her **clinched fist**, the Heart of Te Fiti glows.

Moana repairs her boat, **expertly tying difficult knots** to **pull it together** and repair the **outrigger**.

실외. 대양 – 동트기 전

모아나는 마치 어뢰처럼 수면 위로 떠오른다. 침묵이 흐른다. 탈라, 조상들, 그리고 카누 함대들은 사라졌다. 망망대해에 모아나만 있을 뿐이다. 모아나는 주먹을 편다. 테피티의 심장이 빛을 발하고 있다.

모아나가 배를 수리하고 있다. 능숙하게 까다로운 매듭을 묶어 배를 추스르고, 현외 장치를 수리한다.

tide 조수
reach a peak 절정에 달하다
huge 거대한
choral 합창
empowering 힘을 주는
building 고조되는
glow 반짝이다, 빛을 발하다
ocean floor 해저
out of air 숨이 차는, 폐에 공기가 다 빠진
reach a climax 절정에 달하다
pre-dawn 동트기 전
surface 수면으로 나오다
torpedo 어뢰
clinched fist 꽉 쥔 주먹
expertly 능숙하게
tie difficult knots 매기 어려운 매듭을 묶다
pull together 추스르다
outrigger 배의 현외 장치

MOANA (V.O.) I am Moana of Motunui. Aboard my boat, I will sail across the sea... and restore the heart of Te Fiti!

모아나 (소리만 들린다) 나는 모투누이의 모아나야. 내 배에 타고 대양을 건너 테피티의 심장을 복구할 거야.

QUICK TIGHT SHOTS:

클로즈업 장면들이 빠르게 지나간다.

Moana **TIGHTENS** a line.

모아나가 줄을 팽팽하게 당긴다.

Moana SWINGS the **boom**.

모아나가 하활을 돌린다.

Moana **fills the sail**... and she's off!

모아나가 돛에 바람을 가득 담고는 출발한다!

EXT. OPEN OCEAN - DAWN

실외. 대양 – 새벽

Through the mist, WHOOSH! MOANA'S CANOE emerges – Moana opens her sail completely and a **gust of wind** grabs the boat – **propelling** her into the distance like a rocket.

옅은 안개를 뚫고, 훅! 모아나가 탄 카누가 나타난다. 모아나가 돛을 완전히 열자 돌풍이 배를 확 감싼다. 모아나의 카누는 로켓처럼 먼 거리를 쏜살같이 달린다.

Moana cuts across the ocean – her boat **slicing through** the water like a knife. Using the wayfinding skills she's learned, Moana finds her course and sails into the morning. Moana **crests** huge **rolling swells** and then, far off on the horizon, Moana spots the ring of barrier islands... Te Fiti.

모아나가 대양을 가로지른다. 배는 마치 칼날처럼 바닷물을 가른다. 익힌 항해술을 이용하여 모아나는 항로를 발견하고는 배를 달려 아침을 맞는다. 거대한 너울 같은 파도 위에 올라타자 저 멀리 수평선에 보초도가 반지처럼 빙 둘러 있는 것이 보인다. 테피티다.

Moana ties her sail along the boom, then looks to the barrier islands – **spotting** a **gap** wide enough for her canoe to pass.

모아나는 하활에 돛을 매고는 보초도를 바라보다 카누가 지나갈 수 있는 정도로 벌어진 틈새를 발견한다.

MOANA Te Ka can't follow us into the water... we make it past the barrier islands... we **make it to** Te Fiti. (putting Heihei in basket) None of which you understand because you are a chicken.

모아나 테카는 물속으로는 우리를 쫓아올 수 없어. 우리는 보초도를 지나갈 거야. 우리는 테피티로 갈 거야. (헤이헤이를 바구니에 넣으며) 넌 닭이기 때문에 무슨 말인지 알아듣지 못하겠지만.

quick tight shots 클로즈업 장면들이 빠르게 지나가는 것
tighten 꽉 죄다
boom 배의 하활
fill the sail 돛이 바람을 잔뜩 받게 하다
gust of wind 돌풍
propel 나아가게 하다
slice through 칼날처럼 ~을 가르다
crest (파도 등에) 올라타다
rolling swells 넘실대는 파도들
spot 위치를 찾아내다
gap 틈새
make it to ~에 성공적으로 다다르다

Moana grips the heart and **steels herself** and sails for the gap, where a THICK CLOUD of ASH waits: TE KA. It's **high noon** in the old west. Good versus evil. The **showdown**.

Te Ka brings down a fist to destroy Moana's boat, but Moana's ready, she jumps, **pitch-poling** the boat (just like Maui) and shoots toward A SECOND gap. All part of the plan!

Te Ka races across the barrier islands to **cut** Moana **off**, **hurling** huge masses of **molten lava**, which explode in huge plumes of ash and steam as they hit the **churning waters**.

Moana slaloms her canoe, avoiding the lava, closer and closer to the **pass**. But Te Ka is too fast, hurling a massive piece of lava, blocking the pass. But as the steam clears, Te Ka looks down to find... Moana **is nowhere to be found**. Whoosh! Moana has doubled-back! The final piece of her plan. She **unfurls** her sail, and it's like a turbo-boost, rocketing her back to the original gap – she's going to make it!

Te Ka **shrieks in rage**, hurling a massive ball of lava smashing into the mountains above Moana, who pulls the line hard, slicing through the gap, but huge **boulders** crash around her!

As enormous boulders crash down, Moana loses her grip on the heart. It rolls across the deck... but at the last second Heihei catches the heart in his beak before it **goes overboard**.

MOANA No! Heihei! No, no, no, no, no!

To Moana's surprise... Heihei delivers the heart back to her.

MOANA Nice work Heihei!

모아나는 심장을 움켜쥐며 마음의 준비를 하고는 틈새를 향해 항해한다. 그곳에는 짙은 재 구름이 기다리고 있다. 테카다. 마치 서부극에서 정오에 결투하는 장면 같다. 선과 악이 마지막으로 끝장을 보는 대결이다.

테카가 주먹을 아래로 쳐서 모아나의 배를 부수려고 하지만, 모아나는 이미 준비를 하고 있었기 때문에 마우이가 그랬듯이 배를 거의 뒤집을 듯이 펄쩍 들어 올리며 두 번째 틈새로 줄달음친다. 이것도 계획의 일부다

테카가 모아나를 막으려고 보초도를 가로질러 다가온다. 엄청난 용암을 내뿜고 있기 때문에 그 용암이 소용돌이치는 바닷물에 닿으면 재와 수증기가 거대한 기둥을 이룬다.

모아나는 슬랄롬 경기를 하듯이 카누를 몰면서 용암을 피하며 틈새에 점점 더 가까이 다가가고 있다. 그러나 테카는 더 빨라서 엄청난 용암 덩어리를 던져 틈새를 막는다. 그러나 수증기가 걷힌 다음에 테카가 내려다보니 모아나는 눈 씻고 봐도 없는 것이 아닌가. 쉭! 모아나의 입장이 되어 과거로 돌아가 보자! 모아나가 짠 작전계획의 마지막 편이다. 모아나는 돛을 펼치고는 터보 엔진을 단 듯이 쏜살같이 원래 뚫으려고 했던 틈새로 향한다. 이제 막 통과하려고 한다!

테카는 화가 치밀어 꽥 고함을 치며 모아나의 위에 있는 산에다 엄청난 크기의 용암 덩어리를 던진다. 모아나는 줄을 세게 잡아당기며 틈새를 가르듯이 통과하고 있지만, 엄청나게 큰 바윗덩어리들이 주위에 떨어진다!

거대한 바윗덩어리들이 떨어지자, 모아나는 손에 쥔 심장을 떨어뜨린다. 심장이 갑판 위를 또르르 구른다. 심장이 막 바다로 떨어지려고 한다. 그러나 그 순간 헤이헤이가 심장을 부리로 쫀다.

모아나 안 돼! 헤이헤이! 안 돼, 안 된다고, 안 돼, 안 된단 말야, 안 된다고!

그러나 놀랍게도 헤이헤이는 심장을 모아나에게 갖고 온다.

모아나 잘했어, 헤이헤이!

steel oneself 마음을 다잡다
high noon 정오
showdown 대결, 결투
pitch-pole 벌렁 뒤집다
cut off 가로막다
hurl 던지다
molten lava 녹은 용암
churning waters 소용돌이치는 바닷물
pass 틈새
be nowhere to be found 어디도 보이지 않다
unfurl 펼치다
shriek 꽥 고함을 치다
in rage 분노에 가득차서
boulder 바위
go overboard 배에서 물로 떨어지다

Hard to say, but he gives it to Moana, and as the dust **settles** – WHOOSH! Moana emerges, she's made it! She's through the barrier!

믿기는 어렵지만, 헤이헤이가 심장을 모아나에게 준다. 먼지가 가라앉자, 휙! 모아나가 나타난다. 해낸 것이다. 모아나의 배는 보초도를 뚫었다!

MOANA Te Fiti!

모아나 테피티다!

But just as she begins to smile – BOOM! Te Ka rips through the **rockpile**, shrieking, the force **capsizes** Moana's boat... and sends Moana **hurtling** into the water.

그러나 모아나가 막 미소를 지으려고 하는 찰나, 쿵! 테카가 바위들이 겹겹이 쌓여 있는 곳을 찢고 고함을 지르며 나타난다. 그 통에 모아나의 배는 뒤집히고, 모아나는 바닷속으로 떨어진다.

As boulders **rain down**, Moana swims to her capsized canoe, but she's not strong enough to pull it right-side up.

바위들이 비처럼 쏟아져 내리는 틈을 뚫고 모아나는 뒤집힌 카누로 헤엄쳐간다. 하지만 힘이 부쳐 배를 도로 뒤집을 수는 없다.

settle (먼지 등이) 가라앉다
rockpile 돌이 쌓여 있는 것
capsize 전복시키다
hurtle 휙 날아가다, 돌진하다
rain down 비 오듯 쏟아지다

Disney
모아나

Day 28

A Cappella Voice of Moana

모아나의 무반주 노래

28.mp3

As Moana struggles, Te Ka rises, raising a fist to deliver **a fatal blow**. There is nothing Moana can do, no escape. Te Ka's fist comes hurtling toward Moana and ...

모아나가 낑낑거리고 있는 사이 테카가 몸을 일으키더니, 모든 것을 끝내버리는 한 방을 먹이려는듯 주먹을 든다. 모아나가 할 수 있는 것이라고는 아무것도 없다. 도망갈 수도 없다. 테카의 주먹이 모아나를 향해 내려오고 있다. 그러자…

SCREEEAW! A flash of white light and a **shockwave** – Moana looks up to see... Maui, as a hawk, knock Te Ka's hand away – saving Moana **just in time**. Maui **mightily** wields his hook even though it still has a crack. He turns to Moana and smiles.

꽥! 하얀 빛이 번쩍하더니 충격파가 전해진다. 모아나가 머리를 들고 바라본다. 매로 변신한 마우이가 테카의 팔을 쳐서 때마침 모아나를 구해준다. 마우이는 아직도 금이 간 갈고리를 힘차게 휘두른다. 마우이가 모아나를 돌아보며 미소를 짓는다.

MOANA Maui?! You came back! (she looks at his cracked hook) ... but your hook? One more hit and...

모아나 마우이?! 돌아왔군요! (금이 간 갈고리를 보면서) 하지만 당신 갈고리는? 다시 한 번 맞으면 그때는…

Maui looks at his hook and **flashes a grin**.

마우이가 자기 갈고리를 보더니 씩 웃는다.

바로 이장면!*

MAUI Te Ka's gotta catch me first. (SMILES, THEN) **I got your back,**[1] Chosen One. Go save the world.

마우이 그보다 먼저 테카가 나를 처치해야 할 거야. (미소를 짓고는) 이제 내가 네 뒤를 봐줄게. 선택받은 아가씨야. 가서 세상을 구해.

He turns and starts to **charge up** as Te Ka approaches.

마우이는 몸을 돌리더니 다가오는 테카를 향해 나아가기 시작한다.

MOANA Maui! (he turns, warm) Thank you.

모아나 마우이! (마우이가 따듯한 미소를 지으며 돌아본다) 고마워요.

MAUI (smiles, sincere) You're welcome.

마우이 (진지한 표정으로 미소를 지으며) 천만에.

Maui's powers cycle up as he **goes to full strength**. Maui transforms into a hawk and races to battle Te Ka.

마우이가 온힘을 다하자 파워가 확 높아진다. 마우이는 매로 변신해서 테카와 싸우러 달려간다.

Moana rights her boat, unfurls her sail and dodges lava as she sails for Te Fiti. We see not only amazing sailing from Moana and shapeshifting from Maui, but an evolution of these skills and

모아나는 배를 바로 뒤집더니 돛을 펴고 용암을 요리조리 피하며 테피티로 향해한다. 모아나의 항해술과 마우이의 변신술을 보면, 이들의 기술이 놀랍다는 것뿐만 아니라 그동안 기술이 계속

- fatal blow 치명적인 일격
- shockwave 충격파
- just in time 딱 시간에 맞게, 때마침
- mightly 힘차게
- flash a grin 씩 웃다
- charge up 돌격하다
- go to full strength 힘을 모두 발휘하다

1 I got your back.
내가 네 뒤를 봐줄게.
다른 사람들의 공격으로부터 너를 보호해준다는 뜻입니다. 즉 앞만 보고 나아갈 수 있도록 back(뒤, 등)을 살펴주겠다는 의미죠.

additional skills we haven't seen before. As a **lizard** he runs across the hot Te Ka's hot lava arm.

진화하며 발전해서 전에 못 보던 기량을 선보이고 있다는 것을 알 수 있다. 도마뱀으로 변한 마우이는 테카의 뜨거운 용암 팔로 뛰어간다.

MAUI Hot-hot-hot-hot-hot!

마우이 앗, 뜨거, 뜨거, 뜨거, 뜨거워!

Maui jumps off Te Ka and turns into a hawk. He slices off Te Ka's arm once more and disappears into the water. Te Ka searches for him **furiously**.

마우이는 테카에게서 뛰어내려 매로 변신한다. 마우이는 다시 한 번 테카의 팔을 자르고는 바닷속으로 사라진다. 테카는 화가 나서 마우이를 찾고 있다.

MAUI (O.S.) Hey Te Ka!

마우이 (소리만 들린다) 이봐, 테카!

Te Ka turns to see... Shark-head Maui standing on her arm.

테카가 마우이를 보려고 몸을 돌린다. 상어 머리를 한 마우이가 테카의 팔에 서 있다.

MAUI Shark-head. (THEN) CHEEHOO!

마우이 상어 머리야. (잠시 후에) 치이이후우우!

As Moana closes in on Te Fiti – but as Maui cheers her on – wham! Te Ka throws a lavaball at Moana.

모아나가 테피티로 접근한다. 마우이가 모아나를 격려하지만, 쾅! 테카가 모아나에게 용암 덩어리를 던진다.

MAUI Moana!

마우이 모아나!

Moana gets knocks off her boat but reaches the shore and begins to climb.

모아나는 배에서 떨어지지만 해안으로 접근해 기어오르기 시작한다.

As Moana leaps off her boat and races up the shore to restore the heart.

모아나가 배에서 뛰어내려 심장을 복구하려고 해변으로 달리자.

MAUI (yelling) GET THE HEART TO THE SPIRAL!

마우이 (소리친다) 나선형 산에 심장을 꽂아!

Maui attacks Te Ka and they **collide**. A blinding explosion lights up the sky behind her – Maui crashes, down his hook shattered! Moana races up the **sandy embankment**... but stops. Something is very wrong.

마우이가 테카를 공격하여 둘이 충돌한다. 테카의 뒤에 있는 하늘에서 폭발이 일어나 너무 눈이 부셔 눈을 뜰 수 없을 정도다. 마우이가 테카에게 부딪힌다. 갈고리가 산산조각이 되어 떨어진다! 모아나는 모래 둑을 달려 올라가다 멈춘다. 뭔가가 이상하다.

We crane up to reveal... TE FITI isn't there. There's just an empty **crater**, there is nowhere to put back the heart.

카메라가 높이 올라가며 사태를 보여준다. 테피티가 없어진 것이다. 빈 분화구가 있을 뿐이다. 심장을 놓을 자리가 없다.

MOANA Te Fiti... **It's gone...**[1]

모아나 테피티가··· 테피티가 사라졌어···

lizard 도마뱀
furiously 분노하여
collide 충돌하다
sandy 모래투성이의
embankment 둑
We crane up to reveal 카메라가 높이 올라가 다음과 같은 장면이 보이기 시작한다는 의미
crater 분화구

1 It's gone.
사라졌다.
'그것이 사라졌다'는 여러 가지 표현으로 나타낼 수 있지만, 제일 간단한 것은 It's gone.이죠. 모아나는 테피티의 심장을 복구하려고 산으로 뛰어올라가지만, 산봉우리 자체가 없어졌습니다. 난감해진 모아나의 입에서도 It's gone.이란 말이 나오네요.

Moana turns back as Te Ka **looms over** Maui... but he doesn't **back down**–even without his hook.

Moana has failed... what solution is left? But instead of **freaking out**... she **takes a breath**, **calms herself**. Listens to the voice inside.

Moana looks as Te Ka looms over Maui, **volcanic** lightning flashing all around, angry, victorious. Then she spots something on Te Ka's chest... a glowing lava spiral, which is covered up by cooling lava. Moana looks back to the **negative space** on Te Fiti.

She looks down at the heart of Te Fiti in her hand, it glows. She looks to the ocean... understanding what she must do.

MAUI TE KA!

Maui starts doing a HAKA.

MAUI Ka tu te ihiihi / ka tu te wanawana / Ki runga I te rangi / e tu iho nei / tu iho nei hi!

Then, as Te Ka lifts a **mighty** fist to destroy Maui, a blinding light glows from the husk of Te Fiti... Moana holds the heart of Te Fiti above her head... it shines like a **beacon**... brighter and brighter.

Moana looks at Te Ka then to the ocean.

MOANA Let her come to me.

Owummmmmmmm... a deep chant rumbles. Samoan grunts and whispers echo. Moana steps toward the ocean... and it... **parts**... opening a channel all the way to Te Ka's barrier island. Giving Te Ka a straight shot on land to reach Moana. The ocean **ripple** and **froths**... as Moana steps into the cavern.

Seeing Moana approach, Te Ka races down the open channel toward Moana and the heart! Faster and faster! But Moana walks toward Te

테카가 마우이를 덮치려고 할 때 모아나는 뒤를 돌아본다. 마우이는 갈고리가 없어도 굽히지 않는다.

모아나는 실패했다. 어떤 해결책이 남아 있을까? 그러나 모아나는 기겁을 하며 허둥지둥하지 않고, 숨을 들이쉬며 자신을 달랜다. 그리고는 자신의 내면의 소리를 듣는다.

모아나는 테카가 마우이를 덮치려고 하는 것을 본다. 사방에 화산에서 나오는 번갯불이 화가 난 듯, 승리를 확신하는 듯 번쩍인다. 그때 모아나는 테카의 가슴에서 무언가를 본다. 용암으로 이루어진 나선형 물체로 빛이 나고 있다. 식은 용암이 그것을 가리고 있는 것이다. 모아나는 테피티가 있었던 움푹 패인 자리를 다시 돌아본다.

모아나는 자신의 손 안에 든 테피티의 심장을 내려다본다. 심장은 빛을 발하고 있다. 모아나는 바다를 바라본다. 자신이 무엇을 해야 하는지 알 것 같다.

마우이 테카!

마우이가 하카 춤을 춘다.

마우이 카 투 테 이히이히 / 카 투 테 와나와나 / 키 룬가 이 테 란기 / 에 투 이호 네이 / 투 이호 네이 히이!

테카가 마우이를 없애버리려고 엄청나게 큰 주먹을 들자, 테피티의 겉부분에서 눈부신 빛이 나온다. 모아나는 테피티의 심장을 머리 위로 든다. 심장에서는 마치 등대의 불빛 같은 빛이 나오는데 점점 밝아진다.

모아나는 테카를 보더니 다시 바다를 바라본다.

모아나 테카를 나에게 보내줘.

움움움움움움움움… 육중한 노랫소리가 우르릉거리는 듯하다. 사모아인들의 육중한 소리와 귓속말이 메아리친다. 모아나가 바다로 걸음을 옮긴다. 그러자 바다가 갈라지더니 테카의 보초도까지 길이 생긴다. 테카가 육상으로 곧장 모아나에게 올 수 있는 길을 열어준 것이다. 모아나가 바닷길로 들어서자 바다에는 물결이 일어 거품이 인다.

모아나가 다가오는 것을 보자 테카는 열린 바닷길로 모아나와 심장을 향해 달려간다. 속도가 더욱 더 빨라진다. 그러나 모아나는 테카를 향해 태연자약하게 걸어간다. 모아나는 이 미친 듯이

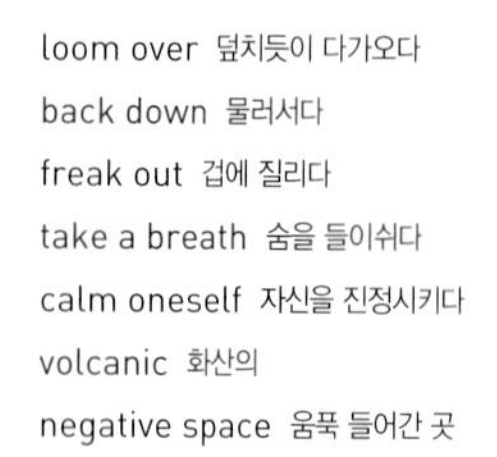

loom over 덮치듯이 다가오다
back down 물러서다
freak out 겁에 질리다
take a breath 숨을 들이쉬다
calm oneself 자신을 진정시키다
volcanic 화산의
negative space 움푹 들어간 곳
mighty 힘이 센
beacon (등대의) 불빛
part 갈라지다
ripple 물결
froth 거품

Ka... completely **at peace**. She looks right at this raging monster... and sings.

다가오는 괴물의 눈을 정면으로 쳐다보면서 노래를 부른다.

MOANA I HAVE CROSSED THE HORIZON TO FIND YOU... / I KNOW YOUR NAME / THEY HAVE STOLEN THE HEART FROM INSIDE YOU... / BUT THIS DOES NOT DEFINE YOU / **THIS IS NOT WHO YOU ARE**[1]

모아나 난 너를 찾으러 수평선을 건넜어… / 난 네 이름을 알아 / 네 내면에 있는 심장을 누군가가 훔쳤어… / 그러나 이런 게 바로 네 자신은 아니야 / 이런 게 바로 너는 아냐

Te Ka rises in front of Moana... and all of the sound goes away... except for the **a cappella** voice of Moana.

테카가 모아나 앞에서 몸을 일으킨다. 그러자 소리가 모두 사라지고, 무반주로 노래하는 모아나의 목소리만 들린다.

MOANA YOU KNOW WHO YOU ARE

모아나 넌 네 자신이 누군지 알아

Finally, Te Ka **comes to rest** in front of Moana. Moana **leans in** to give Te Ka a hongi.

마침내 테카가 모아나 앞에 선다. 모아나는 몸을 기울여 테카에게 홍기를 해준다.

MOANA (whispers) Who you truly are...

모아나 (속삭인다) 진짜 네가 누군지 알아

Te Ka **submits to** Moana's words, closing her eyes.

테카는 모아나의 노래에 고분고분해지며, 눈을 감는다.

As Te Ka softens, Moana reaches out and puts the heart of Te Fiti into the spiral on Te Ka's chest. As the heart **locks into place** in the middle of the spiral... a glow emanates from the spiral, radiating outward and... CRACK! CRACK! CRACK!

테카가 부드러워지자 모아나는 손을 뻗어 테카의 가슴에 있는 나선 형태에 테피티의 심장을 꽂는다. 심장이 나선형 형태의 중앙에 제대로 들어가자 나선형에서 빛이 사방으로 뿜어 나오면서 쿵쿵거리는 소리가 들린다.

at peace 평온한
a cappella 무반주로 노래하는
come to rest 멈춰 서다
lean in 몸을 앞으로 기울이다
submit to ~에게 굴복하다
lock into place 딱 들어맞다

[1] This is not who you are.
이런 게 네 진짜 모습은 아냐.
광포하게 날뛰는 테카의 본모습을 직관적으로 꿰뚫어본 모아나는 이런 게 네 진짜 모습은 아니라고 말해줍니다. 엄청난 자신과 용기가 없으면 할 수 없는 말이죠. 여러분도 누군가에게 이런 게 네 진짜 모습이 아니라고 말하고 싶으면 This is not who you are.라고 말해보세요.

Day 29

Time to Say Goodbye

작별의 시간

29.mp3

MOANA (awestruck) Te Fiti...

As Te Fiti rises and the water lifts Moana into the air. Maui watches in awe and... FLOOMP! He's grabbed by the water and sucked underneath, dragged by the ocean and... deposited next to Moana on the shores of TE FITI island... along with Heihei.

MAUI The chicken lives.

Moana sees that Maui has no hook.

모아나 (너무나 경이로워) 테피티…

테피티가 몸을 일으키자 바닷물이 모아나를 공중으로 들어올린다. 마우이가 너무 놀라서 바라보고 있는데, 풀썩! 바닷물이 마우이를 움켜쥐고는 물속으로 끌어들이더니 테피티 섬의 해변에 있는 모아나의 옆에 내려놓는다. 헤이헤이도 옆에 있다.

마우이 닭이 살아 있네.

마우이의 갈고리가 사라진 것이 모아나의 눈에 띈다.

바로 이 장면!*

MOANA I'm sorry about your hook...

MAUI Well, hook, no hook. (BIG SMILE) I'm Maui.

Then... **RUMBLE** RUMBLE! The ground starts to shake and Moana and Maui (not Heihei) are lifted off the ground. REVEAL the entire piece of land they are on (**10 feet in diameterish**) is actually being lifted by the hand of TE FITI, who brings them up to her chest level.

Moana **kneels** and **pulls** Maui **down to kneel** as well. Te Fiti nods a "thank you" to Moana. Moana nods back. Then Te Fiti looks over at Maui... who kind of gives an **embarrassed** shrug.

MAUI (**turning on his charm**) Te Fiti! Hey... how ya been...? (Te Fiti just stares) Look, what I did was... wrong... **I have no excuse...**❶ I'm sorry.

Te Fiti holds on him a beat... raises a fist and... opens it to reveal... MAUI'S HOOK – completely restored! Maui can't believe it... but he's

모아나 당신 갈고리가 사라져서 미안해요…

마우이 뭐, 갈고리가 있든, 없든 괜찮아. (활짝 웃는다) 난 그래도 마우이니까.

그러자, 쿵 쿵! 땅이 흔들리기 시작하더니 모아나와 마우이(헤이헤이는 제외하고)가 땅에서 들어 올려진다. 카메라가 조금 멀어지자, 사실은 모아나와 마우이가 발을 디디고 있던 지름 10피트 정도의 땅 전체를 테피티가 손으로 들어 올리고 있는 것을 알게 된다. 테피티는 둘을 자신의 가슴으로 가까이 가져온다.

모아나는 무릎을 꿇고는 마우이도 잡아당겨 무릎을 꿇게 한다. 테피티는 모아나에게 '고맙다'는 듯이 고개를 끄덕인다. 그러더니 테피티는 마우이를 쳐다본다. 마우이는 창피하다는 듯이 어깨를 으쓱거린다.

마우이 (자신의 매력을 한껏 발산하며) 테피티! 이봐, 잘 있었어? (테피티는 여전히 바라볼 뿐이다) 이봐, 내가 못된 짓을 했어… 변명은 하지 않을게… 미안해.

테피티는 잠시 마우이를 쳐다보더니 주먹을 올리고는, 펴서 보여준다. 완전히 수리된 마우이의

rumble 우르릉 거리는 소리는 나타내는 의성어
10 feet in diameterish 지름이 약 10피트
kneel 무릎을 꿇다
pull ~ down to kneel ~를 잡아당겨 무릎을 꿇리다
embarrassed 창피한
turn on one's charm 매력을 발산하다

❶ **I have no excuse.**
변명을 하지 않을게.
잘못하면 대개 변명을 해서 넘어가려고 하는데, 마우이는 쿨 하게 난 변명을 하지 않는다고 말하네요. 그때 사용한 표현이 I have no excuse.입니다.

learned his lesson.

갈고리가 들어 있다. 마우이는 눈을 믿을 수 없다. 그러면서도 한 가지 교훈을 배운다.

They both stand and stare at it.

둘 다 서서 갈고리를 응시한다.

MOANA You know... it'd be **rude** to refuse a gift from a goddess...

모아나 이봐요, 여신이 준 선물을 거절하는 것은 무례한 짓이에요.

Maui grins and picks it up.

마우이가 갈고리를 집어든다.

MAUI CHEE-HOOO—

마우이 치이후우…

Maui catches himself,

마우이가 입을 닫는다.

MAUI (SMALL, **REVERENT**) Thank you... your kind gesture is deeply appreciated. (SMALL) Cheehoo.

마우이 (작은 소리로, 경건하게) 고마워… 네 친절한 행동에 대해 깊이 감사하고 있어. (작은 소리로) 치이후우…

As **BUG** MAUI flies away, Te Fiti rolls her eyes, then lifts Moana closer and gives her a hongi. Te Fiti places Moana next to Maui on the shore and with a welcoming gesture, that says "the seas and the world are reopened" she fades into the island, which explodes with **blossoming** flowers, a murmuration of flower **petals** fill the air, **swirling** on the shore... revealing... MOANA'S BOAT (and oar), fully restored, covered in flowers.

벌레가 된 마우이가 날아간다. 테피티는 눈을 굴리더니 모아나를 더 가까이 들어올려 홍기를 한다. 테피티는 해변에 있는 마우이 곁에 모아나를 놓고는 환영한다는 몸짓을 한다. 이것은 '바다와 세상은 다시 열렸다'는 의미다. 그러더니 테피티는 섬으로 사라진다. 섬이 폭발하더니 꽃들이 만개한다. 꽃잎들의 사각거리는 소리가 하늘을 뒤덮더니 꽃잎들이 해변에서 소용돌이친다. 모아나의 배와 노가 보인다. 완전히 수리되어 꽃에 덮여 있다.

JUMP CUT FORWARD: Maui puts some food on the boat, and Heihei tries to eat it, but falls into the cargo hold.

장면이 급하게 변한다. 마우이가 식량을 배에 싣고 있다. 헤이헤이가 그것을 먹으려고 하지만 짐칸에 떨어지고 만다.

MAUI **I'm gonna miss you,**[1] Drumstick.

마우이 네가 보고 싶을 거야. 이 닭다리야.

Maui looks to Moana... it's almost time to say goodbye. Moana can feel it... she looks to the ocean.

마우이가 모아나를 바라본다. 이제는 작별할 시간이 거의 다됐다. 모아나도 그것을 느끼고 있다. 모아나는 바다를 바라본다.

MOANA You could come with us you know. My people are going to need a master wayfinder.

모아나 있잖아요, 당신도 우리와 함께 가도 돼요. 우리 마을 사람들에게는 능숙한 항해사가 필요하거든요.

MAUI They already have one.

마우이 네 마을 사람들에게는 항해사가 이미 한 명 있어.

learn one's lesson 교훈을 배우다
rude 무례한
reverent 존경스러운
bug 벌레
blossom 꽃이 활짝 피다
petal 꽃잎
swirl 빙빙 돌다, 소용돌이치다

[1] **I'm gonna miss you.**
네가 보고 싶을 거야.
누군가와 헤어질 때 이런 말을 하면 모두 좋아합니다. 마우이도 멍청한 것 같지만 결정적인 시기에 큰 도움을 준 헤이헤이에게 I'm gonna miss you.라고 하네요.

Maui smiles as... a NEW TATTOO appears over his heart... it's Moana, a proud wayfinder. Mini-Maui smiles at Moana, then lifts the tattoo sky, and settles into place. Moana leaps, pulling in Maui for a big **hug**. He smiles and swings his hook mightily, charging up mana. Maui looks at Moana, smiling.

문신이 또 하나 가슴에 나타나자 마우이가 미소를 짓는다. 자랑스러운 항해사, 모아나다. 미니 마우이가 모아나에게 미소를 짓고는 그 문신을 공중으로 들어올려 제자리를 잡게 한다. 모아나는 뛰어올라 마우이를 당겨서 푹 끌어안는다. 마우이는 미소를 짓더니 갈고리를 힘차게 흔들며 우주의 힘을 충전한다. 마우이는 모아나를 보면서 미소를 짓는다.

MOANA See you out there, Maui.

모아나 다시 저 밖에서 봐요, 마우이.

MAUI See you out there, Moana.

마우이 다시 저 밖에서 보자, 모아나.

Then SCREEAW! Maui turns into a hawk and with a last look, **swoops off**. Moana **hoists** her sails, looking back as the island blossoms with life, then turns forward, lowering her oar into the water and heads to sea.

그러자 꽥! 마우이가 매로 변신하더니 마지막으로 다시 한 번 보고는 훌쩍 날아간다. 모아나는 돛을 올리고는, 생명이 만개한 섬을 둘러본 다음, 앞으로 몸을 돌리고는, 노를 바닷물 속에 넣고 바다로 향한다.

hug 포옹
swoop off 휙 날아가버리다
hoist 높이다

Day 30

Leading to Worlds Unknown

미지의 세계로

30.mp3

EXT. MOTUNUI - DAY

BLACK and DYING PLANTS suddenly **come to life**... we push through them as an explosion of green encircles... Sina and Tui who look at the **foliage**, **stunned**.

Sina looks at the flowering plants... a sense of what this means... and races for the shore. Tui stands, watching her go... and drops his supplies as he races too... he clears frame, revealing... a **spot** on the horizon... a **sail boat**.

실외. 모투누이 – 낮

까맣게 죽어가던 식물들이 갑자기 생기를 띤다. 녹색이 활기를 띠며 폭발하듯이 주위를 꽉 채우는 곳을 뚫고 카메라가 지나간다. 시나와 투이가 잎사귀를 보며 놀라고 있다.

시나가 꽃이 피는 식물들을 보고 있다. 이것이 무엇을 의미하는지 생각하다가 시나는 해변으로 뛰어간다. 투이는 시나가 뛰어가는 것을 서서 바라보다, 물품을 떨어뜨리고는 자신도 뛰어간다. 투이가 화면을 떠으니 수평선에 점이 하나 보인다. 돛이 달린 배다.

EXT. OPEN OCEAN - FLYING FAST

Over the ocean's **whitecaps** past the speeding **prow** of Moana's canoe. The wind whistles through her sails as she races toward the waterfalls and green peaks of Motunui.

Moana jumps over the reef, reaching the shore as Sina races, grabbing Moana in her arms.

실외. 대양 – 날개를 단 듯이 달리며

대양의 흰물결을 헤치며 모아나가 탄 카누의 뱃머리가 쏜살같이 달린다. 모아나가 모투누이의 폭포와 녹색 봉우리를 향해 달리자 바람이 돛을 가르는 소리가 휙휙 들린다.

모아나는 산호초를 훌쩍 뛰어넘어 해변에 도착한다. 시나가 달려들어 모아나를 품에 안는다.

바로 이장면!*

SINA MOANA!

Behind her, Tui runs up, hugging Moana too. His **regrets**... his **pride**... brimming to the surface. Moana **wipes a tear from Tui's cheek** as villagers race down to join them...

MOANA (small, **playful**) I may have gone a little ways past the reef...

시나 모아나!

시나의 뒤에 투이가 달려와 역시 모아나를 껴안는다. 투이는 후회하는 마음과 딸이 자랑스러운 감정이 혼합돼 감정이 격해진다. 모아나는 투이의 뺨에 흐르는 눈물을 닦아준다. 마을 사람들도 뛰어와 합류한다.

모아나 (작은 소리, 장난스럽게) 산호초를 지나 조금 멀리 갔는지도 몰라요.

come to life 생기를 띠다, 살아나다
foliage 나뭇잎, 초목
stunned 어안이 벙벙한
spot 점
sail boat 돛단배
whitecap 흰물결
prow 이물, 뱃머리
regret 후회
pride 자존심
wipe a tear from someone's cheek ~의 뺨에 묻은 눈물을 닦아주다
playful 장난스러운

TUI It **suits** you.

Tui smiles and looks at her boat. Pua **rushes in, jumping into Moana's arms**.

MOANA Pua!

- The whole village pulls the huge, double-hulled ocean-voyaging canoe out of the cave.

- As Moana smiles at the **accomplishment**... the ocean spirals at her feet, depositing... a **CONCH SHELL**. Her conch shell.

Music swells dramatically as off Moana's determined look...

- We cut to the pile of stones on the top of the highest peak of Motunui... and crane up to the top... to find... MOANA'S CONCH SHELL. A SAMOAN call echoes and drums build...

The MUSIC of "WE KNOW THE WAY" starts to build as we fly over the shell, over Motunui, where villagers stand at the water's edge, cheering an **armada** of **departing** canoes.

- We race across the ocean and Buh-buh-BOOM! An ARMADA OF HUGE OCEAN VOYAGING CANOES sails OVER US. One, two, ten, twenty!

- As a wave crashes and wipes frame, we find the TAPA SAIL of the voyaging ships that we last saw in the cave of the ancestors, only now it **flaps** in the strong ocean winds!

Pull back as MOANA enters frame, smiling at the sail, leading the boat, carrying on her ancestors' **legacy**, the wild wind blows through her wild hair. She's back **in her element**, happy, sailing on the sea. OVER THAT:

CHOIR AWAY AWAY! WE SET A COURSE TO FIND / A **BRAND-NEW** ISLAND EVERYWHERE WE ROAM!

투이 그게 너답다.

투이가 미소를 지으며 모아나의 배를 바라본다. 푸아가 달려와 모아나의 팔에 안긴다.

모아나 푸아!

– 마을 사람들이 모두 거대한 이중 선체인 대양 항해용 카누를 동굴에서 꺼낸다.

– 모아나는 자신이 이루어낸 일들을 바라보며 미소를 짓는다. 바다가 모아나의 발밑에서 소용돌이치며 소라고둥을 놓아둔다. 모아나의 소라고둥이다.

카메라에서 모아나의 결의에 찬 모습이 사라지자 음악이 극적으로 울려 퍼진다.

– 모투누이의 가장 높은 봉우리에 돌이 쌓여 있는 곳으로 카메라가 이동하더니 높이 올라가 정상 부분을 비춘다. 모아나의 소라고둥이 거기 있다. 사모아인들이 외치는 소리와 북소리가 메아리친다.

We Know the Way 음악이 점점 크게 들리자 카메라는 소라고둥을 너머, 마을 사람들이 해변에 서서 떠나는 카누 함대에게 환호성을 보내고 있는 모투누이를 너머, 계속해서 비추고 있다.

– 카메라는 대양을 건너고 있다. 부부붐! 거대한 대양 항해용 카누 함대가 카메라를 향해 항해하고 있다. 하나, 둘, 열, 스무 척이다!

– 파도가 쳐서 화면을 닦자, 항해 선박의 타파 천 돛이 보인다. 조상들의 동굴에서 마지막으로 봤던 그 타파 천이다. 그런데 그것이 이제는 강하게 부는 대양의 바람에 펄럭이고 있다!

카메라가 멀어지자 모아나가 화면으로 들어오는 것이 보인다. 모아나는 돛에서 미소를 짓고 있다. 조상들의 전설을 이어받아 배를 이끌고 있는 것이다. 바람이 거세게 불자 모아나의 머리카락이 휘날린다. 모아나는 자신의 천성을 되찾아 즐겁게 바다에서 항해하고 있다. 이 장면에 겹쳐 노랫소리가 들린다.

합창 멀리 멀리! 우리는 코스를 정했어 / 우리가 가는 곳마다 새로운 섬을 찾으려고!

suit ~에 어울리다
rush in 뛰어들다
jump into someone's arms 뛰어들어 ~의 팔에 안기다
accomplishment 성취
conch shell 소라고둥
armada 함대
depart 떠나다
flap 펄럭이다
legacy 전설
in one's element 천성대로
brand-new 아주 새로운

The wind changes, so Moana jumps down to adjust the huge **rudder**, held by Tui. He gives her an proud smile. Then, to Sina **nearby**, she and Moana **expertly tie knots in unison**. OVER THAT:

바람이 바뀌자 모아나는 엄청나게 큰 키를 조종하려고 뛰어내린다. 그 키는 투이가 잡고 있다. 투이는 딸에게 자랑스러운 미소를 짓는다. 그리고는 옆에 있는 시나에게도 미소를 짓는다. 모녀는 같이 능숙하게 매듭을 묶는다. 이 장면에 겹쳐 노랫소리가 들린다.

CHOIR AWAY AWAY! WE KEEP OUR ISLAND IN OUR MIND / AND WHEN IT'S TIME TO FIND HOME / WE KNOW THE WAY!

합창 멀리 멀리! 우리는 우리 섬도 잊지 않아요 / 집으로 돌아가야 하는 때가 되면 / 우리는 그 길을 잘 알고 있죠!

Moana swings on a rope to the front of the boat and feels the **current** with her hand. As she does, a MANTA RAY races from the depths to greet her: GRAMMA TALA'S **SPIRIT**. OVER THAT:

모아나는 밧줄을 잡고 뱃머리로 날아가서는 손으로 해류의 상태를 점검한다. 그때 가오리가 깊숙한 바다 속에서 나와 모아나를 맞이한다. 탈라 할머니의 영혼이다. 이 장면에 겹쳐 노랫소리가 들려온다.

CHOIR AWAY AWAY! WE ARE EXPLORERS READING EVERY SIGN / WE TELL THE STORIES OF OUR ELDERS IN A NEVER-ENDING CHAIN / AWAY AWAY

합창 멀리 멀리! 우리는 징조는 모두 읽을 수 있는 탐험가들이라네 / 우리는 끊임없이 우리 조상들의 이야기를 들려주지 / 멀리 멀리

Moana climbs to the top of the mast and looks back at the fleet of OCEAN CANOES: her people voyaging once again. SCRAW!
a HUGE HAWK, Maui, rockets past/circling Moana on her **perch**, then rockets off across the water in front of her.

모아나는 돛의 꼭대기에 올라가서 해양을 항해하는 카누 선단을 돌아본다. 모아나의 마을 사람들은 다시 항해를 하는 것이다. 꽥!
거대한 매로 변신한 마우이다. 마우이는 쏜살같이 모아나를 지나치더니 돛의 꼭대기에 앉은 모아나 주위를 뱅뱅 돈다. 그러더니 바닷물을 스치며 앞으로 날아간다.

ANCESTOR CHOIR TE FENUA TE MALIE / NAE KO HAKILIA

조상들의 합창 테 페누아 테 말리에 / 나에 코 하킬리아

CHOIR WE KNOW THE WAY!

합창 우리는 길을 알고 있다네!

Moana jumps back down to the **deck**, joining her people. She is the next great voyager, leading her people to **worlds unknown**, beyond the line where the sky meets the sea. As they **crest a wave** and voyage on... **we push in on** her face. She is a wayfinder. She is the future of her people. She is Moana.

모아나는 다시 갑판 위로 뛰어내려 마을 사람들과 합류한다. 모아나는 위대한 항해자의 지위를 이어갈 사람이다. 마을 사람들을 하늘과 바다가 만나는 수평서 너머 미지의 세계로 이끌어갈 사람이다. 배가 파도 꼭대기를 너머 계속 항해를 하자 모아나의 얼굴이 클로즈업된다. 모아나는 길을 찾는 항해자다. 마을 사람들의 미래다. 바로 모아나다.

THE END.

끝

rudder 방향타
nearby 곁에 있는
expertly 능숙하게
tie knots 매듭을 묶다
in unison 협심하여
current 해류
spirit 영혼
perch 돛의 꼭대기에 앉는 자리

deck 갑판
worlds unknown 미지의 세계들
crest a wave 파도의 꼭대기에 올라서다
we push in on 카메라가 가까이 다가가 ~의 모습을 클로즈업하다

Disney
모아나

30장면으로 끝내는

스크린 영어회화 – 겨울왕국

구성

- 전체 대본
- 훈련용 워크북
- mp3 CD

강윤혜 해설 | 332면 | 18,000원

국내 유일! 〈겨울왕국〉 전체 대본 수록!

국내 최초! 애니메이션 천만 관객 돌파!
〈겨울왕국〉의 30장면만 익히면 영어 왕초보도 영화 주인공처럼 말할 수 있다!

난이도	첫걸음 | 초급 중급 | 고급	기간	30일
대상	영화 대본으로 재미있게 영어를 배우고 싶은 독자	목표	30일 안에 영화 주인공처럼 말하기

30장면으로 끝내는

스크린 영어회화

DISNEY

모아나

해설 **강윤혜**

이 책의 학습법

이 책은 스크립트북과 워크북, 전 2권으로 구성되어 있습니다. 이 책은 워크북으로 전체 대본에서 뽑은 30장면을 집중 훈련할 수 있습니다.

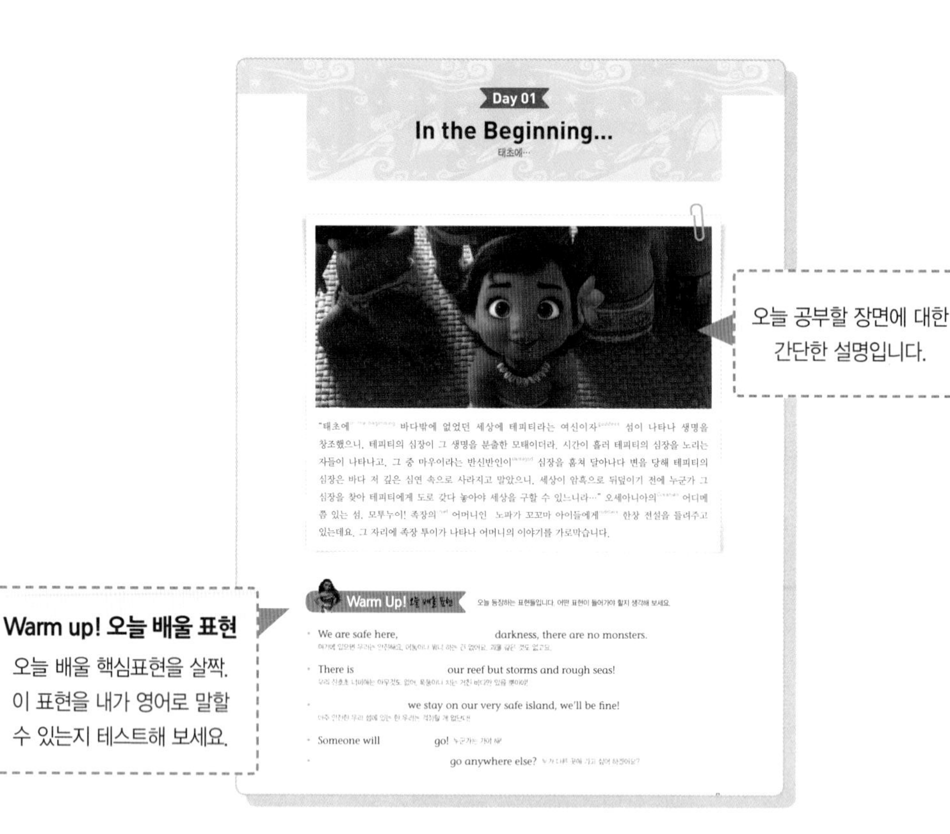

Day 01

In the Beginning...

태초에…

"태초에 바다밖에 없었던 세상에 테피티라는 여신이자 섬이 나타나 생명을 창조했으니, 테피티의 심장이 그 생명을 분출한 모태이더라. 시간이 흘러 테피티의 심장을 노리는 자들이 나타나고, 그 중 마우이라는 반신반인이 심장을 훔쳐 달아나다 변을 당해 테피티의 심장은 바다 저 깊은 심연 속으로 사라지고 말았으니, 세상이 암흑으로 뒤덮이기 전에 누군가 그 심장을 찾아 테피티에게 도로 갖다 놓아야 세상을 구할 수 있느니라…" 오세아니아의 어디메쯤 있는 섬, 모투누이! 족장의 어머니인 노파가 꼬꼬마 아이들에게 한창 전설을 들려주고 있는데요, 그 자리에 족장 투이가 나타나 어머니의 이야기를 가로막습니다.

Warm Up! 오늘 배울 표현 오늘 등장하는 표현들입니다. 어떤 표현이 들어가야 할지 생각해 보세요.

- We are safe here, darkness, there are no monsters.
- There is our reef but storms and rough seas!
- we stay on our very safe island, we'll be fine!
- Someone will go!
- go anywhere else?

오늘 공부할 장면에 대한 간단한 설명입니다.

Warm up! 오늘 배울 표현
오늘 배울 핵심표현을 살짝. 이 표현을 내가 영어로 말할 수 있는지 테스트해 보세요.

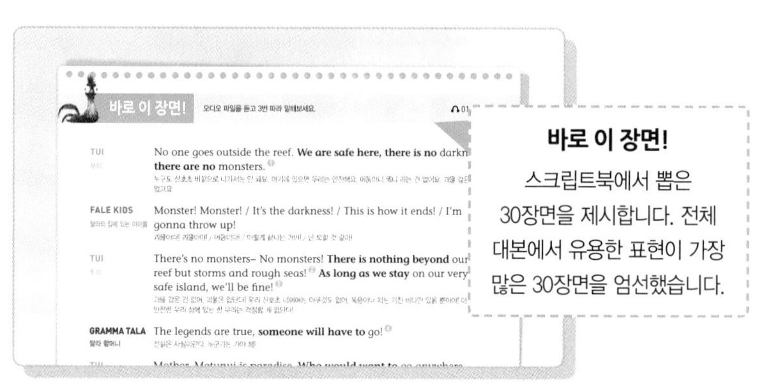

바로 이 장면! 오디오 파일을 듣고 3번 따라 말해보세요.

TUI: No one goes outside the reef. **We are safe here, there is no** darkn… **there are no** monsters.

FALE KIDS: Monster! Monster! / It's the darkness! / This is how it ends! / I'm gonna throw up!

TUI: There's no monsters– No monsters! **There is nothing beyond** our reef but storms and rough seas! **As long as we stay** on our very safe island, we'll be fine!

GRAMMA TALA: The legends are true, **someone will have to** go!

바로 이 장면!
스크립트북에서 뽑은 30장면을 제시합니다. 전체 대본에서 유용한 표현이 가장 많은 30장면을 엄선했습니다.

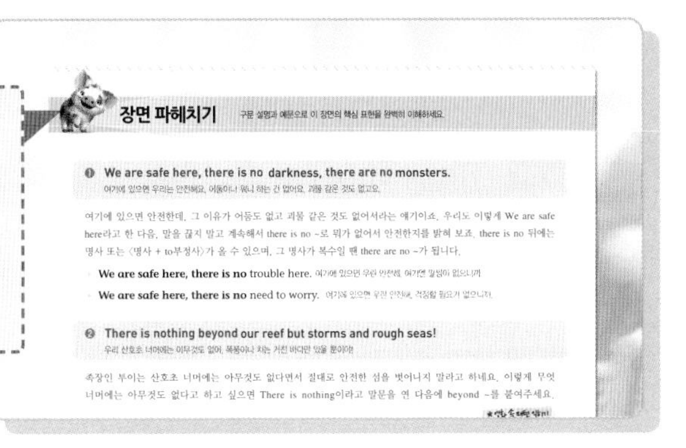

장면 파헤치기 구문 설명과 예문으로 이 장면의 핵심 표현을 완벽히 이해하세요.

❶ We are safe here, there is no darkness, there are no monsters.
여기에 있으면 우리는 안전해요, 어둠이니 뭐니 하는 건 없어요, 괴물 같은 것도 없고요.

여기에 있으면 안전한데, 그 이유가 어둠도 없고 괴물 같은 것도 없어서라는 얘기이죠. 우리도 이렇게 We are safe here라고 한 다음, 말을 끊지 말고 계속해서 there is no ~로 뭐가 없어서 안전한지를 밝혀 보죠. there is no 뒤에는 명사 또는 (명사 + to부정사)가 올 수 있으며, 그 명사가 복수일 땐 there are no ~가 됩니다.

- We are safe here, there is no trouble here. 여기에 있으면 우린 안전해, 여기엔 말썽이 없으니까.
- We are safe here, there is no need to worry. 여기에 있으면 우린 안전해, 걱정할 필요가 없으니까.

❷ There is nothing beyond our reef but storms and rough seas!
우리 산호초 너머에는 아무것도 없어, 폭풍이나 치는 거친 바다만 있을 뿐이야!

족장인 투이는 산호초 너머에는 아무것도 없다면서 절대로 안전한 섬을 벗어나지 말라고 하네요. 이렇게 무엇 너머에는 아무것도 없다고 하고 싶으면 There is nothing이라고 말문을 연 다음에 beyond ~를 붙여주세요.

장면 파헤치기

'바로 이 장면!'에서 뽑은 핵심 표현들을 친절한 설명과 유용한 예문을 통해 깊이 있게 알아봅니다.

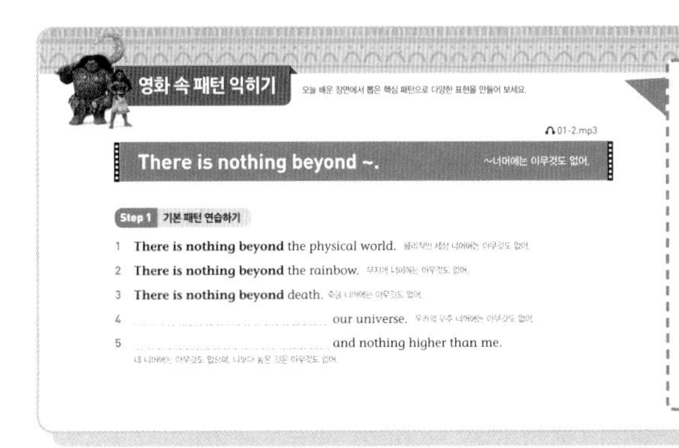

영화 속 패턴 익히기 오늘 배운 장면에서 뽑은 핵심 패턴으로 다양한 표현을 만들어 보세요.

01-2.mp3

There is nothing beyond ~. ~너머에는 아무것도 없어.

Step 1 기본 패턴 연습하기

1. There is nothing beyond the physical world. 물리적인 세상 너머에는 아무것도 없어.
2. There is nothing beyond the rainbow. 무지개 너머에는 아무것도 없어.
3. There is nothing beyond death. 죽음 너머에는 아무것도 없어.
4. .... our universe. 우리의 우주 너머에는 아무것도 없어.
5. .... and nothing higher than me. 내 너머에는 아무것도 없으며, 나보다 높은 것도 아무것도 없어.

영화 속 패턴 익히기

영화에 나오는 패턴을 활용하여 다양한 표현을 만들 수 있습니다. Step1에서 기본 패턴을 익히고, Step2에서 패턴을 응용하고, Step3에서 실생활 대화에서 패턴을 적용하는 훈련을 합니다.

확인학습 문제를 풀며 오늘 배운 표현을 완벽히 내 것으로 만드세요.

A | 영화 속 대화를 완성해 보세요.

TUI No one goes outside the ❶ .... We are safe here, ❷ .... darkness, ❸ .... monsters– 누구도 산호초 바깥으로 나가서는 안 돼요. 여기에 있으면 우리는 안전해요 어둠이니 뭐니 하는 건 없어요, 괴물 같은 것도 없고요.

FALE KIDS Monster! Monster! / It's the darkness! / This is ❹ .... it ends! / I'm gonna ❺ .... !

TUI There's no monsters– No monsters! There is ❻ .... our reef ❼ .... storms and rough seas! ❽ .... on our very safe island, we'll be fine!

GRAMMA TALA The legends are true, ❾ .... go!

TUI Mother, Motunui is paradise. ❿ ....

정답 A
❶ reef
❷ there is no
❸ there are no
❹ how
❺ throw up
❻ nothing beyond
❼ but
❽ As long as we stay
❾ someone will have to

확인학습

오늘 배운 표현과 패턴을 확인해 보는 코너입니다. 문제를 풀며 표현들을 완벽히 내 것으로 만드세요.

차례

Contents

Disney

모아나

Day 01

In the Beginning...

태초에…

"태초에[in the beginning] 바다밖에 없었던 세상에 테피티라는 여신이자[goddess] 섬이 나타나 생명을 창조했으니, 테피티의 심장이 그 생명을 분출한 모태이더라. 시간이 흘러 테피티의 심장을 노리는 자들이 나타나고, 그 중 마우이라는 반신반인이[demigod] 심장을 훔쳐 달아나다 변을 당해 테피티의 심장은 바다 저 깊은 심연 속으로 사라지고 말았으니, 세상이 암흑으로 뒤덮이기 전에 누군가 그 심장을 찾아 테피티에게 도로 갖다 놓아야 세상을 구할 수 있느니라…" 오세아니아의[Oceanian] 어디메쯤 있는 섬, 모투누이! 족장의[chief] 어머니인 노파가 꼬꼬마 아이들에게[toddlers] 한창 전설을 들려주고 있는데요. 그 자리에 족장 투이가 나타나 어머니의 이야기를 가로막습니다.

오늘 등장하는 표현들입니다. 어떤 표현이 들어가야 할지 생각해 보세요.

* We are safe here, ______ darkness, there are no monsters.
  여기에 있으면 우리는 안전해요. 어둠이니 뭐니 하는 건 없어요. 괴물 같은 것도 없고요.
* There is ______ our reef but storms and rough seas!
  우리 산호초 너머에는 아무것도 없어, 폭풍이나 치는 거친 바다만 있을 뿐이야!
* ______ we stay on our very safe island, we'll be fine!
  아주 안전한 우리 섬에 있는 한 우리는 걱정할 게 없단다!
* Someone will ______ go! 누군가는 가야 해!
* ______ go anywhere else? 누가 다른 곳에 가고 싶어 하겠어요?

바로 이 장면!

오디오 파일을 듣고 3번 따라 말해보세요.

01-1.mp3

TUI
투이

No one goes outside the reef. **We are safe here, there is no** darkness, **there are no** monsters. ①

누구도 산호초 바깥으로 나가서는 안 돼요. 여기에 있으면 우리는 안전해요. 어둠이니 뭐니 하는 건 없어요. 괴물 같은 것도 없고요.

FALE KIDS
탈라의 집에 있는 아이들

Monster! Monster! / It's the darkness! / This is how it ends! / I'm gonna throw up!

괴물이다! 괴물이야! / 어둠이다! / 이렇게 끝나는 거야! / 난 토할 것 같아!

TUI
투이

There's no monsters– No monsters! **There is nothing beyond** our reef but storms and rough seas! ② **As long as we stay** on our very safe island, we'll be fine! ③

괴물 같은 건 없어, 괴물은 없단다! 우리 산호초 너머에는 아무것도 없어, 폭풍이나 치는 거친 바다만 있을 뿐이야! 아주 안전한 우리 섬에 있는 한 우리는 걱정할 게 없단다!

GRAMMA TALA
탈라 할머니

The legends are true, **someone will have to** go! ④

전설은 사실이란다. 누군가는 가야 해!

TUI
투이

Mother, Motunui is paradise. **Who would want to** go anywhere else? ⑤

어머니, 모투누이는 낙원이에요. 누가 다른 곳에 가고 싶어 하겠어요?

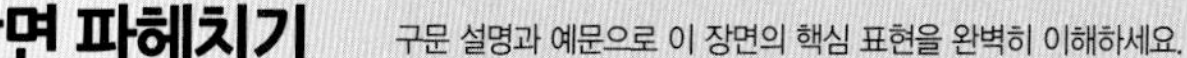

장면 파헤치기

구문 설명과 예문으로 이 장면의 핵심 표현을 완벽히 이해하세요.

❶ We are safe here, there is no darkness, there are no monsters.
여기에 있으면 우리는 안전해요. 어둠이니 뭐니 하는 건 없어요. 괴물 같은 것도 없고요.

여기에 있으면 안전한데, 그 이유가 어둠도 없고 괴물 같은 것도 없어서라는 얘기이죠. 우리도 이렇게 We are safe here라고 한 다음, 말을 끊지 말고 계속해서 there is no ~로 뭐가 없어서 안전한지를 밝혀 보죠. there is no 뒤에는 명사 또는 〈명사 + to부정사〉가 올 수 있으며, 그 명사가 복수일 땐 there are no ~가 됩니다.

* **We are safe here, there is no** trouble here. 여기에 있으면 우린 안전해, 여기엔 말썽이 없으니까.
* **We are safe here, there is no** need to worry. 여기에 있으면 우린 안전해, 걱정할 필요가 없으니까.

❷ There is nothing beyond our reef but storms and rough seas!
우리 산호초 너머에는 아무것도 없어, 폭풍이나 치는 거친 바다만 있을 뿐이야!

족장인 투이는 산호초 너머에는 아무것도 없다면서 절대로 안전한 섬을 벗어나지 말라고 하네요. 이렇게 무엇 너머에는 아무것도 없다고 하고 싶으면 There is nothing이라고 말문을 연 다음에 beyond ~를 붙여주세요.

★영화 속 패턴 익히기

❸ As long as we stay on our very safe island, we'll be fine!
아주 안전한 우리 섬에 있는 한 우리는 걱정할 게 없단다!

족장인 투이는 쓸데없는 짓거리는 일체 하지 말고 가만히 자리만 지키면서 주는 월급이나 받자는 복지부동(伏地不動)의 화신까지는 아니더라도, 일종의 보수적인 인물이죠. 이런 사람은 '우리가 ~에 있는 한'이란 의미인 As long as we stay ~란 표현을 애용합니다. As long as(~하는 한) 뒤에는 다른 문장도 넣어서 연습해 보세요.

★영화 속 패턴 익히기

❹ Someone will have to go! 누군가는 가야 해!

남들이 보기에 머리가 약간 돈 것 같은 탈라 할머니는 손녀인 모아나를 앉혀 놓고는 누군가는 테피티의 심장을 찾으러 이 섬을 떠나야 한다고 말하는군요. '누군가는 무엇을 해야 한다'고 말할 때 〈Someone will have to + 동사원형〉을 애용해 보세요.

* **Someone will have to** make the first move. 누군가가 먼저 행동을 취해야 해.
* I guess **someone will have to** do something about it. 난 누군가가 이것에 대해서 무언가는 해야 된다고 생각해.

❺ Who would want to go anywhere else? 누가 다른 곳에 가고 싶어 하겠어요?

누군가는 이 섬을 떠나야 된다는 어머니에게 족장인 투이는 여기는 낙원인데, 누가 떠나고 싶겠냐면서, 〈Who would want to + 동사원형?〉의 패턴을 사용하고 있습니다. 이 패턴은 의미상 '가정'을 나타내기 때문에 가정법에서 쓰이는 would가 쓰인 것이며, 결국 그러고 싶은 사람은 없다는 의미의 역설적인 표현인 거죠.

* **Who would want to** live in a dump like this? 누가 이런 쓰레기장 같은 곳에서 살고 싶겠어요?
* **Who would want to** eat something that they're not familiar with?
누가 잘 모르는 것을 먹고 싶어 하겠는가?

영화 속 패턴 익히기

오늘 배운 장면에서 뽑은 핵심 패턴으로 다양한 표현을 만들어 보세요.

01-2.mp3

There is nothing beyond ~. ~너머에는 아무것도 없어.

Step 1 기본 패턴 연습하기

1 **There is nothing beyond** the physical world. 물리적인 세상 너머에는 아무것도 없어.

2 **There is nothing beyond** the rainbow. 무지개 너머에는 아무것도 없어.

3 **There is nothing beyond** death. 죽음 너머에는 아무것도 없어.

4 ------------------------ our universe. 우리의 우주 너머에는 아무것도 없어.

5 ------------------------ and nothing higher than me.
내 너머에는 아무것도 없으며, 나보다 높은 것은 아무것도 없어.

Step 2 패턴 응용하기 There is something beyond ~

1 **There is something beyond** the natural, physical world.
자연적이며 물리적인 세계 너머에도 무언가가 있어.

2 **There is something beyond** reason. 이성 너머에도 무언가가 있어.

3 **There is something beyond** human understanding.
인간의 이해를 너머서는 무언가가 있어.

4 ------------------------ death. 죽음 너머에도 무언가가 있어.

5 ------------------------ something deeper, richer, more lasting.
행복 너머에 무언가가 있다. 더 깊고, 더 풍부하고, 보다 영속적인 무언가가.

Step 3 실생활에 적용하기

A 돈 너머에도 무언가가 있다고 생각해.
B Oh really? What's that?
A I'm not sure, but it's absolutely sure that money isn't everything.

A I think there is something beyond money.
B 아, 정말? 그게 뭔데?
A 나도 잘 모르지만, 돈이 전부가 아닌 건 확실해.

정답 Step 1 4 There is nothing beyond 5 There is nothing beyond me Step 2 4 There is something beyond 5 There is something beyond happiness

01-3.mp3

As long as we stay ~ 우리가 ~ (계속) 있는 한

Step 1 기본 패턴 연습하기

1 **As long as we stay** together, we will be alright. 우리가 같이 있는 한 우리는 괜찮을 거야.

2 **As long as we stay** in these conditions, they will control us.
우리가 이런 상태에 계속 있는 한, 그자들이 우리를 조종할 거야.

3 **As long as we stay** alive, we can live the life we love.
살아 있는 한 우리는 자신이 사랑하는 삶을 살아갈 수 있어.

4 ________________ away from suspicious areas, we will have a great time in this country! 좀 의심스러운 지역만 피한다면 우리는 이 나라에서 즐겁게 지낼 수 있어!

5 We have a chance to get there ________________.
우리가 건강을 유지하는 한, 거기에 갈 수 있는 기회가 있어.

Step 2 패턴 응용하기 As long as S + V ~

1 **As long as** you practice every day, your pronunciation will get better.
매일 연습한다면 발음이 좋아질 거야.

2 **As long as** you love me, I don't care who you are. 네가 날 사랑하기만 한다면 네가 누구인지는 상관없어.

3 **As long as** I'm running, everything's fine. 난 뛰고 있기만 하면 모든 게 괜찮아요.

4 We'll be alright, ________________ we keep quiet. 조용히 있으면 우린 괜찮을 거야.

5 It doesn't matter how slowly you go, ________________ stop.
멈추지만 않으면 아무리 천천히 해도 상관없어.

Step 3 실생활에 적용하기

A Our future is dismal unless a miracle occurs.
B Oh, come on! 살아 있는 한 우리는 자신이 사랑하는 삶을 살아갈 수 있어.
A Oh, you're a hopeless optimist!

A 기적이 일어나지 않는 한 우리의 미래는 음울해.
B 이런, 그런 소리 좀 하지 마. As long as we stay alive, we can live the life we love.
A 와, 넌 구제불능인 낙천주의자구나!

정답 Step 1 4 As long as we stay 5 as long as we stay healthy Step 2 4 as long as 5 as long as you don't

확인학습

문제를 풀며 오늘 배운 표현을 완벽히 내 것으로 만드세요.

A | 영화 속 대화를 완성해 보세요.

TUI No one goes outside the ❶ __________. We are safe here, ❷ __________ darkness, ❸ __________ monsters– 누구도 산호초 바깥으로 나가서는 안 돼요. 여기에 있으면 우리는 안전해요. 어둠이니 뭐니 하는 건 없어요. 괴물 같은 것도 없고요.

FALE KIDS Monster! Monster! / It's the darkness! / This is ❹ __________ it ends! / I'm gonna ❺ __________ !
괴물이다! 괴물이야! / 어둠이다! / 이렇게 끝나는 거야! / 난 토할 것 같아!

TUI There's no monsters– No monsters! There is ❻ __________ our reef ❼ __________ storms and rough seas! ❽ __________ on our very safe island, we'll be fine! 괴물 같은 건 없어. 괴물은 없단다! 우리 산호초 너머에는 아무것도 없어. 폭풍이나 치는 거친 바다만 있을 뿐이야! 아주 안전한 우리 섬에 있는 한 우리는 걱정할 게 없단다!

GRAMMA TALA The legends are true, ❾ __________ go!
전설은 사실이란다. 누군가는 가야 해!

TUI Mother, Motunui is paradise. ❿ __________ go anywhere else?
어머니, 모투누이는 낙원이에요. 누가 다른 곳에 가고 싶어 하겠어요?

B | 다음 빈칸을 채워 문장을 완성해 보세요.

1 인간의 이해를 너머서는 무언가가 있어.
__________ human understanding.

2 우리가 같이 있는 한 우리는 괜찮을 거야.
__________, we will be alright.

3 매일 연습한다면 발음이 좋아질 거야.
__________, your pronunciation will get better.

4 네가 날 사랑하기만 한다면 네가 누구인지는 상관없어.
__________, I don't care who you are.

5 죽음 너머에는 아무것도 없어.
____

정답 A

❶ reef
❷ there is no
❸ there are no
❹ how
❺ throw up
❻ nothing beyond
❼ but
❽ As long as we stay
❾ someone will have to
❿ Who would want to

정답 B

1 There is something beyond
2 As long as we stay together
3 As long as you practice every day
4 As long as you love me
5 There is nothing beyond death.

Day 02

Heart of Te Fiti

테피티의 심장

괴물이 나타났다며 한바탕 소동이 벌어진 틈을 타 어린 모아나는 할머니의 집fale을 슬쩍 빠져나옵니다.slip out 마치 바다에 이끌리듯 아장아장 해변으로 걸어간toddle 모아나! 반짝이는 소라고둥에conch shell 관심을 갖다가 바다로 돌아가던 길이 가로막힌 아기 거북이도turtle 도와주죠. 어느새 모아나는 마치 대화라도 나누는 듯 바다에게 뒤로 물러나라고back up 손짓을 하고, 이에 화답하듯 바다는 뒤로 물러나며recede 소라고둥을 자꾸 보여주네요. 모아나는 바닷물 속에서 반짝이는 무언가를 발견하고는 집어 들죠. 이것이 무엇인지 어린 모아나는 아직 알지 못합니다. 이렇듯 바다와 교감을 나누며 즐거워하고 있는 사이 투이가 나타나 모아나를 바다와 떼어놓으려 합니다.

오늘 등장하는 표현들입니다. 어떤 표현이 들어가야 할지 생각해 보세요.

* _______ go back to the village. 마을로 돌아가자.
* _______ do wondrous things, my little minnow. 넌 엄청난 일을 하게 될 거야, 요 꼬맹이야.
* _______ learn where you're meant to be. 넌 먼저 네가 어디에 있어야 하는지, 그것부터 배워야 해.
* _______ YOU KNEW. 이제 넌 알아야 할 때가 됐단다.
* THE VILLAGE OF MOTUNUI IS ALL YOU _______. 넌 모투누이 마을만 있으면 된단다.

바로 이 장면!

오디오 파일을 듣고 3번 따라 말해보세요. 02-1.mp3

TUI
투이

Moana?! Oh there you are, Moana. What are you doing?! You scared me.
모아나?! 여기 있었구나, 모아나야. 뭘 하고 있는 거니?! 너 때문에 놀랐잖아.

LITTLE MOANA
어린 모아나

What– wanna go back–
저, 다시 가고 싶어요…

TUI
투이

I know, I know, but you don't go out there. It's dangerous. Moana...? Come on. **Let's** go back to the village.[1] You are the next "great chief" of our people.
나도 알아, 나도 알지만 넌 저기에 가면 안 돼. 위험해. 모아나야? 이리 온. 마을로 돌아가자. 너는 앞으로 '대족장'이 될 거야.

SINA
시나

And **you'll** do wondrous things, my little minnow.[2]
그러면 넌 엄청난 일을 하게 될 거야, 요 꼬맹이야.

TUI
투이

Oh yes, but **first you must** learn where you're meant to be.[3]
그럼, 그럼, 하지만 넌 먼저 네가 어디에 있어야 하는지, 그것부터 배워야 해.

MOANA...? / MAKE WAY! MAKE WAY! / MOANA, **IT'S TIME YOU** KNEW[4] / THE VILLAGE OF MOTUNUI **IS ALL YOU NEED.**[5]
모아나야? / 길을 비켜라! 길을 비켜라! / 모아나야, 이제 넌 알아야 할 때가 됐단다 / 넌 모투누이 마을만 있으면 된단다.

THE DANCERS ARE PRACTICING! / THEY DANCE TO AN ANCIENT SONG
춤꾼들이 연습을 하고 있구나! / 춤꾼들은 옛날 노래에 맞춰 춤을 추는 거야

OLD SINGERS
나이가 든 가수들

WHO NEEDS A NEW SONG? THIS OLD ONE'S ALL WE NEED.
새로운 노래 따위는 누가 필요할까? 우리한테는 이 오래된 노래만 있으면 된다네.

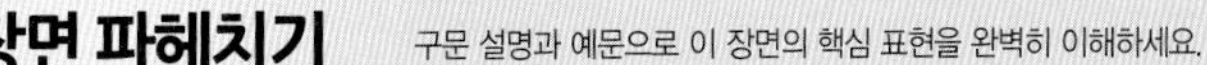

장면 파헤치기

구문 설명과 예문으로 이 장면의 핵심 표현을 완벽히 이해하세요.

❶ Let's go back to the village. 마을로 돌아가자.

둘 이상 모여 있을 때 우리 어떻게 '하자'고 권하거나 제안하고 싶다면 Let's ~로 말을 꺼내면 됩니다. 이런 경우 가장 손쉽게 쓸 수 있는 표현이죠. Let's go.(가자.), Let's start.(시작하자.) 등등, Let's 뒤에 원하는 동사를 뭐든 넣어 말하면 돼요.

- **Let's** go shopping. 쇼핑하러 가자.
- **Let's** get down to business. (회의에서) 본론으로 들어갑시다.

❷ You'll do wondrous things, my little minnow. 넌 엄청난 일을 하게 될 거야, 요 꼬맹이야.

한 시간 후가 됐건, 내일이 됐건, 혹은 내년이 됐건 상대방에게 앞으로 '넌 ~할 거야', '~하게 될 거야'라고 할 때는 간단히 You'll이라고 한 다음에 동사원형을 붙여 말하면 되죠. 정말 기본적이고 간단한 패턴인데, 입에 붙지 않으면 의외로 쉽게 떠오르지 않으니까 열심히 연습해 두세요!

★ 영화 속 패턴 익히기

❸ First you must learn where you're meant to be. 넌 먼저 네가 어디에 있어야 하는지, 그것부터 배워야 해.

어떤 일을 하고 싶거나 무엇이 되고 싶다면 '그에 앞서 반드시 먼저 해야 할 일이 있다'고 상대에게 조언해 볼까요? '꼭[반드시] ~해야 한다'는 의미의 You must ~ 앞에 First(먼저, 우선)를 붙여 〈First you must + 동사원형 ~〉을 쓰면 됩니다.

- **First you must** keep the rule in mind. 먼저 규칙부터 숙지하셔야 합니다.
- **First you must** think over what the problem really is. 넌 먼저 진짜 문제가 무엇인지부터 잘 생각해봐야 해.

❹ IT'S TIME YOU KNEW. 이제 넌 알아야 할 때가 됐단다.

'이만하면/이쯤 되면/이제 ~할 때가 됐다'는 말, 영어로는 바로 이렇게 하면 됩니다. 〈It's time 주어 + 과거동사 ~〉로 말이죠. 진작에 했어야 하는데 미루고 미뤘다 치더라도 이제는 할 때가 됐다는 뉘앙스예요. 때문에 뒤에 동사를 과거형으로 써야 한다는 점, 잊지 마세요!

★ 영화 속 패턴 익히기

❺ THE VILLAGE OF MOTUNUI IS ALL YOU NEED. 넌 모투누이 마을만 있으면 된단다.

A is all you need는 직역하면 'A가 네가 필요로 하는 전부야'이죠. 이는 곧 '너한텐 A만 있으면 된다'는 의미예요. all you need를 주어 자리로 옮겨 All you need is A라고 해도 말의 톤만 살짝 다를 뿐 같은 의미랍니다. you 대신 I를 넣어서도 말해보세요.

- "CONFIDENCE" **is all you need.** 너한텐 '자신감'만 있으면 돼.
- **All I need is** "MONEY." 난 '돈'만 있으면 돼.

영화 속 패턴 익히기

오늘 배운 장면에서 뽑은 핵심 패턴으로 다양한 표현을 만들어 보세요.

02-2.mp3

You'll ~. 넌 ~하게 될 거야.

Step 1 기본 패턴 연습하기

1 **You'll** be okay. 넌 괜찮을 거야.

2 **You'll** be in my heart. 넌 내 마음에 있을 거야.

3 **You'll** be safe here. 넌 여기 있으면 안전할 거야.

4 ____________ something out. 넌 뭔가 알아내게 될 거야.

5 ____________ about him. 넌 그 남자에 대해 곧 알게 될 거야.

Step 2 패턴 응용하기 You'll never ~

1 **You'll never** guess who I met yesterday. 넌 내가 어제 누굴 만났는지 상상도 못할 걸.

2 **You'll never** know the truth. 넌 절대 진실을 알지 못할 거야.

3 **You'll never** come back here. 넌 절대 여기로 돌아오지 못할 거야.

4 ____________ weep again. 넌 두 번 다시 울지 않아도 될 거야.

5 ____________ disappointed. 넌 절대 실망하지 않을 거야.

Step 3 실생활에 적용하기

A 내가 어제 누굴 만났는지 넌 상상도 못할 걸.

B Who? Your ex?

A No, your boyfriend.

A You'll never guess who I met yesterday.

B 누구? 네 전 남친?

A 아니, 네 남자친구.

정답 Step 1 4 You'll figure 5 You'll soon know Step 2 4 You'll never 5 You'll never be

02-3.mp3

It's time you + 과거동사 ~. 이제 넌 ~할 때가 됐어.

Step 1 기본 패턴 연습하기

1 **It's time you** went to bed. 잠잘 시간이다.

2 **It's time you** thought seriously about what you want to achieve in your life.
네 인생에서 성취하고 싶은 게 뭔지에 대해서 진지하게 생각해볼 때가 됐어.

3 **It's time you** changed your lifestyle. 이제 네 생활 습관을 바꿀 때도 됐어.

4 ______________ the job. 이제 넌 일을 그만둘(quit the job) 때가 됐어.

5 ______________ something about it. 넌 이제 그것에 대해 뭔가를 할 때가 됐어.

Step 2 패턴 응용하기 It's time S + 과거동사

1 **It's time** I said what I want to say. 내가 하고 싶은 말을 할 때가 됐군.

2 **It's time** she knew the ugly truth. 그 앤 이제 추악한 진실을 알 때가 됐어.

3 **It's time** he stopped being such a mama's boy. 그 애 이제 그렇게 마마보이 노릇 그만할 때도 됐는데 말야.

4 ______________ home. 우리 집에 갈 때 됐어.

5 ______________ that. 이제 그 사람들이 그걸 받아들일 때가 됐어.

Step 3 실생활에 적용하기

A 그 애 이제 그렇게 마마보이 노릇 그만할 때도 됐는데 말야.
B You mean David?
A Yeah, he should grow up.

A It's time he stopped being such a mama's boy.
B 데이빗 말하는 거야?
A 응, 걔도 이제 철 좀 들어야지.

정답 Step 1 4 It's time you quit 5 It's time you did Step 2 4 It's time we went 5 It's time they accepted

확인학습

문제를 풀며 오늘 배운 표현을 완벽히 내 것으로 만드세요.

A | 영화 속 대화를 완성해 보세요.

TUI Moana?! Oh there you are, Moana. What are you doing?! You ❶ __________ me. 모아나?! 여기 있었구나, 모아나야. 뭘 하고 있는 거니?! 너 때문에 놀랐잖아.

LITTLE MOANA What– wanna go back– 저, 다시 가고 싶어요…

TUI I know, I know, but you don't go out there. It's dangerous. Moana...? Come on. ❷ __________ the village. You are the next "great ❸ __________" of our people. 나도 알아, 나도 알지만 넌 저기에 가면 안 돼. 위험해. 모아나야? 이리 온. 마을로 돌아가자. 너는 앞으로 '대족장'이 될 거야.

SINA And you'll do ❹ __________ things, my little minnow. 그러면 넌 엄청난 일을 하게 될 거야, 요 꼬맹이야.

TUI Oh yes, but ❺ __________ where you're meant to be. 그럼, 그럼, 하지만 넌 먼저 네가 어디에 있어야 하는지, 그것부터 배워야 해.

MOANA...? / MAKE WAY! MAKE WAY! / MOANA, IT'S TIME YOU KNEW / THE VILLAGE OF MOTUNUI ❻ __________. / THE DANCERS ARE ❼ __________! / THEY DANCE TO AN ANCIENT SONG 모아나야? / 길을 비켜라! 길을 비켜라! / 모아나야, 이제 넌 알아야 할 때가 됐단다 / 넌 모투누이 마을만 있으면 된단다. / 춤꾼들이 연습을 하고 있구나! / 춤꾼들은 옛날 노래에 맞춰 춤을 추는 거야

OLD SINGERS WHO NEEDS A NEW SONG? THIS OLD ONE'S ALL WE ❽ __________. 새로운 노래 따위는 누가 필요할까? 우리한테는 이 오래된 노래만 있으면 된다네.

B | 다음 빈칸을 채워 문장을 완성해 보세요.

1 넌 내 마음에 있을 거야.
__________ in my heart.

2 넌 절대 실망하지 않을 거야.
__________ disappointed.

3 이제 네 생활 습관을 바꿀 때도 됐어.
__________ your lifestyle.

4 그 여자앤 이제 추악한 진실을 알 때가 됐어.
__________ the ugly truth.

5 넌 여기 있으면 안전할 거야.
____

정답 A

❶ scared
❷ Let's go back to
❸ chief
❹ wondrous
❺ first you must learn
❻ IS ALL YOU NEED
❼ PRACTICING
❽ NEED

정답 B

1 You'll be
2 You'll never be
3 It's time you changed
4 It's time she knew
5 You'll be safe here.

Day 03

Voice Inside

내면의 목소리

투이는 자꾸만 바다 너머에 관심을 보이는^interested^ 모아나가 못마땅합니다. 모투누이 섬을 벗어나는 순간 안전과^safety^ 평화는 보장될 수 없다는 두려움^fear^ 때문이죠. 어느새 세월은 흘러 여덟 살이 되고, 또 열여섯 살이 된 모아나! 바닷가에서 탈라 할머니와 함께 춤을 추는 가운데 할머니로부터 자신이 정말로 좋아하는 것이 무엇인지^what you really like^ 내면의 목소리에 귀를 기울이라는 의미심장한 말을 듣습니다. 이어 탈라 할머니가 수풀더미를^thicket^ 헤치고 마을의 배들을 보여주는데요. 흥미를 갖고 이 배들을 향해 발걸음을 옮기는^take a step^ 모아나의 앞을 아버지 투이가 막아서는군요.^intercept^

Warm Up! 오늘 배울 표현 — 오늘 등장하는 표현들입니다. 어떤 표현이 들어가야 할지 생각해 보세요.

* ________ looking at the boats. 난 그냥 배를 보고 있었던 거예요.
* ________ get on 'em. 배에 타려고 했던 게 아니에요.
* ________ I need to show you. 너한테 보여줘야 할 게 있단다.
* ________ bring you here from the moment you opened your eyes.
  난 네가 처음 눈을 떴을 때부터 너를 여기에 데리고 오고 싶었단다.
* ________ stand on this peak and place a stone on this mountain, ________.
  넌 이 봉우리에 서서 이 산에 돌을 올려놓게 될 거야, 내가 그랬던 것처럼.

바로 이 장면!

오디오 파일을 듣고 3번 따라 말해보세요. 03-1.mp3

MOANA
모아나

Dad! **I was only** look**ing** at the boats–① **I wasn't gonna** get on 'em–②
아빠! 난 그냥 배를 보고 있었던 거예요. 배에 타려고 했던 게 아니에요.

TUI
투이

Come on, **there's something I need to** show you–③
자, 너한테 보여줘야 할 게 있단다···

I've wanted to bring you here from the moment you opened your eyes.④ This is a sacred place. A place of chiefs.
난 네가 처음 눈을 떴을 때부터 너를 여기에 데리고 오고 싶었단다. 여기는 신성한 곳이란다. 족장의 제단이지.

There will come a time, when **you will** stand on this peak and place a stone on this mountain, **like I did**,⑤ like my father did, and his father, and every chief that has ever been... and on that day, when you add your stone, you will raise this whole island higher.
네가 이 봉우리에 서서 이 산에 돌을 올려놓는 때가 올 거야. 내가 그랬고, 내 아버지가 그랬던 것처럼, 내 아버지의 아버지가 그랬고, 지금까지 존재했던 족장들이 모두 그랬던 것처럼. 네가 돌을 올려놓는 그날이 오면 너는 이 섬을 모두 더 높은 곳으로 올리게 된단다.

You are the future of our people, Moana. And they are not out there. They're right here. It's time to be who they need you to be.
너는 우리 마을 사람들의 미래야, 모아나야. 그런데 그 사람들은 저 멀리 있는 게 아냐. 그 사람들은 바로 여기에 있어. 그 사람들이 필요로 하는 그런 사람이 될 때가 됐어.

장면 파헤치기

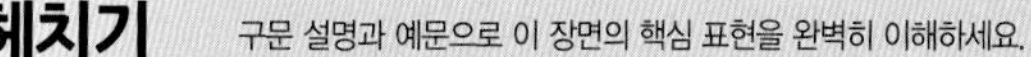
구문 설명과 예문으로 이 장면의 핵심 표현을 완벽히 이해하세요.

❶ I was only looking at the boats. 난 그냥 배를 보고 있었던 거예요.

'그냥 ~을 하고 있었던 것뿐이었다'는 말을 영어로 하고 싶다면 이미 잘 알고 있는 〈be + -ing〉의 현재진행형과 '~뿐'이라는 의미의 only만 잘 결합시켜 응용하면 되죠. 뭐하고 있었냐고 묻는 말에 대답할 때, 혹은 내가 한 행동에 대해 상대가 뭔가 오해를 하고 있다고 느껴질 때 이 패턴을 이용해 보세요.

* **I was only** walk**ing** through the park. 난 그냥 공원을 걷고 있었던 거예요.
* **I was only** try**ing** to reach the client. 난 그냥 그 고객님께 연락을 취하려고 했던 거뿐이에요.

❷ I wasn't gonna get on 'em. 배에 타려고 했던 게 아니에요.

내가 한 행동에 대해 상대가 뭔가 잘못된 의미를 부여하고 있다면 〈I wasn't gonna + 동사원형 ~〉을 써서 '~하려고 했던 게 아니다'라고 항변해 보세요. 모아나처럼 위 ❶번 패턴과 함께 쓰면 더 설득력 있게 표현할 수 있겠네요. gonna는 going to의 구어체 표현입니다.

* **I wasn't gonna** interrupt them. 그 사람들을 방해하려고 했던 게 아니에요.
* **I wasn't gonna** be on his side. 그 사람 편을 들려던 게 아니에요.

❸ There's something I need to show you. 너한테 보여줘야 할 게 있단다.

'뭔가가 있다'는 의미의 There's something 뒤에 문장을 이어 붙이면 '~할 게 있다'는 의미가 되어 활용의 폭이 훨씬 넓어지죠. 특히 모아나처럼 〈I need to + 동사원형 ~〉의 문장을 붙이면 '내가 ~해야 할 게 있다'는 의미가 되고요.

★ 영화 속 패턴 익히기

❹ I've wanted to bring you here from the moment you opened your eyes.
난 네가 처음 눈을 떴을 때부터 너를 여기에 데리고 오고 싶었단다.

어떤 일을 하고 싶은 마음이 지금 갑자기 든 게 아니라 예전부터 죽 그러고 싶은 마음이 있었다는 것을 나타내고 싶다면 〈have + p.p.〉의 현재완료형과 '~하고 싶다'는 의미의 want to를 결합시켜 〈I've wanted to + 동사원형 ~〉으로 표현하면 되죠.

★ 영화 속 패턴 익히기

❺ You will stand on this peak and place a stone on this mountain, like I did.
넌 이 봉우리에 서서 이 산에 돌을 올려놓게 될 거야, 내가 그랬던 것처럼.

상대방에게 앞으로 '넌 ~할 거야', '~하게 될 거야'라고 할 때는 You'll ~을 쓰면 된다고 했죠? 그렇게 될 거란 걸 좀 더 강조하고 싶다면 You will ~처럼 will을 살짝 강조해주면 되죠. 이번에는 여기에다 '내가 그랬던 것처럼'이란 의미의 like I did까지 붙여 말하는 연습을 해보도록 하죠.

* **You will** do what you really want to, **like I did.** 넌 네가 정말로 원하는 일을 하게 될 거야, 내가 그랬던 것처럼.
* **You will** pay the price for all of your bad behaviors, **like I did.**
  넌 네가 저지른 모든 악행에 대해 대가를 치르게 될 거야, 내가 그랬던 것처럼.

영화 속 패턴 익히기

오늘 배운 장면에서 뽑은 핵심 패턴으로 다양한 표현을 만들어 보세요.

03-2.mp3

There's something I need to + V ~. ~해야 할 게 있어.

Step 1 기본 패턴 연습하기

1 **There's something I need to** discuss with you. 너랑 논의해야 할 게 있어.
2 **There's something I need to** know. 내가 알아야 할 게 있어.
3 **There's something I need to** do. 내가 해야 할게 있어.
4 ______________ tell you. 너한테 말해야 할 게 있어.
5 ______________ ask you. 너한테 물어볼 게 있어.

Step 2 패턴 응용하기 There's something S + V

1 **There's something** you need to see. 네가 봐야 할 게 있어.
2 **There's something** you can do. 네가 할 수 있는 게 있어.
3 **There's something** she doesn't know about. 그 여자가 모르는 게 있어.
4 ______________ he's forgotten to do. 그 남자가 할 일을 잊은 게 있어.
5 ______________ from us. 그 사람들이 우리한테 원하는 게 있어.

Step 3 실생활에 적용하기

A 네가 할 수 있는 게 있어.
B Oh really? What's that?
A That's quite simple. You just be silent.

A There's something you can do.
B 아, 그래? 그게 뭔데?
A 되게 간단해. 그냥 조용히 입다물고 있어.

정답 Step 1 4 There's something I need to 5 There's something I need to Step 2 4 There's something 5 There's something they want

03-3.mp3

I've wanted to + V ~. 난 (예전부터 죽) ~하고 싶었어.

Step 1 기본 패턴 연습하기

1 **I've wanted to** speak with you privately for a couple of months.
두어 달째 줄곧 선생님과 개인적으로 얘기를 나눠보고 싶었답니다.

2 **I've wanted to** travel as much as possible since I was little.
어릴 때부터 가능한 여행을 많이 다니고 싶었어.

3 **I've wanted to** find my way out of this mess. 줄곧 이 난장판에서 벗어나 내 길을 찾고 싶었어.

4 ______________ you this. 네게 줄곧 이 얘기를 하고 싶었어.

5 ______________ her out. 계속 그 여자에게 데이트 신청을 하고 싶었어.

Step 2 패턴 응용하기 I didn't want to + V

1 **I didn't want to** stay there. 거기에 머물고 싶지 않았어.

2 **I didn't want to** believe it. 그걸 믿고 싶지 않았어.

3 **I didn't want to** offend them. 그 사람들의 기분을 상하게 하고 싶지 않았어.

4 ______________ guilty. 죄책감을 느끼고 싶지 않았어.

5 ______________ at his face. 그 사람 얼굴을 보고 싶지 않았어.

Step 3 실생활에 적용하기

A 네게 줄곧 이 얘기를 하고 싶었는데 말야.
B Oh, just tell me whatever it is.
A This is really difficult for me to tell you.

A I've wanted to tell you this.
B 아, 뭐든 그냥 말해줘.
A 이게 너한테 말하기가 정말 힘든 얘기라서 말야.

정답 Step 1 4 I've wanted to tell 5 I've wanted to ask Step 2 4 I didn't want to feel 5 I didn't want to look

확인학습

문제를 풀며 오늘 배운 표현을 완벽히 내 것으로 만드세요.

A | 영화 속 대화를 완성해 보세요.

MOANA Dad! ❶ ______________ the boats– ❷ ______________ get on 'em–
아빠! 난 그냥 배를 보고 있었던 거예요. 배에 타려고 했던 게 아니에요.

TUI Come on, there's something ❸ ______________ you– I've wanted to ❹ ______________ from the moment you opened your eyes. This is a ❺ ______________ place. A place of chiefs. 자, 너한테 보여줘야 할 게 있단다… 난 네가 처음 눈을 떴을 때부터 너를 여기에 데리고 오고 싶었단다. 여기는 신성한 곳이란다. 족장의 제단이지.

There will come a time, when ❻ ______________ on this peak and place a stone on this mountain, ❼ ______________, like my father did, and his father, and every chief that has ever been... and on that day, when you ❽ ______________ your stone, you will ❾ ______________ this whole island higher.
네가 이 봉우리에 서서 이 산에 돌을 올려놓는 때가 올 거야. 내가 그랬고, 내 아버지가 그랬던 것처럼, 내 아버지의 아버지가 그랬고, 지금까지 존재했던 족장들이 모두 그랬던 것처럼. 네가 돌을 올려놓는 그날이 오면 너는 이 섬을 모두 더 높은 곳으로 올리게 된단다.

You are the future of our people, Moana. And they are not out there. They're right here. ❿ ______________ be who they need you to be. 너는 우리 마을 사람들의 미래야, 모아나야. 그런데 그 사람들은 저 멀리 있는 게 아냐. 그 사람들은 바로 여기에 있어. 그 사람들이 필요로 하는 그런 사람이 될 때가 됐어.

정답 A

❶ I was only looking at
❷ I wasn't gonna
❸ I need to show
❹ bring you here
❺ sacred
❻ you will stand
❼ like I did
❽ add
❾ raise
❿ It's time to

B | 다음 빈칸을 채워 문장을 완성해 보세요.

1 너랑 논의해야 할 게 있어.
______________ discuss with you.

2 네가 할 수 있는 게 있어.
______________ can do.

3 어릴 때부터 가능한 여행을 많이 다니고 싶었어.
______________ as much as possible since I was little.

4 그 사람들의 기분을 상하게 하고 싶지 않았어.
______________ them.

5 내가 해야 할게 있어.
____

정답 B

1 There's something I need to
2 There's something you
3 I've wanted to travel
4 I didn't want to offend
5 There's something I need to do.

Day 04

Where You Are

바로 이 자리에서

족장의 제단에서 아버지 투이의 얘기를 들은 모아나는 아버지의 대를 이어 마을을 이끌어야 하는 자신의 입장을 받아들이게accept 되죠. 마음 깊숙한 곳의 소리는voice inside 접어둔 듯합니다. 부족한 것이 없는 나의 마을, 바로 이 곳, 이 자리에서 내 곁에 있는 사람들과people beside me 함께 우리의 미래를 건설하겠노라고build our future 노래하죠. 이제 모아나는 아버지 투이를 따라다니며 본격적으로 후계자 수업을 받습니다. 마을을 죽 돌며 사람들의 고충을 듣고 이내 해결책을 제시하는 모아나! 그 모습을 곁에서 지켜보는 투이는 마냥 흐뭇하기만 하죠.

오늘 등장하는 표현들입니다. 어떤 표현이 들어가야 할지 생각해 보세요.

* Every storm the roof leaks   many fronds I add.
  폭풍이 불 때마다 지붕이 세요. 아무리 야자나무 잎을 얹어도 말이죠.
* I'm   about that chicken eating the rock. 돌을 먹는 저 닭이 참 궁금해.
* He   lack the basic intelligence required for pretty much everything.
  누구나 거의 무슨 일이든 하려면 기본적으로 지능이 필요하잖아. 그런데 저 애는 그런 기본적인 지능이 없는 것 같아.
*   maybe just cook him? 우리 그냥 걔를 요리해 먹을까?
* There's   (strengths) to Heihei   meets the eye.
  헤이헤이의 힘은 보이지 않는 곳에 있어요.

바로 이 장면!

오디오 파일을 듣고 3번 따라 말해보세요. 04-1.mp3

MAIVIA 마이비아
...and every storm the roof leaks **no matter how many** fronds I add–❶
폭풍이 불 때마다 지붕이 세요. 아무리 야자나무 잎을 얹어도 말이죠.

MOANA 모아나
Fixed! Not the fronds, wind shifted the post.
고쳤어요! 잎사귀 때문에 그런 게 아니에요. 바람 때문에 기둥이 움직였어요.

Mm, that's good pork. Oh, I didn't mean– I wasn't– what?– they're calling me so I gotta– byeee!
음, 돼지고기가 맛있네. 아, 일부러 그런 건 아니고, 난 그렇게 말하려고 한 건 아니고… 뭐라고? 사람들이 부르니까 가볼게!

TOLO 톨로
Ow. Ow. Ow.
아. 아. 아.

MOANA 모아나
You're doing great.
잘하고 있어.

TOLO 톨로
Is it done yet?
끝났어?

MOANA 모아나
So close.
거의 다 됐어.

MATUA 마투아
I'm curious about that chicken eating the rock❷ – **he seems to** lack the basic intelligence required for pretty much everything,❸ **should we maybe just**... cook him? ❹
돌을 먹는 저 닭이 참 궁금해. 누구나 거의 무슨 일이든 하려면 기본적으로 지능이 필요하잖아. 그런데 저 애는 그런 기본적인 지능이 없는 것 같아. 우리 그냥 쟤를 요리해 먹을까?

MOANA 모아나
Well, sometimes our strengths lie beneath the surface – far beneath in some cases – but I'm sure **there's more to** Heihei **than** meets the eye.❺
그런데 말이죠, 어떤 땐 우리의 진정한 힘이란 보이지 않는 곳에 있는 것 같아요. 어떤 경우에는 아주 깊숙한 곳에요. 그래서 하는 말인데요, 헤이헤이의 힘은 보이지 않는 곳에 있다고 확신해요.

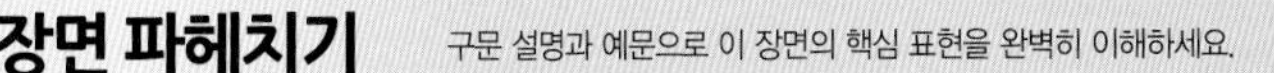

장면 파헤치기

구문 설명과 예문으로 이 장면의 핵심 표현을 완벽히 이해하세요.

❶ Every storm the roof leaks no matter how many fronds I add.
폭풍이 불 때마다 지붕이 세요. 아무리 야자나무 잎을 얹어도 말이죠.

'특정 수단을 아무리 많이 써봐도' 특정 문제가 해결되지 않을 때 이런 상황을 〈no matter how many + 명사 + 주어 + 동사 ~〉 패턴으로 표현할 수 있습니다. '아무리 많이 ~해도'란 의미이죠. many 대신 말하고자 하는 내용에 따라 much, hard 등의 다양한 형용사와 부사로 바꿔서도 활용해 보세요.

★영화 속 패턴 익히기

❷ I'm curious about that chicken eating the rock. 돌을 먹는 저 닭이 참 궁금해.

I'm curious about ~은 '난 ~가 궁금해'라며 호기심을 표출하고 싶을 때 쓰는 표현입니다. 여기서 curious는 '궁금한, 호기심이 이는'이란 의미이죠. 전치사 about 뒤에는 물론 명사나 명사절이 와야겠죠.

* **I'm curious about** the law of nature. 난 자연의 법칙이 궁금해.
* **I'm curious about** who he really is. 난 그 남자의 진짜 모습이 궁금해.

❸ He seems to lack the basic intelligence required for pretty much everything.
누구나 거의 무슨 일이든 하려면 기본적으로 지능이 필요하잖아. 그런데 저 애는 그런 기본적인 지능이 없는 것 같아.

〈seem to + 동사원형〉은 '~인 것 같다'는 의미인데요. He나 She 등과 같이 제3자에 대해 그 사람 어떤 것 같다는 식으로 자기 생각을 표현하고 싶다면 He/She seems to ~로 말하면 됩니다. 또 '너 ~인 것 같다'라며 상대방에 대한 얘기를 하고 싶다면 You seem to ~라고 하면 되죠.

★영화 속 패턴 익히기

❹ Should we maybe just cook him? 우리 그냥 쟤를 요리해 먹을까?

Should we ~?는 '우리 ~해야 할까?, ~할까?'라는 의미로 어떤 일을 하는 게 좋을지 조언을 구하거나 하자고 제안할 때 자주 쓰이는 질문 패턴입니다. 여기에 maybe를 넣어 망설이는 마음을 덧붙일 수 있고, just를 넣어 '그냥'이란 의미를 보탤 수 있죠.

* **Should we maybe just** give it up? 우리 그냥 그거 포기할까?
* **Should we maybe just** forgive him? 우리 그냥 그 남자 용서할까?

❺ There's more to Heihei than meets the eye. 헤이헤이의 힘은 보이지 않는 곳에 있어요.

모아나의 말은 There's more strengths to Heihei than meets the eye.(직역하면 '눈으로 마주할 수 있는 것보다 헤이헤이에겐 더한 힘이 있다')로 앞서 이미 언급한 strengths는 생략하고 말한 거죠. 아래 예문들 역시 정황상 언급하지 않아도 알 만한 상황에선 courage나 strengths를 생략하고 말해도 되죠. 또한, 〈there's more to + 사람 + than meets the eye〉 자체가 '~에게는 눈에 보이지 않는 뭔가가 있다'는 의미의 숙어 표현으로 쓰이니 통째 기억해 두세요.

* **There's more courage to** you **than** you think. 네가 생각하는 것보다 넌 더 용감해.
* **There's more strengths to** him **than** the results show. 그 결과에 나타난 것보다 그 사람은 더 힘이 있어.

영화 속 패턴 익히기

오늘 배운 장면에서 뽑은 핵심 패턴으로 다양한 표현을 만들어 보세요.

04-2.mp3

No matter how many ~ 아무리 많이 ~해도

Step 1 기본 패턴 연습하기

1 **No matter how many** doors are shut before you, keep on knocking.
네 앞에 닫힌 문이 아무리 많더라도 계속 두드려봐.

2 **No matter how many** rejection letters you receive, keep applying.
아무리 많이 불합격(또는 거절) 통지를 받더라도 계속 지원해봐.

3 **No matter how many** times you have failed, keep trying. 아무리 많이 실패했더라도 계속 도전해봐.

4 ______________________ I click 'download,' nothing happens.
'다운로드'를 아무리 클릭해도 안 돼.

5 ______________________ dislike you, there are going to be many who like you. 너를 싫어하는 사람이 아무리 많아도 앞으로 너를 좋아하는 사람도 많아질 거야.

Step 2 패턴 응용하기 No matter how 형/부 ~

1 **No matter how much** money you have, it means nothing without someone to spend it on. 돈이 아무리 많아봤자 그 돈을 누구한테 쓰고 싶은 사람이 없으면 아무것도 아냐.

2 **No matter how hard** we throw a ball, it will sooner or later come to rest on the ground. 아무리 공을 힘껏 던져봤자 결국엔 곧 땅에 떨어지게 되는 거라고.

3 **No matter how old** we get, we can still feel young. 아무리 나이가 들어도 여전히 젊게 느끼며 살 수 있어.

4 ______________________ things get, we can still overcome them.
아무리 나쁜 일들이 생겨도 우린 여전히 그 일들을 이겨낼 수 있어.

5 ______________________ I tried, I could not reach it. 아무리 열심히 해도 난 거기에 도달할 수가 없었어.

Step 3 실생활에 적용하기

A 아무리 공을 힘껏 던져봤자 결국엔 곧 땅에 떨어지게 되는 거라고.
B What do you mean by that?
A It just means that there's an end in everything.

A No matter how hard we throw a ball, it will sooner or later come to rest on the ground.
B 그게 무슨 말이야?
A 그냥 모든 일에는 끝이 있다는 뜻이야.

정답 Step 1 4 No matter how many times 5 No matter how many people Step 2 4 No matter how bad 5 No matter how hard

04-3.mp3

He/She seems to + V ~. 그 남자/여자는 ~인 것 같아.

Step 1 기본 패턴 연습하기

1 **She seems to** be a nice woman. 그 여자는 훌륭한 여성인 거 같아.

2 **He seems to** be tired. 그 사람 피곤한 것 같아.

3 **She seems to** have enjoyed the party. 걘 파티에서 정말 잘 논 것 같아.

4 ______________ worked hard. 그 남자는 열심히 일한 것 같아.

5 ______________ an environment where nothing bothers her.
그 여자는 아무것도 자기를 방해하지 않는 환경이 필요한 것 같아.

Step 2 패턴 응용하기 You seem to + V

1 **You seem to** have forgotten that. 너 그걸 잊어버린 것 같은데.

2 **You seem to** have mixed feelings. 너 기분이 좀 복잡해 보인다.

3 **You seem to** be getting on so well with him. 너 그 사람이랑 잘 지내는 것 같다.

4 ______________ looking at it from several points of view.
넌 여러 가지 관점에서 그걸 바라보고 있는 것 같네.

5 ______________ exactly what to say. 넌 해야 할 말을 정확히 알고 있는 것 같네.

Step 3 실생활에 적용하기

A 넌 해야 할 말을 정확히 알고 있는 것 같네.
B Do you really think so?
A Yes, I do really think so.

A You seem to know exactly what to say.
B 정말 그렇게 생각해?
A 응, 정말로 그렇게 생각해.

정답 Step 1 4 He seems to have 5 She seems to need Step 2 4 You seem to be 5 You seem to know

확인학습

문제를 풀며 오늘 배운 표현을 완벽히 내 것으로 만드세요.

A | 영화 속 대화를 완성해 보세요.

MAIVIA ...and every storm the roof ❶ __________ no matter how many ❷ __________ I add– 폭풍이 불 때마다 지붕이 세요. 아무리 야자나무 잎을 얹어도 말이죠.

MOANA Fixed! Not the fronds, wind ❸ __________ the post. Mm, that's good pork. Oh, I didn't mean– I wasn't– what?– they're calling me so I gotta– byeee! 고쳤어요! 잎사귀 때문에 그런 게 아니에요. 바람 때문에 기둥이 움직였어요. 음, 돼지고기가 맛있네. 아, 일부러 그런 건 아니고, 난 그렇게 말하려고 한 건 아니고… 뭐라고? 사람들이 부르니까 가볼게!

TOLO Ow. Ow. Ow. 아. 아. 아.

MOANA You're ❹ __________. 잘하고 있어.

TOLO Is it ❺ __________ yet? 끝났어?

MOANA So ❻ __________. 거의 다 됐어.

MATUA ❼ __________ that chicken eating the rock – he seems to ❽ __________ required for pretty much everything, ❾ __________ maybe just... cook him? 돌을 먹는 저 닭이 참 궁금해. 누구나 거의 무슨 일이든 하려면 기본적으로 지능이 필요하잖아. 그런데 저 애는 그런 기본적인 지능이 없는 것 같아. 우리 쟤를 요리해 먹을까?

MOANA Well, sometimes our ❿ __________ lie beneath the surface – far beneath in some cases – but I'm sure ⓫ __________ Heihei ⓬ __________. 그런데 말이죠, 어떤 땐 우리의 진정한 힘이란 보이지 않는 곳에 있는 것 같아요. 어떤 경우에는 아주 깊숙한 곳에요. 그래서 하는 말인데요, 헤이헤이의 힘은 보이지 않는 곳에 있다고 확신해요.

B | 다음 빈칸을 채워 문장을 완성해 보세요.

1 아무리 많이 실패했더라도 계속 도전해봐.
__________ you have failed, keep trying.

2 돈이 아무리 많아봤자 그 돈을 누구한테 쓰고 싶은 사람이 없으면 아무것도 아냐.
__________ you have, it means nothing without someone to spend it on.

3 그 사람 피곤한 것 같아.
__________ tired.

4 너 기분이 좀 복잡해 보인다.
__________ mixed feelings.

5 걘(여자) 파티에서 정말 잘 논 것 같아.
____

정답 A

❶ leaks
❷ fronds
❸ shifted
❹ doing great
❺ done
❻ close
❼ I'm curious about
❽ lack the basic intelligence
❾ should we
❿ strengths
⓫ there's more to
⓬ than meets the eye

정답 B

1 No matter how many times
2 No matter how much money
3 He seems to be
4 You seem to have
5 She seems to have enjoyed the party.

Day 05

Vast Ocean

망망대해

모아나와 함께 마을을 죽 돌고 집으로 돌아온 투이에게 라살로라는 어부가^fisherman 황급히 다가옵니다. 동쪽 석호에^lagoon 쳐놓은 그물들에^traps 고기가 잘 안 잡힌다며 말이죠. 섬 주변의 석호 전체에 다 그물을 던져봤지만 고기가 잡히질 않는다고 하네요. 물론 미끼를^bait 써봐도 안 되고, 방법이란 방법은 다 써봐도 상황은 매일 더 악화될^worse and worse 뿐이라고 합니다. 해변을 바라보니 고기잡이배들이^fishing boats 모두 빈 그물로^empty nets 들어오는 것이 보입니다. 모아나는 산호초 너머^beyond the reef 섬을 둘러싸고^surround 있는 망망대해를 바라봅니다. 아무도 가보지 않은 그곳에는 분명 물고기가 잡히는 곳이 있을 것이라고 생각하며 투이에게 제안하는데요. 하지만…

Warm Up! 오늘 배울 표현

오늘 등장하는 표현들입니다. 어떤 표현이 들어가야 할지 생각해 보세요.

* We've ______ the whole lagoon. 석호 전체에서 다 해봤어요.
* Have you ______ the bait? 미끼를 써봤나?
* I don't ______ it's the bait. 미끼의 문제가 아닌 것 같아요.
* Every day it ______ like it's a little bit worse and worse. 매일 조금씩 점점 더 악화되고 있는 것 같아요.
* What ______ we fish beyond the reef? 산호초 너머에서 고기를 잡으면 어때요?

바로 이 장면!

오디오 파일을 듣고 3번 따라 말해보세요. 05-1.mp3

MOANA 모아나
Oh, then we will fish the far side of the island–
아, 그러면 섬의 제일 끝쪽에서 고기를 잡도록 하죠.

LASALO 라살로
We tried.
그것도 해봤어요.

MOANA 모아나
The windward side?
바람이 불어오는 쪽이요?

LASALO 라살로
And the leeward side, the shallows, the channel, **we've tried** the whole lagoon...[1] they're just gone.
거기도 해봤고, 바람이 불어가는 쪽도 해봤고요, 얕은 물, 해협 등등, 석호 전체에서 다 해봤지만, 고기가 사라졌어요.

TUI 투이
Have you tried the bait?[2]
미끼를 써봤나?

LASALO 라살로
I don't think it's the bait.[3]
미끼의 문제가 아닌 것 같아요.

TUI 투이
Of course I understand. You have reason for concern.
물론 나도 이해는 하네. 걱정할 만해.

LASALO 라살로
Every day **it seems like** it's a little bit worse and worse.[4] We've tried everything.
매일 조금씩 점점 더 악화되고 있는 것 같아요. 방법이란 방법은 다 써봤거든요.

TUI 투이
...I will talk to the council– I'm sure we–
마을 회의에서 얘기하겠네. 우리한테 분명히 방법이…

MOANA 모아나
What if... we fish beyond the reef?[5]
산호초 너머에서 고기를 잡으면 어때요?

TUI 투이
No one goes beyond the reef.
산호초 너머로는 아무도 가서는 안 된단다.

장면 파헤치기

구문 설명과 예문으로 이 장면의 핵심 표현을 완벽히 이해하세요.

❶ We've tried the whole lagoon. 석호 전체에서 다 해봤어요.

뭔가 새로운 것을 시도해봤다는 의미를 전달하고 싶을 때는 '시도하다, 노력하다'는 의미의 동사 try를 활용하면 되는데요. 그러한 시도를 해본 적이 있다는 경험을 전달하거나, 또는 그러한 시도가 단발성인 게 아니라 예전서부터 줄곧 계속되고 있다는 의미를 전달하고 싶을 때는 have tried를 쓰면 됩니다.

* **We've tried** all the methods available to us. 우리가 할 수 있는 방법은 모두 써봤어요.
* **I've tried** breaking my bad habits for a long time. 오랫동안 계속 나쁜 습관을 고치려고 노력했어요.

❷ Have you tried the bait? 미끼를 써봤나?

이번에는 have tried를 활용해 '~를 시도해봤냐?'고 상대방에게 물어보는 표현이에요. 그런데 이 시도에는 음식점에 가서 새로운 음식을 먹어보는 것, 옷/신발 가게에 가서 마음에 드는 옷/신발을 입거나 신어보는 것도 포함되죠.

★ 영화 속 패턴 익히기

❸ I don't think it's the bait. 미끼의 문제가 아닌 것 같아요.

'~인 것 같다'고 자신의 생각을 말할 때 가장 대표적인 표현이 〈I think 주어 + 동사 ~〉라면 '~아닌 것 같다'고 할 때는 〈I don't think 주어 + 동사 ~〉를 씁니다. 여기서 한 가지 생각해 볼 것은, 우리말은 아닌 것 같다고 표현하는 것이 자연스러운 반면 영어는 '~인 것 같지는 않다'고 표현하는 게 자연스럽다는 거죠.

* **I don't think** it's a good idea. 그건 좋은 생각이 아닌 것 같아요.
* **I don't think** he's lying to you. 그 남자가 너한테 거짓말하는 거 같진 않은데.

❹ Every day it seems like it's a little bit worse and worse.
매일 조금씩 점점 더 악화되고 있는 것 같아요.

I think ~ 외에도 영어에는 '~인 것 같다'는 의미로 쓰이는 패턴들이 몇 가지 더 있는데요, 그 중에 한 가지가 바로 It seems like ~입니다. like 뒤에는 완전한 문장을 넣어 말하면 되고요, like 대신 접속사 that을 넣어도 같은 의미이죠.

★ 영화 속 패턴 익히기

❺ What if we fish beyond the reef? 산호초 너머에서 고기를 잡으면 어때요?

모아나처럼 '~하면 어떻게 될까?' 하고 다른 상황을 제안할 때도 What if ~?를 쓸 수 있고, '~하면 어떡해?' 하고 우려되는 상황을 그려보며 걱정할 때도 What if ~?를 쓸 수 있습니다.

* **What if** I talk to the boss? 내가 사장님과 얘기해보면 어때?
* **What if** she's a con artist? 그 여자가 사기꾼이면 어떡해?

영화 속 패턴 익히기

오늘 배운 장면에서 뽑은 핵심 패턴으로 다양한 표현을 만들어 보세요.

05-2.mp3

Have you tried ~? ~해/써/입어/신어/먹어봤어?

Step 1 기본 패턴 연습하기

1 **Have you tried** turning it off and on again? 껐다 다시 켜봤니?
2 **Have you tried** our new menu? 저희 신 메뉴 드셔 보셨어요?
3 **Have you tried** this Thai food? 이 태국 음식 먹어봤어?
4 ______________ that dress on? 저 드레스 입어봤어?
5 ______________ yoga yet? 요가 해봤어?

Step 2 패턴 응용하기 Have you (ever) + p.p. ~?

1 **Have you ever seen** woodpeckers? 딱따구리 본 적 있어?
2 **Have you heard** the story? 그 이야기 들어봤어?
3 **Have you ever felt** like you're alone in this world? 이 세상에 너 혼자인 것 같다고 느껴본 적 있어?
4 ______________ to Australia? 호주에 가봤어?
5 ______________ this program before? 예전에 이 프로그램 써본 적 있어?

Step 3 실생활에 적용하기

A 껐다 다시 켜봤어요?
B Oh, I have, but it doesn't work.
A OK. I'll be there and see what's the problem.

A Have you tried turning it off and on again?
B 아, 해봤는데요, 그래도 안 되네요.
A 알겠습니다. 제가 가서 문제가 뭔지 볼게요.

정답 Step 1 4 Have you tried 5 Have you tried Step 2 4 Have you ever been 5 Have you used

05-3.mp3

It seems like S + V ~. ~인 것 같아.

Step 1 기본 패턴 연습하기

1 **It seems like** the time goes so fast. 시간이 너무 빨리 가는 것 같아.

2 **It seems like** they're from another world. 그 사람들은 다른 세상에서 온 것 같아.

3 **It seems like** I've been there before. 예전에 거기 가봤던 거 같아.

4 ______________ going to have to change my whole life. 내 인생 전체를 바꿔야 할 것 같아.

5 ______________ wasn't real. 그건 실재하는 게 아녔던 거 같아.

Step 2 패턴 응용하기 It seems that S + V

1 **It seems that** they have not completed the task yet. 그 사람들 그 일을 아직 완수하지 못한 것 같아요.

2 **It seems that** he's running out of money. 그 사람 돈이 바닥나기 직전인 거 같아.

3 **It seems that** fighting is a game where everybody is the loser.
싸움은 사람들이 모두 패배자가 되는 게임인 거 같아.

4 ______________ happy. 그 여자는 행복한 거 같아.

5 ______________ be a long night. 오늘밤은 기나긴 밤이 될 것 같아.

Step 3 실생활에 적용하기

A 그 사람들은 다른 세상에서 온 것 같아.
B I think I know what you mean.
A Yeah, they're really so kind.

A It seems like they're from another world.
B 무슨 의미인지 알 것 같아.
A 그래, 그 사람들 정말 너무 착해.

정답 Step 1 4 It seems like I'm 5 It seems like it Step 2 4 It seems that she's 5 It seems that tonight will

확인학습

문제를 풀며 오늘 배운 표현을 완벽히 내 것으로 만드세요.

A | 영화 속 대화를 완성해 보세요.

MOANA Oh, then we will ❶ __________ the far side of the island–
아, 그러면 섬의 제일 끝쪽에서 고기를 잡도록 하죠.

LASALO We tried. 그것도 해봤어요.

MOANA The windward side? 바람이 불어오는 쪽이요?

LASALO And the leeward side, the ❷ __________, the channel, ❸ __________ the whole lagoon... they're just gone.
거기도 해봤고, 바람이 불어가는 쪽도 해봤고요. 얕은 물, 해협 등등, 석호 전체에서 다 해봤지만, 고기가 사라졌어요.

TUI Have you tried the ❹ __________? 미끼를 써봤나?

LASALO ❺ ______________________________
미끼의 문제가 아닌 것 같아요.

TUI Of course I understand. You have reason for ❻ __________.
물론 나도 이해는 하네. 걱정할 만해.

LASALO Everyday it seems like it's a little bit ❼ __________. We've tried everything.
매일 조금씩 점점 더 악화되고 있는 것 같아요. 방법이란 방법은 다 써봤거든요.

TUI ...I will talk to the ❽ __________– I'm sure we–
마을 회의에서 얘기하겠네. 우리한테 분명히 방법이…

MOANA ❾ __________... we fish beyond the ❿ __________?
산호초 너머에서 고기를 잡으면 어때요?

TUI ⓫ ______________________________
산호초 너머로는 아무도 가서는 안 된단다.

정답 A

❶ fish
❷ shallows
❸ we've tried
❹ bait
❺ I don't think it's the bait.
❻ concern
❼ worse and worse
❽ council
❾ What if
❿ reef
⓫ No one goes beyond the reef.

B | 다음 빈칸을 채워 문장을 완성해 보세요.

1 저희 신 메뉴 드셔 보셨어요?
__________ our new menu?

2 호주에 가봤어?
__________ Australia?

3 시간이 너무 빨리 가는 것 같아.
__________ so fast.

4 그 사람 돈이 바닥나기 직전인 거 같아.
__________ running out of money.

5 예전에 이 프로그램 써본 적 있어?
____

정답 B

1 Have you tried
2 Have you ever been to
3 It seems like the time goes
4 It seems that he's
5 Have you used this program before?

Day 06

A Different Song

다른 노래

투이는 배에 올라서서stand on a boat 자신을 내려다보며 산호초 너머 바다로 나가보면 어떻겠냐고 제안하는 모아나에게 역정을 내고는get angry 가버렸군요. 어머니 시나는 의기소침해진depressed 모아나를 다독이며 아버지가 그러는 이유를 알려줍니다. 바로 모아나의 모습 속에 젊은 시절 아버지의 모습이 있기 때문이라고요. 바다에 끌려drawn to the ocean 카누를 타고 바다로 나갔다가 산더미 같은 파도에waves like mountains 친한 친구가 휩쓸려가는 것을 구해내지save 못한 아픔이 있었던 거죠. 한편으로는 아버지의 마음을 이해하면서도, 그래서 아버지의 뜻에 따르는 완벽한 딸이perfect daughter 되고 싶으면서도 바다에 자꾸 끌리는 자신을 어쩔 수 없는 모아나입니다.

오늘 등장하는 표현들입니다. 어떤 표현이 들어가야 할지 생각해 보세요.

* Well, ________ you said it in front of your dad... standing on a boat.
  아빠 앞에서 그렇게 말하는 건 좀… 배 위에 서서 말야.
* ________ "go beyond the reef" ________ "be on the ocean."
  제가 '바다 위에' 있고 싶어서 '산호초 너머로 가자'고 한 건 아니었어요.
* He's ________ because... 아빠가 네게 엄격하게 구는 것은…
* ________ he can save you... 아빠는 너를 지켜주려고 하는 거야… (아빠는 너를 지켜줄 수 있기를 바라고 있는 거야…)
* ________ BE THE PERFECT DAUGHTER. 나도 완벽한 딸이 되고 싶어요. (그럴 수 있다면 좋을 텐데.)

바로 이 장면!

오디오 파일을 듣고 3번 따라 말해보세요. 06-1.mp3

SINA 시나

Well, **it's not like** you said it in front of your dad... standing on a boat.[1]

아빠 앞에서 그렇게 말하는 건 좀… 배 위에 서서 말야.

MOANA 모아나

I didn't say "go beyond the reef" **because I want to** "be on the ocean."[2]

제가 '바다 위에' 있고 싶어서 '산호초 너머로 가자'고 한 건 아니었어요.

SINA 시나

But you still do... **He's hard on you because...**[3]

하지만 넌 그래도… 아빠가 네게 엄격하게 구는 것은…

MOANA 모아나

...because he doesn't get me...

내가 어떻게 되는 것을 바라지 않기 때문이죠…

SINA 시나

...because he was you. Drawn to the ocean, down by the shore. He took a canoe, Moana, he crossed the reef... and found an unforgiving sea. Waves like mountains. His best friend begged to be on that boat... your dad couldn't save him. **He's hoping he can** save you...[4]

아빠가 바로 너니까 그러는 거야. 아빠는 바다에 끌려서, 해변으로 내려가 카누를 탔단다. 모아나야. 아빠는 산호초를 건넜단다. 그러자 무자비한 바다를 만났지. 산더미 같은 파도가 밀려왔어. 가장 친한 친구가 배에서 튕겨나가지 않으려고 애를 썼지만 아빠는 그 친구를 구해주지 못했단다. 그래서 아빠는 너를 지켜주려고 하는 거야…

Sometimes... who we wish we were, what we wish we could do... it's just not meant to be.

어떤 땐 우리가 어떤 사람이 되고 싶어 해도. 우리가 무엇을 하고 싶어 해도. 그렇게 되지 않는 경우가 있단다.

MOANA 모아나

I'VE BEEN STARING / AT THE EDGE OF THE WATER / LONG AS I CAN REMEMBER / NEVER REALLY KNOWING WHY

나는 바라보고 있어요 / 바다 끝을 / 아주 오랫동안 보고 있어요 / 왜 그런지는 나도 몰라요

I WISH I COULD / BE THE PERFECT DAUGHTER[5] / BUT I COME BACK TO THE WATER / NO MATTER HOW HARD I TRY

나도 그렇게 되고 싶어요 / 완벽한 딸이 되고 싶어요 / 하지만 난 다시 바다로 와요 / 아무리 가지 않으려고 해도 그게 안 돼요

장면 파헤치기

구문 설명과 예문으로 이 장면의 핵심 표현을 완벽히 이해하세요.

❶ Well, it's not like you said it in front of your dad... standing on a boat.

아빠 앞에서 그렇게 말하는 건 좀… 배 위에 서서 말야.

아빠 앞에서 그렇게 말하는 건 좀 아닌 거 같다고 엄마 시나가 모아나에게 조심스럽게 잘못을 알려주는 말인데요. 여기서 〈It's not like 주어 + 동사 ~〉는 '~하는 건 아냐'라는 의미이죠. 또한 글자 그대로 '~인 것 같지는 않아'라는 의미로도 쓰입니다.

* **It's not like** we eat fast food all the time. 우리가 언제나 패스트푸드를 먹는다는 건 아냐.
* **It's not like** there's a future here. 여기에 미래가 있는 것 같지는 않아.

❷ I didn't say "go beyond the reef" because I want to "be on the ocean."

제가 '바다 위에' 있고 싶어서 '산호초 너머로 가자'고 한 건 아니었어요.

내가 어떤 사심이 있어서 그런 말을 한 건 아니라고 억울한 심정을 토로하고 싶을 때 쓰기 좋은 표현이죠. 즉 〈I didn't say … because I want to + 동사원형 ~〉은 '내가 ~하고 싶어서 …라고 말한 건 아니었다'는 의미입니다.

* **I didn't say** that **because I want to** hurt him. 걔한테 상처를 주고 싶어서 그 말을 한 건 아녜요.
* **I didn't say** anything **because I want to** ruin their fun.
  걔네들이 즐겁게 노는 걸 망치고 싶어 아무 말도 하지 않은 건 아냐.

❸ He's hard on you because... 아빠가 네게 엄격하게 구는 것은…

be hard on someone 하면 누군가에게 심하게 대한다는 의미인데요, 상황에 따라 그 심하다는 게 엄격한 것이 될 수도, 무례한 것이 될 수도, 깐깐한 것이 될 수도 있죠. 여기서는 아빠 투이가 모아나에게 엄격하게 대하는 것을 두고 하는 말인데요. 그렇게 엄격하게 구는 이유는 because 뒤에 문장으로 얘기해주면 되죠.

* **He's hard on you because** he wants to see you grow strong.
  아빠는 네가 강하게 자라는 걸 보고 싶어서 네게 엄격하게 하는 거야.
* **He's hard on you because** he knows you can do better.
  아빠는 네가 더 잘할 수 있다는 걸 알기 때문에 네게 엄격하게 하는 거야.

❹ He's hoping he can save you... 아빠는 너를 지켜주려고 하는 거야… (아빠는 너를 지켜줄 수 있기를 바라고 있는 거야…)

희망사항, 특히 현실적인 바람을 이야기할 때 쓰는 동사가 바로 '희망하다, 바라다'는 의미의 hope이죠. 특히 지금 현재 그렇게 '바라고 있다'는 사실을 강조하고 싶을 때는 현재진행형을 써서 He's/She's/They're/I'm hoping ~과 같이 쓰면 되는데요. 뒤에는 바라는 바를 완전한 문장으로 말해보세요.

★ 영화 속 패턴 익히기

❺ I WISH I COULD BE THE PERFECT DAUGHTER. 나도 완벽한 딸이 되고 싶어요. (그럴 수 있다면 좋을 텐데.)

hope가 현실적인 바람이라면, 현실적으로 도저히 일어날 것 같지 않은 소망을 이야기할 때는 wish를 써요. 그래서 I wish I could ~라고 하면 '내가 ~할 수 있으면 좋을 텐데' 그렇게 될 수가 없어 안타깝다는 얘기이죠.

★ 영화 속 패턴 익히기

영화 속 패턴 익히기

오늘 배운 장면에서 뽑은 핵심 패턴으로 다양한 표현을 만들어 보세요.

06-2.mp3

He's/She's/They're hoping S + V ~. 그 남자/여자/사람들은 ~하기를 바라고 있는 거야.

Step 1 기본 패턴 연습하기

1 **He's hoping** it's all true. 그 남자는 이게 모두 사실이기를 바라고 있는 거야.

2 **She's hoping** he'll change his mind. 그 여자는 그 남자가 마음을 바꾸기를 바라고 있는 거야.

3 **They're hoping** you'll keep fighting them. 그 사람들은 네가 그 사람들과 계속 싸우기를 바라고 있는 거야.

4 ______________ pop the question before the end of the summer.
그 여자는 그 남자가 여름이 끝나기 전에 청혼을 하기를 바라고 있는 거야.

5 ______________ one of us will lead him to them.
그 남자는 우리 중의 한 사람이 그 남자를 그 사람들에게 데리고 가주기를 바라고 있는 거야.

Step 2 패턴 응용하기 I'm/We're hoping S + V

1 **I'm hoping** you're going to forgive him. 네가 그 남자를 용서해주기를 나는 바라고 있어.

2 **We're hoping** it won't cause a problem. 우리는 그게 문제가 되지 않기를 바라고 있어.

3 **I'm hoping** I can convince her. 나는 내가 그 여자를 설득시킬 수 있기를 바라고 있어.

4 ______________ work things out. 나는 우리가 문제들을 해결할 수 있기를 바라고 있어.

5 ______________ it'll teach him never to get involved in anything like that again. 우리는 그 사건으로 그 남자가 다시는 그런 일에 휘말리지 않기를 바라고 있어.

Step 3 실생활에 적용하기

A 그 여자는 그 남자가 여름이 끝나기 전에 청혼을 하기를 바라고 있는 거야.
B Why?
A So she can plan a fall wedding.

A She's hoping he'll pop the question before the end of the summer.
B 왜?
A 가을에 결혼식을 올릴 계획을 짤 수 있게 말야.

정답 Step 1 4 She's hoping he'll 5 He's hoping Step 2 4 I'm hoping we can 5 We're hoping

06-3.mp3

I wish I could ~. 내가 ~할 수 있으면 좋을 텐데.

Step 1 기본 패턴 연습하기

1 **I wish I could** remember all the things I've forgotten.
내가 잊어버린 것들을 모두 기억해낼 수 있으면 좋을 텐데.

2 **I wish I could** change my past. 내 과거를 바꿀 수 있으면 좋을 텐데.

3 **I wish I could** tell you how sorry I am. 내가 얼마나 미안해 하는지 네게 말할 수 있으면 좋을 텐데.

4 ______________ a better relationship with my mom. 우리 엄마랑 사이가 더 좋아지면 좋을 텐데.

5 ______________ back in time and change the course of history.
내가 과거로 돌아가서 역사의 흐름을 바꾸어 놓을 수 있다면 좋을 텐데.

Step 2 패턴 응용하기 I wish S + 과거동사

1 **I wish** you knew the facts. 네가 사실을 알면 좋을 텐데.

2 **I wish** he were alive so I could ask him. 그 남자가 살아 있어서 부탁을 할 수 있으면 좋을 텐데.

3 **I wish** she still needed me. 그 여자가 아직도 나를 필요로 하면 좋을 텐데.

4 ______________ here now. 그 남자가 지금 여기에 있으면 좋을 텐데.

5 ______________ that. 그 사람들이 그걸 깨달으면 좋을 텐데.

Step 3 실생활에 적용하기

A 내 과거를 바꿀 수 있으면 좋을 텐데.
B What part of your past?
A All of it.

A I wish I could change my past.
B 네 과거의 어떤 부분을?
A 모두 다.

정답 Step 1 4 I wish I could have 5 I wish I could go Step 2 4 I wish he were 5 I wish they realized

확인학습

문제를 풀며 오늘 배운 표현을 완벽히 내 것으로 만드세요.

A | 영화 속 대화를 완성해 보세요.

SINA Well, ❶ ______________ in front of your dad... standing on a boat.
아빠 앞에서 그렇게 말하는 건 좀… 배 위에 서서 말야.

MOANA ❷ ______________ "go beyond the reef" ❸ ______________ "be on the ocean."
제가 '바다 위에' 있고 싶어서 '산호초 너머로 가자'고 한 건 아니었어요.

SINA But you still do... He's ❹ ______________ because...
하지만 넌 그래도… 아빠가 네게 엄격하게 구는 것은…

MOANA ...because he doesn't get me...
내가 어떻게 되는 것을 바라지 않기 때문이죠…

SINA ...because he was you. ❺ ______________ to the ocean, down by the shore. He took a canoe, Moana, he ❻ ______________... and found an ❼ ______________ sea. Waves like mountains. His best friend ❽ ______________ to be on that boat... your dad couldn't ❾ ______________ him. He's hoping ❿ ______________... 아빠가 바로 너니까 그러는 거야. 아빠는 바다에 끌려서, 해변으로 내려가 카누를 탔단다, 모아나야. 아빠는 산호초를 건넜단다. 그러자 무자비한 바다를 만났지. 산더미 같은 파도가 밀려왔어. 가장 친한 친구가 배에서 튕겨나가지 않으려고 애를 썼지만 아빠는 그 친구를 구해주지 못했단다. 그래서 아빠는 너를 지켜주려고 하는 거야…

Sometimes... who we wish we were, what we wish we could do... it's just not ⓫ ______________ to be. 어떤 땐 우리가 어떤 사람이 되고 싶어 해도, 우리가 무엇을 하고 싶어 해도, 그렇게 되지 않는 경우가 있단다.

B | 다음 빈칸을 채워 문장을 완성해 보세요.

1 그 여자는 그 남자가 마음을 바꾸기를 바라고 있는 거야.
______________ change his mind.

2 나는 내가 그 여자를 설득시킬 수 있기를 바라고 있어.
______________ convince her.

3 내가 잊어버린 것들을 모두 기억해낼 수 있으면 좋을 텐데.
______________ all the things I've forgotten.

4 그 여자가 아직도 나를 필요로 하면 좋을 텐데.
____

5 그 남자는 이게 모두 사실이기를 바라고 있는 거야.
____

정답 A

❶ it's not like you said it
❷ I didn't say
❸ because I want to
❹ hard on you
❺ Drawn
❻ crossed the reef
❼ unforgiving
❽ begged
❾ save
❿ he can save you
⓫ meant

정답 B

1 She's hoping he'll
2 I'm hoping I can
3 I wish I could remember
4 I wish she still needed me.
5 He's hoping it's all true.

Day 07

Village Crazy Lady

마을의 미친 여인

결국 모아나는 마음이 가는 대로 꼬마 돼지 푸아와 함께 배를 타고 바다로 나가는군요. 이제껏 한 번도 배를 타고 항해해 본 적이 없는 모아나는 겨우 균형을[balance] 잡고 앞으로 나아가는가 싶더니 바람의 방향이 바뀌고[change] 파도가 밀어닥치자[rush] 얼마 못 가 물에[into the water] 빠지고 맙니다. 푸아를 구해[rescue] 해변에 올라오긴 했지만 발은 까지고[scraped] 배는 박살이 났네요. 박살 난[smashed] 배를 보며 체념한 모아나는 아버지의 말이 맞다며 이제 족장의 제단에 돌을 올리고 아버지의 뜻에 따라야겠다고 탈라 할머니에게 말합니다. 반대할 줄 알았던 할머니는 일언반구 없이 그렇게 하라고 하지만 바다를 향한 미련을 떨칠 수 없는 모아나는 무심결에 할머니가 자신을 잡아주기를 바라는 마음을 드러내죠.

오늘 등장하는 표현들입니다. 어떤 표현이 들어가야 할지 생각해 보세요.

* __________ tell Dad? 아빠한테 이르실 거예요?
* I'm his mom, __________ tell him anything.
  내가 네 아빠의 엄만데, 뭘 다 얘기하니 (시시콜콜 다 얘기할 필요 없다).
* He was __________ ... about going out there. 아빠 말씀이 맞아요. 바다로 나가는 문제 말예요.
* __________ put my stone on the mountain. 이제 산에다 제 돌을 얹을 때가 됐어요.
* __________ trying to talk me out of it? 왜 그렇게 하지 말라고 말씀을 안 하시는 거예요?

바로 이 장면!

오디오 파일을 듣고 3번 따라 말해보세요. 07-1.mp3

GRAMMA TALA 탈라 할머니
Whatever just happened... blame it on the pig.
무슨 일이 일어났든지 간에 다 돼지한테 책임을 돌려.

MOANA 모아나
Gramma...? **Are you gonna** tell Dad?[1]
할머니…? 아빠한테 이르실 거예요?

GRAMMA TALA 탈라 할머니
I'm his mom, **I don't have to** tell him anything.[2]
내가 네 아빠의 엄만데, 뭘 다 얘기하니.

MOANA 모아나
He was right... about going out there.[3] **It's time to** put my stone on the mountain.[4]
아빠 말씀이 맞아요. 바다로 나가는 문제 말예요. 이제 산에다 제 돌을 얹을 때가 됐어요.

GRAMMA TALA 탈라 할머니
Okay. Well, then head on back, put that stone up there.
알았다. 그렇다면 돌아가서 거기다 그 돌을 얹어라.

MOANA 모아나
Why aren't you trying to talk me out of it?[5]
왜 그렇게 하지 말라고 말씀을 안 하시는 거예요?

GRAMMA TALA 탈라 할머니
You said that's what you wanted.
네가 그렇게 하고 싶다고 말했으니까.

MOANA 모아나
It is.
내가 바라는 건 그거예요.

장면 파헤치기

구문 설명과 예문으로 이 장면의 핵심 표현을 완벽히 이해하세요.

❶ Are you gonna tell Dad? 아빠한테 이르실 거예요?

gonna는 going to의 구어체 표현이라고 했던 거 기억나죠? 따라서 〈Are you gonna + 동사원형 ~?〉은 '너 ~할 거니?'라고 묻는 말이에요. 상대방이 이 시간 이후 그렇게 할 작정인지 어떤지 의중을 확인해보는 거죠.

* **Are you gonna** help us? 우리를 도와줄 거니?
* **Are you gonna** sue me? 나를 고소할 거니?

❷ I'm his mom, I don't have to tell him anything.

내가 네 아빠의 엄만데, 뭘 다 얘기하니 (시시콜콜 다 얘기할 필요 없다).

〈I don't have to + 동사원형 ~〉은 '난 ~할 필요 없다, 굳이 ~안 해도 된다'는 의미로 쓰이는 유용한 표현입니다. have 대신 need를 써서 I don't need to ~라고 해도 같은 의미이죠.

★ 영화 속 패턴 익히기

❸ He was right... about going out there. 아빠 말씀이 맞아요. 바다로 나가는 문제 말예요.

어떻게 하는 문제에 관한 한 그 사람의 말이 맞다고 말하고 싶을 때도 right을 쓰면 되죠. 즉 〈누구 + be right about + -ing〉는 상황에 따라 모아나처럼 '~하는 문제에 대해서는 누구 말이 옳다' 또는 '누가 ~하는 건 잘한 일이다'란 의미가 되는 거죠. 여기서는 주어 자리에 He, be동사 자리에 과거형 was를 써서 연습해 보세요.

* **He was right about** getting the surgery straight away. 그 남자가 곧장 수술을 받은 건 잘한 일이야.
* **He was right about** taking chances. 그 남자가 위험을 무릅쓴 건 잘한 일이야.

❹ It's time to put my stone on the mountain. 이제 산에다 제 돌을 얹을 때가 됐어요.

'이만하면/이쯤 되면/이제 ~할 때가 됐다'는 말, 〈It's time 주어 + 과거동사 ~〉로 말하면 된다고 했는데요. 주어가 특정인이 아니라 나나 우리, 아니면 보편적인 사람들, 즉 굳이 주어를 언급하지 않아도 맥락상 누구 얘기인지 알 수 있을 때는 보다 간단히 〈It's time to + 동사원형 ~〉을 쓰면 되죠.

* **It's time to** tell the truth. 진실을 말할 때야.
* **It's time to** start again. 다시 시작할 때야.

❺ Why aren't you trying to talk me out of it? 왜 그렇게 하지 말라고 말씀을 안 하시는 거예요?

Why aren't you ~?는 '왜 ~하지 않느냐?'고 이유를 묻는 표현 중 하나이죠. 이때 you 뒤에는 형용사나 형용사에 상당하는 분사, 즉 -ing나 p.p. 형태가 올 수 있는데요. 이 자리에서는 분사가 오는 경우를 넣어서 연습해 보도록 해요.

★ 영화 속 패턴 익히기

영화 속 패턴 익히기

오늘 배운 장면에서 뽑은 핵심 패턴으로 다양한 표현을 만들어 보세요.

07-2.mp3

I don't have to + V ~. ~할 필요 없어[안 해도 돼].

Step 1 기본 패턴 연습하기

1 **I don't have to** do that anymore! 난 이제 그걸 할 필요가 없어!

2 **I don't have to** get up early tomorrow. 내일은 일찍 일어날 필요가 없어.

3 **I don't have to** worry about it. 난 그것에 대해서 걱정할 필요가 없어.

4 ______________ look busy when I'm not. 난 바쁘지도 않은데 바쁜 척할 필요가 없어.

5 ______________ her. 난 그 여자 말에 복종할 필요가 없어.

Step 2 패턴 응용하기 I don't need to + V

1 **I don't need to** tell you anything. 난 너한테 무슨 말이든 할 필요가 없어.

2 **I don't need to** listen to you. 난 네 말을 들을 필요가 없어.

3 **I don't need to** be here. 난 여기 있을 필요가 없어.

4 ______________ rely on anyone for anything. 난 누구한테든 무슨 일이든 기댈 필요가 없어.

5 ____________________ any questions. 난 어떤 질문이든 대답할 필요가 없어.

Step 3 실생활에 적용하기

A 난 네 말을 들을 필요가 없어.
B Oh, come on! It's important to you.
A OK, be brief.

A I don't need to listen to you.
B 아니, 그러지 말고! 이건 너한테 중요한 거야.
A 그럼 알았어, 짧게 해.

정답 Step 1 4 I don't have to 5 I don't have to obey Step 2 4 I don't need to 5 I don't need to answer

07-3.mp3

Why aren't you trying to + V ~? 왜 ~하려고 안 해?

Step 1 기본 패턴 연습하기

1 **Why aren't you trying to** save my life? 넌 왜 내 생명을 구하려고 하지 않는 거야?

2 **Why aren't you trying to** win a prize? 넌 왜 상을 타려고 하지 않는 거야?

3 **Why aren't you trying to** help her? 넌 왜 그 여자를 도우려고 하지 않는 거야?

4 ________________ stop him? 넌 왜 그 남자를 막으려고 하지 않는 거야?

5 ________________ find her? 넌 왜 그 여자를 찾으려고 하지 않는 거야?

Step 2 패턴 응용하기 Why aren't you + -ing/p.p. ~?

1 **Why aren't you** listening to me? 넌 왜 내 말을 듣고 있지 않는 거야?

2 **Why aren't you** smiling? 넌 왜 웃지 않는 거야?

3 **Why aren't you** fighting for her? 넌 왜 그 여자를 위해서 싸우지 않는 거야?

4 ________________ filled with joy every day? 넌 왜 매일 즐거움이 가득하지 않는 거야?

5 ________________ speaking out? 넌 왜 밝히지 않는 거야?

Step 3 실생활에 적용하기

A 넌 왜 내 말을 듣고 있지 않는 거야?
B I don't have to listen to you.
A You have to, because I'm your mom.

A Why aren't you listening to me?
B 말을 들을 필요가 없으니까요.
A 들어야 해. 난 네 엄마니까.

정답 Step 1 4 Why aren't you trying to 5 Why aren't you trying to Step 2 4 Why aren't you 5 Why aren't you

확인학습

문제를 풀며 오늘 배운 표현을 완벽히 내 것으로 만드세요.

A | 영화 속 대화를 완성해 보세요.

GRAMMA TALA Whatever just happened... ❶ ______ it on the pig.
무슨 일이 일어났든지 간에 다 돼지한테 책임을 돌려.

MOANA Gramma...? ❷ ______ tell Dad?
할머니…? 아빠한테 이르실 거예요?

GRAMMA TALA I'm his mom, I don't have to ❸ ______.
내가 네 아빠의 엄만데, 뭘 다 얘기하니.

MOANA ❹ ______... about going out there.
❺ ______ my stone on the mountain.
아빠 말씀이 맞아요. 바다로 나가는 문제 말예요. 이제 산에다 제 돌을 얹을 때가 됐어요.

GRAMMA TALA Okay. Well, then ❻ ______ on back, put that stone up there. 알았다. 그렇다면 돌아가서 거기다 그 돌을 얹어라.

MOANA Why aren't you trying to ❼ ______ it?
왜 그렇게 하지 말라고 말씀을 안 하시는 거예요?

GRAMMA TALA You said that's ❽ ______ you wanted.
네가 그렇게 하고 싶다고 말했으니까.

MOANA It is. 내가 바라는 건 그거예요.

B | 다음 빈칸을 채워 문장을 완성해 보세요.

1 내일은 일찍 일어날 필요가 없어. (have 활용)
______ early tomorrow.

2 난 여기 있을 필요가 없어. (need 활용)
______ here.

3 넌 왜 밝히지 않는 거야?
______ out?

4 난 어떤 질문이든 대답할 필요가 없어. (need 활용)
______

5 넌 왜 그 남자를 막으려고 하지 않는 거야?
______

정답 A

❶ blame
❷ Are you gonna
❸ tell him anything
❹ He was right
❺ It's time to put
❻ head
❼ talk me out of
❽ what

정답 B

1 I don't have to get up
2 I don't need to be
3 Why aren't you speaking
4 I don't need to answer any questions.
5 Why aren't you trying to stop him?

Day 08

Ancient Wayfinders

고대의 개척자들

모아나의 마음을 읽은 탈라 할머니는 섬의 끝자락에 있는 용암 바위로lava rocks 모아나를 데려갑니다. 그곳의 덩굴을vines 걷어내자 숨겨진 용암 동굴이lava tube 나타나죠. 할머니는 모아나에게 동굴 안으로 들어가서go inside 북을 울리라고bang 합니다. 그러면 '자신이 진정 어떤 사람인지'에 대한 답을 알게 될 거라면서요.find out 동굴 안 어둠을 뚫고into the dark 모아나는 조심스럽게 걸어 들어가죠. 그리곤 12척의 배들로 가득 찬filled with 거대한 동굴을 발견합니다. 모아나는 얼른 그 배들 중 한 척에 올라타 갑판에deck 있는 북을 칩니다. 갑자기 멀리서 북소리가 점점 크게 메아리 치더니 그 옛날 바닷길을 개척했던 모아나의 조상들이ancestors 노래를 부르며 항해하는 모습이 눈앞에 펼쳐지네요.

오늘 등장하는 표현들입니다. 어떤 표현이 들어가야 할지 생각해 보세요.

* You've ______________ all our people's stories... but one. 너는 우리 마을에 관한 얘기는 전부 들었지, 이것만 빼고.
* ______________ our ancestors stayed within the reef?
  너는 우리 조상들이 정말로 산호초 안에 갇혀 지냈다고 생각하니?
* The answer... to the question you ______________ yourself, "who are you meant to be?"
  네가 항상 자신에게 던지는 질문인 '나는 진정 어떤 사람인가?'에 대한 답이 있지.
* ______________ WE ARE. 우리는 여기가 어디인지 잘 알아.
* ______________ WE ARE. 우리는 우리가 누구인지 잘 알아.

바로 이 장면!

오디오 파일을 듣고 3번 따라 말해보세요.

08-1.mp3

GRAMMA TALA
탈라 할머니

You've been told all our people's stories... but one.[1]
너는 우리 마을에 관한 얘기는 전부 들었지, 이것만 빼고.

MOANA
모아나

What is this place?
여기가 뭐 하는 곳이에요?

GRAMMA TALA
탈라 할머니

Do you really think our ancestors stayed within the reef?[2] Ooooooooo.
너는 우리 조상들이 정말로 산호초 안에 갇혀 지냈다고 생각하니? 오오오오오.

MOANA
모아나

What's in there?
저기에 뭐가 있어요?

GRAMMA TALA
탈라 할머니

The answer... to the question you **keep** ask**ing** yourself, "who are you meant to be?"[3] Go inside... bang the drum... and find out.
네가 항상 자신에게 던지는 질문인 '나는 진정 어떤 사람인가?'에 대한 답이 있지. 안에 들어가라… 그리고 북을 울려라… 그러면 알게 될 거다.

MOANA
모아나

"Bang the drum..."
'북을 울려라…'

ANCESTORS
조상들

TATOU O TAGATA FOLAU / VALA'AUINA E LE ATUA / O LE SAMI TELE / E O MAI IA AVA'E / LE LU'ITAU E LELEI / TAPENAPENA
타토우 오 타가타 폴라우 / 발라아우이나 에 레 아투아 / 오 레 사미 텔레 / 에 오 마이 이아 아바아에 / 레 루이타우 에 렐레이 / 타페나페나

ANCIENT WAYFINDERS
고대 개척자들

WE READ THE WIND AND THE SKY, WHEN THE SUN IS HIGH / WE SAIL THE LENGTH OF THE SEAS, ON THE OCEAN BREEZE. / AT NIGHT WE NAME EVERY STAR / **WE KNOW WHERE** WE ARE[4] / **WE KNOW WHO** WE ARE,[5] WHO WE ARE...
우리는 바다와 하늘을 읽는 자들이지, 태양이 높이 떠 있을 때는 / 바다를 가로질러 가지, 바다의 미풍을 받으며 / 밤에는 별마다 이름을 지어주지 / 우리는 여기가 어디인지 잘 알아 / 우리는 우리가 누구인지 잘 알아, 우리가 누구인지…

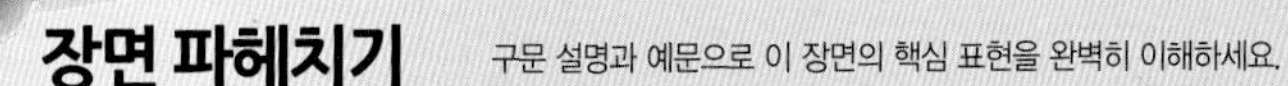

장면 파헤치기

구문 설명과 예문으로 이 장면의 핵심 표현을 완벽히 이해하세요.

❶ You've been told all our people's stories... but one.

너는 우리 마을에 관한 얘기는 전부 들었지. 이것만 빼고.

'말하다'는 의미의 tell을 수동형으로 써서 be told라고 하면 어떤 얘기를 '듣는다'는 의미가 됩니다. 따라서 You've been told ~라고 하면 '지금까지 넌 ~을/라는 걸 들었다'는 의미가 되죠. 이 얘기 '들었잖아'라고 따지듯 말할 때도 물론 쓸 수 있습니다. told 뒤에는 들은 내용을 명사, 형용사, 〈(that) 문장〉의 형태로 말해주면 되죠.

★ 영화 속 패턴 익히기

❷ Do you really think our ancestors stayed within the reef?

너는 우리 조상들이 정말로 산호초 안에 갇혀 지냈다고 생각하니?

'~라고 생각하냐?'고 상대방의 생각을 물을 때 쓰는 대표적인 영어 표현이 〈Do you think 주어 + 동사 ~?〉인데요. '정말로' 그렇게 생각하냐고 강조해서 물어보고 싶을 땐 really를 넣어 Do you really think ~?라고 물어보세요.

★ 영화 속 패턴 익히기

❸ The answer... to the question you keep asking yourself, "who are you meant to be?"

네가 항상 자신에게 던지는 질문인 '나는 진정 어떤 사람인가?'에 대한 답이 있지.

'계속 ~한다', '자꾸 ~한다'는 말, 영어로 어떻게 하면 될까요? 우리말 표현만큼이나 영어 표현 또한 간단한데요. 바로 〈keep + -ing〉 표현을 쓰면 됩니다. 이때 '계속, 자꾸'라는 말은 맥락상 경우에 따라 '항상'이란 우리말로 옮길 수도 있죠.

* I chose to **keep** go**ing** in the right direction. 난 올바른 방향으로 계속 가기로 선택했어.
* If you **keep** smil**ing** it can have a positive effect on everyone around you.
  항상 미소를 지으면 네 주위 사람들 모두에게 긍정적인 영향을 줄 수 있지.

❹ WE KNOW WHERE WE ARE.

우리는 여기가 어디인지 잘 알아.

'알다'는 의미의 동사 know 뒤에는 정말 다양한 표현들이 올 수 있는데요. 특히 어떤 일이 '어디에서' 있었는지, 혹은 사람이나 사물이 '어디에' 있는지를 알고 있다고 할 때는 know 뒤에 〈where 주어 + 동사 ~〉의 형태로 말하면 되죠.

* **We know where** they live. 우리는 그 사람들이 어디에서 사는지 알고 있어.
* **We know where** he was three days ago. 우리는 그 남자가 사흘 전에 어디에 있었는지 알고 있어.

❺ WE KNOW WHO WE ARE.

우리는 우리가 누구인지 잘 알아.

이번에는 We know 뒤에 who절을 써서 '누가 ~인지를 안다'고 말하는 연습을 해보세요. 즉 know 뒤에 〈who 주어 + 동사 ~〉 또는 〈who + 동사 ~〉의 형태로 말하면 되는데요. who절의 주어가 who 자체일 때 who 뒤에는 바로 동사를 말해주면 되는 거죠.

* **We know who** wrote that. 우리는 누가 그걸 썼는지 알고 있어.
* **We know who** is responsible for that. 우리는 그게 누구 책임인지 알고 있어.

영화 속 패턴 익히기

오늘 배운 장면에서 뽑은 핵심 패턴으로 다양한 표현을 만들어 보세요.

08-2.mp3

You've been told ~. 넌 ~을/라는 걸 들었어.

Step 1 기본 패턴 연습하기

1 **You've been told** you can't have it. 넌 그걸 가질 수 없다는 걸 들었어.

2 The question is whether **you've been told** the truth. 문제는 네가 진실을 들었느냐 하는 거야.

3 **You've been told** what to do. 넌 어떻게 해야 된다는 걸 들었잖아.

4 It's what ______________ your entire life. 그게 바로 네가 평생 들었던 거야.

5 I think ______________ wrong. 네가 잘못된 얘기를 들었다고 생각해.

Step 2 패턴 응용하기 I've/We've been told ~

1 **I've been told** I overreact when someone tells me to do something.
누가 나한테 뭘 하라고 하면 내가 과민반응을 한다는 얘기를 들어.

2 **We've been told** he was her boyfriend. 우린 그 남자가 그 여자의 남자친구였다는 얘기를 들었어.

3 **I've been told** that I've got this depression that will be with me all my life.
나는 평생 이 우울증을 안고 살아야 한다는 얘기를 들었어.

4 ______________ that I'm a very generous woman. 내가 아주 아낌없이 주는 여자란 말을 들었어.

5 ______________ we've got to leave. 우리가 떠나야 한다는 얘기를 들었어.

Step 3 실생활에 적용하기

A 우리가 떠나야 한다는 얘기를 들었어.
B When?
A They didn't tell us that.

A We've been told we've got to leave.
B 언제?
A 그 사람들이 그 얘기는 하지 않았어.

정답 Step 1 4 you've been told 5 you've been told Step 2 4 I've been told 5 We've been told

08-3.mp3

Do you really think S + 과거동사 ~? 넌 정말로 ~였다고 생각하니?

Step 1 기본 패턴 연습하기

1 **Do you really think** it belonged to them? 넌 정말로 그게 그 사람들 거였다고 생각하니?

2 **Do you really think** he learned his lesson? 넌 정말로 그 남자가 교훈을 배웠다고 생각하니?

3 **Do you really think** it was just a coincidence? 넌 정말로 그게 그저 우연의 일치였다고 생각하니?

4 ______________________ know? 넌 정말로 내가 몰랐다고 생각하니?

5 ______________________ my fault what happened out there?
넌 정말로 거기서 일어난 일이 내 잘못이었다고 생각하니?

Step 2 패턴 응용하기 Do you think S + 현재/미래동사 ~?

1 **Do you think** it will be that simple? 넌 그게 그렇게 간단할 거라고 생각하니?

2 **Do you think** he is the right one? 넌 그 남자가 적합한 사람이라고 생각하니?

3 **Do you think** that's what she feels? 넌 그게 그 여자가 느끼는 거라고 생각하니?

4 ______________________ protect them? 네가 그 사람들을 보호할 수 있을 거라고 생각하니?

5 ______________________ are good? 내 아이디어가 좋다고 생각하니?

Step 3 실생활에 적용하기

A 네가 그 사람들을 보호할 수 있을 거라고 생각하니?
B Sure, don't worry.
A Thank you, you're so wonderful.

A Do you think you can protect them?
B 물론이지, 걱정하지 마.
A 고마워, 넌 정말이지 대단해.

정답 Step 1 4 Do you really think I didn't 5 Do you really think it was Step 2 4 Do you think you can 5 Do you think my ideas

확인학습

문제를 풀며 오늘 배운 표현을 완벽히 내 것으로 만드세요.

A | 영화 속 대화를 완성해 보세요.

GRAMMA TALA ❶ __________ all our people's stories... ❷ __________ one.
너는 우리 마을에 관한 얘기는 전부 들었지. 이것만 빼고.

MOANA ❸ __________ is this place?
여기가 뭐 하는 곳이에요?

GRAMMA TALA Do you really think our ancestors ❹ __________ within the reef? Oooooooooo.
너는 우리 조상들이 정말로 산호초 안에 갇혀 지냈다고 생각하니? 오오오오오.

MOANA What's ❺ __________? 저기에 뭐가 있어요?

GRAMMA TALA The answer... to the question you ❻ __________ yourself, "who are you meant to be?" Go inside... ❼ __________ the drum... and ❽ __________.
네가 항상 자신에게 던지는 질문인 '나는 진정 어떤 사람인가?'에 대한 답이 있지. 안에 들어가라… 그리고 북을 울려라… 그러면 알게 될 거다.

MOANA "❾ __________ the drum..."
'북을 울려라…'

정답 A

❶ You've been told
❷ but
❸ What
❹ stayed
❺ in there
❻ keep asking
❼ bang
❽ find out
❾ Bang

B | 다음 빈칸을 채워 문장을 완성해 보세요.

1 누가 나한테 뭘 하라고 하면 내가 과민반응을 한다는 얘기를 들어.
__________ when someone tells me to do something.

2 우린 그 남자가 그 여자의 남자친구였다는 얘기를 들었어.
__________ her boyfriend.

3 넌 정말로 그게 그저 우연의 일치였다고 생각하니?
__________ just a coincidence?

4 넌 그 남자가 적합한 사람이라고 생각하니?
__________ the right one?

5 넌 어떻게 해야 된다는 걸 들었잖아.
____

정답 B

1 I've been told I overreact
2 We've been told he was
3 Do you really think it was
4 Do you think he is
5 You've been told what to do.

Day 09

Finding Maui

마우이를 찾아라

예로부터 모투누이 섬 안에서만 살았고 그렇게 살아가는 게 룰이라고 계속해서 주입식 교육을 받았던 모아나는 동굴cave 안에서 고대 조상들의 모습을 목격하며 흥분에 들뜹니다.excited 자신은 바로 망망대해를vast ocean 항해하고 개척했던 조상들의 후손이었던decendant 거죠. 마우이가 테피티의 심장을 훔친 이후 세상에 어둠이 덮치기 시작하면서 항해가 금지되었고,forbid 시간이 지나면서 결국 우리 자신이 누구인지도 잊어버리게 되었다는 이야기를 듣습니다. 그 어둠은 이제 모투누이 섬으로도 번지고spread 있습니다. 탈라 할머니는 갑자기 모아나의 손에 테피티의 심장을 올려놓으며 바다가 모아나를 선택했다고 말합니다. 그러니 마우이를 찾아 떠나라고요.

오늘 등장하는 표현들입니다. 어떤 표현이 들어가야 할지 생각해 보세요.

* The darkness has ______ spread. 그 어둠은 계속해서 퍼지고 있어.
* One day, ______ journey beyond our reef to restore the heart of Te Fiti.
  언젠가는 누군가가 우리 산호초 너머로 나아가서 테피티의 심장을 다시 돌려놓을 거야.
* ______ it was a dream. 난… 그게, 꿈인 줄 알았어요.
* ______ it choose me? 왜 그게 날 선택하려고 했던 거예요?
* ______ make it past the reef. 난 산호초 너머로 나아가는 방법도 모르는데요.

바로 이 장면!

오디오 파일을 듣고 3번 따라 말해보세요.

09-1.mp3

GRAMMA TALA
탈라 할머니

And the darkness **has continued to** spread,[1] chasing away our fish, draining the life from island after island...
그런데 그 어둠은 계속해서 퍼지고 있어. 우리 물고기들을 쫓아내고, 섬마다 돌아다니며 생명을 빨아먹고 있는 거지…

MOANA
모아나

Our island...
우리 섬은…

GRAMMA TALA
탈라 할머니

But... **one day, someone will** journey beyond our reef, find Maui... deliver him across the great ocean... **to** restore the heart of Te Fiti...[2]
그러나 언젠가는 누군가가 우리 산호초 너머로 나아가서 마우이를 찾을 거야. 그자를 대양 너머로 데리고 와서 테피티의 심장을 다시 돌려놓을 거야.

I was there that day. The ocean chose you.
그때 나도 거기에 있었지. 바다는 너를 선택했단다.

MOANA
모아나

I... thought it was a dream.[3]
난… 그게, 꿈인 줄 알았어요.

GRAMMA TALA
탈라 할머니

Nope! Our ancestors believed Maui lies there, at the bottom of his hook. Follow it, and you will find him.
아니야! 우리 조상들은 마우이가 갈고리 끝에 누워 있다고 믿었단다. 그것을 따라가라. 그러면 마우이를 찾게 될 거다.

MOANA
모아나

But **why would** it choose me?[4] **I don't even know how to** make it past the reef...[5] But I know who does...
하지만 왜 그게 날 선택하려고 했던 거예요? 난 산호초 너머로 나아가는 방법도 모르는데요… 하지만 누가 할 수 있는지는 알아요…

장면 파헤치기

구문 설명과 예문으로 이 장면의 핵심 표현을 완벽히 이해하세요.

❶ The darkness has continued to spread. 그 어둠은 계속해서 퍼지고 있어.

마우이가 테피티의 심장을 훔쳤을 때 엄습한 어둠이 지금까지 계속해서 퍼지고 있는 상황을 표현한 문장입니다. 〈continue to + 동사원형〉 하면 '계속해서 ~하다'란 의미인데요. 과거의 어느 시점에서 시작된 일이 지금까지도 계속해서 그렇다고 할 때는 현재완료형으로 쓰면 되죠.

* Productivity **has continued to** remain at low levels. 생산성은 계속해서 낮은 수준에 머무르고 있다.
* The number **has continued to** grow. 그 숫자는 계속해서 증가하고 있다.

❷ One day, someone will journey beyond our reef to restore the heart of Te Fiti.
언젠가는 누군가가 우리 산호초 너머로 나아가서 테피티의 심장을 다시 돌려놓을 거야.

'언젠가 때가 되면 누군가가 ~할 거야'란 말, 영어로는 One day, someone will ~이라고 하면 됩니다. 여기에 '…하기 위해서'라는 의미를 하나 더 첨가해 '…하기 위해서 언젠가 때가 되면 누군가가 ~할 거야'라고 말하고 싶다면 뒤에 〈to + 동사원형〉을 덧붙이면 되죠. 참고로 one day는 과거의 '언젠가'에도 미래의 '언젠가'에도 모두 쓸 수 있습니다.

* **One day, someone will** come in **to** make you forget all the pain. 언젠가 누군가가 들어와서 네 고통을 모두 잊게 해줄 거야.
* **One day, someone will** climb the mountain **to** discover it. 언젠가 누군가 그것을 발견하러 산을 올라올 거야.

❸ I... thought it was a dream. 난… 그게, 꿈인 줄 알았어요.

'난 ~인 줄 알았어'라는 말을 하고 싶다면 '생각하다'는 의미의 동사 think를 과거형인 thought로 바꿔 〈I thought 주어 + 과거동사 ~〉로 말하세요. '~라고 생각했다'는 말은 곧 그런 줄로 알았다는 의미이니까요. 알고 보면 참 간단하죠?

★ 영화 속 패턴 익히기

❹ Why would it choose me? 왜 그게 날 선택하려고 했던 거예요?

〈Why would 주어 + 동사원형 ~?〉은 '주어가 왜 그렇게 ~하려고 했어?'라는 의미입니다. 즉, 주어가 과거에 어떤 일을 하려고 의지를 보였던 이유가 무엇인지를 캐물을 때 쓰기 좋은 표현이죠.

* **Why would** you do this to me? 넌 왜 나한테 그런 짓을 하려고 했어?
* **Why would** she disappear like that? 왜 그 여자는 그렇게 사라지려고 했어?

❺ I don't even know how to make it past the reef. 난 산호초 너머로 나아가는 방법도 모르는데요.

〈I don't know how to + 동사원형 ~〉은 '난 ~하는 방법을 모른다'는 의미입니다. 여기에 even을 첨가하면 '~도' 모른다는 어감이 강조되죠. how 자리에는 what, who, when, where 등의 다양한 의문사도 넣어 말해보세요.

★ 영화 속 패턴 익히기

영화 속 패턴 익히기

오늘 배운 장면에서 뽑은 핵심 패턴으로 다양한 표현을 만들어 보세요.

09-2.mp3

I thought S + 과거동사 ~. 난 ~인 줄 알았어.

Step 1 기본 패턴 연습하기

1 **I thought** you had a bigger dream. 난 네가 더 큰 꿈을 가진 줄 알았어.

2 **I thought** I was alone. 난 내가 혼자인 줄 알았어.

3 **I thought** you were somebody else. 난 네가 다른 사람인 줄 알았어.

4 ______________ lying. 난 그 남자가 거짓말을 하고 있는 줄 알았어.

5 ______________ dead. 난 네가 죽은 줄 알았어.

Step 2 패턴 응용하기 He/She/They/You thought S + 과거동사

1 At first **he thought** he was mistaken. 처음에 그 남자는 자신이 잘못했는 줄 알았어.

2 **She thought** the nightmare was over. 그 여자는 악몽은 끝난 줄 알았어.

3 **They thought** it was only science fiction. 그 사람들은 그게 그냥 공상 과학 소설인 줄 알았어.

4 ______________ going to remain silent. 넌 내가 입을 다물고 있을 줄 알았던 거지.

5 ______________ maybe that would be the best thing to do.
그 남자는 아마도 그게 최선의 방법인 줄 알았던 거지.

Step 3 실생활에 적용하기

A 난 네가 죽은 줄 알았어.
B Oh really? What made you think so?
A Somebody told me so.

A I thought you were dead.
B 아니, 정말? 왜 그렇게 생각했는데?
A 누군가 나한테 그렇게 말했거든.

정답 Step 1 4 I thought he was 5 I thought you were Step 2 4 You thought I was 5 He thought

09-3.mp3

I don't even know how to + V ~. 난 ~하는 방법도 몰라.

Step 1 기본 패턴 연습하기

1 **I don't even know how to** respond to that. 난 그것에 대해서 대응하는 방법도 몰라.

2 **I don't even know how to** describe it. 난 그걸 묘사하는 방법도 몰라.

3 **I don't even know how to** start. 난 시작하는 방법도 몰라.

4 ______________________ change a diaper. 나 기저귀 가는 방법도 몰라.

5 ______________________ boil an egg. 난 계란을 삶는 방법도 몰라.

Step 2 패턴 응용하기 I don't know what/who/when/where to + V

1 **I don't know what to** say to make things better for her.
난 그 여자의 상태를 좋게 하기 위해 어떤 말을 해야 되는지 몰라.

2 **I don't know who to** trust these days. 요즘은 누굴 믿어야 되는지 모르겠어.

3 **I don't know when to** stop. 난 언제 그만둬야 되는지 모르겠어.

4 ______________________ go to learn it. 그걸 배우려면 어디를 가야 되는지 모르겠어.

5 ______________________ believe about him. 난 그 남자에 관해서 뭘 믿어야 되는지 모르겠어.

Step 3 실생활에 적용하기

A 요즘은 누굴 믿어야 되는지 모르겠어.
B What is wrong?
A Someone tried to break into my house yesterday.

A I don't know who to trust these days.
B 뭐가 잘못됐는데?
A 어제 누군가가 우리 집에 침입하려고 했어.

정답 Step 1 4 I don't even know how to 5 I don't even know how to Step 2 4 I don't know where to 5 I don't know what to

확인학습

문제를 풀며 오늘 배운 표현을 완벽히 내 것으로 만드세요.

A | 영화 속 대화를 완성해 보세요.

GRAMMA TALA And the darkness has ❶ ______________, chasing away our fish, ❷ ________ the life from island after island... 그런데 그 어둠은 계속해서 퍼지고 있어, 우리 물고기들을 쫓아내고, 섬마다 돌아다니며 생명을 빨아먹고 있는 거지…

MOANA Our island... 우리 섬은…

GRAMMA TALA But... ❸ ______________ journey beyond our reef, find Maui... deliver him across the great ocean... ❹ __________ the heart of Te Fiti... I was there that day. The ocean chose you. 그러나 언젠가는 누군가가 우리 산호초 너머로 나아가서 마우이를 찾을 거야. 그자를 대양 너머로 데리고 와서 테피티의 심장을 다시 돌려놓을 거야. 그때 나도 거기에 있었지. 바다는 너를 선택했단다.

MOANA I... thought ❺ ______________.
난… 그게, 꿈인 줄 알았어요.

GRAMMA TALA Nope! Our ancestors believed Maui ❻ ________ there, at the bottom of his hook. ❼ ________ it, and you will find him. 아니야! 우리 조상들은 마우이가 갈고리 끝에 누워 있다고 믿었단다. 그것을 따라가라. 그러면 마우이를 찾게 될 거다.

MOANA But ❽ __________ it choose me? ❾ ______________ make it past the reef... But I know who does... 하지만 왜 그게 날 선택하려고 했던 거예요? 난 산호초 너머로 나아가는 방법도 모르는데요… 하지만 누가 할 수 있는지는 알아요…

B | 다음 빈칸을 채워 문장을 완성해 보세요.

1 난 네가 더 큰 꿈을 가진 줄 알았어.
______________ a bigger dream.

2 그 남자는 아마도 그게 최선의 방법인 줄 알았던 거지.
______________ be the best thing to do.

3 난 그것에 대해서 대응하는 방법도 몰라.
______________ to that.

4 난 언제 그만둬야 되는지 모르겠어.
____

5 난 계란을 삶는 방법도 몰라.
____

정답 A

❶ continued to spread
❷ draining
❸ one day, someone will
❹ to restore
❺ it was a dream
❻ lies
❼ Follow
❽ why would
❾ I don't even know how to

정답 B

1 I thought you had
2 He thought maybe that would
3 I don't even know how to respond
4 I don't know when to stop.
5 I don't even know how to boil an egg.

Day 10

Tala's Wayfinding Necklace

길을 안내해주는 할머니의 목걸이

마을의 농작물이crops 자꾸 까맣게 변해버려 추수가harvest 시원치 않습니다. 이 문제를 두고 한창 회의 중인 마을회관으로council fale 모아나가 불쑥 들어와burst in 해결책이 있다고 말하네요. 동굴에 고대 조상들의 배가 있으며 우리는 그 배를 타고 마우이를 찾아 테피티의 심장을 다시 돌려놓으면 된다고 말이죠. 하지만 투이가 이 말을 순순히 받아들일 리가 없죠. 모아나가 손에 들고 있던 테피티의 심장을 집어 던지고는 동굴의 배를 태워버리겠고burn 합니다. 이런 투이와 안 된다고 말리는 모아나가 실랑이를 벌이고 있는 사이 탈라 할머니가 쓰러졌다는 소식이 전해지죠. 할머니는 의식을consciousness 잃기 전 모아나에게 길을 안내하는 목걸이를necklace 쥐어주며 마우이를 찾아 떠나라고 또 다시 말씀하십니다.

오늘 등장하는 표현들입니다. 어떤 표현이 들어가야 할지 생각해 보세요.

* We can ______ restore the heart. 우리는 마우이가 심장을 다시 돌려놓게 할 수 있어요.
* You ______ help our people. 아빠가 나한테 마을 사람들을 도우라고 했잖아요.
* ______ we help our people! 이게 마을 사람들을 돕는 거예요!
* I ______ those boats a long time ago. 내가 오래 전에 진작 그 배들을 태워버렸어야 했는데.
* ______ find Maui. 우리는 마우이를 찾아야 해요.

바로 이 장면!

오디오 파일을 듣고 3번 따라 말해보세요. 10-1.mp3

MOANA
모아나

We can stop the darkness, save our Island! There's a cavern of boats, huge canoes, **we can** take them, find Maui, **make him** restore the heart.[1] We were voyagers, we can voyage again!

우리는 농작물이 까맣게 변하는 걸 막을 수 있어요, 우리 섬을 구할 수 있어요! 배가 있는 동굴이 있어요, 커다란 카누가 있단 말이에요, 우리는 그 배를 타고 마우이를 찾을 수 있어요, 마우이가 심장을 다시 돌려놓게 말이에요. 우리는 항해를 하는 사람들이었어요, 우리는 다시 항해를 할 수 있단 말이에요!

You told me to help our people,[2] **this is how** we help our people![3] Dad? What are you doing?

아빠가 나한테 마을 사람들을 도우라고 했잖아요, 이게 마을 사람들을 돕는 거예요! 아빠? 어떻게 하시려는 거예요?

TUI
투이

I should've burned those boats a long time ago.[4]

내가 오래 전에 진작 그 배들을 태워버렸어야 했는데.

MOANA
모아나

No! Don't! **We have to** find Maui,[5] we have to restore the heart!

안 돼요! 태우지 마세요! 우리는 마우이를 찾아야 해요, 우리는 심장을 돌려놔야 해요!

TUI
투이

There is no heart! This? This is just a rock!

심장 같은 건 없어! 이거? 이건 그냥 돌이야!

MOANA
모아나

NO!

안 돼요!

장면 파헤치기

구문 설명과 예문으로 이 장면의 핵심 표현을 완벽히 이해하세요.

❶ We can make him restore the heart. 우리는 마우이가 심장을 다시 돌려놓게 할 수 있어요.

〈make someone + 동사원형〉은 'someone이 …하게 하다[만들다]'는 의미의 매우 유용한 표현이에요. 따라서 〈We can make him/her + 동사원형 ~〉 하면 '우린 그 남자/여자가 ~하게 할 수 있어[만들 수 있어]'란 의미가 되는 거죠.

* **We can make her** talk. 우리는 그 여자가 말을 하게 만들 수 있어.
* **We can make him** feel like the luckiest man on earth.
  우리는 그 남자가 자신이 이 세상에서 제일 운이 좋은 사람으로 느끼게 할 수 있어.

❷ You told me to help our people. 아빠가 나한테 마을 사람들을 도우라고 했잖아요.

'네가 나한테 그렇게 하라고 말해놓고선 무슨 소리냐'며 따지고 싶을 때 있죠? 이럴 땐 〈You told me to + 동사원형 ~〉을 써보세요. '네가 나한테 ~라고 했잖아'라는 의미입니다.

★ 영화 속 패턴 익히기

❸ This is how we help our people! 이게 마을 사람들을 돕는 거예요!

〈This is how 주어 + 동사 ~〉는 '이것이 주어가 ~하는 방법[방식]이다', 즉 '주어는 이렇게 ~한다'는 의미입니다. 이때 This는 앞서 언급한 구체적인 방법을 가리키죠. 모아나도 마을 사람들을 구할 수 있는 구체적인 방법을 먼저 죽 설명한 다음에 이 표현을 써서 결론을 맺고 있네요.

* **This is how** they communicate. 그 사람들은 이렇게 의사소통을 해.
* **This is how** investors think. 투자가들은 이렇게 생각해.

❹ I should've burned those boats a long time ago. 내가 오래 전에 진작 그 배들을 태워버렸어야 했는데.

should've는 should have의 축약형으로, 〈should have + p.p.〉는 '~했어야 했는데' 하지 않아서 안타깝거나 속상한 마음을 전할 때 매우 유용하게 쓰이는 표현이죠. 따라서 내가 했어야 했는데 하지 않아서 많이 아쉬울 때는 〈I should've + p.p. ~〉로 말하면 되죠.

★ 영화 속 패턴 익히기

❺ We have to find Maui. 우리는 마우이를 찾아야 해요.

〈have to + 동사원형〉이 '반드시 ~해야 한다'는 의무를 강조할 때 쓰이는 표현이라는 건 이미 잘 알고 있을 거예요. 그런데 이 표현을 We와 함께 써서 We have to ~라고 하면 우리가 꼭 해야 할 일에 대해 사람들에게 환기시키거나 주장할 때 쓸 수 있죠.

* **We have to** deal with this issue. 우리는 이 문제를 다뤄야 해.
* **We have to** remember the lesson. 우리는 그 교훈을 잊지 말아야 해.

영화 속 패턴 익히기

오늘 배운 장면에서 뽑은 핵심 패턴으로 다양한 표현을 만들어 보세요.

10-2.mp3

You told me to + V ~. 네가 나한테 ~라고 했잖아.

Step 1 기본 패턴 연습하기

1 **You told me to** come here. 네가 이리로 오라고 했잖아.

2 **You told me to** say nothing about it. 네가 그것에 관해서 아무 말도 하지 말라고 했잖아.

3 **You told me to** believe in myself always. 네가 항상 내 자신을 믿으라고 했잖아.

4 ________________ quit seeing her. 네가 그 여자를 그만 만나라고 했잖아.

5 ________________ stop doing that. 네가 그걸 그만두라고 했잖아.

Step 2 패턴 응용하기 I told you to + V

1 **I told you to** clean up your room. 내가 네 방 청소를 하라고 했잖아.

2 **I told you to** stay home. 내가 집에 있으라고 했잖아.

3 **I told you to** make contingency plans. 내가 비상계획을 짜라고 했잖아.

4 ________________ her before it was too late. 내가 너무 늦기 전에 그 여자에게 말하라고 했잖아.

5 ________________ her. 내가 그 여자를 도우라고 했잖아.

Step 3 실생활에 적용하기

A 내가 너무 늦기 전에 그 여자에게 말하라고 했잖아.
B Oh, I told her that yesterday.
A It was too late.

A I told you to tell her before it was too late.
B 아, 어제 얘기했어.
A 너무 늦었어.

정답 Step 1 4 You told me to 5 You told me to Step 2 4 I told you to tell 5 I told you to help

10-3.mp3

I/We should've + p.p. ~. 난/우린 ~했어야 했는데.

Step 1 기본 패턴 연습하기

1 **I should've listened** to you. 네 말을 들었어야 했는데.

2 **We should've checked** the weather. 우린 날씨를 확인했어야 했는데.

3 **I should've put** it another way. 달리 표현했어야 했는데.

4 ______________ for backup. 지원을 요청했어야 했는데.

5 ______________ about it more. 우린 그것에 관해서 더 얘기했어야 했는데.

Step 2 패턴 응용하기 He/She/They should've + p.p. ~

1 **He should've risked** it. 그 남자는 위험을 무릅쓰고 그것을 했어야 했는데.

2 **She should've called** the police. 그 여자는 경찰을 불렀어야 했는데.

3 **They should've realized** what was happening. 그 사람들은 무슨 일이 일어나고 있었는지 깨달았어야 했는데.

4 ______________ away. 그 여자는 도망갔어야 했는데.

5 ______________ to the doctor. 그 남자는 병원에 갔어야 했는데.

Step 3 실생활에 적용하기

A 네 말을 들었어야 했는데.
B Oh, OK. You're doing it fine.
A Do you really think so? Thank you.

A I should've listened to you.
B 아, 괜찮아. 넌 잘 하고 있어.
A 정말 그렇게 생각해? 고마워.

정답 Step 1 4 I should've called 5 We should've talked Step 2 4 She should've run 5 He should've gone

확인학습

문제를 풀며 오늘 배운 표현을 완벽히 내 것으로 만드세요.

A | 영화 속 대화를 완성해 보세요.

MOANA We can ❶ __________ the darkness, save our Island! There's a ❷ __________ of boats, huge canoes, we can take them, find Maui, ❸ __________ the heart. We were ❹ __________, we can ❺ __________ again! ❻ __________ help our people, ❼ __________ we help our people! Dad? What are you doing?
우리는 농작물이 까맣게 변하는 걸 막을 수 있어요. 우리 섬을 구할 수 있어요! 배가 있는 동굴이 있어요. 커다란 카누가 있단 말이에요. 우리는 그 배를 타고 마우이를 찾을 수 있어요. 마우이가 심장을 다시 돌려놓게 말이에요. 우리는 항해를 하는 사람들이었어요. 우리는 다시 항해를 할 수 있단 말이에요! 아빠가 나한테 마을 사람들을 도우라고 했잖아요. 이게 마을 사람들을 돕는 거예요! 아빠? 어떻게 하시려는 거예요?

TUI ❽ __________ those boats ❾ __________.
내가 오래 전에 진작 그 배들을 태워버렸어야 했는데.

MOANA No! Don't! ❿ __________ find Maui, ⓫ __________ restore the heart!
안 돼요! 태우지 마세요! 우리는 마우이를 찾아야 해요. 우리는 심장을 돌려놔야 해요!

TUI There is no heart! This? This is just a rock!
심장 같은 건 없어! 이거? 이건 그냥 돌이야!

MOANA NO! 안 돼요!

정답 A

❶ stop
❷ cavern
❸ make him restore
❹ voyagers
❺ voyage
❻ You told me to
❼ this is how
❽ I should've burned
❾ a long time ago
❿ We have to
⓫ we have to

B | 다음 빈칸을 채워 문장을 완성해 보세요.

1 네가 그것에 관해서 아무 말도 하지 말라고 했잖아.
__________ nothing about it.

2 내가 집에 있으라고 했잖아.
__________ home.

3 우린 날씨를 확인했어야 했는데.
__________ the weather.

4 그 남자는 병원에 갔어야 했는데.
____

5 네가 그걸 그만두라고 했잖아.
____

정답 B

1 You told me to say
2 I told you to stay
3 We should've checked
4 He should've gone to the doctor.
5 You told me to stop doing that.

Day 11

Sailing Off with Heihei

헤이헤이와 함께 돛을 올리다

할머니의 마지막 유언과도 같은 말을 받아들인 모아나! 물품을supplies 챙겨 동굴 속 배를 한 척 타고 망망대해로 나섭니다. 그런데 짐칸에cargo hold 이상한 소리가 나서 보니 어느 틈에 헤이헤이가 코코넛을 쓰고 타고 있는 게 아니겠어요. 이렇게 모아나는 멍청한 수탉 헤이헤이와 함께 본격적으로 마우이를 찾아 항해를 시작합니다. 어느새 밤이 되고 모아나는 할머니의 말씀대로 갈고리 성좌를hook constellation 향해 배를 몰려고 애쓰죠. 마우이와 만나면 해야 할 말을 계속 연습하면서… 하지만 항해가 순조로울 리 만무합니다. 어느 순간 바람이 불어 배는 균형을 잃고 뒤집히죠.capsize 설상가상으로 폭풍우까지storm 다가옵니다.close in 모아나는 바다에게 도와달라고 간절히 청하는데요. 하지만…

Warm Up! 오늘 배울 표현

오늘 등장하는 표현들입니다. 어떤 표현이 들어가야 할지 생각해 보세요.

* A LINE THE SKY MEETS THE SEA. 하늘과 바다가 만나는 수평선이 있어요.
* IT GOES. 그곳이 얼마나 먼지는 아무도 몰라요.
* ALL THAT TIME, WOND'RING WHERE BE IS BEHIND ME.
  내가 가야 하는 곳을 찾아 방랑해야 하는 그 시간이 내 뒤에 있어요
* ALL THAT TIME, WOND'RING WHERE I OUGHTA BE .
  내가 가야 하는 곳을 찾아 방랑해야 하는 그 시간이 내 뒤에 있어요
* TURN BACK. 난 이제 돌이킬 수 없어요.

바로 이 장면!

오디오 파일을 듣고 3번 따라 말해보세요.

11-1.mp3

MOANA
모아나

THERE'S A LINE **WHERE** THE SKY MEETS THE SEA[1] / AND IT CALLS ME / BUT **NO ONE KNOWS HOW FAR** IT GOES[2] / ALL THAT TIME, WOND'RING WHERE **I OUGHTA** BE / **IS BEHIND ME**[3][4] / I'M ON MY OWN TO WORLDS UNKNOWN.
하늘과 바다가 만나는 수평선이 있어요 / 그 수평선이 나를 불러요 / 하지만 그곳이 얼마나 먼지는 아무도 몰라요 / 내가 가야 하는 곳을 찾아 방랑해야 하는 그 시간이 / 내 뒤에 있어요 / 나는 혼자서 알지 못하는 세계로 나아가요

EVERY TURN I TAKE / EVERY TRAIL I TRACK / IS A CHOICE I MAKE / **NOW I CAN'T** TURN BACK[5] / FROM THE GREAT UNKNOWN / WHERE I'LL GO ALONE / WHERE I LONG TO BE
갈림길마다 / 내가 가는 길마다 / 선택의 문제예요 / 난 이제 돌이킬 수 없어요 / 알지 못하는 거대한 것으로부터요 / 나는 그곳에 혼자 가요 / 내가 가고 싶어 하는 곳으로

SEE HER LIGHT UP THE NIGHT IN THE SEA / SHE CALLS ME / AND YES, I KNOW / THAT I CAN GO
가오리가 밤바다를 밝히는 것을 보세요 / 가오리가 나를 불러요 / 나는 알아요 / 갈 수 있다는 것을요

THERE'S A MOON IN THE SKY / THE WIND IS BEHIND ME / AND SOON I'LL KNOW / HOW FAR I'LL GO!
하늘에 달이 떠 있어요 / 바람은 내 뒤에서 불어요 / 이제 곧 알게 될 거예요 / 내가 얼마나 멀리 가게 되는지!

장면 파헤치기

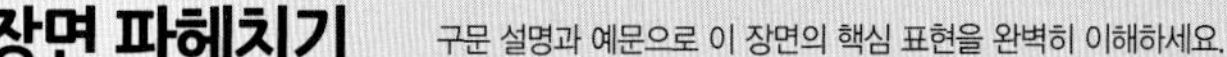

구문 설명과 예문으로 이 장면의 핵심 표현을 완벽히 이해하세요.

❶ THERE'S A LINE WHERE THE SKY MEETS THE SEA. 하늘과 바다가 만나는 수평선이 있어요.

〈There's + 명사〉는 '~이 있다'는 의미로 유명한 표현이죠. 이 뒤에 명사를 구체적으로 설명해주는 다양한 표현을 쓸 줄 알아야 활용의 폭이 엄청나게 넓어집니다. 여기서는 특히 뒤에 where절이 오는 경우를 연습해 보도록 하죠. 이때 앞의 명사는 물리적인 장소뿐 아니라 두 번째 예문처럼 추상적인 장소나 출처를 나타내는 명사도 옵니다.

* **There's** the sea **where** they can swim all day. 그 사람들이 하루 종일 수영할 수 있는 바다가 있어.
* **There's** a case **where** the opposite is true. 그 반대가 진실인 경우가 있어.

❷ NO ONE KNOWS HOW FAR IT GOES. 그곳이 얼마나 먼지는 아무도 몰라요.

No one knows는 '아무도 모른다'는 말이죠. 따라서 〈No one knows how far 주어 + 동사 ~〉 하면 '~가 얼마나 먼지는 아무도 모른다'는 뜻입니다. far 자리에는 상황에 따라 many, much, long 등의 형용사나 부사도 넣어 연습해 보세요.

★ 영화 속 패턴 익히기

❸ ALL THAT TIME, WOND'RING WHERE I OUGHTA BE IS BEHIND ME.
내가 가야 하는 곳을 찾아 방랑해야 하는 그 시간이 내 뒤에 있어요

이 문장에서는 where I oughta be만 떼내어 보도록 하죠. 직역하면 '내가 있어야 하는 곳'이란 의미인데요. 여기서 oughta는 ought to의 구어체 표현으로 '~해야 한다'는 의미예요. 물론 뒤에는 동사원형을 써야 하죠.

* **I oughta** find somebody new. 나 새로운 사람을 찾아야 해.
* **I oughta** go back there. 난 그곳으로 돌아가야 해.

❹ ALL THAT TIME, WOND'RING WHERE I OUGHTA BE IS BEHIND ME.
내가 가야 하는 곳을 찾아 방랑해야 하는 그 시간이 내 뒤에 있어요

behind가 '~뒤에'라는 의미의 전치사라는 건 잘 알고 있죠? 따라서 '~가 내 뒤에 있다'는 말은 ~ is behind me라고 간단히 표현할 수 있습니다. 물론 주어가 복수일 땐 ~ are behind me라고 해야 하고요.

* The past **is behind me.** 과거가 내 뒤에 있어.
* My whole life's work **is behind me.** 내 평생의 작품이 내 뒤에 있어.

❺ NOW I CAN'T TURN BACK. 난 이제 돌이킬 수 없어요.

영어를 잘하려면 '할 수 있다, 할 수 없다' 할 때의 can, can't도 자유자재로 쓸 줄 알아야 하죠. 일단 나의 입장에서 '난 이제 ~할 수가 없다'는 의미의 Now I can't ~을 자유자재로 말하는 연습을 해본 다음, 반대말인 Now I can ~까지 연습해 보죠.

★ 영화 속 패턴 익히기

영화 속 패턴 익히기

오늘 배운 장면에서 뽑은 핵심 패턴으로 다양한 표현을 만들어 보세요.

11-2.mp3

No one knows how 형/부 S + V ~. 얼마나 ~한지는 아무도 몰라.

Step 1 기본 패턴 연습하기

1 **No one knows how much** I've loved them. 내가 그 사람들을 얼마나 사랑했는지 아무도 몰라.

2 **No one knows how long** it will be before we find them.
우리가 그 사람들을 찾는 게 얼마나 오래 걸릴지 아무도 몰라.

3 **No one knows how many** homeless people there are in America.
미국에 노숙자가 얼마나 많은지 아무도 몰라.

4 ______________ she can reach. 그 여자가 얼마나 멀리 갈 수 있는지 아무도 몰라.

5 ______________ that hole is. 그 구멍이 얼마나 깊은지 아무도 몰라.

Step 2 패턴 응용하기 No one knows + 의문사절/if절

1 **No one knows what** life is. 인생이 뭔지 아무도 몰라.

2 **No one knows who** was invited. 누가 초대됐는지 아무도 몰라.

3 **No one knows when** she'll return. 그 여자가 언제 돌아올지 아무도 몰라.

4 ______________ he is from. 그 남자가 어디 출신인지 아무도 몰라.

5 ______________ it really happened. 그게 정말 일어났는지는 아무도 몰라.

Step 3 실생활에 적용하기

A 그 남자가 어디 출신인지 아무도 몰라.
B Really? I know.
A Then do tell me that.

A No one knows where he is from.
B 정말? 난 알아.
A 그렇다면 나한테 얘기 좀 해줘.

정답 Step 1 4 No one knows how far 5 No one knows how deep Step 2 4 No one knows where 5 No one knows if

11-3.mp3

Now I can't ~. 난 이제 ~할 수가 없어.

Step 1 기본 패턴 연습하기

1 **Now I can't** handle it anymore. 난 이제 그걸 다룰 수가 없어.

2 **Now I can't** pay my insurance. 난 이제 보험료를 낼 수가 없어.

3 **Now I can't** even sleep. 난 이제 잘 수도 없어.

4 ________________ you about it. 난 이제 그것에 대해서 너에게 얘기할 수가 없어.

5 ________________ back there. 난 이제 그곳으로 돌아갈 수가 없어.

Step 2 패턴 응용하기 Now I can ~

1 **Now I can** finally see it! 이제 드디어 그것을 이해할 수가 있어!

2 **Now I can** move on. 이제 앞으로 나아갈 수가 있어.

3 **Now I can** make enough profit from it. 이제 그것에서 이익을 충분히 낼 수가 있어.

4 ________________ I forgive myself. 이제 진정으로(truly) 날 용서할 수 있다고 말할 수 있어.

5 ________________ some sleep. 이제 잠을 좀 잘 수가 있어.

Step 3 실생활에 적용하기

A 이제 드디어 그것을 이해할 수가 있어!
B Good for you.
A That's all thanks to you.

A Now I can finally see it!
B 잘됐네.
A 이게 모두 네 덕분이야.

정답 Step 1 4 Now I can't tell 5 Now I can't go Step 2 4 Now I can truly say 5 Now I can get

확인학습

문제를 풀며 오늘 배운 표현을 완벽히 내 것으로 만드세요.

A | 영화 속 대화를 완성해 보세요.

MOANA ❶ __________ A LINE ❷ __________ THE SKY MEETS THE SEA / AND IT CALLS ME / BUT ❸ __________________________ IT GOES / ALL THAT TIME, WOND'RING WHERE ❹ __________ BE / IS ❺ __________ / I'M ON MY OWN TO WORLDS ❻ __________. 하늘과 바다가 만나는 수평선이 있어요 / 그 수평선이 나를 불러요 / 하지만 그곳이 얼마나 먼지는 아무도 몰라요 / 내가 가야 하는 곳을 찾아 방랑해야 하는 그 시간이 / 내 뒤에 있어요 / 나는 혼자서 알지 못하는 세계로 나아가요

EVERY TURN I TAKE / EVERY TRAIL I TRACK / IS A CHOICE I MAKE / NOW I CAN'T ❼ __________ / FROM THE GREAT UNKNOWN / WHERE I'LL GO ❽ __________ / WHERE I ❾ __________ TO BE
갈림길마다 / 내가 가는 길마다 / 선택의 문제예요 / 난 이제 돌이킬 수 없어요 / 알지 못하는 거대한 것으로부터요 / 나는 그곳에 혼자 가요 / 내가 가고 싶어 하는 곳으로

SEE HER ❿ __________ THE NIGHT IN THE SEA / SHE CALLS ME / AND YES, I KNOW / THAT I CAN GO
가오리가 밤바다를 밝히는 것을 보세요 / 가오리가 나를 불러요 / 나는 알아요 / 갈 수 있다는 것을요

THERE'S A MOON IN THE SKY / THE WIND IS BEHIND ME / AND SOON I'LL KNOW / ⓫ __________ I'LL GO!
하늘에 달이 떠 있어요 / 바람은 내 뒤에서 불어요 / 이제 곧 알게 될 거예요 / 내가 얼마나 멀리 가게 되는지!

정답 A

❶ THERE'S
❷ WHERE
❸ NO ONE KNOWS HOW FAR
❹ I OUGHTA
❺ BEHIND ME
❻ UNKNOWN
❼ TURN BACK
❽ ALONE
❾ LONG
❿ LIGHT UP
⓫ HOW FAR

B | 다음 빈칸을 채워 문장을 완성해 보세요.

1 내가 그 사람들을 얼마나 사랑했는지 아무도 몰라.
__________________ I've loved them.

2 그 여자가 언제 돌아올지 아무도 몰라.
__________________ she'll return.

3 누가 초대됐는지 아무도 몰라.
__________________ was invited.

4 난 이제 잘 수도 없어.
__________________ even sleep.

5 이제 드디어 그것을 이해할 수가 있어!
____

정답 B

1 No one knows how much
2 No one knows when
3 No one knows who
4 Now I can't
5 Now I can finally see it!

Day 12

Demigod Maui

반신반인 마우이

바다에게 그렇게 도와달라 했건만 모아나의 배는 바위투성이^craggy 섬에 조난당하고^marooned 말았습니다. 바다에게 화풀이를 하던 모아나는 사방에 갈고리 모양의 무늬가 무수히 찍혀 있는 바위를 발견하곤 그제야 여기가 마우이가 사는 곳이라는 걸 깨닫게 되죠. 바다가 이곳으로 모아나를 안내했던 것입니다. 이때 무슨 소리가^noise 들리며 누군가가 다가오고 있는 모습이 보입니다. 바로 마우이네요. 모아나와 마우이의 역사적인 첫 대면이 이렇게 시작되는군요. 배를 발견하곤 반가워하던 마우이는 이어 모아나를 발견하곤 깜짝 놀라는가 싶더니 자신을 사람들의 영웅이라고 소개하며 대뜸 모아나에게 사인을^autograph 해줍니다. 모아나를 자신의 열혈 팬으로^big fan 착각하는 엉뚱한 마우이입니다.

오늘 등장하는 표현들입니다. 어떤 표현이 들어가야 할지 생각해 보세요.

* I'm ______ … 난 …하러 여기 왔어요.
* Maui always ______ his fans. 마우이는 팬들한테는 언제나 시간을 내줄 수 있지.
* ______ you get a chance to meet your hero. 자신이 그리는 영웅을 만날 기회가 매일 있는 건 아니니까.
* I am not here ______ sign my oar. 난 노에 사인해 달라고 여기에 온 게 아니에요.
* ______ 'cause you stole the Heart of Te Fiti! 난 당신이 테피티의 심장을 훔쳤기 때문에 여기 온 거거든요!

바로 이 장면!

오디오 파일을 듣고 3번 따라 말해보세요. 12-1.mp3

MAUI 마우이

Maui, shapeshifter, demigod of the wind and sea, hero of men... I interrupted – from the top – hero of men – go.

마우이, 변신하는 자, 바람과 바다의 반신반인, 남자들의 영웅… 내가 방해했군, 처음부터 다시, 남자들의 영웅, 자, 해봐.

MOANA 모아나

Uh... I, am Mo...

어, 난, 모아…

MAUI 마우이

...Sorry, sorry, and women. Men and women – both, all – not a guy-girl thing – Hero to all. You're doing great–

미안, 미안, 그리고 여자들. 남자들과 여자들, 둘 다, 모두, 남자애와 여자애, 뭐, 그런 얘기가 아니고, 모든 사람들의 영웅이란 말이지. 넌 잘하고 있어…

MOANA 모아나

Wha- no, **I'm here to...**[1]

뭐라… 아뇨, 난 여기에…

MAUI 마우이

Of course, yes, **Maui always has time for** his fans.[2] When ya use a bird to write with, It's called "tweeting." Eh? I know, **not every day you get a chance to** meet your hero–[3]

물론, 그렇지, 마우이는 팬들한테는 언제나 시간을 내줄 수 있지. 새를 이용해서 쓸 때는 '트위터를 한다'고 하지. 됐지? 나도 알아, 자신이 그리는 영웅을 만날 기회가 매일 있는 건 아니니까…

MOANA 모아나

You are not my hero! And **I am not here so you can** sign my oar,[4] **I am here 'cause** you stole the Heart of Te Fiti![5] And you will board my boat, sail across the sea and put it back!

당신은 내 영웅이 아니라고요! 그리고 난 노에 사인해 달라고 여기에 온 게 아니라, 난 당신이 테피티의 심장을 훔쳤기 때문에 여기 온 거거든요! 당신은 내 배를 타야 해요. 그리고 바다를 건너 테피티의 심장을 돌려놓아야 해요!

장면 파헤치기

구문 설명과 예문으로 이 장면의 핵심 표현을 완벽히 이해하세요.

❶ I'm here to... 난 여기에…

모아나는 자신이 마우이를 만나러 여기에 온 이유를 〈I'm here to + 동사원형〉을 써서 말하려고 하지만, 마우이가 모아나의 말을 끝까지 들어주질 않는군요. 아무튼 자신이 여기에 온 이유를 말하고 싶을 때 모아나가 쓰려고 했던 바로 이 패턴을 이용해 보세요. '~하러 여기 왔어요'라는 의미랍니다.

★ 영화 속 패턴 익히기

❷ Maui always has time for his fans. 마우이는 팬들한테는 언제나 시간을 내줄 수 있지.

누구에게 시간을 내준다는 말은 have/has time for someone이라고 하면 돼요. 따라서 '제3자가 누구에게는 항상 시간을 내주더라'라고 얘기하고 싶을 땐 〈제3자 + always has time for someone〉으로 말하면 됩니다.

- **He always has time for** his family. 그 남자는 가족한테는 언제나 시간을 내줘.
- **The professor always has time for** his students. 그 교수는 학생들한테는 언제나 시간을 내줘.

❸ Not every day you get a chance to meet your hero.
자신이 그리는 영웅을 만날 기회가 매일 있는 건 아니니까.

'~할 수 있는 기회가 매일 있는 건 아니다'라는 말, 영어로는 바로 이렇게 하면 되죠. 〈It's not every day you get a chance to + 동사원형 ~〉으로 말예요. 그런데 마우이는 제법 잘난 척하며 It's를 빼고 편하게 말했네요. 우리도 마우이처럼 It's를 빼고 한번 말해볼까요? 여기서 you는 일반적인 사람들을 가리킬 때도 쓸 수 있고, 상대방을 콕 집어 얘기할 때도 쓸 수 있습니다.

★ 영화 속 패턴 익히기

❹ I am not here so you can sign my oar. 난 노에 사인해 달라고 여기에 온 게 아니에요.

이번에는 '너한테 ~하게 하려고 내가 여기 온/있는 게 아니다'라며 나와는 무관하게 엉뚱한 짓을 하고 있는 상대방에게 항변할 때 쓸 수 있는 표현입니다. '내가 여기 온/있는 게 아니다'라는 의미의 I am not here 뒤에 '네가 ~하도록 하기 위해'란 의미의 so (that) you can ~을 붙이면 바로 이런 의미를 전달할 수 있죠.

- **I am not here so you can** waste my time. 네가 내 시간을 낭비하라고 내가 여기 있는 게 아냐.
- **I am not here so you can** take it out on me. 네가 나한테 화풀이하라고 내가 여기 있는 게 아냐.

❺ I am here 'cause you stole the Heart of Te Fiti! 난 당신이 테피티의 심장을 훔쳤기 때문에 여기 온 거거든요!

I'm here to ~는 좀 더 엄밀히 말해 내가 여기에 온 용건[목적]을 전달하는 거라면 〈I am here 'cause + 문장〉은 글자 그대로 '난 ~때문에 여기에 온 거다'라는 의미입니다. 이때 'cause는 because를 발음 나는 대로 표기한 것이죠.

- **I am here 'cause** I want to meet some interesting people. 흥미 있는 사람들을 만나려고 여기 있는 거야.
- **I am here 'cause** I want to know the truth! 진실이 알고 싶어서 여기 있는 거야!

영화 속 패턴 익히기

오늘 배운 장면에서 뽑은 핵심 패턴으로 다양한 표현을 만들어 보세요.

12-2.mp3

I'm here to + V ~. ~하러 여기 왔습니다.

Step 1 기본 패턴 연습하기

1 **I'm here to** help you. 당신을 도우러 여기 왔습니다.

2 **I'm here to** deliver a message. 메시지를 전하러 여기 왔습니다.

3 **I'm here to** share with you my stories. 당신에게 내 얘기를 하러 여기 왔습니다.

4 ______________ I'm sorry. 미안하다는 말을 하려고 여기 왔습니다.

5 ______________ everything to you. 당신에게 모든 걸 설명하려고 여기 왔습니다.

Step 2 패턴 응용하기 He's/She's here to + V

1 **He's here to** do whatever you tell him to do. 그 남자는 당신이 시키는 일은 뭐든 하려고 여기 왔어요.

2 **She's here to** see me, not you. 그 여자는 나를 보러 여기 온 거지, 당신을 보러 온 게 아녜요.

3 **She's here to** present to the board. 그 여자는 이사회에 발표하러 여기 왔어요.

4 ______________ your questions. 그 남자는 당신의 질문에 답변하러 여기 왔어요.

5 ______________ the plants. 그 여자는 화초에 물을 주러 여기 왔어요.

Step 3 실생활에 적용하기

A 당신을 도우러 여기 왔습니다.
B Help me what?
A Help you do whatever you do here.

A I'm here to help you.
B 뭘 돕는다는 거요?
A 당신이 하는 일은 뭐든 여기서 돕겠습니다.

정답 Step 1 4 I'm here to say 5 I'm here to explain Step 2 4 He's here to answer 5 She's here to water

12-3.mp3

Not every day you get a chance to + V ~. ~할 기회가 매일 있는 건 아냐.

Step 1 기본 패턴 연습하기

1 **Not every day you get a chance to** fly in a helicopter. 헬리콥터를 탈 수 있는 기회가 매일 있는 건 아냐.

2 **Not every day you get a chance to** eat this food. 이 음식을 먹을 수 있는 기회가 매일 있는 건 아냐.

3 **Not every day you get a chance to** go to Everest. 에베레스트에 갈 수 있는 기회가 매일 있는 건 아냐.

4 ____________________ sit with a famous poet.
유명한 시인과 앉을 수 있는 기회가 매일 있는 건 아냐.

5 ____________________ compete for a national championship.
전국 챔피언 대회에 출전할 수 있는 기회가 매일 있는 건 아냐.

Step 2 패턴 응용하기 | Not every day S + can ~

1 **Not every day I can** do what I want to do. 난 매일 내가 원하는 걸 할 수는 없어.

2 **Not every day you can** get such bargains. 네가 매일 이런 세일 상품을 살 수 있는 건 아냐.

3 **Not every day she can** watch a shooting star. 그 여자가 매일 별똥별을 볼 수 있는 건 아냐.

4 ____________________ a selfie with a film star.
그 남자가 매일 유명 영화배우와 셀카를 찍을 수 있는 건 아냐.

5 ____________________ up with a good idea.
내가 매일 좋은 아이디어를 낼 수 있는 건 아냐.

Step 3 실생활에 적용하기

A 네가 유명한 시인과 앉을 수 있는 기회가 매일 있는 건 아냐.
B Oh come on. I'm not interested in poetry.
A Please, come with me. I don't want to lose this chance.

A Not every day you get a chance to sit with a famous poet.
B 이런, 그러지 마. 난 시에 관심이 없어.
A 그러지 말고 나하고 같이 가. 난 이 기회를 놓치고 싶지 않아.

정답 Step 1 4 Not every day you get a chance to 5 Not every day you get a chance to Step 2 4 Not every day he can take 5 Not every day I can come

확인학습

문제를 풀며 오늘 배운 표현을 완벽히 내 것으로 만드세요.

A | 영화 속 대화를 완성해 보세요.

MAUI Maui, shapeshifter, ❶ __________ of the wind and sea, hero of men... I ❷ __________ – from the top – hero of men – go. 마우이, 변신하는 자, 바람과 바다의 반신반인, 남자들의 영웅… 내가 방해했군, 처음부터 다시, 남자들의 영웅, 자, 해봐.

MOANA Uh... I, am Mo... 어, 난, 모아…

MAUI ...Sorry, sorry, and women. Men and women – both, all – not a guy-girl thing – Hero to all. You're doing great– 미안, 미안, 그리고 여자들. 남자들과 여자들, 둘 다, 모두, 남자애와 여자애, 뭐, 그런 얘기가 아니고, 모든 사람들의 영웅이란 말이지. 넌 잘하고 있어…

MOANA Wha- no, I'm ❸ __________... 뭐라… 아뇨, 난 여기에…

MAUI Of course, yes, Maui always ❹ __________ his fans. When ya use a bird to write ❺ __________, It's called "tweeting." Eh? I know, ❻ __________ you get a chance to meet your hero– 물론, 그렇지, 마우이는 팬들한테는 언제나 시간을 내줄 수 있지. 새를 이용해서 쓸 때는 '트위터를 한다'고 하지. 됐지? 나도 알아, 자신이 그리는 영웅을 만날 기회가 매일 있는 건 아니니까…

MOANA You are not my hero! And ❼ __________ sign my oar, ❽ __________ you stole the Heart of Te Fiti! And you will board my boat, sail across the sea and ❾ __________! 당신은 내 영웅이 아니라고요! 그리고 난 노에 사인해 달라고 여기에 온 게 아니라, 난 당신이 테피티의 심장을 훔쳤기 때문에 여기 온 거거든요! 당신은 내 배를 타야 해요. 그리고 바다를 건너 테피티의 심장을 돌려놓아야 해요!

B | 다음 빈칸을 채워 문장을 완성해 보세요.

1 당신을 도우러 여기 왔습니다.
__________ you.

2 그 여자는 나를 보러 여기 온 거지, 당신을 보러 온 게 아녜요.
__________, not you.

3 이 음식을 먹을 수 있는 기회가 매일 있는 건 아냐.
__________ this food.

4 난 매일 내가 원하는 걸 할 수는 없어.
__________ what I want to do.

5 미안하다는 말을 하려고 여기 왔습니다.
____

정답 A

❶ demigod
❷ interrupted
❸ here to
❹ has time for
❺ with
❻ not every day
❼ I am not here so you can
❽ I am here 'cause
❾ put it back

정답 B

1 I'm here to help
2 She's here to see me
3 Not every day you get a chance to eat
4 Not every day I can do
5 I'm here to say I'm sorry.

Day 13

Maui Takes the Boat

마우이, 모아나의 배를 빼앗다

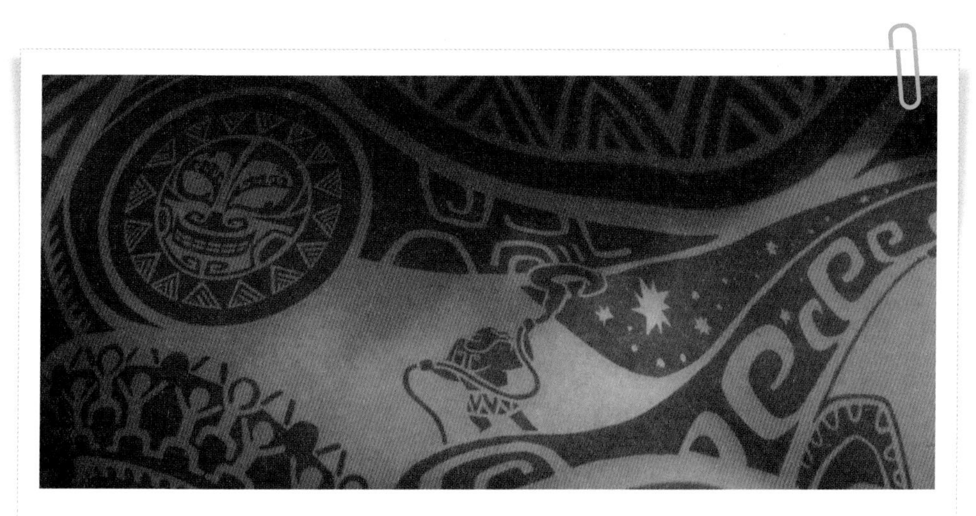

영웅 행세를 하며 자뻑하는 마우이에게 모아나는 침착하면서도 분명하게 말합니다. 마우이는 자신의 영웅이 아니며, 당신이 테피티의 심장을 훔쳤으니[steal] 함께 배를 타고[board] 바다를 건너 테피티의 심장을 돌려놓으러 가자고 말입니다. 마우이는 인간들에게 생명 그 자체를[life itself] 만들어낼[create] 수 있는 힘을 갖도록 테피티의 심장을 선물로[gift] 갖다 주려다 이곳에 천 년 동안 갇혀 있는[get stuck] 자신에게 모아나가 해야 할 말은 감사 인사라고 응수하죠. 이어 하늘을 걷어 올리고,[pull up] 불을 갖다 주는 등, 인간들을 위해 자신이 한 일을 일일이 노래합니다. 이때 마우이의 문신에서 미니 마우이가 나와 합동 공연을 하네요. 그리고는 모아나를 섬의 꼭대기로 유인해 동굴에 가둬버리고[trap] 마는데요…

Warm Up! 오늘 배울 표현 오늘 등장하는 표현들입니다. 어떤 표현이 들어가야 할지 생각해 보세요.

* It almost ______ you don't like me. 네가 날 좋아하지 않는 것처럼 들을 뻔했는데 말야.
* ______ you were trying to say... is thank you.
  네가 하려고 하는 말은 바로 이거라고 생각하는데, '고맙습니다'라고 말야.
* ______ WHAT'S HAPPENING. 난 무슨 일이 일어나고 있는지 잘 알아.
* YOU'RE ______ GREATNESS AND IT'S STRANGE.
  넌 위대한 것과 대면하고 있는 거야, 위대한 것은 이상한 법이지.
* WELL, ______ SEE THAT HUMANS NEVER CHANGE.
  인간들이란 변하지 않는다는 걸 보는 것은 아주 좋은 일이야.

바로 이 장면!

오디오 파일을 듣고 3번 따라 말해보세요. 13-1.mp3

MAUI 마우이

Um, yeah... **it almost sounded like** you don't like me[1] which is impossible 'cause I got stuck here for a thousand years trying to get the heart as a gift for you mortals, so you could have the "power to create life itself..." yeah, so **what I believe** you were trying to say... **is** thank you.[2]

어, 그래… 네가 날 좋아하지 않는 것처럼 들을 뻔했는데 말야. 그건 불가능한 일이지. 난 여기 천 년 동안이나 갇혀 있었거든, 너희들, 죽을 수밖에 없는 인간들에게 심장을 선물로 갖다 주려고 말야. 그래서 너희들이 '생명 그 자체를 만들어낼 수 있는 힘'을 갖도록 말야. 그래서 네가 하려고 하는 말은 바로 이거라고 생각하는데, '고맙습니다'라고 말야.

MOANA 모아나

Thank you?

고맙습니다, 라고요?

MAUI 마우이

You're welcome.

천만에.

MOANA 모아나

What? No, that's not... I wasn't...

뭐라고요? 아니, 그게 아니고요, 난…

MAUI 마우이

OKAY, OKAY... **I SEE** WHAT'S HAPPENING.[3] YEAH. / **YOU'RE FACE TO FACE WITH** GREATNESS AND IT'S STRANGE.[4]

알았어, 알았어… 난 무슨 일이 일어나고 있는지 잘 알아. / 넌 위대한 것과 대면하고 있는 거야, 위대한 것은 이상한 법이지.

YOU DON'T EVEN KNOW HOW YOU FEEL, IT'S ADORABLE. / WELL, **IT'S NICE TO SEE THAT** HUMANS NEVER CHANGE.[5]

넌 네 감정도 제대로 몰라, 그건 굉장한 거야. / 인간들이란 변하지 않는다는 걸 보는 것은 아주 좋은 일이야.

장면 파헤치기

구문 설명과 예문으로 이 장면의 핵심 표현을 완벽히 이해하세요.

❶ It almost sounded like you don't like me. 네가 날 좋아하지 않는 것처럼 들을 뻔했는데 말야.

〈It almost sounded like 주어 + 동사 ~〉는 '거의 ~처럼 들렸다'는 의미이죠. 이 의미를 기본으로 상황에 따라서는 마우이처럼 '~처럼 들을 뻔했다'는 의미로도 쓰일 수 있답니다.

★ 영화 속 패턴 익히기

❷ What I believe you were trying to say... is thank you.

네가 하려고 하는 말은 바로 이거라고 생각하는데, '고맙습니다'라고 말야.

위 문장은 직역하면 '네가 하려고 하는 말이라고 내가 믿는 것은 고맙습니다야'이죠. 여기서 문장 주어는 What I believe you were trying to say로 you were trying to say는 앞의 동사 believe의 목적어인 셈이죠. 우리는 여기서 What I believe만 주어로 딱 떼서 '내가 믿는 건 ~야'라는 의미의 〈What I believe is ~〉라는 패턴을 익혀보도록 하죠.

* **What I believe is** of no importance. 내가 믿는 건 중요하지 않아.
* **What I believe is** that we have got to do it now. 내가 믿는 건 우리는 지금 그걸 해야만 한다는 거야.

❸ I SEE WHAT'S HAPPENING. 난 무슨 일이 일어나고 있는지 잘 알아.

see는 '보다'라는 의미 외에 '알다, 알겠다'라는 의미로도 많이 쓰입니다. 따라서 I see 뒤에 다양한 의문사절(what, when, where, who 등등)을 넣어 무엇인지, 언제인지, 어디인지, 누구인지 등등을 알겠다는 의미로 활용해 보세요.

* **I see** what you mean. 네 말 뜻을 알겠어.
* Now **I see** who I am and why I experienced all that I did.
  이젠 내가 누군지, 내가 왜 그런 걸 모두 경험했는지 알겠어.

❹ YOU'RE FACE TO FACE WITH GREATNESS AND IT'S STRANGE.

넌 위대한 것과 대면하고 있는 거야, 위대한 것은 이상한 법이지.

누군가와 대면하고 있거나 어떤 상황에 직면해 있는 상태를 영어로는 face to face with로 나타내죠. 따라서 You're face to face with ~는 '넌 ~과 대면하고 있다, ~에 직면해 있다'는 의미가 됩니다.

* **You're face to face with** the truth. 넌 진실에 직면해 있는 거야.
* **You're face to face with** a difficult person. 넌 까다로운 사람과 대면하고 있는 거야.

❺ WELL, IT'S NICE TO SEE THAT HUMANS NEVER CHANGE.

인간들이란 변하지 않는다는 걸 보는 것은 아주 좋은 일이야.

〈It's nice to + 동사원형 ~〉은 '~해서 좋다'는 의미이죠. 여기서 to 뒤에 〈see that + 문장〉을 넣으면 '~라는 걸 보는 것은 좋다'는 의미가 됩니다. 또한 nice에 감정을 더욱 실어서 말하면 '아주' 좋다는 의미를 전달할 수 있죠.

★ 영화 속 패턴 익히기

영화 속 패턴 익히기

오늘 배운 장면에서 뽑은 핵심 패턴으로 다양한 표현을 만들어 보세요.

13-2.mp3

It almost sounded like S + V ~. 거의 ~인 것처럼 들렸어.

Step 1 기본 패턴 연습하기

1 **It almost sounded like** she was whispering. 그 여자는 거의 속삭이고 있는 것처럼 들렸어.

2 **It almost sounded like** he was crying. 그 남자는 거의 우는 것처럼 들렸어.

3 **It almost sounded like** she'd given up. 그 여자는 거의 포기한 것처럼 들렸어.

4 ________________ he had a hard time breathing.
그 남자는 거의 숨쉬는 것이 어려운 것처럼 들렸어.

5 ________________ he was yelling. 그 남자는 거의 소리치는 것처럼 들렸어.

Step 2 패턴 응용하기 It sounds like S + V

1 **It sounds like** I made you upset. 내가 너를 화나게 한 것 같은데.

2 **It sounds like** it's a very similar situation. 그건 아주 유사한 상황 같은데.

3 **It sounds like** you made a huge impact on her. 네가 그 여자한테 엄청난 영향을 끼친 것 같은데.

4 ________________ it worked well. 잘된 것 같은데.

5 ________________ you can do anything. 넌 뭐든지 할 수 있는 것 같은데.

Step 3 실생활에 적용하기

A 넌 무슨 짓이든 할 수 있는 것 같은데.
B Oh no, I'm a responsible woman.
A Well, that sounds better.

A It sounds like you can do anything.
B 아, 아냐, 난 책임감 있는 여자야.
A 아, 그러니까 더 좋은 것 같은데.

정답 Step 1 4 It almost sounded like 5 It almost sounded like Step 2 4 It sounds like 5 It sounds like

13-3.mp3

It's nice to see that S + V ~. ~라는 것을 보는 건 (아주) 좋은 일이야.

Step 1 기본 패턴 연습하기

1 **It's nice to see that** he is taking such good care of you.
그 남자가 너를 그렇게 잘 보살피고 있는 것을 보는 건 아주 좋은 일이야.

2 **It's nice to see that** there's another person in here with a sense of humor.
여기에 유머 감각이 있는 사람이 또 있다는 것을 보는 건 아주 좋은 일이야.

3 **It's nice to see that** nothing has changed. 아무것도 변한 게 없다는 것을 보는 것은 아주 좋은 일이야.

4 ________________ he's not as bad as I thought he was.
그 남자가 예상처럼 나쁘지 않다는 것을 보는 것은 좋은 일이야.

5 ________________ you're still optimistic. 네가 아직도 낙관적이라는 것을 보는 것은 좋은 일이야.

Step 2 패턴 응용하기 It's nice to + V

1 **It's nice to** know someone like you. 당신 같은 사람을 알게 되어 좋습니다.

2 **It's nice to** meet all of you. 여러분들 모두를 만나게 되어 좋습니다.

3 **It's nice to** be listened to. 내 말을 들어주셔서 좋습니다.

4 ________________ accepted. 나를 받아들여 주셔서 좋습니다.

5 ________________ about everything. 모든 것에 대해서 얘기하게 되어 좋습니다.

Step 3 실생활에 적용하기

A 내 말을 들어주셔서 좋습니다.
B Oh, you're so interesting.
A Thank you, you're so kind.

A It's nice to be listened to.
B 아, 아주 흥미로웠어요.
A 고마워요, 너무 친절하세요.

정답 Step 1 4 It's nice to see that 5 It's nice to see that Step 2 4 It's nice to be 5 It's nice to talk

확인학습

문제를 풀며 오늘 배운 표현을 완벽히 내 것으로 만드세요.

A | 영화 속 대화를 완성해 보세요.

MAUI Um, yeah... it almost ❶ __________ you don't like me which is impossible 'cause I got ❷ __________ here for a thousand years trying to get the heart as a gift for you ❸ __________, so you could have the "power to create ❹ __________..." yeah, so ❺ __________ you were trying to say... is thank you. 어, 그래… 네가 날 좋아하지 않는 것처럼 들을 뻔했는데 말야. 그건 불가능한 일이지. 난 여기 천 년 동안이나 갇혀 있었거든. 너희들, 죽을 수밖에 없는 인간들에게 심장을 선물로 갖다 주려고 말야. 그래서 너희들이 '생명 그 자체를 만들어낼 수 있는 힘'을 갖도록 말야. 그래서 네가 하려고 하는 말은 바로 이거라고 생각하는데, '고맙습니다'라고 말야.

MOANA Thank you? 고맙습니다, 라고요?

MAUI You're welcome. 천만에.

MOANA What? No, that's not... I wasn't... 뭐라고요? 아니, 그게 아니고요, 난…

MAUI OKAY, OKAY... ❻ __________ WHAT'S HAPPENING. YEAH. / YOU'RE ❼ __________ GREATNESS AND IT'S STRANGE. 알았어, 알았어… 난 무슨 일이 일어나고 있는지 잘 알아. / 넌 위대한 것과 대면하고 있는 거야. 위대한 것은 이상한 법이지.

YOU DON'T EVEN KNOW ❽ __________, IT'S ADORABLE. / WELL, ❾ __________ HUMANS NEVER CHANGE. 넌 네 감정도 제대로 몰라. 그건 굉장한 거야. / 인간들이란 변하지 않는다는 걸 보는 것은 아주 좋은 일이야.

정답 A

❶ sounded like
❷ stuck
❸ mortals
❹ life itself
❺ what I believe
❻ I SEE
❼ FACE TO FACE WITH
❽ HOW YOU FEEL
❾ IT'S NICE TO SEE THAT

B | 다음 빈칸을 채워 문장을 완성해 보세요.

1 그 여자는 거의 포기한 것처럼 들렸어.
__________ she'd given up.

2 내가 너를 화나게 한 것 같은데.
__________ you upset.

3 그 남자는 거의 우는 것처럼 들렸어.
__________ he was crying.

4 그 남자가 예상처럼 나쁘지 않다는 것을 보는 것은 좋은 일이야.
__________ as bad as I thought he was.

5 당신 같은 사람을 알게 되어 좋습니다.
____

정답 B

1 It almost sounded like
2 It sounds like I made
3 It almost sounded like
4 It's nice to see that he's not
5 It's nice to know someone like you.

Day 14

Fearful Maui

두려워하는 마우이

모아나를 동굴에 가둔 마우이는 모아나의 배를 타고 자신의 갈고리를 되찾으러get back 가려 합니다. 어렵사리 동굴을 탈출한escape 모아나는 떠나는 마우이를 붙잡으려 하지만 간발의 차로 배를 놓치고 말죠. 헤엄을 쳐서 뒤쫓으려swim after 하는 모아나를 바다가 슉!FLOOMP! 배 위로 올려줍니다. 마우이는 모아나를 바다로 밀칩니다. 하지만 또 바다가 모아나를 뱃머리에on the front of the boat 올려놓습니다. 아무리 모아나를 바다에 떨어뜨려도 바다는 모아나를 다시 배 위로 올려놓습니다. 급기야 마우이는 자신이 물속으로 뛰어들지만dive 그 또한 바다가 내버려두질 않네요. 이내 배 위로 올라온 마우이를 바라보며 모아나는 마우이가 테피티의 심장을 두려워하고afraid of 있다는 사실을 눈치챕니다.

오늘 등장하는 표현들입니다. 어떤 표현이 들어가야 할지 생각해 보세요.

* ______ get smote? 넌 왕창 부서지고 싶어?
* That thing doesn't ______ power ______ create life.
  그게 너한테 생명을 창조할 수 있는 힘을 주는 게 아냐.
* ______ THIS HEART RIGHT HERE?! 바로 여기 있는 이 심장을 말하는 거예요?!
* ______ raise your voice like that. 그렇게 목소리를 높이면 안 돼.
* ______ get us to Te Fiti ______ put it back.
  난 당신을 데리고 테피티에 가서 이걸 도로 갖다 놓게 할 거예요.

바로 이 장면!

오디오 파일을 듣고 3번 따라 말해보세요. 14-1.mp3

MAUI
마우이

Hey. Hey. I'm a demigod okay. Stop that. I will smite you... **you wanna** get smote?[1] Smoten? S- Agh! Listen... that thing doesn't **give you** power **to** create life,[2] it's a homing beacon of death. If you don't put it away, bad things are gonna come for it!

이봐, 이봐, 난 반신반인이라고. 그만해. 안 그러면 널 깨부술 거야. 넌 왕창 부서지고 싶어? 부셔지고 싶어, 라고 해야 하나? 악! 잘 들어. 그게 너한테 생명을 창조할 수 있는 힘을 주는 게 아냐. 그건 바로 죽음으로 직행하는 지름길이야. 그걸 치우지 않으면, 사악한 것들이 그걸 찾으러 올 거야!

MOANA
모아나

Come for this?! The heart? **You mean** THIS HEART RIGHT HERE?![3] COME AND GET IT!

이걸 찾으러 온다고요?! 이 심장을? 바로 여기 있는 이 심장을 말하는 거예요?! 와서 갖고 가보라고 그래요!

MAUI
마우이

No. Don't. **YOU can't** raise your voice like that.[4] You are gonna get us killed.

안 돼. 하지 마. 그렇게 목소리를 높이면 안 돼. 너 때문에 우리는 죽게 될 거야.

MOANA
모아나

No, **I'm gonna** get us to Te Fiti **so you can** put it back.[5] Thank you. "You're welcome."

아니요, 난 당신을 데리고 테피티에 가서 이걸 도로 갖다 놓게 할 거예요. 고마워요. '천만에.'

장면 파헤치기

구문 설명과 예문으로 이 장면의 핵심 표현을 완벽히 이해하세요.

❶ You wanna get smote? 넌 왕창 부서지고 싶어?

원칙대로 하면 〈Do you want to + 동사원형 ~?〉이죠. '~하고 싶어?'라고 상대의 의향을 물어볼 때 쓰는 대표적인 표현입니다. 하지만 구어체, 즉 일상생활에서는 Do를 빼고 You want to ~?라고도 많이 물어본다는 사실, 또 want to는 줄여서 wanna로 편하게 발음한다는 사실도 같이 기억해뒀다 써먹어 보세요.

* **You wanna** hear it again? 그걸 다시 듣고 싶어?
* **You wanna** help us out? 우리를 돕고 싶어?

❷ That thing doesn't give you power to create life. 그게 너한테 생명을 창조할 수 있는 힘을 주는 게 아냐.

give you something 하면 '너에게 ~을 준다'는 의미이죠. 그런데 이 뒤에 〈to + 동사원형〉을 붙이면 '너에게 …할 ~을 준다'는 의미로 보다 폭넓게 활용할 수 있답니다. 〈give you something to + 동사원형〉으로 입에 배게 익혀두세요.

* This book will **give you** some things **to** think about. 이 책을 읽으면 너는 생각할 거리가 생길 거야.
* It will **give you** something **to** talk about. 이걸 들으면 얘깃거리가 생길 거야.

❸ You mean THIS HEART RIGHT HERE?! 바로 여기 있는 이 심장을 말하는 거예요?!

You wanna ~?에서 보듯 일상생활에서는 평서문으로 말하고 끝만 올려도 상대방에게 질문을 할 수 있죠. You mean ~?도 바로 그런 경우입니다. 상대방이 한 말이 잘 이해가 안 되거나 말의 진의가 모호할 때 유용하게 쓸 수 있는 패턴으로, '~라는 뜻[말]이니?'라는 의미입니다.

* **You mean** the day after tomorrow? 모레라는 뜻이에요?
* **You mean** we should end our relationship? 우리 관계를 그만두자는 뜻이야?

❹ YOU can't raise your voice like that. 그렇게 목소리를 높이면 안 돼.

You can't ~을 평소 우리가 알고 있던 우리말로 옮겨보면 '넌 ~할 수 없어'인데요. 이 표현은 상대방에게 그렇게 하면 안 된다고 주의를 줄 때도 잘 쓰이는 표현이랍니다. 반대로 You can ~은 그렇게 해도 된다고 허용하거나 여지를 줄 때 쓸 수 있죠.

★영화 속 패턴 익히기

❺ I'm gonna get us to Te Fiti so you can put it back.
난 당신을 데리고 테피티에 가서 이걸 도로 갖다 놓게 할 거예요.

위 문장을 직역하면 '나는 우리가 테피티에 가서 당신이 이걸 도로 갖다 놓게 할 거예요'이죠. 이때 〈I'm gonna + 동사원형〉은 '~할 것이다'이고, 여기에 '네가 ~하도록'이란 의미의 so you can ~을 갖다 붙이면 '난 네가 …하도록 ~할 거야'인데요. I'm gonna ~ so you can…을 앞에서부터 차례대로 우리말로 옮겨 '난 ~해서 네가 …하도록 할 거야'라고 알아두면 됩니다.

★영화 속 패턴 익히기

영화 속 패턴 익히기

오늘 배운 장면에서 뽑은 핵심 패턴으로 다양한 표현을 만들어 보세요.

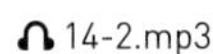
14-2.mp3

You can't ~. 넌 ~하면 안 돼.

Step 1 기본 패턴 연습하기

1 **You can't** talk to me like that! 넌 나한테 그런 식으로 말하면 안 돼!

2 **You can't** park here. 여기다 주차시키면 안 됩니다.

3 **You can't** argue me into going there again. 넌 나를 설득해서 거기에 다시 가게 하면 안 돼.

4 ________ pester them again. 넌 다시 그 사람들을 괴롭히면 안 돼.

5 ____________ me alone here. 넌 나를 여기에 혼자 버려두고 가면 안 돼.

Step 2 패턴 응용하기 You can ~

1 Of course **you can** do as you please. 물론 원하는 대로 하실 수 있습니다.

2 **You can** visit me whenever you feel like it. 언제고 오고 싶을 때 나한테 오시면 됩니다.

3 **You can** sit anywhere you like. 앉고 싶은 데에 아무 곳이나 앉으면 됩니다.

4 ________ if you want. 가고 싶으면 가도 됩니다.

5 ____________ if it bothers you too much. 그게 너무 귀찮으면 그만둬도 됩니다.

Step 3 실생활에 적용하기

A 여기다 주차시키면 안 됩니다.
B Why not?
A 8시 이후에는 주차할 수 없습니다.

A You can't park here.
B 왜 안 되는데요?
A You can't park here after 8.

정답 Step 1 4 You can't 5 You can't leave Step 2 4 You can go 5 You can quit

14-3.mp3

I'm gonna ~ so you can.... 난 ~해서 네가 …하도록 할 거야.

Step 1 기본 패턴 연습하기

1 **I'm gonna** tell you all about it **so you can** have some fun with it too.
난 이것에 관해서 너에게 모두 말해줘서 너도 이걸로 재미를 좀 느끼게 해줄 거야.

2 **I'm gonna** help you **so you can** fight against it. 난 너를 도와서 네가 그것과 싸울 수 있게 할 거야.

3 **I'm gonna** say this again **so you can** fully understand how stupid you are.
난 이걸 다시 말해서 네가 얼마나 어리석은지 완전히 이해할 수 있도록 할 거야.

4 __________ do it again __________ be a part of the next one.
난 이걸 다시 해서 네가 다음부터는 참여할 수 있도록 할 거야.

5 __________ here __________ this problem with me.
난 여기에 머물러서 네가 이 문제로 나와 함께 토론할 수 있도록 할 거야.

Step 2 패턴 응용하기 I'm gonna ~ so S + can...

1 **I'm gonna** talk some sense into our son's head **so he can** behave better.
난 우리 아들이 좀 철이 들도록 얘기해서 걔가 좀 얌전해지도록 할 거야.

2 **I'm gonna** make it this time **so she can** have peace of mind.
난 이번에 이걸 성공시켜서 그 여자가 마음의 평안을 얻도록 할 거야.

3 **I'm gonna** do all my shopping here **so we can** have some free time.
난 여기서 쇼핑을 모두 해서 우리가 좀 여가 시간을 갖도록 할 거야.

4 __________ work hard __________ have a better future.
난 일을 열심히 해서 우리 아이들이 더 나은 미래를 갖도록 할 거야.

5 __________ a lawyer __________ proud of me.
난 변호사가 되어 우리 부모님들이 나를 자랑스러워하도록 할 거야.

Step 3 실생활에 적용하기

A 난 일을 열심히 해서 우리 아이들이 더 나은 미래를 갖도록 할 거야.
B Oh I see, but don't work too hard. Your health is the most important thing in the world.
A Thanks, you're such a kind person.

A I'm gonna work hard so my children can have a better future.
B 아, 알겠어. 그렇지만 너무 무리하지는 마. 네 건강이 이 세상에서 제일 중요한 거니까.
A 고마워. 넌 참 친절해.

정답 Step 1 4 I'm gonna / so you can 5 I'm gonna stay / so you can discuss Step 2 4 I'm gonna / so my children can 5 I'm gonna become / so my parents can be

확인학습

문제를 풀며 오늘 배운 표현을 완벽히 내 것으로 만드세요.

A | 영화 속 대화를 완성해 보세요.

MAUI Hey. Hey. I'm a ❶ __________ okay. Stop that. I will ❷ __________ you... ❸ __________ get smote? Smoten? S- Agh! Listen... that thing doesn't ❹ __________ create life, it's a homing beacon of death. If you don't ❺ __________, bad things are gonna come for it!

이봐, 이봐, 난 반신반인이라고. 그만해. 안 그러면 널 깨부술 거야. 넌 왕창 부서지고 싶어? 부셔지고 싶어, 라고 해야 하나? 악! 잘 들어, 그게 너한테 생명을 창조할 수 있는 힘을 주는 게 아냐. 그건 바로 죽음으로 직행하는 지름길이야. 그걸 치우지 않으면, 사악한 것들이 그걸 찾으러 올 거야!

MOANA ❻ __________ this?! The heart? ❼ __________ THIS HEART RIGHT HERE?! COME AND GET IT!

이걸 찾으러 온다고요?! 이 심장을? 바로 여기 있는 이 심장을 말하는 거예요?! 와서 갖고 가보라고 그래요!

MAUI No. Don't. YOU can't ❽ __________ your voice like that. You are gonna get us killed.

안 돼. 하지 마. 그렇게 목소리를 높이면 안 돼. 너 때문에 우리는 죽게 될 거야.

MOANA No, I'm gonna get us to Te Fiti ❾ __________. Thank you. "You're welcome."

아니요, 난 당신을 데리고 테피티에 가서 이걸 도로 갖다 놓게 할 거예요. 고마워요. '천만에.'

B | 다음 빈칸을 채워 문장을 완성해 보세요.

1 넌 나한테 그런 식으로 말하면 안 돼!
__________ to me like that!

2 앉고 싶은 데에 아무 곳이나 앉으면 됩니다.
__________ anywhere you like.

3 난 너를 도와서 네가 그것과 싸울 수 있게 할 거야.
__________ you __________ against it.

4 난 일을 열심히 해서 우리 아이들이 더 나은 미래를 갖도록 할 거야.
__________ hard __________ a better future.

5 여기다 주차시키면 안 됩니다.
____

정답 A

❶ demigod
❷ smite
❸ you wanna
❹ give you power to
❺ put it away
❻ Come for
❼ You mean
❽ raise
❾ so you can put it back

정답 B

1 You can't talk
2 You can sit
3 I'm gonna help / so you can fight
4 I'm gonna work / so my children can have
5 You can't park here.

Day 15

Little Pirates Kakamora Attack!

꼬마 해적, 카카모라의 공격!

테피티의 심장을 가지고 있으면 사악한 것들이[bad things] 그걸 찾으러 몰려들 거라며 두려워하는[fearful] 마우이에게 모아나는 보란 듯이 큰소리로 누구든 와서 이 심장을 갖고 가보라고 객기를 발산하죠. 이때 갑자기 거대한 창이[spear] 배에 박힙니다.[stick into] 안개[fog] 사이를 뚫고 귀여운 코코넛 모양의 생명체가 보이네요. 하지만 이들은 사람을 잡아 죽이는 꼬마 해적,[pirates] '카카모라'입니다. 카카모라의 공격을[attack] 피해 도망가야 하는 모아나와 마우이. 모아나는 바다에 도움을 청해보지만 마우이는 스스로 도와야[help oneself] 한다며 모아나와 함께 배를 조종하려 하고, 제대로 배를 조종하는 법을 모르는 모아나는 마우이에게 변신을 좀 해보라고[shape-shift] 하네요.

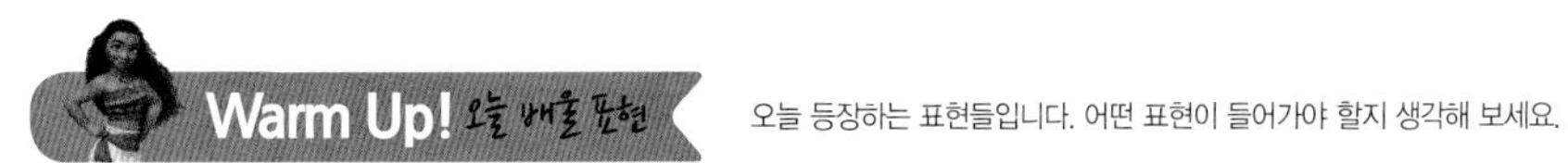

오늘 등장하는 표현들입니다. 어떤 표현이 들어가야 할지 생각해 보세요.

* what they're here for. 저 애들이 뭘 때문에 여기 왔겠냐?
* Wonder they're here . 저 애들이 뭘 때문에 여기 왔겠냐?
* They're... ... cute? 쟤들은… 그래도… 귀여운데요?
* shape-shift ?! 변신이나 뭐 그런 거 좀 하면 안 돼요?!
* magic hook, magic powers! 마술 갈고리가 없으면 마력이 안 나온다고!

바로 이 장면!

오디오 파일을 듣고 3번 따라 말해보세요. 15-1.mp3

MOANA 모아나	Kaka-what? 카카, 뭐라고요?
MAUI 마우이	Murdering little pirates. **Wonder what** they're here **for.**[1][2] 사람을 잡아 죽이는 꼬마 해적들이야. 저 애들이 뭘 때문에 여기 왔겠냐?
MOANA 모아나	They**'re... kinda**... cute?[3] Ocean! DO something! Help us! 걔들은… 그래도… 귀여운데요? 바다야! 어떻게 좀 해줘! 우리를 도와줘!
MAUI 마우이	The Ocean doesn't help you, you help yourself! Tighten the halyard! Bind the stays! You can't sail?! 바다는 널 도와주지 않아. 네 힘으로 해야지! 마룻줄을 단단히 감아! 버팀줄을 묶어! 넌 배를 조종할 줄도 모르니?!
MOANA 모아나	I uh... I am self-taught. **Can't you** shape-shift **or something?!**[4] 난… 독학했거든요. 변신이나 뭐 그런 거 좀 하면 안 돼요?!
MAUI 마우이	You see my hook? **No** magic hook, **no** magic powers![5] 네가 내 갈고리를 봤어? 마술 갈고리가 없으면 마력이 안 나온다고!
MOANA 모아나	Their boat is TURNING INTO MORE BOATS! 배가 배를 더 낳아요!

장면 파헤치기

구문 설명과 예문으로 이 장면의 핵심 표현을 완벽히 이해하세요.

❶ Wonder what they're here for. 저 애들이 뭘 때문에 여기 왔겠냐?

모아나가 테피티의 심장을 들고 설쳐대니까 꼬마 해적들이 온 게 아니냐며 마우이가 심기가 불편해 던지는 말입니다. 여기서는 특수하게 Wonder 앞에 You가 생략된 것으로 볼 수 있지만, 일상생활에서는 보통 I를 생략하여 Wonder what/who/when/where/how/why ~와 같이 쓰는 경우가 일반적입니다. '무엇이/누가/언제/어디서/어떻게/왜 ~인지 궁금하다'는 말인 거죠. 모양새는 평서문이지만 궁금하다고 상대방에게 은근히 물어볼 때 자주 쓰이는 말이랍니다

★ 영화 속 패턴 익히기

❷ Wonder what they're here for. 저 애들이 뭘 때문에 여기 왔겠냐?

What이 '무엇'을 가리킨다는 건 잘 알고 있죠? 그런데 이 What이 전치사 for와 함께 What ~ for?의 형태로 쓰이면 '뭘 때문에 ~하니?'라는 의미의 이유나 목적을 묻는 표현이 된답니다. 참고로 위 문장은 what 앞에 Wonder가 붙어서 평서문의 모양새를 하고 있습니다.

* **What** are you living **for?** 넌 뭘 때문에 살고 있는 거니?
* **What** is he struggling **for?** 그 남자는 뭘 때문에 애쓰고 있는 거니?

❸ They're... kinda... cute? 걔들은… 그래도… 귀여운데요?

kind of가 '다소, 좀'이란 의미로 쓰일 경우, 보통 kinda처럼 간단히 발음하죠. 이 표현을 이용해 〈be kinda + 형용사〉의 패턴으로 쓰면 '좀 ~하다'는 의미가 됩니다. 주어의 상태나 성질을 나타낼 때 유용하죠.

* You**'re kinda** rough but I love you. 넌 좀 거칠지만 그래도 난 널 사랑해.
* We**'re kinda** different. 우리는 좀 다른 것 같아.

❹ Can't you shape-shift or something?! 변신이나 뭐 그런 거 좀 하면 안 돼요?!

〈Can't you + 동사원형 ~?〉은 '~하면 안 돼?'라고 묻는 말인데요. 단순히 묻기만 하는 말이라기보다는 그렇게 좀 해달라고 요청 내지는 부탁하는 어감이 실려 있는 표현이죠. 또 ~ or something은 '~나 뭐 그런 거'라는 의미로, 특정 내용만 콕 집어 언급하기보다는 뭐 그런 거라는 말로 두루뭉술하게 표현하고 싶을 때 뒤에 갖다 붙이면 돼요.

★ 영화 속 패턴 익히기

❺ No magic hook, no magic powers! 마술 갈고리가 없으면 마력이 안 나온다고!

〈No + A(명사), no + B(명사)〉는 'A가 없으면 B가 없다'는 의미를 간단히 전달할 수 있는 패턴이에요. 아래 첫 번째 예문은 바로 이 패턴을 이용한 아주 유명한 속담이죠.

* **No** pain, **no** gain. 고통이 없으면 얻는 것도 없어.
* **No** work, **no** pay. 무노동 무임금이야.

 오늘 배운 장면에서 뽑은 핵심 패턴으로 다양한 표현을 만들어 보세요.

 15-2.mp3

Wonder 의문사절 ~. ~인지 궁금해.

Step 1 기본 패턴 연습하기

1 **Wonder what** she meant by that. 그 여자가 무슨 의미로 그런 말을 했는지 궁금해.

2 **Wonder who** will be the next president. 다음 대통령은 누가 될지 궁금해.

3 **Wonder when** we'll meet again. 우리가 언제 다시 만나게 될지 궁금해.

4 ______________ she is now. 그 여자가 지금 어디 있을지 궁금해.

5 ______________ this story will end. 이 이야기가 어떻게 끝날지 궁금해.

Step 2 패턴 응용하기 I wonder if/whether S + V

1 **I wonder if** everyone feels the way I do. 모두 나처럼 느끼는지 궁금해.

2 **I wonder if** she really wants me. 그 여자가 나를 진정으로 원하는지 궁금해.

3 **I wonder whether** this is really necessary. 이게 정말로 필요한지 궁금해.

4 ______________ satisfy you. 내가 너를 만족시켜줄 수 있는지 궁금해. (if 활용)

5 ______________________________ of me.
그 남자가 나를 한 번이라도(ever) 생각하는지 궁금해. (whether 활용)

Step 3 실생활에 적용하기

A 내가 너를 만족시켜줄 수 있는지 궁금해.
B Don't worry. My expectation level is very low.
A What a relief!

A I wonder if I can satisfy you.
B 걱정하지 마. 내 기대치는 아주 낮으니까.
A 야, 안심이 되네!

정답 Step 1 4 Wonder where 5 Wonder how Step 2 4 I wonder if I can 5 I wonder whether he ever thinks

15-3.mp3

Can' you ~ or something? ~나 뭐 그런 거 좀 하면 안 돼?

Step 1 기본 패턴 연습하기

1 **Can't you** join a fishing club **or something?** 낚시 클럽이나 뭐 그런 데에 가입하면 안 돼?

2 **Can't you** tell me your life story **or something?** 네 살아온 이야기나 뭐 그런 걸 좀 나한테 해주면 안 돼?

3 **Can't you** stay at some hotel **or something?** 호텔이나 뭐 그런 데 묵으면 안 돼?

4 ______________ work for a publishing house ______________?
출판사나 뭐 그런 데서 일하면 안 돼?

5 ______________ her at a party ______________?
그 여자를 파티나 뭐 그런 데서 만나면 안 돼?

Step 2 패턴 응용하기 Can you ~?

1 **Can you** see what I see? 내 눈에 보이는 것을 너도 볼 수 있니?

2 **Can you** tell a frog from a toad? 개구리와 두꺼비를 구분할 수 있니?

3 **Can you** forgive him? 그 남자를 용서할 수 있니?

4 ______________ survive an earthquake? 지진이 나도 살아남을 수 있니?

5 ______________ me with my assignment? 내 과제를 도와줄 수 있니?

Step 3 실생활에 적용하기

A 그 여자를 파티나 뭐 그런 데서 만나면 안 돼?
B Of course I can meet her at some party. She's a party animal.
A Good. Then be sure to tell her that.

A Can't you meet her at a party or something?
B 물론 그 여자를 파티에서 만날 수 있지. 그 여자는 파티광이니까.
A 잘됐다. 만나게 되면 그 말을 꼭 좀 전해줘.

정답 Step 1 4 Can't you / or something 5 Can't you meet / or something Step 2 4 Can you 5 Can you help

확인학습

문제를 풀며 오늘 배운 표현을 완벽히 내 것으로 만드세요.

A | 영화 속 대화를 완성해 보세요.

MOANA Kaka-what? 카카, 뭐라고요?

MAUI Murdering little pirates. ❶ __________ they're here ❷ __________.
사람을 잡아 죽이는 꼬마 해적들이야. 저 애들이 뭣 때문에 여기 왔겠냐?

MOANA They're... ❸ __________... cute? Ocean! DO ❹ __________! Help us!
걔들은… 그래도… 귀여운데요? 바다야! 어떻게 좀 해줘! 우리를 도와줘!

MAUI The Ocean doesn't help you, you ❺ __________! Tighten the halyard! Bind the stays! You can't sail?!
바다는 널 도와주지 않아, 네 힘으로 해야지! 마룻줄을 단단히 감아! 버팀줄을 묶어! 넌 배를 조종할 줄도 모르니?!

MOANA I uh... I am ❻ __________. Can't you ❼ __________ __________?!
난… 독학했거든요. 변신이나 뭐 그런 거 좀 하면 안 돼요?!

MAUI You see my ❽ __________? ❾ __________ magic hook, ❿ __________ magic powers!
네가 내 갈고리를 봤어? 마술 갈고리가 없으면 마력이 안 나온다고!

MOANA Their boat is TURNING INTO MORE BOATS!
배가 배를 더 낳아요!

B | 다음 빈칸을 채워 문장을 완성해 보세요.

1 우리가 언제 다시 만나게 될지 궁금해.
__________ we'll meet again.

2 이게 정말로 필요한지 궁금해. (whether 활용)
__________ this is really necessary.

3 네 살아온 이야기나 뭐 그런 걸 좀 나한테 해주면 안 돼?
__________ your life story __________?

4 개구리와 두꺼비를 구분할 수 있니?
__________ a frog __________ a toad?

5 이 이야기가 어떻게 끝날지 궁금해.
____

정답 A

❶ Wonder what
❷ for
❸ kinda
❹ something
❺ help yourself
❻ self-taught
❼ shape-shift or something
❽ hook
❾ No
❿ no

정답 B

1 Wonder when
2 I wonder whether
3 Can't you tell me / or something
4 Can you tell / from
5 Wonder how this story will end.

Day 16

Getting Maui's Hook

마우이의 갈고리를 찾으러

카카모라 하나가 모아나의 배에 침입한 사이 모아나는 테피티의 심장을 선체에 떨어뜨리고[fall] 마는데요. 굴러다니는[roll across] 이 심장을 헤이헤이가 삼켜버리고, 그 헤이헤이를 카카모라가 순식간에 납치해 갑니다. 모아나는 도망가기에 급급한 마우이의 노를[oar] 빼앗아 카카모라의 배에 뛰어들죠. 그리고는 카카모라에 맞서 무사히 헤이헤이를 되찾아 오고, 헤이헤이는 심장을 토해냅니다.[puke up] 하지만 마우이는 엄청난 고난을 뚫고[go through] 테피티의 심장을 본래의 자리로 갖다 놓는 일은 하고 싶지 않다며 계속해서 거부하네요. 그러나 쉽사리 포기할 모아나가 아닙니다. 마우이의 영웅 심리를 자극해 마법의 갈고리를 찾아 테카를 처치하고[take out] 테피티의 심장을 복구해[restore] 세상을 구하자고 설득하죠.

오늘 등장하는 표현들입니다. 어떤 표현이 들어가야 할지 생각해 보세요.

* ________ taking that thing back. 난 역시나 그걸 도로 갖다놓지는 않을 거야.

* ________ restore the heart ________ me. 넌 나 없이는 그 심장을 복구할 수 없어.

* ________ a hero. 당신은 영웅이 될 거예요.

* ________ you're all about, right? 그게 바로 당신의 전부잖아요, 그렇죠?

* Now ________ stole the heart of Te Fiti.
지금은 테피티의 심장을 훔친 그냥 평범한 아저씨에 불과해요.

바로 이 장면!

오디오 파일을 듣고 3번 따라 말해보세요.

16-1.mp3

MAUI 마우이

Congratulations on not being dead. Curly. You surprised me. But **I'm still not** tak**ing** that thing back.[1] You wanna get to Te Fiti you gotta go through a whole ocean of bad – not to mention Te Ka. Lava Monster? Ever defeat a lava monster?

죽지 않고 살아 있으니 축하해. 곱슬아. 너 때문에 놀랐어. 그렇지만 난 역시나 그걸 도로 갖다놓지는 않을 거야. 테피티에 가려면 엄청난 고난이 기다리고 있는 바다를 건너야 해. 테카는 말할 것도 없고. 용암 괴물 말이야? 용암 괴물하고 싸워서 이긴 적이 있어?

MOANA 모아나

No. Have you?

아뇨, 없어요. 당신은요?

MAUI 마우이

I'm not going on a suicide mission with some... "mortal" – **Ya can't** restore the heart **without** me...[2] and me says no. I'm getting my hook. End of discussion.

난 자살 특공대로 나서지는 않을 거야, '죽을 수밖에 없는 인간하고.' 넌 나 없이는 그 심장을 복구할 수 없어… 그런데 내 대답은 '노'야. 난 내 갈고리를 찾으러 갈 거야. 더 이상 너랑 할 얘기가 없어.

MOANA 모아나

You'd be a hero.[3] **That's what** you're all about, right?[4]

당신은 영웅이 될 거예요. 그게 바로 당신의 전부잖아요. 그렇죠?

MAUI 마우이

Little girl, I am a hero.

이 아가씨야. 난 이미 영웅이야.

MOANA 모아나

Maybe you were... but now... now **you're just the guy who** stole the heart of Te Fiti...[5] the guy who cursed the world. You're no one's hero.

그거야 전에는 그랬겠죠. 하지만 지금은… 지금은 테피티의 심장을 훔친 그냥 평범한 아저씨에 불과해요. 세상을 저주에 빠뜨린 남자죠. 이제는 당신을 아무도 영웅으로 인정해주지 않아요.

장면 파헤치기

구문 설명과 예문으로 이 장면의 핵심 표현을 완벽히 이해하세요.

❶ I'm still not taking that thing back. 난 역시나 그걸 도로 갖다놓지는 않을 거야.

〈am/are/is + -ing〉는 '~하고 있다'는 현재의 진행 상황을 나타낸다고 알고 있는데요. 상황에 따라서는 '~할 거야'라고 앞으로 예정된 일을 언급할 때도 쓸 수 있죠. 따라서 〈I'm still not + -ing〉는 마우이처럼 '난 여전히[역시나] ~하지 않을 거야'란 말을 하고 싶을 때도, 아래 두 번째 예문처럼 '난 여전히[아직] ~하지 않는 상황이야'라는 말을 하고 싶을 때도 모두 활용해 보세요.

* **I'm still not** going to the party. 난 역시나 그 파티에 가지 않을 거야.
* **I'm still not** getting through to them. 난 아직 그 사람들한테 연락이 되지 않아.

❷ Ya can't restore the heart without me. 넌 나 없이는 그 심장을 복구할 수 없어.

상대방에게 '넌 …없이는/하지 않고는 ~할 수 없어'라고 얘기해주고 싶을 때는 〈You can't ~ without + (동)명사〉 패턴을 써보세요. 위 문장에서 Ya는 일상생활에서 You를 발음할 때 흔히 나는 소리를 그대로 표기한 것입니다.

* **You can't** see this film **without** crying. 이 영화는 울지 않고는 볼 수 없어.
* **You can't** use their things **without** their permission.
  그 사람들 허락을 받지 않고 그 사람들 물건을 사용할 순 없어.

❸ You'd be a hero. 당신은 영웅이 될 거예요.

여기서 You'd는 You would의 축약형입니다. You'll be ~가 단순히 앞으로 그렇게 될 거라는 미래의 일을 예측하는 거라면, You'd be ~의 밑바닥에는 어떤 조건이나 전제가 깔려 있습니다. 즉, 이 영화에서 You'd be a hero.란 말에는 마우이가 테피티의 심장을 도로 갖다 놓아 세상을 구한다면 그렇게 될 거라는 얘기인 거죠.

* **You'd be** a great asset to the firm. 넌 회사의 큰 자산이 될 거야.
* **You'd be** a star. 넌 스타가 될 거야.

❹ That's what you're all about, right? 그게 바로 당신의 전부잖아요, 그렇죠?

영웅이 되는 것, 그래야만 하는 존재가 바로 너 마우이 아니냐는 의미에서 하는 말이죠. 여기서 That's what ~은 바로 앞에 언급한 말을 That으로 받은 것으로 '그게 바로 ~인 거잖아'라는 의미입니다. what 뒤에는 내용에 따라 바로 동사가 올 수도, 〈주어 + 동사 ~〉가 올 수도 있습니다.

★ 영화 속 패턴 익히기

❺ Now you're just the guy who stole the heart of Te Fiti.

지금은 테피티의 심장을 훔친 그냥 평범한 아저씨에 불과해요.

'넌 그저 ~한 사람이야, 그런 사람에 불과해'라는 말을 영어로 하고 싶다면 〈You're just the guy who + 동사 ~〉 패턴을 기억해 두세요. 여기서 just는 '그저 (~일 뿐)'이란 의미이며, who 이하는 the guy를 설명해주죠.

★ 영화 속 패턴 익히기

영화 속 패턴 익히기

오늘 배운 장면에서 뽑은 핵심 패턴으로 다양한 표현을 만들어 보세요.

16-2.mp3

That's what (S) + V ~. 그게 바로 ~인 거잖아요.

Step 1 기본 패턴 연습하기

1 **That's what** friends are for. 그래서[그게 바로] 친구가 좋다는 거잖아요. (친구 좋다는 게 뭐니.)

2 **That's what** she said. 그게 바로 그 여자가 말한 거잖아요.

3 **That's what** I call a real coincidence. 그게 바로 내가 진짜 우연의 일치라는 거잖아요.

4 __________ is so great about it. 그게 바로 그것의 정말로 위대한 점이잖아요.

5 __________ I meant. 그게 바로 내가 뜻한 거잖아요.

Step 2 패턴 응용하기 That's how S + V

1 **That's how** she discovered the solution. 그게 그 여자가 해법을 발견한 방법이잖아요.

2 **That's how** he got his nickname. 그렇게 해서 그 남자는 그런 별명을 얻은 거잖아요.

3 **That's how** they plan to deal with us. 그게 그 사람들이 우리를 상대하려고 세운 방법이잖아요.

4 __________ we communicate with them now. 그게 지금 우리가 그 사람들하고 의사소통을 하는 방법이잖아요.

5 __________ she kept her feelings under control. 그게 그 여자가 감정을 조절한 방법이잖아요.

Step 3 실생활에 적용하기

A Thanks, you're so kind.

B 친구 좋다는 게 뭐니.

A I can always count on you.

A 고마워. 넌 너무 친절해.

B That's what friends are for.

A 넌 언제나 믿을 수 있어.

정답 Step 1 4 That's what 5 That's what Step 2 4 That's how 5 That's how

16-3.mp3

You're just the guy who + V ~. 넌 그저 ~한 사람에 불과해.

Step 1 기본 패턴 연습하기

1 **You're just the guy who** absolutely no one seems to notice.
넌 그저 그 어느 누구도 주목하지 않는 것 같은 친구에 불과해.

2 **You're just the guy who** overreacts to everything. 넌 그저 매사에 과민 반응하는 친구에 불과해.

3 **You're just the guy who** brings home the cash. 넌 그저 집에 돈 벌어 오는 사람에 불과해.

4 ______________ shoves his nose into someone else's business and makes it worse. 넌 그저 다른 사람의 일에 참견해서 악화시키는 사람에 불과해.

5 ______________ complains about everything. 넌 그저 매사에 불평만 하는 사람에 불과해.

Step 2 패턴 응용하기 He's/She's just the guy/girl who + V

1 **She's just the girl who** can't say "no" basically. 걘 그저 기본적으로 '아니'라는 말을 못하는 여자애에 불과해.

2 **He's just the guy who** lives next door. 그 사람은 그저 옆집에 사는 남자에 불과해.

3 **He's just the guy who** fills in when they need a partner.
그 남자는 그 사람들이 파트너가 필요할 때 자리를 채워주는 사람에 불과해.

4 ______________ was born with good looks.
그 여자는 그저 태어날 때부터 얼굴이 예쁜 여자애에 불과해.

5 ______________ was in the right place. 그 남자는 그저 적절한 곳에 있었던 사람에 불과해.

Step 3 실생활에 적용하기

A 그 여자는 그저 태어날 때부터 얼굴이 예쁜 여자애에 불과해.
B Oh, that's too harsh.
A Maybe that's just a little bit harsh, but let's face it.

A She's just the girl who was born with good looks.
B 아, 그거 너무 가혹한 말이다.
A 뭐, 약간 가혹할 수도 있는 말이지만, 사실을 직시해야지.

정답 Step 1 4 You're just the guy who 5 You're just the guy who Step 2 4 She's just the girl who 5 He's just the guy who

확인학습

문제를 풀며 오늘 배운 표현을 완벽히 내 것으로 만드세요.

A | 영화 속 대화를 완성해 보세요.

MAUI Congratulations ❶ __________ not being dead. Curly. You ❷ __________ me. But ❸ __________ that thing back. You wanna get to Te Fiti you gotta go through a whole ocean of bad – ❹ __________ Te Ka. Lava Monster? Ever ❺ __________ a lava monster?
죽지 않고 살아 있으니 축하해. 곱슬아. 너 때문에 놀랐어. 그렇지만 난 역시나 그걸 도로 갖다놓지는 않을 거야. 테피티에 가려면 엄청난 고난이 기다리고 있는 바다를 건너야 해. 테카는 말할 것도 없고. 용암 괴물 말이야? 용암 괴물하고 싸워서 이긴 적이 있어?

MOANA No. Have you? 아뇨, 없어요. 당신은요?

MAUI I'm not going on a ❻ __________ mission with some... "mortal" – Ya can't restore the heart ❼ __________ me... and me says no. I'm getting my hook. End of discussion.
난 자살 특공대로 나서지는 않을 거야, '죽을 수밖에 없는 인간하고.' 넌 나 없이는 그 심장을 복구할 수 없어··· 그런데 내 대답은 '노'야. 난 내 갈고리를 찾으러 갈 거야. 더 이상 너랑 할 얘기가 없어.

MOANA ❽ __________ a hero. ❾ __________ you're all about, right? 당신은 영웅이 될 거예요. 그게 바로 당신의 전부잖아요, 그렇죠?

MAUI Little girl, I am a hero. 이 아가씨야, 난 이미 영웅이야.

MOANA Maybe you were... but now... now you're just the guy ❿ __________ the heart of Te Fiti... the guy ⓫ __________ the world. You're no one's hero.
그거야 전에는 그랬겠죠. 하지만 지금은··· 지금은 테피티의 심장을 훔친 그냥 평범한 아저씨에 불과해요. 세상을 저주에 빠뜨린 남자죠. 이제는 당신을 아무도 영웅으로 인정해주지 않아요.

정답 A

❶ on
❷ surprised
❸ I'm still not taking
❹ not to mention
❺ defeat
❻ suicide
❼ without
❽ You'd be
❾ That's what
❿ who stole
⓫ who cursed

B | 다음 빈칸을 채워 문장을 완성해 보세요.

1 그게 바로 그 여자가 말한 거잖아요.
__________ she said.

2 그렇게 해서 그 남자는 그런 별명을 얻은 거잖아요.
__________ his nickname.

3 걘 그저 기본적으로 '아니'라는 말을 못하는 여자애에 불과해.
__________ "no" basically.

4 그게 바로 내가 뜻한 거잖아요.
____

5 넌 그저 매사에 불평만 하는 사람에 불과해.
____

정답 B

1 That's what
2 That's how he got
3 She's just the girl who can't say
4 That's what I meant.
5 You're just the guy who complains about everything.

Day 17

Tamatoa the Bottom Feeder

해저에 사는 타마토아

이제 모아나와 마우이의 본격적인 항해가sailing 시작되는군요. 이들은 우선 마우이의 갈고리를 찾으러 떠납니다. 마우이는 바다 밑바닥에 사는 타마토아라는 생물체가 자신의 갈고리를 갖고 있을 거라며 동쪽으로 가자고go east 하죠. 모아나는 코앞에서inches from someone's face 마우이가 배를 모는 것을 열심히 지켜보며watch 자신에게도 배 모는 법을 가르쳐 달라고teach me 하네요. 하지만 드레스를 입고 동물을 시녀처럼sidekick 데리고 다니는 공주 아가씨는 바닷길잡이가wayfinder 될 수 없다며 가르쳐 주기를 거부하죠. 그러자 바다가 마우이의 엉덩이에butt 화살을 쏘아 마우이의 몸을 마비시킵니다.paralyze 마우이는 어쩔 수 없이 모아나에게 배를 몰도록 지도하죠.

Warm Up! 오늘 배울 표현 오늘 등장하는 표현들입니다. 어떤 표현이 들어가야 할지 생각해 보세요.

* has my hook that beady eyed bottom feeder.
누군가가 내 갈고리를 갖고 있다면, 그건 바로 바다 밑바닥에서 사는 그 눈이 빤질빤질한 놈일 거야.

* "deliver Maui across the great ocean." 내 일은 '마우이를 대양을 건너 데려오는 거야.'

* be sailing. 난 배를 몰아야 해.

* just sails and knots, where you're going in your mind.
그건 단순히 돛이나 매듭을 말하는 게 아냐. 그건 어디로 가고 있는지 마음속으로 보는 것을 말하는 거야.

* a wayfinder. a wayfinder.
넌 바닷길잡이가 아냐. 넌 바닷길잡이가 될 수 없어.

오디오 파일을 듣고 3번 따라 말해보세요.

17-1.mp3

MAUI
마우이

Okay, we go east, to the lair of Tamatoa. **If anyone** has my hook **it's** that beady eyed bottom feeder.[1]
됐어. 우리는 동쪽으로 가는 거야. 타마토아가 숨어 있는 곳으로. 누군가가 내 갈고리를 갖고 있다면, 그건 바로 바다 밑바닥에서 사는 그 눈이 빤질빤질한 놈일 거야.

MOANA
모아나

Teach me to sail. **My job is to** "deliver Maui across the great ocean."[2] I should– **I should** be sailing.[3]
나한테 배를 모는 것을 가르쳐줘요. 내 일은 '마우이를 대양을 건너 데려오는 거야.' 난… 난 배를 몰아야 해.

MAUI
마우이

It's called wayfinding, princess. And **it's not just** sails and knots, **it's seeing where** you're going in your mind...[4] knowing where you are by knowing where you've been...
그건 바닷길잡이라고 하는 거야, 공주 아가씨. 그건 단순히 돛이나 매듭을 말하는 게 아냐. 그건 어디로 가고 있는지 마음속으로 보는 것을 말하는 거야. 어디에 있었는지 파악해서 지금 어디에 있는지 알아내는 걸 말하는 거야.

MOANA
모아나

Okay, first, I'm not a "princess," I am the daughter of the chief–
알았어요. 먼저, 난 '공주'가 아니에요. 난 족장의 딸이라고요.

MAUI
마우이

– Same difference –
그게 그거지 뭐.

MOANA
모아나

– NO –
아니라고…

MAUI
마우이

If you wear a dress and have an animal sidekick you're a princess– **You are not** a wayfinder. **You will never be** a wayfinder.[5] You will never be a way–
드레스를 입고, 동물을 시녀처럼 데리고 다니니까 너는 공주야. 넌 바닷길잡이가 아냐. 넌 바닷길잡이가 될 수 없어. 넌 바닷길잡이가 될 수 없어…

장면 파헤치기

구문 설명과 예문으로 이 장면의 핵심 표현을 완벽히 이해하세요.

❶ If anyone has my hook it's that beady eyed bottom feeder.
누군가가 내 갈고리를 갖고 있다면, 그건 바로 바다 밑바닥에서 사는 그 눈이 빤질빤질한 놈일 거야.

'누군가 이것을 할 수 있는 사람이 있다면 그건 바로 누구다'라는 식의 말을 영어로 하는 연습을 해보죠. 이때는 〈If anyone + 동사 ~, it's + 누구〉라는 식의 패턴을 이용해 말하면 됩니다.

* **If anyone** can find them, **it's** you. 누군가가 그것들을 찾아낼 수 있다면, 그 사람은 바로 너야.
* **If anyone** knows how to deal with this, **it's** her. 누군가가 이걸 다루는 방법을 알고 있다면 그 사람은 바로 그 여자야.

❷ My job is to "deliver Maui across the great ocean." 내 일은 '마우이를 대양을 건너 데려오는 거야.'

〈My job is to + 동사원형 ~〉은 '내 일은 ~하는 것입니다'라는 뜻인데요. 누군가가 내가 하는 일이 구체적으로 무엇인지를 물을 때, 혹은 내가 나서서 구체적으로 내 일이 이런 겁니다 하고 알려주어야 할 때 쓰기 좋은 패턴이죠.

* **My job is to** make sure you get everything you need.
  내 일은 당신이 필요로 하는 것은 모두 틀림없이 준비되도록 하는 것입니다.
* **My job is to** help you understand what those differences are.
  내 일은 당신이 저것들의 차이점이 무엇인지 이해하는 것을 돕는 것입니다.

❸ I should be sailing. 난 배를 몰아야 해.

〈I should + 동사원형 ~〉은 '난 ~해야 해'라는 의미입니다. 규칙이나 약속, 일정 때문에 해야 하는 일에도, 하면 나한테 이득이 되기 때문에 해야 하는 일에도 모두 쓸 수 있죠. 주어를 You로 바꿔 You should ~라고 하면 상대방이 해야 하는 일을 말해주는 게 되는데요. 강제로 막 하라고 명령한다기보다는 '~하세요, ~하렴'이라고 부드럽게 권유하는 느낌이죠.

★영화 속 패턴 익히기

❹ It's not just sails and knots, it's seeing where you're going in your mind.
그건 단순히 돛이나 매듭을 말하는 게 아냐, 그건 어디로 가고 있는지 마음속으로 보는 것을 말하는 거야.

'그건 단순히 ~가 아니라, …가 어디인지를 보는/아는 거야'라는 식으로 어떤 것의 본질을 설명할 필요가 있을 때가 있죠. 이럴 때 바로 〈It's not just ~, it's seeing where 주어 + 동사 ~〉 패턴을 이용하면 됩니다. 여기서 seeing의 see는 '보다', '알다'라는 의미로 모두 쓸 수 있어요.

* **It's not just** cutting costs, **it's seeing where** money can be better spent.
  그건 단순히 비용을 절감하는 것이 아니라, 돈을 어디에다 쓰는 것이 더 좋은지 알게 되는 것입니다.
* **It's not just** seeing where people are, **it's seeing where** people are not.
  그건 단순히 사람들이 어디 있는지 보는 것이 아니라, 사람들이 어디에 없는지 보는 것을 의미합니다.

❺ You are not a wayfinder. You will never be a wayfinder. 넌 바닷길잡이가 아냐. 넌 바닷길잡이가 될 수 없어.

〈You are not + 명사/형용사. You will never be + 명사/형용사〉라고 하면 '넌 ~가 아냐. 절대 ~가 될 수 없어[되지 않을 거야]'란 의미인데요. 상대방의 기를 죽이는 악담을 할 때도, 상대방의 기를 살리는 격려를 할 때도 모두 쓸 수 있는 패턴이죠.

★영화 속 패턴 익히기

영화 속 패턴 익히기

오늘 배운 장면에서 뽑은 핵심 패턴으로 다양한 표현을 만들어 보세요.

17-2.mp3

I should ~. 난 ~해야 해.

Step 1 기본 패턴 연습하기

1 **I should** ask her out. 난 그 여자에게 데이트를 신청해야 해.

2 **I should** renew my driver's license by the end of this month.
난 이번 달 말까지는 운전면허를 갱신해야 해.

3 **I should** do it all when I gain momentum. 한참 탄력이 붙었을 때 이걸 전부 다 해야 해.

4 ______________ get help. 난 도움을 받아야 해.

5 ______________ you something. 너한테 뭘 좀 말해야 해.

Step 2 패턴 응용하기 You should ~

1 **You should** know all of the technical details of the products that you sell.
팔고 있는 제품의 상세한 기술적인 사항들을 모두 알고 있어야 해요.

2 **You should** take advantage of it. 이걸 이용해 보세요.

3 **You should** ask someone to get some for you. 누군가에게 네 것도 좀 사오라고 부탁하렴.

4 ______________ shop around for the best price. 제일 싸게 사려면 여러 가게를 돌아다녀봐야 해.

5 ________________ twice about that. 그것에 관해서는 다시 생각해봐야 해.

Step 3 실생활에 적용하기

A 팔고 있는 제품의 상세한 기술적인 사항들을 모두 알고 있어야 해.

B That's easier said than done.

A Just try!

A You should know all of the technical details of the products that you sell.

B 말이야 쉽지.

A 해보라니까!

정답 Step 1 4 I should 5 I should tell Step 2 4 You should 5 You should think

17-3.mp3

You are not 명. You will never be 명. 넌 ~가 아냐. 넌 절대 ~가 될 수 없어.

Step 1 기본 패턴 연습하기

1 **You are not** a poet. **You will never be** a poet. 넌 시인이 아냐. 넌 절대 시인이 될 수 없어.

2 **You are not** a strong man. **You will never be** a strong man.
넌 강한 남자가 아냐. 넌 절대 강한 남자가 될 수 없어.

3 **You are not** a real scientist. **You will never be** a real scientist.
넌 진짜 과학자가 아냐. 넌 절대 진짜 과학자가 될 수 없어.

4 ______ a loser. ______ a loser. 넌 패배자가 아냐. 넌 절대 패배자가 되지 않을 거야.

5 ______ a coward. ______ a coward.
넌 비겁한 사람이 아냐. 넌 절대 비겁한 사람이 되지 않을 거야.

Step 2 패턴 응용하기 You are not 형. You will never be 형.

1 **You are not** alone. **You will never be** alone. 넌 혼자가 아냐. 넌 절대 혼자가 아닐 거야.

2 **You are not** selfish. **You will never be** selfish. 넌 이기적이 아냐. 넌 절대 이기적인 사람이 되지 않을 거야.

3 **You are not** safe. **You will never be** safe. 넌 안전하지가 않아. 넌 절대 안전하지 않을 거야.

4 ______ satisfied. ______ satisfied. 넌 만족하지 않아. 넌 절대 만족하지 않을 거야.

5 ______ forgotten. ______ forgotten.
너를 잊어버리지 않았어. 넌 절대 잊히지 않을 거야.

Step 3 실생활에 적용하기

A 넌 패배자가 아냐. 넌 절대 패배자가 되지 않을 거야.
B Thanks a lot. That's very encouraging.
A I'm sure you will be a winner.

A You are not a loser. You will never be a loser.
B 아주 고마워. 굉장히 힘이 되네.
A 넌 승자가 되리라고 확신해.

정답 Step 1 4 You are not / You will never be 5 You are not / You will never be Step 2 4 You are not / You will never be 5 You are not / You will never be

확인학습

문제를 풀며 오늘 배운 표현을 완벽히 내 것으로 만드세요.

A | 영화 속 대화를 완성해 보세요.

MAUI Okay, we go east, to the lair of Tamatoa. ❶ ________ has my hook it's that ❷ ________ eyed bottom feeder.
돼어, 우리는 동쪽으로 가는 거야, 타마토아가 숨어 있는 곳으로. 누군가가 내 갈고리를 갖고 있다면, 그건 바로 바다 밑바닥에서 사는 그 눈이 빤질빤질한 놈일 거야.

MOANA Teach me to sail. ❸ ________ "deliver Maui across the great ocean." I should– ❹ ________ sailing.
나한테 배를 모는 것을 가르쳐줘요. 내 일은 '마우이를 대양을 건너 데려오는 거야.' 난… 난 배를 몰아야 해.

MAUI It's called wayfinding, princess. And ❺ ________ sails and knots, ❻ ________ in your mind... knowing where you are by knowing where you've been... 그건 바닷길잡이라고 하는 거야, 공주 아가씨. 그건 단순히 돛이나 매듭을 말하는 게 아냐, 그건 어디로 가고 있는지 마음속으로 보는 것을 말하는 거야. 어디에 있었는지 파악해서 지금 어디에 있는지 알아내는 걸 말하는 거야.

MOANA Okay, first, I'm not a "princess," I am the daughter of the chief– 알았어요. 먼저, 난 '공주'가 아니에요. 난 족장의 딸이라고요.

MAUI –❼ ________ difference – 그게 그거지 뭐.

MOANA – NO – 아니라고…

MAUI If you wear a dress and have an animal ❽ ________ you're a princess– You are not a wayfinder. ❾ ________ a wayfinder. You will never be a way–
드레스를 입고, 동물을 시녀처럼 데리고 다니니까 너는 공주야. 넌 바닷길잡이가 아냐. 넌 바닷길잡이가 될 수 없어. 넌 바닷길잡이가 될 수 없어…

정답 A

❶ If anyone
❷ beady
❸ My job is to
❹ I should be
❺ it's not just
❻ it's seeing where you're going
❼ Same
❽ sidekick
❾ You will never be

B | 다음 빈칸을 채워 문장을 완성해 보세요.

1 난 이번 달 말까지는 운전면허를 갱신해야 해.
________ my driver's license by the end of this month.

2 누군가에게 네 것도 좀 사오라고 부탁하렴.
________ someone to get some for you.

3 넌 강한 남자가 아냐. 넌 절대 강한 남자가 될 수 없어.
________ a strong man. ________ a strong man.

4 넌 혼자가 아냐. 넌 절대 혼자가 아닐 거야.
________ alone. ________ alone.

5 넌 패배자가 아냐. 넌 절대 패배자가 되지 않을 거야.
____

정답 B

1 I should renew
2 You should ask
3 You are not / You will never be
4 You are not / You will never be
5 You are not a loser. You will never be a loser.

Day 18

Going to the Realm of Monsters

괴물들의 왕국으로 가다

배가 바위투성이 해변에 닿습니다. 모아나는 마우이에게 타마토아가 갈고리를 갖고 있는 게 확실하냐며 미심쩍어하죠. 타마토아는 물건을 모으면서[collect stuff] 자신이 멋있어진다고 생각하는 녀석이기 때문에 최고의 수집품인[the coolest collectable] 갈고리를 타마토아가 갖고 있는 건 인지상정이라는군요. 그리고는 괴물들이 사는 왕국, 랄로타이로 들어가는 입구를 향해 절벽을[cliff] 기어오릅니다.[climb] 모아나도 용기를 내어 따라 오릅니다. 절벽 위에 다다르자 마우이는 춤을 추더니 땅을 두드립니다.[punch] 그러자 땅이 갈라지며[crack] 엄청나게 큰 얼굴이 나타나고 그 입이 벌어지더니 천 피트 아래에 소용돌이가[vortex] 치는 것이 보이네요. 마우이는 그 소용돌이 속으로 뛰어듭니다.[jump into] 망설이던 모아나도 결국 마우이 뒤를 따르는군요.

Warm Up! 오늘 배울 표현

오늘 등장하는 표현들입니다. 어떤 표현이 들어가야 할지 생각해 보세요.

* ______ understand why your people decided to send you.
  네 마을 사람들이 왜 너를 보내기로 결정했는지 이해해 보려고 하는데 말야.
* ______ phrase this? 어떻게 말해야 하나?
* It chose me ______. 이유가 있어서 날 선택한 거예요.
* ______ the ocean's so smart, ______ it just take the heart back to Te Fiti itself? 바다가 그렇게 머리가 좋다면, 왜 그냥 심장을 테피티에다가 직접 돌려놓지 않았을까?
* ______ it's not wrong about you. 바다가 너를 잘못 본 건 아니라는 건 확실해.

바로 이 장면!

오디오 파일을 듣고 3번 따라 말해보세요.

18-1.mp3

MAUI
마우이

So "daughter of the chief," thought you stayed in the village... you know kissing babies and things. Hey. **I'm just trying to understand why** your people decided to send – **how do I** phrase this – you.[1][2]
그래서 '족장의 딸'아, 사람들은 네가 마을에 있는 줄로 알았을 거야… 아이들에게 키스하거나 뭐 그러면서 말야. 이봐, 네 마을 사람들이 왜 너를 보내기로, 어떻게 말해야 하나, 하여간, 너를 왜 보내기로 결정했는지 이해해 보려고 하는데 말야.

MOANA
모아나

My people didn't send me. The ocean did.
우리 마을 사람들이 나를 보낸 게 아녜요. 바다가 보냈어요.

MAUI
마우이

The ocean. Makes sense: you're what, eight, can't sail. Obvious choice.
바다라. 말이 되네. 넌, 그 뭐냐, 여덟 살이냐? 항해도 못하고. 참 확실한 선택이네.

MOANA
모아나

It chose me **for a reason.**[3]
이유가 있어서 날 선택한 거예요.

MAUI
마우이

If the ocean**'s so smart, why didn't** it just take the heart back to Te Fiti itself?[4] Or bring me my hook? The Ocean's straight up kooky-dooks. But **I'm sure** it's not wrong about you.[5] You're the Chosen One!
바다가 그렇게 머리가 좋다면, 왜 그냥 심장을 테피티에다가 직접 돌려놓지 않았을까? 아니면 내 갈고리를 가져다 주든가? 바다는 괴짜인 게 틀림없어. 하지만 바다가 너를 잘못 본 건 아니라는 건 확실해. 넌 선택받은 자야!

장면 파헤치기

구문 설명과 예문으로 이 장면의 핵심 표현을 완벽히 이해하세요.

❶ I'm just trying to understand why your people decided to send you.
네 마을 사람들이 왜 너를 보내기로 결정했는지 이해해 보려고 하는데 말야.

〈I'm trying to + 동사원형 ~〉은 뭔가를 해보려고 하고 있다는 의미를 전달할 때 쓰는 패턴인데요. just를 살짝 끼워 넣으면 '그냥', '그저' 정도의 어감이 가미되죠. 이 자리에서는 to 뒤에 〈understand why 주어 + 동사 ~〉를 갖다 붙여 '왜 ~인지 이해해 보려고 한다'는 말을 집중적으로 연습해 볼 거예요.

★ 영화 속 패턴 익히기

❷ How do I phrase this? 어떻게 말해야 하나?

〈How do I + 동사원형 ~?〉은 뭔가를 하는 방법이나 수단을 묻는 가장 기본적인 패턴이죠. '내가 ~하려면 어떻게 해야 하는지'를 묻는 말이랍니다.

* **How do I** start your computer? 네 컴퓨터를 어떻게 키는 거야?
* **How do I** know who's the right man for me? 나한테 딱 맞는 남자를 어떻게 알아볼 수 있지?

❸ It chose me for a reason. 이유가 있어서 날 선택한 거예요.

'무슨 이유인지 콕 집어 말할 수는 없지만 분명 이유가 있어서 그럴 거야'라는 식의 말, 곧잘 하게 되죠. 이때 알아두어야 할 표현이 바로 for a reason이에요. '이유가 있어서'라는 의미이죠. 문장 끝에 붙여서 써보세요.

* He must be here **for a reason.** 그 남자는 이유가 있어서 여기에 왔을 거야.
* I am saying it **for a reason.** 난 이유가 있어서 이렇게 말하고 있는 거야.

❹ If the ocean's so smart, why didn't it just take the heart back to Te Fiti itself?
바다가 그렇게 머리가 좋다면, 왜 그냥 심장을 테피티에다가 직접 돌려놓지 않았을까?

이번에는 '그렇게 똑똑한데 왜 못했냐'라는 식으로 따지거나 추궁할 때 유용한 패턴입니다. 〈If 주어 + be so smart, why didn't ~?〉 패턴으로, '그렇게 똑똑하다면 왜 ~하지 않았냐/못했냐?'라는 뜻이죠. 주로 상대방에게 이런 식으로 따질 일이 많을 테니 주어 자리에 you를 넣어 연습해 보도록 하죠.

* If you're **so smart, why didn't** you get better grades?
  네가 그렇게 똑똑하다면 왜 성적을 더 좋게 받지 못한 거니?
* If you're **so smart, why didn't** you do something about it?
  네가 그렇게 똑똑하다면 왜 그것에 대해서 뭐라도 하지 못한 거니?

❺ I'm sure it's not wrong about you. 바다가 너를 잘못 본 건 아니라는 건 확실해.

I'm sure는 '확실하다'는 뜻이죠. 뭐가 확실하다는 건지 구체적인 내용은 이 뒤에 완전한 문장으로 이어주면 됩니다. 또, 무엇인지, 누구인지 등과 같은 것이 확실하지 않다고 할 때는 I'm not sure 뒤에 what절이나 who절과 같이 의문사절을 붙이면 되고, 단순히 '~인지 아닌지 확실하지 않다'고 할 때는 if절을 뒤에 붙이면 되죠.

★ 영화 속 패턴 익히기

영화 속 패턴 익히기

오늘 배운 장면에서 뽑은 핵심 패턴으로 다양한 표현을 만들어 보세요.

18-2.mp3

I'm just trying to understand why S + V. 왜 ~인지 이해해 보려고 하는 거야.

Step 1 기본 패턴 연습하기

1 **I'm just trying to understand why** we keep making the same mistakes over and over again. 왜 우리는 똑같은 실수를 자꾸 반복하는지 이해해 보려고 하는 거야.

2 **I'm just trying to understand why** this always happens to me.
왜 이런 일이 항상 나에게 일어나는지 이해해 보려고 하는 거야.

3 **I'm just trying to understand why** kids are doing this. 애들이 왜 이런 짓을 하는지 이해해 보려고 하는 거야.

4 ________________ my son is dead. 왜 우리 아들이 죽었는지 이해해 보려고 하는 거야.

5 ________________ so many people hate him.
왜 그렇게 많은 사람들이 그 남자를 싫어하는지 이해해 보려고 하는 거야.

Step 2 패턴 응용하기 I'm just trying to understand + 의문사절

1 **I'm just trying to understand who** is telling the truth about this.
누가 이것에 관한 진실을 말할지 이해해 보려고 하는 거야.

2 **I'm just trying to understand what** is going on. 무슨 일이 벌어지고 있는지 이해해 보려고 하는 거야.

3 **I'm just trying to understand when** all of this occurred.
이 모든 일이 언제 일어났는지 이해해 보려고 하는 거야.

4 ________________ this is suddenly coming from.
이게 갑자기 어디서 오고 있는지 이해해 보려고 하는 거야.

5 ________________ you can be so naïve and foolish.
네가 어떻게 그렇게 순진하고 바보스러울 수 있는지 이해해 보려고 하는 거야.

Step 3 실생활에 적용하기

A 왜 이런 일이 항상 나에게 일어나는지 이해해 보려고 하는 거야.

B That's just a coincidence.

A Oh, my life is filled with nothing but chaos.

A I'm just trying to understand why this always happens to me.

B 그냥 우연의 일치일 뿐이야.

A 아, 내 인생은 혼란만 가득 차 있어.

정답 Step 1 4 I'm just trying to understand why 5 I'm just trying to understand why Step 2 4 I'm just trying to understand where 5 I'm just trying to understand how

18-3.mp3

I'm sure S + V ~. ~라는 건 확실해.

Step 1 기본 패턴 연습하기

1 **I'm sure** you don't know what you're talking about.
넌 지금 네가 무슨 말을 하고 있는지도 모르는 게 확실해.

2 **I'm sure** everything will be OK. 모든 게 잘될 거라고 확신해.

3 **I'm sure** it will work out. 그건 제대로 될 거라고 확신해.

4 ______________ find it very useful. 네가 그게 굉장히 유용한 거라는 걸 발견하게 되리라 확신해.

5 ______________ mean it. 그 남자가 진짜로 그런 뜻으로 말하지 않았다는 걸 확신해.

Step 2 패턴 응용하기 I'm not sure + 의문사절/if절

1 **I'm not sure what** I'll want to talk about. 내가 무엇에 관해서 말하고 싶은지 나도 모르겠어.

2 **I'm not sure who** can be trusted. 누구를 믿을 수 있는지 나도 모르겠어.

3 **I'm not sure where** I came across it. 내가 그걸 어디서 봤는지 나도 모르겠어.

4 ______________ I'll be back. 내가 언제 돌아올 수 있는지 나도 모르겠어.

5 ______________ I'll marry him. 그 남자랑 결혼하게 될지 나도 모르겠어.

Step 3 실생활에 적용하기

A 내가 언제 돌아올 수 있는지 나도 모르겠어.
B OK, no problem.
A I'll be back as soon as possible.

A I'm not sure when I'll be back.
B 알았어, 괜찮아.
A 될 수 있는 대로 빨리 돌아올게.

정답 Step 1 4 I'm sure you'll 5 I'm sure he didn't Step 2 4 I'm not sure when 5 I'm not sure if

확인학습

문제를 풀며 오늘 배운 표현을 완벽히 내 것으로 만드세요.

A | 영화 속 대화를 완성해 보세요.

MAUI So "daughter of the chief," thought you stayed in the village... you know kissing babies and things. Hey. I'm just trying to ❶ ______________ to send – ❷ ______ phrase this – you.

그래서 '족장의 딸'아, 사람들은 네가 마을에 있는 줄로 알았을 거야… 아이들에게 키스하거나 뭐 그러면서 말야. 이봐, 네 마을 사람들이 왜 너를 보내기로, 어떻게 말해야 하나, 하여간, 너를 왜 보내기로 결정했는지 이해해 보려고 하는데 말야.

MOANA My people didn't send me. The ocean did.

우리 마을 사람들이 나를 보낸 게 아녜요. 바다가 보냈어요.

MAUI The ocean. Makes ❸ ______: you're what, eight, can't sail. ❹ ______ choice.

바다라. 말이 되네. 넌, 그 뭐냐, 여덟 살이냐? 항해도 못하고. 참 확실한 선택이네.

MOANA It chose me ❺ ______.

이유가 있어서 날 선택한 거예요.

MAUI ❻ ______ the ocean's ❼ ______, ❽ ______ it just take the heart back to Te Fiti itself? Or bring me my hook? The Ocean's straight up kooky-dooks. But I'm sure it's not ❾ ______. You're the Chosen One!

바다가 그렇게 머리가 좋다면, 왜 그냥 심장을 테피티에다가 직접 돌려놓지 않았을까? 아니면 내 갈고리를 가져다 주든가? 바다는 괴짜인 게 틀림없어. 하지만 바다가 너를 잘못 본 건 아니라는 건 확실해. 넌 선택받은 자야!

정답 A

❶ understand why your people decided
❷ how do I
❸ sense
❹ Obvious
❺ for a reason
❻ If
❼ so smart
❽ why didn't
❾ wrong about you

B | 다음 빈칸을 채워 문장을 완성해 보세요.

1 애들이 왜 이런 짓을 하는지 이해해 보려고 하는 거야.
______________ kids are doing this.

2 무슨 일이 벌어지고 있는지 이해해 보려고 하는 거야.
______________ is going on.

3 넌 지금 네가 무슨 말을 하고 있는지도 모르는 게 확실해.
______________ what you're talking about.

4 내가 언제 돌아올 수 있는지 나도 모르겠어.
______________ I'll be back.

5 모든 게 잘될 거라고 확신해.
____

정답 B

1 I'm just trying to understand why
2 I'm just trying to understand what
3 I'm sure you don't know
4 I'm not sure when
5 I'm sure everything will be OK.

Day 19

The Hook Sitting on a Huge Pile of Gold

금더미 위에 놓여 있는 마우이의 갈고리

마우이는 랄로타이에 무리 없이 착지합니다.land 인간이 괴물들이 사는 왕국에realm 뛰어들 리는 없기에 모아나가 뒤따라 뛰어내렸을 거라곤 생각지도 못한 채 말이죠. 하지만 곧이어 모아나가 마우이의 머리 위로 떨어지더니 튕겨나가죠.bounce off 몇몇 괴물의 습격을 운 좋게 피한avoid 모아나는 우연히 빛이 나오는glowing 동굴을 발견하게 되고, 그 안에 엄청나게 쌓여 있는a huge pile of 보물들 위로 마우이의 갈고리가 있는 것을 보게 됩니다. 승리감에 도취되어triumphant 있는 모아나에게 마우이가 다가와선 가만있으라고stay 하며 동굴로 들어가려 합니다. 하지만 갈고리를 발견한 건 자신이라며 모아나는 가만있을 생각이 없음을 밝히네요. 이에 갑자기 좋은 생각이 난 듯 마우이는 회심의 미소를 짓는데요…

오늘 등장하는 표현들입니다. 어떤 표현이 들어가야 할지 생각해 보세요.

* ______ you were a monster. 괴물인 줄 알았어요.
* ______ this Tamatoa guy really likes his treasure. 당신 말이 맞았어요. 이 타마토아라는 괴물은 정말로 보물을 좋아해.
* ______ who found your hook. 갈고리를 찾은 건 나라고요.
* For a 1000 years, ______ getting my hook and being awesome again. 천 년 동안 난 내 갈고리를 되찾아 예전의 영광을 도로 찾을 생각밖에는 하지 않았어.
* It's not getting screwed up by a mortal ______ inside a monster-cave. 이제 와서 괴물들의 동굴에는 볼 일이 없는 인간 때문에 망칠 수는 없어.

바로 이 장면!

오디오 파일을 듣고 3번 따라 말해보세요.

19-1.mp3

MOANA
모아나

Maui's fishhook...
마우이의 갈고리네…

MAUI
마우이

Yeah...
그래…

MOANA
모아나

Sorry... **I thought you were** a monster...[1] but I found your hook, and **you're right** this Tamatoa guy really likes his treasure...[2]
미안해요. 괴물인 줄 알았어요. 하지만 내가 당신 갈고리를 찾았어요. 그리고 당신 말이 맞았어요. 이 타마토아라는 괴물은 정말로 보물을 좋아해…

MAUI
마우이

Stay.
거기 가만히 있어.

MOANA
모아나

What? No. **I'm the one who** found your hook...[3]
뭐죠? 안 돼요. 갈고리를 찾은 건 나라고요…

MAUI
마우이

Listen, for a 1000 years, **I've only been thinking of** getting my hook and being awesome again.[4] And it's not getting screwed up by a mortal **who has no business** inside a monster-cave...[5] except... except maybe as bait.
잘 들어. 천 년 동안 난 내 갈고리를 되찾아 예전의 영광을 도로 찾을 생각밖에는 하지 않았어. 그런데 이제 와서 괴물들의 동굴에는 볼 일이 없는 인간 때문에 망칠 수는 없어… 뭐, 미끼로 사용한다면야, 이야기가 달라지지만.

MOANA
모아나

Huh?
네?

장면 파헤치기

구문 설명과 예문으로 이 장면의 핵심 표현을 완벽히 이해하세요.

❶ I thought you were a monster. 괴물인 줄 알았어요.

'~인 줄 알았다'는 말, 〈I thought 주어 + 과거동사 ~〉로 표현하면 된다고 했던 거 기억나죠? 특히 상대방에 대해 잘못 알고 있었던 과거 사실이 있다면 주어를 you로 하면 되고요. 이 자리에서는 바로 주어를 you로, 과거동사를 were로 해서 다시 한 번 연습해 보도록 하죠.

* **I thought you were** my best friend. 네가 나의 제일 친한 친구라고 생각했는데.
* **I thought you were** on vacation. 당신은 휴가 중이라고 생각했어요.

❷ You're right this Tamatoa guy really likes his treasure.
당신 말이 맞았어요. 이 타마토아라는 괴물은 정말로 보물을 좋아해.

You're right.(네 말이 맞아.)는 상대방의 말에 맞장구를 칠 때 흔히 쓰는 한 마디 표현이죠. 그런데 상대방이 그 말을 할 당시에는 인정하지 못했다가 겪어 보니 상대방의 말이 맞다는 것을 알았을 때는 You're right 뒤에 상대방이 한 말의 내용을 완전한 문장으로 이어주면 된답니다. '~라고 한 네 말이 맞았어[맞아].'라는 의미이죠.

★영화 속 패턴 익히기

❸ I'm the one who found your hook. 갈고리를 찾은 건 나라고요.

이번에는 어떤 일을 한 사람은 다름아닌 바로 나라는 말을 하고 싶을 때 알아두면 유용한 표현입니다. 〈I'm the one who + 동사 ~〉 패턴이 바로 그건데요, '~한 사람은 바로 나이다'라는 의미이죠.

* **I'm the one who** needs to apologize. 사과할 필요가 있는 사람은 접니다.
* **I'm the one who** chose to do this. 이걸 하자고 선택한 사람은 접니다.

❹ For a 1000 years, I've only been thinking of getting my hook and being awesome again. 천 년 동안 난 내 갈고리를 되찾아 예전의 영광을 도로 찾을 생각밖에는 하지 않았어.

과거의 어느 시점부터 지금까지, 즉 '여태껏 ~생각만 했어, 그 생각밖에 안 했어'라는 말을 하려면 I've only been thinking of ~를 이용하세요. 또 I've only been 뒤에 다른 여러 가지 동사의 -ing도 넣어서 말해보세요. '~만 하느라 아무것도 안 했다'는 의미가 내포된 표현이 되죠.

★영화 속 패턴 익히기

❺ It's not getting screwed up by a mortal who has no business inside a monster-cave. 이제 와서 괴물들의 동굴에는 볼 일이 없는 인간 때문에 망칠 수는 없어.

has/have no business는 '볼 일이 없다', 어떤 일과는 '전혀 관계가 없다'는 의미로 쓰이는 표현이에요. 이 표현 앞에 〈사람 + who〉를 붙여 말하는 연습을 해보세요. 어떤 것에는 '볼 일이 없는 ~', 어떤 일과는 '전혀 관계가 없는 ~'라는 의미가 됩니다.

* Don't treat me as a stranger **who has no business** in this.
  나를 이 일에 관해서는 전혀 관계가 없는 낯선 사람으로 취급하지 마세요.
* He is someone **who has no business** in running a company.
  그 남자는 회사를 운영하는 것과는 전혀 관계가 없는 사람입니다.

영화 속 패턴 익히기

오늘 배운 장면에서 뽑은 핵심 패턴으로 다양한 표현을 만들어 보세요.

19-2.mp3

You're right S + V ~.

~라고 한 네 말이 맞았어.

Step 1 기본 패턴 연습하기

1 **You're right** I should've warned you. 네 말이 맞았어. 내가 미리 너에게 말해줬어야 했어.

2 **You're right** it isn't fair. 이건 공평하지 않다는 네 말이 맞았어.

3 **You're right** he didn't deserve any of it. 그 남자는 그걸 받을 만한 자격이 없다는 네 말이 맞았어.

4 ______________ what you've been through.
네가 어떤 일을 겪었는지 나는 모른다는 네 말이 맞았어.

5 ______________ he does love you with all his heart.
그 남자가 진심으로 널 사랑한다는 네 말이 맞았어.

Step 2 패턴 응용하기 You're wrong S + V

1 **You're wrong** it doesn't affect you. 그게 너한테 영향을 끼치지 않는다는 네 말은 틀렸어.

2 **You're wrong** I don't care. 내가 아무런 관심이 없다는 네 말은 틀렸어.

3 **You're wrong** we're on different paths. 우리는 서로 다른 길을 가고 있다는 네 말은 틀렸어.

4 ______________ survive. 내가 살아남지 못할 거라는 네 말은 틀렸어.

5 ______________ email is dead. 이메일은 죽었다는 네 말은 틀렸어.

Step 3 실생활에 적용하기

A 내가 미리 너에게 말해줬어야 했다는 네 말은 맞았어.
B It's OK. I've survived somehow.
A I'm awfully sorry.

A You're right I should've warned you.
B 괜찮아. 난 어쨌든 살아남았으니까.
A 정말 미안해.

정답 Step 1 4 You're right I don't know 5 You're right Step 2 4 You're wrong I'll not 5 You're wrong

19-3.mp3

I've only been thinking of ~. 난 ~생각밖에는 안 했어.

Step 1 기본 패턴 연습하기

1 **I've only been thinking of** myself lately. 난 요즘은 내 생각밖에는 안 했어.

2 **I've only been thinking of** my own pleasure and fun all day long.
난 하루 종일 쾌락과 즐길 생각밖에는 안 했어.

3 **I've only been thinking of** what I have to do. 내가 뭘 해야만 하는지에 관한 생각밖에는 안 했어.

4 ______________ the meeting all day. 하루 종일 그 회의에 관한 생각밖에는 안 했어.

5 ______________ you. 난 네 생각밖에 안 했어.

Step 2 패턴 응용하기 I've only been + -ing

1 **I've only been** wait**ing** here. 여기서 기다리는 것밖에 안 했어.

2 **I've only been** concentrat**ing** on getting you free.
너를 자유롭게 해줄 것에 관해서 집중하느라 아무것도 안 했어.

3 **I've only been** work**ing** here for three months. 난 여기서 세 달 동안 일만 했어.

4 ______________ for a week. 난 일주일 동안 다이어트만 했어.

5 ______________ her for a couple of months.
난 두 달 동안 그 여자랑 데이트하느라 아무것도 안 했어.

Step 3 실생활에 적용하기

A 난 일주일 동안 다이어트하느라 아무것도 안 했어.
B Oh, you look healthy already.
A Really? I feel healthy myself.

A I've only been dieting for a week.
B 야, 넌 벌써 건강해 보인다.
A 정말? 나도 건강하게 느껴져.

정답 Step 1 4 I've only been thinking of 5 I've only been thinking of Step 2 4 I've only been dieting 5 I've only been dating

확인학습

문제를 풀며 오늘 배운 표현을 완벽히 내 것으로 만드세요.

A | 영화 속 대화를 완성해 보세요.

MOANA Maui's fishhook... 마우이의 갈고리네…

MAUI Yeah... 그래…

MOANA Sorry... ❶ ________________ a monster... but I found your hook, and ❷ ____________ this Tamatoa guy really likes his ❸ __________...
미안해요, 괴물인 줄 알았어요. 하지만 내가 당신 갈고리를 찾았어요. 그리고 당신 말이 맞았어요. 이 타마토아라는 괴물은 정말로 보물을 좋아해…

MAUI Stay. 거기 가만히 있어.

MOANA What? No. ❹ ________________ found your hook...
뭐죠? 안 돼요. 갈고리를 찾은 건 나라고요…

MAUI Listen, for a 1000 years, ❺ ________________ getting my hook and being awesome again. And it's not getting ❻ ____________ by a mortal ❼ ________________ inside a monster-cave... except... ❽ __________ maybe as ❾ __________.
잘 들어, 천 년 동안 난 내 갈고리를 되찾아 예전의 영광을 도로 찾을 생각밖에는 하지 않았어. 그런데 이제 와서 괴물들의 동굴에는 볼 일이 없는 인간 때문에 망칠 수는 없어… 뭐, 미끼로 사용한다면야, 이야기가 달라지지만.

B | 다음 빈칸을 채워 문장을 완성해 보세요.

1 이건 공평하지 않다는 네 말이 맞았어.
________________ it isn't fair.

2 우리는 서로 다른 길을 가고 있다는 네 말은 틀렸어.
________________ we're on different paths.

3 난 여기서 세 달 동안 일만 했어.
________________ here for three months.

4 내가 살아남지 못할 거라는 네 말은 틀렸어.
____

5 난 네 생각밖에 안 했어.
____

정답 A

❶ I thought you were
❷ you're right
❸ treasure
❹ I'm the one who
❺ I've only been thinking of
❻ screwed up
❼ who has no business
❽ except
❾ bait

정답 B

1 You're right
2 You're wrong
3 I've only been working
4 You're wrong I'll not survive.
5 I've only been thinking of you.

Day 20

Fighting against Tamatoa

타마토아와의 대결

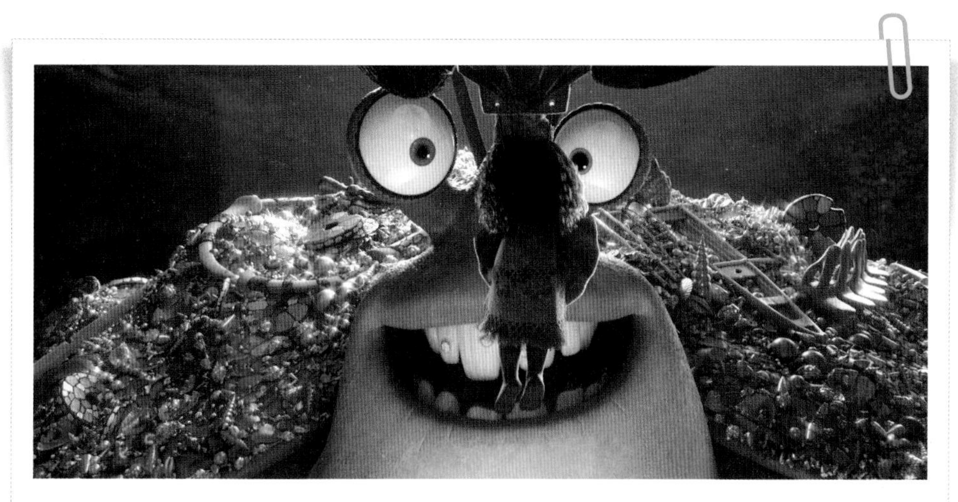

모아나를 미끼로^bait 타마토아의 주의를 돌려^distracted 그 틈을 이용해 타마토아의 등에 박혀 있는 갈고리를 되찾자는 게 마우이의 작전이로군요. 타마토아는 자기 자랑을 하는^brag 것을 아주 좋아하는 녀석이므로 마우이는 모아나에게 타마토아가 자기 자신에 대해 얘기하게끔^talk about oneself 유도하라고 각본을^plan 짜줍니다. 모아나는 두렵지만 각본대로 타마토아의 주의를 끌고 마우이는 극적으로 자신의 갈고리를 되찾죠. 하지만 이게 어떻게 된 일일까요? 마우이는 갈고리를 쳐들고 매로^hawk 변신하려고^transform into 하지만 뜻대로 되지를 않습니다. 물고기로 변하더니 아무 동물로 막 변하는 게 아니겠어요! 이를 비웃던 타마토아는 이제 마우이를 공격하기 시작합니다.

Warm Up! 오늘 배울 표현 오늘 등장하는 표현들입니다. 어떤 표현이 들어가야 할지 생각해 보세요.

* I can't ______ what I'm saying. 내가 말하는 데 집중할 수가 없잖아.

* I ate my gramma and ______ a week 'cause she was absolutely humongous.
난 할머니를 먹었는데, 엄청나게 커서 먹는 데 1주일이 걸렸어.

* We mortals ______ the tale of the crab who became a legend.
우리 죽을 수밖에 없는 인간들은 전설이 된 게에 관한 얘기를 들었거든.

* ______ you... became so... crab...ulous...?
난 네가 어떻게 그렇게 게스러워졌는지 알아야 했다고나 할까?

* Are you just trying to ______ talk about myself?
넌, 그러니까, 내가 내 자신에 대해서 이야기해 보라고 그러는 거니?

바로 이 장면!

오디오 파일을 듣고 3번 따라 말해보세요.

20-1.mp3

TAMATOA
타마토아

Ooo-hoo-hoo, what have we here? It's a sparkley, shiny– Wait a minute– Uch, a human? What are you doing down here? In the realm of the monst– just pick an eye babe, I can't, **I can't concentrate on** what I'm saying[1] if you keep, yup pick one– pick one. You're a funny little thing, aren't you?

와, 후후, 이게 뭐야? 반짝반짝 빛나네··· 가만 있어보자··· 억, 사람이잖아? 넌 도대체 여기서 뭘 하고 있는 거니? 괴물의 왕국에서. 눈 하나를 찔러, 얘야, 내가 말에 집중할 수가 없잖아, 네가 계속해서 그러면, 하나를 찔러, 하나를. 넌, 작은 게 우습게 생겼구나, 안 그래?

MOANA
모아나

Don't, that's my Gramma's.

그러지 마, 할머니 거야.

TAMATOA
타마토아

"That's my gramma's." I ate my gramma and **it took** a week **'cause** she was absolutely humongous[2] – why are you here?

'할머니 거'라고? 난 할머니를 먹었는데, 엄청나게 커서 먹는 데 1주일이 걸렸어. 넌 왜 여기 있는 거니?

MOANA
모아나

'Cause you're amazing! And **we** mortals **have heard of** the tale of the crab who became a legend...[3] and **I just had to know how** you... became so... crab...ulous...?[4]

왜냐하면 네가 엄청나니까! 그래서 우리 죽을 수밖에 없는 인간들은 전설이 된 게에 관한 얘기를 들었거든··· 그래서 난 네가 어떻게 그렇게 게스러워졌는지 알아야 했다고나 할까···?

TAMATOA
타마토아

Are you just trying to get me to talk about myself?[5] Because if you are... I will gladly do so! In a song!

넌, 그러니까, 내가 내 자신에 대해서 이야기해 보라고 그러는 거니? 네가 정 그렇다면··· 얘기해줄게! 노래로!

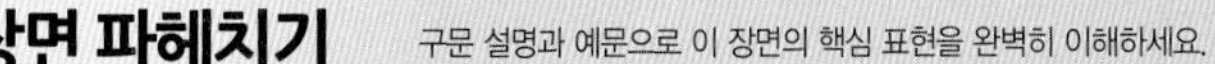

장면 파헤치기

구문 설명과 예문으로 이 장면의 핵심 표현을 완벽히 이해하세요.

❶ I can't concentrate on what I'm saying. 내가 말하는 데 집중할 수가 없잖아.

concentrate on은 '~에 집중하다'는 의미로 유명한 표현입니다. 우리 이따금 '~에 집중할 수가 없어'라며 투덜될 때 있잖아요. 그럴 때 바로 이 표현을 이용해 I can't concentrate on ~이라고 하면 되죠.

* **I can't concentrate on** the conversation. 난 대화에 집중할 수가 없어.
* **I can't concentrate on** what you're showing me. 네가 나한테 보여주고 있는 것에 집중할 수가 없어.

❷ I ate my gramma and it took a week 'cause she was absolutely humongous.
난 할머니를 먹었는데, 엄청나게 커서 먹는 데 1주일이 걸렸어.

〈It took + 시간 + 'cause + 문장〉 하면 '~때문에 그건 시간이 … 걸렸다'는 의미입니다. 이때 It은 앞서 언급한 내용을 가리키는 거고요.

★ 영화 속 패턴 익히기

❸ We mortals have heard of the tale of the crab who became a legend.
우리 죽을 수밖에 없는 인간들은 전설이 된 게에 관한 얘기를 들었거든.

소문으로 들었건, 다른 사람의 입을 통해 들었건 아무튼 어떤 소식에 관해서는 이미 들어서 알고 있다고 할 때는 〈have heard of/about〉을 활용하면 됩니다. 여기서는 주어를 We로 해서 한번 연습해 보죠.

* **We have heard of** your success. 당신이 성공을 거뒀다는 얘기는 우리도 들었습니다.
* **We have heard about** the good reputation of your company.
  당신의 회사가 평판이 좋다는 얘기는 우리도 들었습니다.

❹ I just had to know how you... became so... crab...ulous...?
난 네가 어떻게 그렇게 게스러워졌는지 알아야 했다고나 할까?

〈I had to + 동사원형 ~〉은 '~해야만 했어'라고 과거 나의 행동에 대해 그럴 수밖에 없었다고 말할 때 쓰는 표현이에요. 여기에 just를 넣으면 '그냥'이라는 정도의 어감이 가미되고요. 먼저 to 뒤에 〈know + how절〉을 넣은 패턴부터 익혀보세요.

★ 영화 속 패턴 익히기

❺ Are you just trying to get me to talk about myself?
넌, 그러니까, 내가 내 자신에 대해서 이야기해 보라고 그러는 거니?

〈Are you just trying to + 동사원형 ~?〉은 '~하려는 거니?'라는 의미이고요, 〈get me to + 동사원형〉은 '나에게 ~하게 하다'는 의미예요. 따라서 이 두 표현을 연결해 〈Are you just trying to get me to + 동사원형 ~?〉 하면 '넌 내가 ~하게 하려는 거니?'란 의미가 되죠.

* **Are you just trying to get me to** agree to your requests? 내가 네 요청사항에 대해서 동의를 하게 하려는 거니?
* **Are you just trying to get me to** go away? 날 가게 하려고 하는 거니?

영화 속 패턴 익히기

오늘 배운 장면에서 뽑은 핵심 패턴으로 다양한 표현을 만들어 보세요.

20-2.mp3

It took 시간 'cause ~.

~해서 (시간이) … 걸렸어.

Step 1 기본 패턴 연습하기

1 **It took** a week **'cause** I had to know the whole truth. 진실을 모두 알아야만 했으니까, 일주일이 걸렸어.

2 **It took** two months **'cause** I was afraid. 내가 두려웠으니까, 두 달이 걸렸어.

3 **It took** three years **'cause** we were very poor. 우리는 아주 가난했으니까, 3 년이 걸렸어.

4 ______ four months ______ it was kind of challenging.
좀 도전적인 일이었으니까 네 달이 걸렸어.

5 ______________ it was too cold. 너무 추워서, 2주일이 걸렸어.

Step 2 패턴 응용하기 | It will take 시간 'cause ~

1 **It will take** a long time **'cause** I can only spend a bit of time working on it.
그것을 하는 데에 난 시간을 조금밖에 쓸 수 없으니까, 오래 걸릴 거야.

2 **It will take** a week **'cause** their system is being updated.
그 사람들은 시스템을 업데이트하고 있으니까, 일주일이 걸릴 거야.

3 **It will take** a while **'cause** I don't have much money. 난 돈이 많지 않으니까, 한동안 걸릴 거야.

4 ______ a couple of days ______ the glue had to dry overnight.
아교가 밤새 말라야 했으니까, 이틀이 걸릴 거야.

5 ______________ I'm busy at work. 난 직장에서 바쁘니까, 며칠 걸릴 거야.

Step 3 실생활에 적용하기

A 진실을 모두 알아야만 했으니까, 일주일이 걸렸어.
B That's a long time.
A I know, but I couldn't help it.

A It took a week 'cause I had to know the whole truth.
B 오래 걸렸네.
A 나도 알아, 하지만 어쩔 수 없었어.

정답 Step 1 4 It took / 'cause 5 It took two weeks 'cause Step 2 4 It will take / 'cause 5 It will take several days 'cause

20-3.mp3

I just had to know how ~. 난 그냥 어떻게 ~인지 알아야 했어.

Step 1 기본 패턴 연습하기

1 **I just had to know how** she did it. 난 그냥 그 여자가 그걸 어떻게 했는지 알아야 했어.

2 **I just had to know how** big a liar he actually was.
난 그냥 그 남자가 정말로 얼마나 심한 거짓말쟁이인지 알아야 했어.

3 **I just had to know how** long it would take me. 난 그냥 그걸 하는 데 에 얼마나 걸릴지 알아야 했어.

4 ______________ the story ended. 난 그냥 그 이야기가 어떻게 끝나는지 알아야 했어.

5 ______________ it worked. 난 그냥 그게 어떻게 작동되는지 알아야 했어.

Step 2 패턴 응용하기 I just had to + V

1 **I just had to** sit there and wait for them to come back.
난 그냥 거기에 앉아서 그 사람들이 돌아오기를 기다려야만 했어.

2 **I just had to** convey my sense of urgency somehow.
난 그냥 어떻게 해서든 내가 느끼는 절박한 감정을 전달해야만 했어.

3 **I just had to** agree with him. 난 그냥 그 남자의 말에 동의해야만 했어.

4 ______________ keep going. 난 그냥 계속 가야만 했어.

5 ______________ a way to get out. 난 그냥 나갈 수 있는 방법을 찾아야만 했어.

Step 3 실생활에 적용하기

A 난 그냥 나갈 수 있는 방법을 찾아야만 했어.
B What happened?
A I'm really not sure, but I knew I couldn't stay there.

A I just had to find a way to get out.
B 무슨 일이 일어났는데?
A 나도 잘 몰라. 하지만 거기에 있을 수 없다는 건 알았어.

정답 Step 1 4 I just had to know how 5 I just had to know how Step 2 4 I just had to 5 I just had to find

확인학습

문제를 풀며 오늘 배운 표현을 완벽히 내 것으로 만드세요.

A | 영화 속 대화를 완성해 보세요.

TAMATOA Ooo-hoo-hoo, what have we here? It's a sparkley, shiny– Wait a minute– Uch, a human? What are you doing down here? In the ❶ ________ of the monst– just pick an eye babe, I can't, ❷ ________________ what I'm saying if you keep, yup pick one– pick one. You're a funny little thing, aren't you? 와, 후후, 이게 뭐야? 반짝반짝 빛나네… 가만 있어보자… 억, 사람이잖아? 넌 도대체 여기서 뭘 하고 있는 거니? 괴물의 왕국에서. 눈 하나를 찔러, 얘야, 내가 말에 집중할 수가 없잖아, 네가 계속 그러면, 하나를 찔러, 하나를. 넌, 작은 게 우습게 생겼구나, 안 그래?

MOANA Don't, that's my Gramma's. 그러지 마. 할머니 거야.

TAMATOA "That's my gramma's." I ate my gramma and ❸ ________ a week 'cause she was absolutely ❹ ________ – why are you here? '할머니 거'라고? 난 할머니를 먹었는데, 엄청나게 커서 먹는 데 1주일이 걸렸어. 넌 왜 여기 있는 거니?

MOANA 'Cause you're ❺ ________! And we mortals ❻ ________ the tale of the crab who became a legend… and ❼ ________________ you… became so… crab…ulous…? 왜냐하면 네가 엄청나니까! 그래서 우리 죽을 수밖에 없는 인간들은 전설이 된 게에 관한 얘기를 들었거든… 그래서 난 네가 어떻게 그렇게 게스러워졌는지 알아야 했다고나 할까…?

TAMATOA ❽ ________________ talk about myself? Because if you are… I will ❾ ________ do so! In a song! 넌, 그러니까, 내가 내 자신에 대해서 이야기해 보라고 그러는 거니? 네가 정 그렇다면… 얘기해줄게! 노래로!

정답 A

❶ realm
❷ I can't concentrate on
❸ it took
❹ humongous
❺ amazing
❻ have heard of
❼ I just had to know how
❽ Are you just trying to get me to
❾ gladly

B | 다음 빈칸을 채워 문장을 완성해 보세요.

1 진실을 모두 알아야만 했으니까, 일주일이 걸렸어.
________________ I had to know the whole truth.

2 난 돈이 많지 않으니까, 한동안 걸릴 거야.
________________ I don't have much money.

3 난 그냥 그 여자가 그걸 어떻게 했는지 알아야 했어.
________________ she did it.

4 난 그냥 어떻게 해서든 내가 느끼는 절박한 감정을 전달해야만 했어.
________________ my sense of urgency somehow.

5 난 그냥 그게 어떻게 작동되는지 알아야 했어.
____

정답 B

1 It took a week 'cause
2 It will take a while 'cause
3 I just had to know how
4 I just had to convey
5 I just had to know how it worked.

Day 21

The Great Escape

대탈주

마우이는 타마토아에게 무자비하게 얻어맞고[badly beaten] 쓰러집니다. 타마토아는 모아나를 집어 던지고는[toss] 땅에 쓰러진 마우이를 계속해서 공격하죠. 그리고는 최후의 일격을[death blow] 가해 마우이를 죽여버리려고 하며 아주 흡족해하는군요.[gloat] 바로 그때, 모아나는 테피티의 심장을 보여주며 타마토아의 시선을 끕니다. 타마토아는 잠시 마우이를 놓아주고는[release] 도망치는 모아나를 뒤쫓기[chase] 시작하죠. 도망치다 발을 헛디뎌[lose one's footing] 심장을 떨어뜨린 모아나는 타마토아가 바위 틈새로[crevice] 굴러 떨어진 심장에 신경이 팔린 틈을 타 갈고리를 챙겨 쓰러진 마우이에게로 갑니다. 사실 이 심장은 모아나가 바꿔치기한[switch] 가짜이죠. 이제 모아나는 마우이를 데리고 간헐천에서[geyser] 뿜어져 나오는[erupt] 물을 타고 탈출을 시도합니다.

오늘 등장하는 표현들입니다. 어떤 표현이 들어가야 할지 생각해 보세요.

* (Have you) SO SHINY! 이렇게 반짝이는 존재를 본 적이 있느냐!
* 'CUZ YOU'LL EVER SEE. 이게 마지막으로 보는 것일 테니까.
* shiny for ya! 나도 반짝거리는 게 있어, 너한테 줄게!
* surprising . 너 때문에 내가 계속 놀라는구나.
* get on those two little legs!
그 작은 다리 두 개로 갈 수 있는 데는 뻔하지[한계가 있지]!

바로 이 장면!

오디오 파일을 듣고 3번 따라 말해보세요.

21-1.mp3

TAMATOA 타마토아

MAUI, NOW IT'S TIME TO KICK YOUR HEINIE / **EVER SEEN SOMEONE** SO SHINY![1]

마우이, 네 엉덩이를 걷어찰 시간이 됐구나 / 이렇게 반짝이는 존재를 본 적이 있느냐!

SOAK IT IN 'CUZ **IT'S THE LAST YOU'LL EVER** SEE[2] / C'EST LA VIE, MON AMI, I'M SO SHINY / NOW I EAT YOU SO PREPARE YOUR FINAL PLEA / JUST FOR ME

잘 봐둬. 이게 마지막일 테니까 / 이게 인생이야, 친구야, 난 너무 반짝거려 / 이제 널 먹을게, 그러니 마지막으로 애원을 해봐 / 날 위해서 말야

YOU'LL NEVER BE QUITE AS SHINY / YOU SHOULD'VE BEEN NICE AND SHINY!

넌 앞으로도 전혀 반짝거리지 못하게 될 거야 / 넌 아주 반짝거렸어야 했어!

MOANA 모아나

Hey! **I got something** shiny **for** ya![3]

이봐, 나도 반짝거리는 게 있어, 너한테 줄게!

TAMATOA 타마토아

The Heart of Te Fiti... You can't run from me! Oh, you can. **You keep** surpris**ing me.**[4] **There's only so far you can** get on those two little legs![5]

테피티의 심장이라… 넌 도망칠 수 없어! 어, 도망치네. 너 때문에 내가 계속 놀라는구나. 그 작은 다리 두 개로 갈 수 있는 데는 뻔하지!

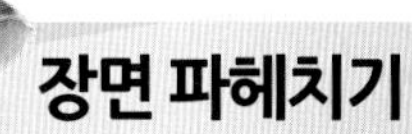

장면 파헤치기

구문 설명과 예문으로 이 장면의 핵심 표현을 완벽히 이해하세요.

❶ (Have you) EVER SEEN SOMEONE SO SHINY! 이렇게 반짝이는 존재를 본 적이 있느냐!

앞에 Have you가 생략된 표현으로, 여기서는 정식 회화 표현인 Have you ever seen someone ~?으로 연습해봐요. 뒤에는 someone을 꾸미는 말로 형용사나 분사를 넣을 수도 있고요. 동사 see는 〈see + 사람 + 동사원형〉의 형태로 '~가 …한 것을 보다'라는 식으로도 쓰이니까, someone 뒤에는 동사원형도 올 수 있죠.

★ 영화 속 패턴 익히기

❷ 'CUZ IT'S THE LAST YOU'LL EVER SEE. 이게 마지막으로 보는 것일 테니까.

직역하면 '네가 보게 될 것은 이게 마지막일 거니까.'이죠. 〈It's the last you'll ever + 동사원형 ~〉은 '네가 ~하게 될 것은 이게 마지막이다', 즉 자연스러운 우리말로 '이게 네가 마지막으로 ~하는 걸 거야'라는 의미의 표현이랍니다.

★ 영화 속 패턴 익히기

❸ I got something shiny for ya! 나도 반짝거리는 게 있어. 너한테 줄게!

여기서 got은 have got에서 have를 생략한 거고요. have got은 have의 구어체 표현이에요. 따라서 I got something ~은 '내가 ~한 것을 갖고 있다', 즉 '나한테 ~한 게 있다'는 의미이죠. 뒤에 〈for + 사람〉을 붙이면 그 사람한테 줄려고 한다는 의미가 덧붙게 되고, 〈for + 사람 + to + 동사원형〉을 붙이면 '그 사람한테 …할 게 있는데 ~한 거야'라는 의미가 되죠. 다음 예문을 통해 확인해 보세요.

* **I got something** great **for** you. 아주 좋은 게 있는데, 너한테 줄게.
* **I got something** important **for** her to look at. 그 여자한테 보여줄 게 있는데, 중요한 거야.

❹ You keep surprising me. 너 때문에 내가 계속 놀라는구나.

'계속 ~하다', '자꾸 ~하다'는 말은 〈keep + -ing〉로 한다고 했는데요. 이 자리에서는 특히 주어를 you로 목적어를 me로 해서 '네가 날 계속[자꾸] ~하는구나'라는 의미의 표현을 연습해 보겠습니다.

* Why do **you keep** bother**ing me** every few seconds? 넌 왜 잠시도 쉬지 않고 나를 계속 괴롭히니?
* Why do **you keep** ask**ing me** the same thing over and over again?
  넌 왜 똑같은 걸 지겹게 자꾸 물어보니?

❺ There's only so far you can get on those two little legs!
그 작은 다리 두 개로 갈 수 있는 데는 뻔하지[한계가 있지]!

형용사 far는 거리가 멀든, 관계가 멀든, 아무튼 '멀다'는 의미예요. 따라서 There's only so far you can ~은 직역하면 '네가 ~할 수 있기에는 너무 멀 뿐이다'인데요. 이 말은 즉 '네가 ~할 수 있는 건 한계가 있다'는 의미인 거죠.

* **There's only so far you can** go on your own. 너 혼자 힘으로 할 수 있는 건 한계가 있는 거야.
* **There's only so far you can** go with this tactic. 이런 전술로 할 수 있는 건 한계가 있는 거야.

영화 속 패턴 익히기

오늘 배운 장면에서 뽑은 핵심 패턴으로 다양한 표현을 만들어 보세요.

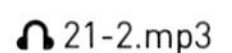
21-2.mp3

Have you ever seen someone ~? ~한 사람을 본 적이 있어?

Step 1 기본 패턴 연습하기

1 **Have you ever seen someone** crying while eating a doughnut?
도넛 먹다가 우는 사람을 본 적이 있어?

2 **Have you ever seen someone** this happy? 이렇게 즐거워하는 사람을 본 적 있어?

3 **Have you ever seen someone** without any fear at all? 전혀 두려움이 없는 사람을 본 적 있어?

4 ______________________ fall asleep suddenly while walking?
걷다가 갑자기 잠이 드는 사람을 본 적 있어?

5 ______________________ move something without touching it?
물체를 건드리지 않고도 그것을 움직이는 사람을 본 적 있어?

Step 2 패턴 응용하기 Have you ever seen something ~?

1 **Have you ever seen something** so beautiful that you wanted to stare at it forever?
너무 아름다워서 영원히 바라보고 싶은 것을 본 적 있어?

2 **Have you ever seen something** like this before? 전에 이런 걸 본 적 있어?

3 **Have you ever seen something** so pure? 너무 순수한 걸 본 적 있어?

4 ______________________ as weird as these? 이것들처럼 기이한 것을 본 적 있어?

5 ______________________ so exciting that you could not stop talking about it? 너무 신이 나서 그것에 관한 얘기를 멈출 수 없었던 것을 본 적이 있어?

Step 3 실생활에 적용하기

A 걷다가 갑자기 잠이 드는 사람을 본 적 있어?

B No, but I know there're some people like that.

A Yeah, people with narcolepsy fall asleep without warning.

A Have you ever seen someone fall asleep suddenly while walking?

B 아니, 하지만 그런 사람들이 있다는 건 알아.

A 그래, 기면증이 있는 사람들은 그냥 갑자기 잠이 들어.

정답 Step 1 4 Have you ever seen someone 5 Have you ever seen someone Step 2 4 Have you ever seen something 5 Have you ever seen something

21-3.mp3

It's the last you'll ever ~. 이게 네가 마지막으로 ~하는 걸 거야.

Step 1 기본 패턴 연습하기

1 **It's the last you'll ever** get from me. 이게 네가 마지막으로 나한테서 받는 걸 거야.

2 **It's the last you'll ever** hear from her. 이게 네가 마지막으로 그 여자애한테서 듣는 소식일 거야.

3 **It's the last you'll ever** see of it. 이게 네가 마지막으로 그것에 관해서 보는 걸 거야.

4 ______________ play. 이게 네 마지막 경기일 거야.

5 ______________ have. 이게 네가 마지막으로 갖게 되는 걸 거야.

Step 2 패턴 응용하기 It's the last S + V

1 **It's the last** I can find anywhere. 이게 어디서건 내가 마지막으로 발견할 수 있는 걸 거야.

2 **It's the last** he painted. 이게 그 남자가 그린 마지막 작품이야.

3 **It's the last** she saw of him. 이게 그 여자가 그 남자에 관해서 본 마지막이야.

4 ______________ we'll get here. 이게 우리가 여기서 얻는 마지막일 거야.

5 ______________ heard of him. 이게 그 사람들이 그 남자에 관해서 들은 마지막이야.

Step 3 실생활에 적용하기

A 이게 그 남자가 그린 마지막 작품이야.
B Really? I think the last one isn't this.
A Oh, the last but one.

A It's the last he painted.
B 정말? 마지막 작품은 이게 아닌 걸로 생각하는데.
A 아, 끝에서 두 번째.

정답 Step 1 4 It's the last you'll ever 5 It's the last you'll ever Step 2 4 It's the last 5 It's the last they've

확인학습

문제를 풀며 오늘 배운 표현을 완벽히 내 것으로 만드세요.

A | 영화 속 대화를 완성해 보세요.

TAMATOA MAUI, NOW IT'S TIME TO ❶ __________ YOUR HEINIE / EVER SEEN ❷ __________!
마우이, 네 엉덩이를 걷어찰 시간이 됐구나 / 이렇게 반짝이는 존재를 본 적이 있느냐!

SOAK IT IN 'CUZ ❸ __________ YOU'LL EVER SEE / C'EST LA VIE, MON AMI, I'M SO SHINY / NOW I EAT YOU SO PREPARE YOUR FINAL ❹ __________ / JUST FOR ME 잘 봐둬. 이게 마지막일 테니까 / 이게 인생이야, 친구야, 난 너무 반짝거려 / 이제 널 먹을게, 그러니 마지막으로 애원을 해봐 / 날 위해서 말야

YOU'LL NEVER BE QUITE AS SHINY / YOU SHOULD'VE BEEN NICE AND SHINY!
넌 앞으로도 전혀 반짝거리지 못하게 될 거야 / 넌 아주 반짝거렸어야 했어!

MOANA Hey! I got ❺ __________ ya!
이봐, 나도 반짝거리는 게 있어, 너한테 줄게!

TAMATOA The Heart of Te Fiti... You can't ❻ __________ from me! Oh, you can. You keep ❼ __________ me. ❽ __________ get on those two little legs!
테피티의 심장이라… 넌 도망칠 수 없어! 어, 도망치네. 너 때문에 내가 계속 놀라는구나. 그 작은 다리 두 개로 갈 수 있는 데는 뻔하지!

정답 A

❶ KICK
❷ SOMEONE SO SHINY
❸ IT'S THE LAST
❹ PLEA
❺ something shiny for
❻ run
❼ surprising
❽ There's only so far you can

B | 다음 빈칸을 채워 문장을 완성해 보세요.

1 이렇게 즐거워하는 사람을 본 적 있어?
__________ this happy?

2 전에 이런 걸 본 적 있어?
__________ like this before?

3 물체를 건드리지 않고도 그것을 움직이는 사람을 본 적 있어?
__________ something without touching it?

4 이게 어디서건 내가 마지막으로 발견할 수 있는 걸 거야.
__________ find anywhere.

5 이게 네가 마지막으로 갖게 되는 걸 거야.
____

정답 B

1 Have you ever seen someone
2 Have you ever seen something
3 Have you ever seen someone move
4 It's the last I can
5 It's the last you'll ever have.

Day 22

Maui's Secret

마우이의 비밀

모아나 덕분에 무사히 랄로타이를 탈출한 마우이는 모아나를 만난 이후 처음으로 진지하게[sincerely] 감사의 마음을 전합니다.[appreciate] 잘못 변신해 얼굴은 상어, 몸은 사람인 상태로 말이죠. 변신술을 제대로 쓸 수 없는 상황에 비관한 마우이는 게에[crab] 불과한 타마토아도 제대로 처치하지[beat] 못하는데 테카를 물리친다는[beat] 건 어림도 없는 일이라며 테피티까지는 가지도 못할 거라고, 이 일은 저주를 받은[cursed] 거라며 비관의 말들만 쏟아내죠. 밤이 되자 모아나는 마우이의 몸에 있는 여러 문신[tattoo] 중에 타마토아가 집중적으로 파헤쳤던[dig into] 여인의 문신에 신경이 쓰입니다. 그래서 마우이의 문신에 대해 이것저것 캐묻기 시작하네요. 마우이의 갈고리가 말을 듣지 않는[not work] 것과 관계가 있냐면서요. 하지만 웬일인지 마우이는 이 얘기를 꺼려하는 눈치입니다.

Warm Up! 오늘 배울 표현

오늘 등장하는 표현들입니다. 어떤 표현이 들어가야 할지 생각해 보세요.

* ______ gimme a speech? 나한테 일장 연설을 하려고?
* ______ get your tattoos? 문신은 어떻게 새긴 거예요?
* You need to ______ doing that. 그만해.
* ______ it is. 그게 뭔지 말만 해요.
* ______ your hook's not working? 그래서 당신 갈고리가 말을 듣지 않는 건가요?

바로 이 장면!

오디오 파일을 듣고 3번 따라 말해보세요. 22-1.mp3

MOANA 모아나
Alright… break time's over… get up …
됐어요, 휴식시간은 끝났어요, 일어나요.

MAUI 마우이
Why? **You gonna** gimme a speech?[1] Tell me I can beat Te Ka 'cause "I'm Maui?" Take a hike, Tiny.
왜? 나한테 일장 연설을 하려고? '난 마우이니까' 테카를 물리칠 수 있다는 말을 하려고? 꺼져, 꼬맹아.

MOANA 모아나
How do you get your tattoos?[2]
문신은 어떻게 새긴 거예요?

MAUI 마우이
They show up... when I earn 'em.
내가 문신을 얻을 일을 하면 생겨.

MOANA 모아나
How'd you earn that one? What's that for?
저건 어떻게 얻은 건데요? 저건 뭘 나타내는 거죠?

MAUI 마우이
That's uh... man's discovery of "Nunya."
저건… 어, '누냐'를 발견해서 얻은 거지.

MOANA 모아나
What's Nunya?
누냐가 뭐예요?

MAUI 마우이
Nunya business.
누냐가 누냐지

MOANA 모아나
I'll just keep asking. What's it for?
난 계속 물을 거예요. 그건 뭘 나타내는 거예요?

MAUI 마우이
You need to stop doing that.[3] Back off.
그만해. 그만해.

MOANA 모아나
Just tell me what it is.[4]
그게 뭔지 말만 해요.

MAUI 마우이
I said back off.
그만하라고 했다.

MOANA 모아나
Is it why your hook's not working,[5] 'cause–
그래서 당신 갈고리가 말을 듣지 않는 건가요? 왜냐하면…

장면 파헤치기

구문 설명과 예문으로 이 장면의 핵심 표현을 완벽히 이해하세요.

❶ You gonna gimme a speech? 나한테 일장 연설을 하려고?

Are you gonna ~?에서 Are가 생략된 질문 패턴입니다. 물론 gonna가 going to의 구어체 표현이라는 건, 이제 잘 알고 있죠? '~할 거니? ~하려고?'라고 묻는 말이에요.

* **You gonna** help us? 우리를 도와주려고?
* **You gonna** sue me? 나를 고소하려고?

❷ How do you get your tattoos? 문신은 어떻게 새긴 거예요?

How do I ~?가 내가 어떻게 해야 하는지 방법을 묻는 거라면, How do you ~?는 네가 어떻게 하는지 상대방이 취하는 방법이나 경위를 물어볼 때 쓰는 가장 기본적인 패턴입니다. 물론 뒤에는 동사원형을 이어주면 되죠.

* **How do you** know you're not wrong? 네가 틀리지 않았다는 것을 어떻게 알아?
* **How do you** get people to help you? 어떻게 사람들이 너를 도와주게 하려고?

❸ You need to stop doing that. 그만해.

〈You need to + 동사원형 ~〉은 '넌 ~할 필요가 있다'는 의미이죠. 따라서 〈You need to stop + -ing ~〉 하면 '넌 ~하는 것을 그만둘 필요가 있다', 즉 '~하는 것은 이제 그만둬야 한다'는 의미의 표현이 됩니다.

★ 영화 속 패턴 익히기

❹ Just tell me what it is. 그게 뭔지 말만 해요.

Just tell me 하면 '그냥 말만 해'라는 의미이죠. 무엇인지, 누구인지, 언제인지 등을 말만 하라고 보다 폭넓게 활용하고 싶다면 뒤에 의문사절을 붙이면 되는데요, 여기서는 대표적으로 what절을 넣어 말하는 연습을 해보세요.

* **Just tell me what** you want. 네가 뭘 원하는지 말만 해.
* **Just tell me what** happened. 무슨 일이 일어났는지 말만 해.

❺ Is it why your hook's not working? 그래서 당신 갈고리가 말을 듣지 않는 건가요?

〈Is it why 주어 + 동사 ~?〉는 '그래서 ~하는 거야?'라고 어떤 일의 결과를 묻는 말입니다. 앞서 이유가 되는 내용이 먼저 언급되죠. 반대로 〈Is it because 주어 + 동사 ~?〉 하면 '그건 ~때문인 거야?'라고 어떤 일의 이유를 묻는 말이 되고요.

★ 영화 속 패턴 익히기

영화 속 패턴 익히기

오늘 배운 장면에서 뽑은 핵심 패턴으로 다양한 표현을 만들어 보세요.

22-2.mp3

You need to stop + -ing ~. ~하는 것은 이제 그만둬야 해.

Step 1 기본 패턴 연습하기

1 **You need to stop** letting your emotions take over your mind.
감정 때문에 네 마음이 점령당하는 짓은 이제 그만둬야 해.

2 **You need to stop** fearing failure. 실패를 두려워하는 짓은 이제 그만둬야 해.

3 **You need to stop** shouting. 소리치는 것은 이제 그만둬야 해.

4 ______________ about yourself. 네 자신에 대해서 걱정하는 짓은 이제 그만둬야 해.

5 ______________ dieting. 다이어트는 이제 그만둬야 해.

Step 2 패턴 응용하기 You need to + V

1 **You need to** organize your ideas better. 네 생각들을 보다 조직적으로 정리할 필요가 있어.

2 **You need to** make a quick decision about what to do. 넌 뭘 해야 할지 빨리 결정을 내릴 필요가 있어.

3 **You need to** know how to communicate with your customers.
넌 네 고객들과 어떻게 의사소통을 해야 할지 배울 필요가 있어.

4 ______________ search for possibilities that you may not have seen earlier.
전에는 보지 못했을 수도 있는 가능성을 찾아볼 필요가 있어.

5 ______________ a more balanced diet. 넌 보다 균형 잡힌 식사를 할 필요가 있어.

Step 3 실생활에 적용하기

A 넌 전문가의 도움을 받을 필요가 있다고 생각해.
B Am I that serious?
A Unfortunately you are.

A I think you need to seek some professional help.
B 내가 그 정도로 심각해.
A 유감이지만 실제로 그래.

정답 Step 1 4 You need to stop worrying 5 You need to stop Step 2 4 You need to 5 You need to eat

22-3.mp3

Is it why S + V ~? 그래서 ~하는 거야?

Step 1 기본 패턴 연습하기

1 **Is it why** you were late? 그래서 네가 늦었던 거야?

2 **Is it why** he discouraged us from using it? 그래서 그 남자가 우리가 그걸 사용하는 걸 말렸던 거야?

3 **Is it why** she broke up with her boyfriend? 그래서 그 여자가 자기 남자친구와 헤어진 거야?

4 ________________ each other? 그래서 그 사람들은 서로 필요했던 거야?

5 ________________ we experience déjà vu? 그래서 우리가 기시감을 느끼는 거야?

Step 2 패턴 응용하기 Is it because S + V ~?

1 **Is it because** they don't do things like I do? 그 사람들은 내가 하는 것처럼 하지 않기 때문인 거야?

2 **Is it because** it touches the sore spot in their conscience? 그게 그 사람들의 양심을 찌르기 때문인 거야?

3 **Is it because** you're special? 네가 특별하기 때문인 거야?

4 ________________ they are too introspective? 그 사람들이 너무 내성적이기 때문인 거야?

5 ________________ others to see you as a good person?
다른 사람들이 널 좋은 사람으로 봐주기를 원하기 때문인 거야?

Step 3 실생활에 적용하기

A She had to stay late at work.
B 그래서 그 여자가 늦었던 거야?
A I think so.

A 그 여자는 직장에서 야근을 할 수 밖에 없었어.
B Is it why she was late?
A 그런 것 같아.

정답 Step 1 4 Is it why they needed 5 Is it why Step 2 4 Is it because 5 Is it because you want

확인학습

문제를 풀며 오늘 배운 표현을 완벽히 내 것으로 만드세요.

A | 영화 속 대화를 완성해 보세요.

MOANA Alright... break time's ❶ .... get up ...
돼어요. 휴식시간은 끝났어요. 일어나요.

MAUI Why? ❷ .... gimme a speech? Tell me I can ❸ .... Te Ka 'cause "I'm Maui?" Take a hike, Tiny.
왜? 나한테 일장 연설을 하려고? '난 마우이니까' 테카를 물리칠 수 있다는 말을 하려고? 꺼져, 꼬맹아.

MOANA ❹ .... your tattoos? 문신은 어떻게 새긴 거예요?

MAUI They ❺ .... when I earn 'em. 내가 문신을 얻을 일을 하면 생겨.

MOANA How'd you ❻ .... that one? What's that for?
저건 어떻게 얻은 건데요? 저건 뭘 나타내는 거죠?

MAUI That's uh... man's discovery of "Nunya."
저건… 어, '누냐'를 발견해서 얻은 거지.

MOANA What's Nunya? 누냐가 뭐예요?

MAUI Nunya business. 누냐가 누냐지

MOANA I'll just ❼ .... What's it for?
난 계속 물을 거예요. 그건 뭘 나타내는 거예요?

MAUI You need to ❽ .... that. Back off. 그만해. 그만해.

MOANA ❾ .... it is. 그게 뭔지 말만 해요.

MAUI I said back off. 그만하라고 했다.

MOANA Is it why your hook's not ❿ ...., 'cause–
그래서 당신 갈고리가 말을 듣지 않는 건가요? 왜냐하면…

정답 A

❶ over
❷ You gonna
❸ beat
❹ How do you get
❺ show up
❻ earn
❼ keep asking
❽ stop doing
❾ Just tell me what
❿ working

B | 다음 빈칸을 채워 문장을 완성해 보세요.

1 실패를 두려워하는 짓은 이제 그만둬야 해.
.... fearing failure.

2 넌 뭘 해야 할지 빨리 결정을 내릴 필요가 있어.
.... a quick decision about what to do.

3 그래서 그 여자가 자기 남자친구와 헤어진 거야?
.... with her boyfriend?

4 네가 특별하기 때문인 거야?
.... you're special?

5 그래서 네가 늦었던 거야?
....

정답 B

1 You need to stop
2 You need to make
3 Is it why she broke up
4 Is it because
5 Is it why you were late?

Day 23

Wanting to Feel Loved

인간들의 사랑을 받고 싶었던 마우이

어느 순간 마우이는 자신의 이야기를 꺼내기^speak out^ 시작합니다. 자신은 처음부터 반신반인으로 태어났던 건 아니라고. 원래 인간의 아이였으나 태어나자마자 부모에게 버림받아^abandoned^ 바다에 버려졌으며, 버려진 자신을 어떤 이유에선지 신들이 거둬 자신에게 갈고리를 주고 자신을 반신반인의 마우이로 만들어준 거라고 말이죠. 그런 후 자신은 인간들에게 다시 가^back to the humans^ 인간들이 원하는 것은 뭐든지 줬다고 합니다. 그제야 인간들의 사랑을 받고 싶었던 마우이의 허한 마음을^void^ 모아나는 이해하게 됩니다. 그리고 마우이를 마우이로 만든 건 신들이 아니라 마우이 자신이라고 격려하죠. 모아나의 말이 위로가 되었던 것일까요? 마우이는 다시금 갈고리를 잡고 변신을 시도하고 또 시도해^try and try^ 결국 성공해내는군요.

Warm Up! 오늘 배울 표현

오늘 등장하는 표현들입니다. 어떤 표현이 들어가야 할지 생각해 보세요.

* ______ talk. ______ talk. 말하고 싶지 않으면 말하지 마요.
* ______ I don't know what I'm doing.
  당신은 내가 무슨 짓을 하고 있는지도 모른다는 말을 나한테 하고 싶은 거예요.
* ______ the ocean chose me. 바다가 왜 나를 택했는지 나도 몰라요.
* They ______ they did not want me.
  그분들은 태어난 나를 보자마자 기르지 않기로 했어.
* It saw someone who ______ being saved. 바다는 구해줄 가치가 있는 누군가를 봤던 거죠.

바로 이 장면!

오디오 파일을 듣고 3번 따라 말해보세요.

23-1.mp3

MOANA 모아나

You don't wanna talk. **Don't** talk.[1] You wanna throw me off the boat, throw me off. **You wanna tell me** I don't know what I'm doing...[2] I know I don't.

말하고 싶지 않으면 말하지 마요. 나를 배 밖으로 던지고 싶으면 던져요. 당신은 내가 무슨 짓을 하고 있는지도 모른다는 말을 나한테 하고 싶은 거예요. 내가 무슨 짓을 하는지 모른다는 것은 나도 알아요.

I have no idea why the ocean chose me.[3] You're right. But my island... is dying... so I am here. It's just me and you... and I want to help, but I can't... if you don't let me.

바다가 왜 나를 택했는지 나도 몰라요. 당신 말이 맞아요. 하지만 내가 살고 있는 섬은 죽어가고 있어요. 그래서 내가 여기 있게 된 거라고요. 나하고 당신밖에 없어요. 그리고 난 돕고 싶어요, 하지만 당신이 허락하지 않으면 난 당신을 도와줄 수가 없어요.

MAUI 마우이

I wasn't born a demi-god... I had human parents. They uh... **they took one look and decided** they did not want me.[4] They threw me into the sea. Like I was nothing.

나는 반신반인으로 태어나지는 않았어… 우리 부모님은 인간이었어. 그분들은 태어난 나를 보자마자 기르지 않기로 했어. 그래서 나를 바다로 던졌지. 마치 나는 아무것도 아닌 것처럼.

Somehow I was found by the gods... they gave me the hook. They made me "Maui." And back to the humans I went... I gave them islands, fire... coconuts. Anything they could ever want...

어떻게 된 건지 신들이 나를 발견했지. 그 신들이 갈고리를 내게 준 거야. 그리고는 나를 '마우이'로 만들어준 거야. 그런 다음에 나는 인간들에게 다시 갔어. 나는 인간들에게 섬, 불, 코코넛을 줬어. 인간들이 원하는 것은 뭐든지…

MOANA 모아나

You took the heart for them... you did everything for them... so they'd love you...

인간들을 위해서 심장을 가져온 거였어… 인간들을 위해서 뭐든지 했구나. 그래서 인간들이 당신을 사랑하도록…

MAUI 마우이

It was never enough...

내가 무엇을 해줘도 인간들은 만족하지 않았지…

MOANA 모아나

Maybe... the gods found you for a reason... maybe the ocean brought you to them... because it saw someone who **was worthy of being** saved.[5] But the gods aren't the ones who make you Maui. You are.

아마도 신들은 이유가 있어서 당신을 발견했을 거예요. 아마도 바다는 구해줄 가치가 있는 누군가를 봤기 때문에 당신을 신들에게 데려갔을 거예요. 그러나 당신을 마우이로 만든 건 신들이 아녜요. 바로 당신 자신이죠.

장면 파헤치기

구문 설명과 예문으로 이 장면의 핵심 표현을 완벽히 이해하세요.

❶ You don't wanna talk. Don't talk. 말하고 싶지 않으면 말하지 마요.

어떤 일을 '하고 싶지 않으면 하지 마'라는 말, 생각보다 참 간단하게 표현할 수 있습니다. 바로 〈You don't wanna ~. Don't ~〉 패턴을 이용하면 되거든요. 이때 '~' 자리에는 동일한 동사를 원형으로 넣어주면 돼요.

★ 영화 속 패턴 익히기

❷ You wanna tell me I don't know what I'm doing.

당신은 내가 무슨 짓을 하고 있는지도 모른다는 말을 나한테 하고 싶은 거예요.

You wanna tell me는 '넌 나한테 말하고 싶은 거구나'라는 의미인데요. 뒤에 명사나 완전한 문장을 넣어 상대방이 구체적으로 나한테 뭘 말하고 싶어 한다고 생각하는지를 붙여주면 되죠. 물론 아래 두 번째 예문처럼 끝만 올리면 질문으로도 쓸 수 있습니다.

* I think **you wanna tell me** your secret. 넌 나한테 네 비밀을 말하고 싶은 것 같은데.
* **You wanna tell me** what's going on? 나한테 지금 어떻게 되어가고 있는지 말하고 싶니?

❸ I have no idea why the ocean chose me. 바다가 왜 나를 택했는지 나도 몰라요.

I have no idea.는 상대방의 질문에 대해 '난 전혀 몰라.'라는 의미로 던지는 한 마디 표현인데요. 뒤에 why절을 붙이면 '왜 ~인지 난 전혀 모른다'는 의미로 쓸 수 있죠. why 외에도 상황에 따라 다양한 의문사절을 붙여 말해보세요.

★ 영화 속 패턴 익히기

❹ They took one look and decided they did not want me.

그분들은 태어난 나를 보자마자 기르지 않기로 했어.

'그냥 한 번 딱 보자마자 어떻게 하기로 결정했던 거다'라는 말을 하고 싶다면 〈They took one look and decided (that) 주어 + 과거동사 ~〉 패턴을 기억해 두어야 합니다.

* **They took one look and decided** it wasn't worth it.
  그 사람들은 한 번 보자마자 그건 그럴 만한 가치가 없다고 결정했어.
* **They took one look and decided that** this was the place for them.
  그 사람들은 한 번 보자마자 여기가 자신들이 있을 곳이라고 결정했어.

❺ It saw someone who was worthy of being saved. 바다는 구해줄 가치가 있는 누군가를 봤던 거죠.

여기서는 〈be worthy of + -ing〉 표현을 익혀볼까요? worthy는 '가치가 있는'이란 의미의 형용사이므로, 〈be worthy of + -ing〉라고 하면 '~할 만한 가치가 있다'는 의미가 된답니다.

* That fact **was worthy of being** remembered. 그 사실은 기억해둘 만한 가치가 있었어.
* Your content **was worthy of being** shared. 당신의 콘텐트는 공유할 가치가 있었습니다.

영화 속 패턴 익히기

오늘 배운 장면에서 뽑은 핵심 패턴으로 다양한 표현을 만들어 보세요.

23-2.mp3

You don't wanna ~. Don't ~.

~하고 싶지 않으면 ~하지 마.

Step 1 기본 패턴 연습하기

1 **You don't wanna** fight. **Don't** fight. 싸우고 싶지 않으면, 싸우지 마.

2 **You don't wanna** accept it. **Don't** accept it. 그걸 받아들이고 싶지 않으면, 받아들이지 마.

3 **You don't wanna** tell me. **Don't** tell me. 나한테 말하고 싶지 않으면, 말하지 마.

4 ______________ use that. ________ use that. 저걸 사용하고 싶지 않으면, 사용하지 마.

5 ______________ sell this. ________ sell this. 이걸 팔고 싶지 않으면, 팔지 마.

Step 2 패턴 응용하기 You wanna ~. 동사원형 ~.

1 **You wanna** dance. Dance. 춤추고 싶으면, 춰.

2 **You wanna** go. Go. 가고 싶으면, 가.

3 **You wanna** win. Win. 이기고 싶으면, 이겨.

4 ______________ feel it. Feel it. 그걸 느끼고 싶으면, 느껴.

5 ______________ sing. Sing. 노래하고 싶으면, 노래해.

Step 3 실생활에 적용하기

A 싸우고 싶지 않으면, 싸우지 마.	A You don't wanna fight. Don't fight.
B OK, thank you.	B 알았어, 고마워.
A However, don't cry for what you lost.	A 하지만 잃은 것에 대해서 울지 마.

정답 Step 1 4 You don't wanna / Don't 5 You don't wanna / Don't Step 2 4 You wanna 5 You wanna

23-3.mp3

I have no idea why S + V ~. 왜 ~인지 난 (전혀) 몰라요.

Step 1 기본 패턴 연습하기

1 **I have no idea why** my mother said I did it. 우리 어머니가 왜 내가 그걸 했다고 했는지 전혀 모르겠어.

2 **I have no idea why** I lied at that time. 그때 왜 거짓말을 했는지 전혀 모르겠어.

3 **I have no idea why** they want to meet with us. 그 사람들이 왜 우리를 만나고 싶어 하는지 전혀 모르겠어.

4 ______________ so mad at me. 그 여자가 왜 나에게 그렇게 화를 내는지 전혀 모르겠어.

5 ______________ it matters. 이게 왜 중요한지 전혀 모르겠어.

Step 2 패턴 응용하기 | I have no idea 의문사 S + V

1 **I have no idea what** I'm talking about. 내가 무슨 말을 하고 있는지 전혀 모르겠어.

2 **I have no idea who** the designer was. 그 디자이너가 누구인지 전혀 모르겠어.

3 **I have no idea when** my journey is over. 내 여정이 언제 끝날지 전혀 모르겠어.

4 ______________ everything came from. 모든 게 어디서 왔는지 전혀 모르겠어.

5 ______________ this happened. 이게 어떻게 일어났는지 전혀 모르겠어.

Step 3 실생활에 적용하기

A 시험에 뭐가 나올지 전혀 모르겠어.
B It covers the whole text.
A Oh, that's too hard.

A I have no idea what's on the test.
B 교재 전체에 대해서 나오는데.
A 야, 그건 너무 심하다.

정답 Step 1 4 I have no idea why she is 5 I have no idea why Step 2 4 I have no idea where 5 I have no idea how

확인학습

문제를 풀며 오늘 배운 표현을 완벽히 내 것으로 만드세요.

A | 영화 속 대화를 완성해 보세요.

MOANA ❶ __________ talk. Don't talk. You wanna ❷ __________ the boat, throw me off. ❸ __________ I don't know what I'm doing... I know I don't. 말하고 싶지 않으면 말하지 마요. 나를 배 밖으로 던지고 싶으면 던져요. 당신은 내가 무슨 짓을 하고 있는지도 모른다는 말을 나한테 하고 싶은 거예요. 내가 무슨 짓을 하는지 모른다는 것은 나도 알아요.

❹ __________ the ocean chose me. You're right. But my island... is dying... so I am here. It's just me and you... and I want to help, but I can't... if you don't ❺ __________ me. 바다가 왜 나를 택했는지 나도 몰라요. 당신 말이 맞아요. 하지만 내가 살고 있는 섬은 죽어가고 있어요. 그래서 내가 여기 있게 된 거라고요. 나하고 당신밖에 없어요. 그리고 난 돕고 싶어요. 하지만 당신이 허락하지 않으면 난 당신을 도와줄 수가 없어요.

MAUI I wasn't ❻ __________ a demi-god... I had human parents. They uh... ❼ __________ they did not want me. They threw me into the sea. Like I was ❽ __________. 나는 반신반인으로 태어나지는 않았어… 우리 부모님은 인간이었어. 그분들은 태어난 나를 보자마자 기르지 않기로 했어. 그래서 나를 바다로 던졌지. 마치 나는 아무것도 아닌 것처럼.

Somehow I was found by the gods... they gave me the hook. They made me "Maui." And back to the humans I went... I gave them islands, fire... coconuts. ❾ __________ they could ever want... 어떻게 된 건지 신들이 나를 발견했지. 그 신들이 갈고리를 내게 준 거야. 그리고는 나를 '마우이'로 만들어준 거야. 그런 다음에 나는 인간들에게 다시 갔어. 나는 인간들에게 섬, 불, 코코넛을 줬어. 인간들이 원하는 것은 뭐든지…

MOANA You took the heart for them... you ❿ __________ for them... so they'd love you... 인간들을 위해서 심장을 가져온 거였어… 인간들을 위해서 뭐든지 했구나. 그래서 인간들이 당신을 사랑하도록…

B | 다음 빈칸을 채워 문장을 완성해 보세요.

1 나한테 말하고 싶지 않으면, 말하지 마.

__________ tell me. __________ tell me.

2 가고 싶으면, 가.

__________ go. Go.

3 그 사람들이 왜 우리를 만나고 싶어 하는지 전혀 모르겠어.

__________ meet with us.

4 그 디자이너가 누구인지 전혀 모르겠어.

__________ the designer was.

5 이게 왜 중요한지 전혀 모르겠어.

____

정답 A

❶ You don't wanna
❷ throw me off
❸ You wanna tell me
❹ I have no idea why
❺ let
❻ born
❼ they took one look and decided
❽ nothing
❾ Anything
❿ did everything

정답 B

1 You don't wanna / Don't
2 You wanna
3 I have no idea why they want to
4 I have no idea who
5 I have no idea why it matters.

Day 24

Molten Monster Te Ka

용암 괴물 테카

마음의 문을 연 마우이는 본격적으로 모아나에게 항해술을 가르쳐 줍니다. 마우이의 지도를 받는 가운데 어느새 능숙하게[skillfully] 배를 조종하게 된 모아나. 마우이는 곰곰이 생각하더니 바다가 왜 모아나를 선택했는지 알겠다며[figure out] 어느덧 모아나를 인정하게 되고, 둘은 테피티의 인근에 다다르죠.[reach] 모아나는 마우이에게 심장을 건네고[hand] 마우이는 매로 변신해[transform into] 테피티를 향해 날아갑니다. 하지만 바로 이때 거대한 용암 괴물 테카가 나타나 마우이를 매섭게[violently] 공격하는군요. 테카의 공격을 받아 바다로 곤두박질치는[plummet toward] 마우이를 모아나가 아슬아슬하게 받아내지만, 과연 이들은 테카의 공격을 피해 무사히 테피티의 심장을 복구할 수 있을런지…

오늘 등장하는 표현들입니다. 어떤 표현이 들어가야 할지 생각해 보세요.

* You know the ocean ______ love when I pulled up islands.
  내가 섬들을 끌어올렸을 때는 바다가 나를 아주 좋아했지.

* ______ the ocean, I think ______ be looking for a curly-haired non-princess to start that again. 내가 바다라면 나는 그것을 다시 시작하게 될 사람으로 곱슬머리에다 공주처럼 생기지 않은 애를 찾을 것 같아.

* ______ the nicest thing ______ said to me.
  당신이 나한테 한 말 중에서 그게 문자 그대로 제일 멋진 말이네요.

* Probably ______ saved it for Te Fiti. 그런 말은 테피티를 보면 해야죠.

* ______ the world. 가서 세상을 구해요.

바로 이 장면!

오디오 파일을 듣고 3번 따라 말해보세요.

24-1.mp3

MAUI
마우이

I figured it out. You know the ocean **used to** love **when** I pulled up islands,[1] 'cause your ancestors would sail her seas and find 'em. All those new lands, new villages... it was the water that connected 'em all.

내가 알아냈어. 내가 섬들을 끌어올렸을 때는 바다가 나를 아주 좋아했지. 왜냐하면 네 선조들이 바다를 항해해서 그 섬들을 발견하게 될 거니까. 그 모든 땅들 하며, 마을들 하며… 그것들을 연결한 것은 바다였거든.

And **if I were** the ocean, **I think I'd be** look**ing** for a curly-haired non-princess to start that again.[2]

그런데 내가 바다라면 나는 그것을 다시 시작하게 될 사람으로 곱슬머리에다 공주처럼 생기지 않은 애를 찾을 것 같아.

MOANA
모아나

That is literally the nicest thing **you've ever said** to me.[3] **Probably should've saved** it for Te Fiti.[4]

당신이 나한테 한 말 중에서 그게 문자 그대로 제일 멋진 말이네요. 그런 말은 테피티를 보면 해야죠.

MAUI
마우이

I did. Moana of Motunui, I believe you have officially delivered Maui across the great sea. Haaaa... Moanaaaaa... Moana... you're so amazing... It's time.

그럴 거야. 모투누이의 모아나, 네가 대양을 건너 마우이를 공식적으로 데리고 온 거야. 하하하하… 모아나아아아아… 모아나… 넌 참 대단해… 지금이야.

MOANA
모아나

Go save the world.[5]

가서 세상을 구해요.

장면 파헤치기

구문 설명과 예문으로 이 장면의 핵심 표현을 완벽히 이해하세요.

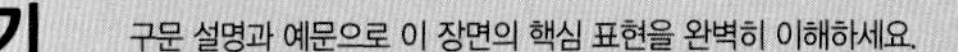

❶ You know the ocean used to love when I pulled up islands.
내가 섬들을 끌어올렸을 때는 바다가 나를 아주 좋아했지.

친구들이랑 얘기하다 보면 왕년에는 이랬어, 소싯적에는 저랬어라는 말 곧잘 하게 되잖아요. 바로 이럴 때 영어로는 〈used to + 동사원형〉을 쓰면 됩니다. '예전에는 ~했다'는 의미이죠. 구체적으로 예전 언제인지를 밝혀주고 싶다면 바로 마우이처럼 뒤에 〈when 주어 + 과거동사 ~〉를 붙여주면 되고요.

* I **used to** sing in front of a mirror **when** I was a little girl. 난 어렸을 때 거울 앞에서 노래를 하곤 했다.
* She **used to** play the guitar **when** she was young. 그 여자는 젊었을 때 기타를 치곤 했다.

❷ If I were the ocean, I think I'd be looking for a curly-haired non-princess to start that again.
내가 바다라면 나는 그것을 다시 시작하게 될 사람으로 곱슬머리에다 공주처럼 생기지 않은 애를 찾을 것 같아.

'내가 ~라면 난 이렇게 할 것 같아, 저렇게 할 것 같아'라는 식으로 가정해서 말하고 싶다면 If I were ~, I think I'd be ~ 패턴을 이용해 보세요. be 뒤에 -ing를 넣어 말하는 연습을 먼저 해볼 거고요, 이어서 동사원형을 넣어 말하는 연습까지 해볼 거예요.

★영화 속 패턴 익히기

❸ That is literally the nicest thing you've ever said to me.
당신이 나한테 한 말 중에서 그게 문자 그대로 제일 멋진 말이네요.

literally는 '문자 그대로, 글자 그대로'라는 의미입니다. 따라서 〈That is literally the 최상급 + 명사 you've ever p.p.〉 하면 '그건 네가 여태껏 ~한 것 중에 문자 그대로 제일 …하다'는 의미인 거죠. 상대방이 한 일에 대해 내 나름의 평가를 전하는 표현입니다.

★영화 속 패턴 익히기

❹ Probably should've saved it for Te Fiti.
그런 말은 테피티를 보면 해야죠.

위 문장은 맥락상 앞에 you가 생략된 것입니다. 직역하면 '넌 아마도 테피티를 위해 그런 말을 아껴뒀어야 했다'로, '그런 말은 테피티를 보면 해야지'란 의미로 이렇게 말한 거예요. 어쨌든 여기서 중요한 것은 should've p.p.가 '~했어야 했다'는 의미라는 거죠. 따라서 〈주어 + probably should've p.p. ~〉 하면 '아마도 ~했어야 했다[했나 보다]'라는 의미의 패턴이 됩니다.

* **You probably should've said** something else. 넌 아마도 다른 말을 했어야 했나 봐.
* **I probably should've kept** it to myself. 난 아마도 그것을 나만 알고 있었어야 했나 봐.

❺ Go save the world.
가서 세상을 구해요.

특이하게도 동사 go는 뒤에 바로 동사원형을 써서 '~하러 가다'는 의미로 활용할 수 있습니다. 단 현재형일 때만 그렇게 쓴다는 점, 주의하세요!

* **Go see** the doctor. 병원에 가봐.
* **Go play** outside. (아이들에게) 밖에 나가 놀아.

영화 속 패턴 익히기

오늘 배운 장면에서 뽑은 핵심 패턴으로 다양한 표현을 만들어 보세요.

24-2.mp3

If I were ~, I think I'd be + -ing .... 내가 ~라면 나는 …할 것 같아.

Step 1 기본 패턴 연습하기

1 **If I were** a singer, **I think I'd be** sing**ing** horrible songs.
내가 가수라면 난 형편없는 노래를 부르고 있을 것 같아.

2 **If I were** a movie director, **I think I'd be** mak**ing** romantic comedies.
내가 영화감독이라면 난 로맨틱 코미디 영화를 만들고 있을 것 같아.

3 **If I were** a civil servant, **I think I'd be** do**ing** you a much greater service.
내가 공무원이라면 당신에게 훨씬 더 좋은 서비스를 해드릴 것 같아요.

4 ____________ a politician, ____________ asking for trouble.
내가 정치인이라면 난 사서 고생하고 있을 것 같아.

5 ____________ a farmer, ____________ in a little farmhouse in the South.
내가 농부라면 난 남부의 조그만 농장에서 살고 있을 것 같아.

Step 2 패턴 응용하기 If I were ~, I think I'd ...

1 **If I were** young, **I think I'd** like to be a cheerleader. 내가 젊다면 난 치어리더가 되고 싶을 것 같아.

2 **If I were** you, **I think I'd** do the same thing. 내가 너라도 똑같이 할 것 같아.

3 **If I were** rich, **I think I'd** probably agree too. 내가 부자라면 나도 아마 동의 할 것 같아.

4 ____________ like him, ____________ go insane. 내가 그 남자 같다면 난 미칠 것 같아.

5 ____________ her, ____________ along very well with him.
내가 그 여자라면 난 그 남자랑 아주 잘 지낼 것 같아.

Step 3 실생활에 적용하기

A 내가 너라도 똑같이 할 것 같아.
B Do you think so?
A Yeah, you did the right thing.

A If I were you, I think I'd do the same thing.
B 그렇게 생각해?
A 그래, 넌 잘한 거야.

정답 Step 1 4 If I were / I think I'd be 5 If I were / I think I'd be living Step 2 4 If I were / I think I'd 5 If I were / I think I'd get

24-3.mp3

That is literally the 최상급 + 명사 you've ever p.p.

네가 여태껏 ~한 것 중에 문자 그대로 제일 …네.

Step 1 기본 패턴 연습하기

1 **That is literally the** rudest thing **you've ever said** to me.
그건 네가 여태껏 나한테 말한 것 중에서 문자 그대로 제일 무례한 거야.

2 **That is literally the** best idea **you've ever told** us.
그건 네가 여태껏 우리에게 말한 것 중에서 문자 그대로 제일 좋은 아이디어야.

3 **That is literally the** worst thing **you've ever done** to yourself.
그건 네가 여태껏 네 자신에게 한 것 중에서 문자 그대로 최악의 것이야.

4 ______________ most expensive car ______________.
그건 네가 여태껏 본 것 중에서 문자 그대로 제일 비싼 차야.

5 ______________ funniest joke ______________ me.
그건 네가 여태껏 나한테 말한 것 중에서 문자 그대로 제일 재미있는 농담이야.

Step 2 패턴 응용하기 | That is literally the 최상급 + 명사 I've ever p.p.

1 **That is literally the** most important question **I've ever heard**.
그건 내가 여태껏 들었던 것 중에서 문자 그대로 제일 중요한 질문이야.

2 **That is literally the** most stupid thing **I've ever heard**.
그건 내가 여태껏 들었던 것 중에서 문자 그대로 가장 어리석은 것이야.

3 **That is literally the** funniest picture **I've ever seen**.
그건 내가 여태껏 본 것 중에서 문자 그대로 제일 재미있는 사진이야.

4 ______________ nicest gesture ______________.
그건 내가 여태껏 목격한 것 중에서 문자 그대로 제일 친절한 제스처야.

5 ______________ saddest thing ______________.
그건 내가 여태껏 본 것 중에서 문자 그대로 제일 슬픈 것이야.

Step 3 실생활에 적용하기

A 그건 내가 여태껏 들었던 것 중에서 문자 그대로 제일 중요한 질문이야.
B What's that?
A What's for dinner?

A That is literally the most important question I've ever heard.
B 그게 뭔데?
A 저녁은 뭐야?

정답 Step 1 4 That is literally the / you've ever seen 5 That is literally the / you've ever told Step 2 4 That is literally the / I've ever witnessed 5 That is literally the / I've ever seen

확인학습

문제를 풀며 오늘 배운 표현을 완벽히 내 것으로 만드세요.

A | 영화 속 대화를 완성해 보세요.

MAUI I figured it ❶ ________. You know the ocean ❷ ________ love when I pulled up islands, 'cause your ❸ ________ would sail her seas and find 'em. All those new lands, new villages... it was the water that connected 'em all.
내가 알아냈어. 내가 섬들을 끌어올렸을 때는 바다가 나를 아주 좋아했지. 왜냐하면 네 선조들이 바다를 항해해서 그 섬들을 발견하게 될 거니까. 그 모든 땅들 하며, 마을들 하며… 그것들을 연결한 것은 바다였거든.

And ❹ ________ the ocean, ❺ ________ for a curly-haired non-princess to start that again.
그런데 내가 바다라면 나는 그것을 다시 시작하게 될 사람으로 곱슬머리에다 공주처럼 생기지 않은 애를 찾을 것 같아.

MOANA ❻ ________ you've ever said to me. Probably ❼ ________ it for Te Fiti.
당신이 나한테 한 말 중에서 그게 문자 그대로 제일 멋진 말이네요. 그런 말은 테피티를 보면 해야죠.

MAUI I did. Moana of Motunui, I believe you have ❽ ________ delivered Maui across the great sea. Haaaa... Moanaaaaa... Moana... you're so amazing... It's time.
그럴 거야. 모투누이의 모아나, 네가 대양을 건너 마우이를 공식적으로 데리고 온 거야. 하하하하… 모아나아아아아… 모아나… 넌 참 대단해… 지금이야.

MOANA ❾ ________ the world. 가서 세상을 구해요.

정답 A
❶ out
❷ used to
❸ ancestors
❹ if I were
❺ I think I'd be looking
❻ That is literally the nicest thing
❼ should've saved
❽ officially
❾ Go save

B | 다음 빈칸을 채워 문장을 완성해 보세요.

1 내가 영화감독이라면 난 로맨틱 코미디 영화를 만들고 있을 것 같아.
________ a movie director, ________ romantic comedies.

2 내가 젊다면 난 치어리더가 되고 싶을 것 같아.
________ young, ________ be a cheerleader.

3 그건 네가 여태껏 우리에게 말한 것 중에서 문자 그대로 제일 좋은 아이디어야.
________ you've ever told us.

4 그건 내가 여태껏 본 것 중에서 문자 그대로 제일 재미있는 사진이야.
That is literally ________.

5 내가 너라도 똑같이 할 것 같아.
____

정답 B
1 If I were / I think I'd be making
2 If I were / I think I'd like to
3 That is literally the best idea
4 the funniest picture I've ever seen
5 If I were you, I think I'd do the same thing.

Day 25

Disappearing into the Night Sky

밤하늘로 도망치는 마우이

보초도에 묶여 있어[tethered to] 운신의 폭이 한정된 테카에게서 벗어나기 위해[run away from] 모아나는 사력을 다해 배를 몰지만 적절하게 조종하지를 못해 테카의 일격을 받게 됩니다. 그 순간 마우이가 갈고리로 테카의 주먹을 막아[block] 아슬아슬하게 공격도 피하고 테카에게서도 벗어나게 되죠. 하지만 마우이의 갈고리가 금이[crack] 가고 말았네요. 갈고리가 없으면 자신은 아무것도 아니라고,[be nothing] 다시 현실을 비관하게 된 마우이는 심장을 복구하러 가지 않겠다고 합니다. 모아나는 애당초[in the first place] 마우이가 심장을 훔쳤기[steal] 때문에 우리가 여기에 있게 된 거라며 마우이에게 따지지만, 소용이 없네요. 마우이는 모아나를 망가진[battered] 배에 홀로 남겨놓은 채 매로 변신해 밤하늘로 날아가 버립니다.

오늘 등장하는 표현들입니다. 어떤 표현이 들어가야 할지 생각해 보세요.

* ______ we'll be more careful. 다음 번에는 좀 더 조심하자고요.
* ______ back. 난 돌아가지 않아.
* You still ______ restore the heart. 당신은 아직 심장을 복구시켜놔야 해요.
* ______ my hook I'm ______. 갈고리가 없으면 난 아무것도 아냐.
* We're only here ______ you stole the heart ______.
  애당초 당신이 심장을 훔쳤기 때문에 우리가 이렇게 여기에 있는 거예요.

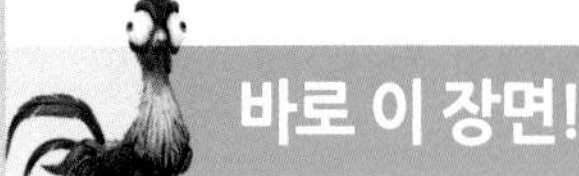

바로 이 장면!

오디오 파일을 듣고 3번 따라 말해보세요. 25-1.mp3

MOANA 모아나

Next time we'll be more careful.[1] Te Ka was stuck on the barrier islands... it's lava, it can't go in the water. We can find a way around.

다음 번에는 좀 더 조심하자고요. 테카는 보초도에 묶여 있어요. 테카는 용암이에요. 물에 들어갈 수가 없죠. 돌아서 가는 길을 찾을 수 있을 거예요.

MAUI 마우이

I'm not going back.[2]

난 돌아가지 않아.

MOANA 모아나

You still have to restore the heart.[3]

당신은 아직 심장을 복구시켜놔야 해요.

MAUI 마우이

My hook is cracked. One more hit and it's over–

내 갈고리가 금이 갔어. 한 번만 더 맞으면 끝장이야…

MOANA 모아나

Maui, you have to restore the heart.

마우이, 당신은 심장을 복구시켜놔야 한다고요.

MAUI 마우이

Without my hook **I'm nothing**.[4]

갈고리가 없으면 난 아무것도 아냐.

MOANA 모아나

Maui–

마우이…

MAUI 마우이

WITHOUT MY HOOK I AM NOTHING!

갈고리가 없으면 난 아무것도 아니라고!

MOANA 모아나

Maui... **we're only here because** you stole the heart **in the first place**.[5]

마우이… 애당초 당신이 심장을 훔쳤기 때문에 우리가 이렇게 여기에 있는 거예요.

MAUI 마우이

No, we're here, because the ocean told you you were special and you believed it.

아냐, 바다가 넌 특별한 존재라고 말했는데, 네가 그 말을 믿었기 때문에 우리가 여기 있는 거야.

장면 파헤치기

구문 설명과 예문으로 이 장면의 핵심 표현을 완벽히 이해하세요.

❶ Next time we'll be more careful. 다음 번에는 좀 더 조심하자고요.

살다 보면 뜻한 대로 일이 풀리지 않을 때가 많죠. 그럴 때면 우린 대부분 다음 번을 기약하며 새로운 희망을 안고 또 살아가는데요. 〈Next time we'll + 동사원형 ~〉이 바로 다음 번을 기약하는 표현이에요. '다음 번에는 우리 ~할 거야'라는 의미이죠.

★ 영화 속 패턴 익히기

❷ I'm not going back. 난 돌아가지 않아.

〈be + -ing〉가 '~할 거야'라고 이미 예정되어 있는 일에 대해 말할 때도 쓴다고 했던 거, 기억나죠? 따라서 〈be not + -ing〉는 '~하지 않을 거야'라는 의미로도 쓸 수 있답니다. 그래서 〈I'm not going + 장소부사(구)〉 하면 '난 ~에 가지 않을 거야'란 의미가 되는 거죠.

* **I am not going** anywhere. 난 아무데도 안 가.
* **I am not going** far. 난 멀리 가지 않아.

❸ You still have to restore the heart. 당신은 아직 심장을 복구시켜놔야 해요.

〈You have to + 동사원형 ~〉은 '넌 ~해야 해'라는 의미인데요. 여기에 '여전히, 아직도'라는 의미의 still이 가미되면 '넌 아직 ~해야 해', '넌 여전히 ~해야 하는 일이 남아 있어'라는 의미가 됩니다. 결국 그렇게 하라는 말인 거죠.

* **You still have to** come up with the answers to the questions. 넌 아직도 그 질문들에 대한 답변을 내놔야만 해.
* **You still have to** deal with them. 넌 아직도 그 사람들을 상대해야만 해.

❹ Without my hook I'm nothing. 갈고리가 없으면 난 아무것도 아냐.

누구의 삶에나 없으면 안 되는 가치가 있습니다. 그래서 그것이 없다면 난 아무것도 아니라며 비관하거나, 혹은 도움을 청하기도 하죠. 바로 이럴 때 간단하게 쓸 수 있는 패턴이 Without ~ I'm nothing.이죠. 참고로 nothing은 '아무것도 아닌 것'을 의미합니다.

★ 영화 속 패턴 익히기

❺ We're only here because you stole the heart in the first place.

애당초 당신이 심장을 훔쳤기 때문에 우리가 이렇게 여기에 있는 거예요.

물리적인 장소로서 여기든, 어떤 과정 속에서 도달한 지점이 여기든, 아무튼 '애당초 여기에 이렇게 있게 된 원인은 ~때문이다'라는 식의 평가를 하고 싶을 때 쓸 수 있는 패턴입니다. 〈We're only here because 주어 + 동사 ~ in the first place〉로 말하면 되죠. 여기서 in the first place는 '애당초'라는 의미예요.

* **We're only here because** you made that mistake **in the first place**.
  애당초 네가 그런 실수를 저질렀기 때문에 우리가 이렇게 여기에 있는 거야.
* **We're only here because** you started that **in the first place**.
  애당초 네가 그것을 시작했기 때문에 우리가 이렇게 여기에 있는 거야.

영화 속 패턴 익히기

오늘 배운 장면에서 뽑은 핵심 패턴으로 다양한 표현을 만들어 보세요.

25-2.mp3

Next time I'll/we'll ~. 다음 번엔 ~할 거야.

Step 1 기본 패턴 연습하기

1 **Next time I'll** get the truth out of you. 다음 번엔 내가 너한테서 진실을 끌어낼 거야.

2 **Next time we'll** do it at my place. 다음 번엔 우리는 내 집에서 그것을 할 거야.

3 **Next time I'll** think about it a little more before I act.
다음 번엔 난 행동하기 전에 그것에 관해서 조금 더 생각할 거야.

4 ______________ have to give him more specific instructions.
다음 번엔 난 그 남자에게 더 구체적인 지시를 내려야만 할 거야.

5 ______________ get started sooner. 다음 번엔 우리는 더 빨리 시작할 거야.

Step 2 패턴 응용하기 | Next time you'll/he'll/she'll/they'll ~

1 Perhaps **next time you'll** know better. 아마도 다음 번엔 넌 더 잘 알게 될 거야.

2 Maybe **next time he'll** think twice about it.
아마 다음 번엔 그 남자는 그것에 관해서 다시 한 번 생각하게 될 거야.

3 **Next time she'll** say "yes." 다음 번엔 그 여자는 '네'라고 말할 거야.

4 ______________ back to us. 다음 번엔 그 사람들은 우리에게 돌아올 거야.

5 ______________ buckle up. 다음 번엔 그 남자는 안전띠를 맬 거야.

Step 3 실생활에 적용하기

A 다음 번엔 우리는 더 빨리 시작할 거야.
B We were late last time?
A Just a little.

A Next time we'll get started sooner.
B 지난 번엔 우리가 늦었나?
A 조금.

정답 Step 1 4 Next time I'll 5 Next time we'll Step 2 4 Next time they'll come 5 Next time he'll

25-3.mp3

Without ~ I'm nothing. ~가 없으면 난 아무것도 아냐.

Step 1 기본 패턴 연습하기

1 **Without** you **I'm nothing.** 네가 없으면 난 아무것도 아냐.

2 **Without** my money **I'm nothing.** 돈이 없으면 난 아무것도 아냐.

3 **Without** my power **I'm nothing.** 힘이 없으면 난 아무것도 아냐.

4 ________ your encouragement ____________. 네 격려가 없으면 난 아무것도 아냐.

5 ________ your support ____________. 네 지지가 없으면 난 아무것도 아냐.

Step 2 패턴 응용하기 | Only with ~

1 **Only with** your love I can live in this world. 오직 네 사랑이 있기 때문에 난 이 세상에서 살아갈 수 있어.

2 **Only with** you I want to spend the rest of my life. 난 나머지 내 인생을 당신하고만 보내고 싶어.

3 When I'm sad, **only with** your smile I forget everything. 난 슬플 때 당신의 미소만 보면 모든 걸 잊어.

4 It is ________ your trust and support that we can continue to serve you.
우리가 계속해서 여러분에게 서비스할 수 있는 것은 오직 여러분의 신뢰와 지지 때문입니다.

5 ________ strong willpower was I able to overcome the side effects of this drug.
내가 이 약의 부작용을 극복할 수 있었던 것은 오직 강한 의지력 때문이었습니다.

Step 3 실생활에 적용하기

A 네 지지가 없으면 난 아무것도 아냐.
B You have to be independent without anyone's support.
A I know. I'll try.

A Without your support I'm nothing.
B 그 어느 누구의 지지를 받지 않고도 독립적이 되어야만 하는 거야.
A 나도 알아. 그렇게 되도록 해볼게.

정답 Step 1 4 Without / I'm nothing 5 Without / I'm nothing Step 2 4 only with 5 Only with

확인학습

문제를 풀며 오늘 배운 표현을 완벽히 내 것으로 만드세요.

A | 영화 속 대화를 완성해 보세요.

MOANA Next time we'll be ❶ ________________. Te Ka was ❷ __________ on the barrier islands... it's ❸ __________, it can't go in the water. We can find a way around.
다음 번에는 좀 더 조심하자고요. 테카는 보초도에 묶여 있어요. 테카는 용암이에요. 물에 들어갈 수가 없죠. 돌아서 가는 길을 찾을 수 있을 거예요.

MAUI ❹ ________________ back. 난 돌아가지 않아.

MOANA ❺ ________________ restore the heart.
당신은 아직 심장을 복구시켜놔야 해요.

MAUI My hook is ❻ __________. One more hit and it's ❼ __________– 내 갈고리가 금이 갔어. 한 번만 더 맞으면 끝장이야…

MOANA Maui, you have to restore the heart.
마우이, 당신은 심장을 복구시켜놔야 한다고요.

MAUI ❽ __________ my hook I'm ❾ __________.
갈고리가 없으면 난 아무것도 아냐.

MOANA Maui– 마우이…

MAUI WITHOUT MY HOOK I AM NOTHING!
갈고리가 없으면 난 아무것도 아니라고!

MOANA Maui... ❿ ________________ you stole the heart ⓫ ________________.
마우이… 애당초 당신이 심장을 훔쳤기 때문에 우리가 이렇게 여기에 있는 거예요.

B | 다음 빈칸을 채워 문장을 완성해 보세요.

1 다음 번엔 난 행동하기 전에 그것에 관해서 조금 더 생각할 거야.
________________ about it a little more before I act.

2 다음 번엔 그 여자는 '네'라고 말할 거야.
________________ "yes."

3 오직 네 사랑이 있기 때문에 난 이 세상에서 살아갈 수 있어.
________________ I can live in this world.

4 다음 번엔 우리는 내 집에서 그것을 할 거야.
____

5 네 지지가 없으면 난 아무것도 아냐.
____

정답 A

❶ more careful
❷ stuck
❸ lava
❹ I'm not going
❺ You still have to
❻ cracked
❼ over
❽ Without
❾ nothing
❿ we're only here because
⓫ in the first place

정답 B

1 Next time I'll think
2 Next time she'll say
3 Only with your love
4 Next time we'll do it at my place.
5 Without your support I'm nothing.

Day 26

Quiet Voice Still inside You

여전히 내면에서 속삭이는 작은 목소리

배는 망가지고[damaged] 마우이는 사라졌습니다.[disappear] 혼자 남은 모아나는 실패를 통감하며 비관에 빠지죠. 테피티의 심장을 바다에 내밀며 자신은 적임자가[the right person] 아니었다며 다른 사람을 골라보라고 하네요. 그러자 바다는 모아나의 손에서 심장을 빼앗아갑니다.[take back] 마음 한 켠에선 바다가 포기하지[give up] 말라고, 계속하라고[go on] 말해줄 거라는 기대를 조금은 가지고 있었던 모아나는 완전히 무릎을 꿇고[fall to one's knees] 절망에 빠집니다. 이때 탈라 할머니의 영혼이 나타나 모아나를 위로하네요. 일이 이렇게 된 것은 모아나의 잘못이[fault] 아니라며, 자신이 모아나에게 너무 무거운 짐을 지운 거라며, 집에 돌아가도 좋다고 말이죠. 하지만 웬일인지 모아나는 자꾸 망설이게 되는데요…

오늘 등장하는 표현들입니다. 어떤 표현이 들어가야 할지 생각해 보세요.

* ______ bring me here? 왜 나를 이리로 데려왔어?
* ______ do it. 난 할 수가 없었어요.
* ______ put so much on your shoulders. 네 어깨에 그렇게 무거운 짐을 지우지 말았어야 했는데.
* If you ______ go home... I will be with you. 네가 집에 갈 준비가 됐다면 내가 함께 가마.
* ______ hesitate? 왜 주저하니?

바로 이 장면!

오디오 파일을 듣고 3번 따라 말해보세요. 26-1.mp3

MOANA 모아나
Why did you bring me here?[1] I'm not the right person. You have to choose someone else. CHOOSE SOMEONE ELSE! Please...
왜 나를 이리로 데려왔어? 나는 적임자가 아냐. 다른 사람을 골라봐. 다른 사람을 고르라고! 제발…

GRAMMA TALA 탈라 할머니
You're a long ways past the reef.
넌 산호초에서 멀리 왔어.

MOANA 모아나
Gramma?
할머니?

TALA 탈라
Guess I chose the right tattoo.
내가 적절한 문신을 골랐구나.

MOANA 모아나
Gramma! I tried... Gramma, I... **I couldn't** do it...[2]
할머니! 난 해보려고 애를 썼어요… 할머니, 그런데 난, 난 할 수가 없었어요…

GRAMMA TALA 탈라 할머니
It's not your fault... **I never should have** put so much on your shoulders.[3] If you **are ready to** go home... I will be with you.[4] **Why do you** hesitate?[5]
그건 네 잘못이 아니란다… 네 어깨에 그렇게 무거운 짐을 지우지 말았어야 했는데. 네가 집에 갈 준비가 됐다면 내가 함께 가마. 왜 주저하니?

MOANA 모아나
I don't know...
모르겠어요…

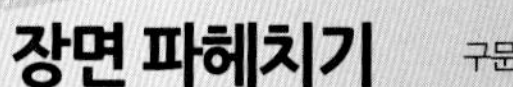

장면 파헤치기

구문 설명과 예문으로 이 장면의 핵심 표현을 완벽히 이해하세요.

❶ Why did you bring me here? 왜 나를 이리로 데려왔어?

상대가 한 행동에 대해 왜 그랬냐며 따질 때 쓸 수 있는 가장 기본적인 패턴이 〈Why did you + 동사원형 ~?〉입니다. '넌 왜 ~했니?'라는 의미이죠. 쉽죠? 하지만 you 뒤에 여러 가지 동사를 넣어 말하는 연습을 해두지 않으면 이 쉬운 말도 입 밖으로 내뱉기가 그렇게 힘들지 말입니다.

* **Why did you** ask that question? 넌 왜 그런 걸 나한테 물어봤니?
* **Why did you** do this to me? 넌 왜 이런 걸 나한테 했니?

❷ I couldn't do it. 난 할 수가 없었어요.

'난 ~할 수 없었어'라며 지나간 일에 대해 말하고 싶을 때는 〈I couldn't + 동사원형 ~〉을 쓰면 됩니다. 조동사 could는 보통 can의 공손 버전으로 많이 쓰이는데요, 이처럼 can의 과거형으로도 요긴하게 쓰일 때가 있죠.

* **I couldn't** open my eyes properly. 난 눈을 제대로 뜰 수가 없었어.
* **I couldn't** find the right words. 난 적절한 단어를 찾을 수 없었어.

❸ I never should have put so much on your shoulders.
네 어깨에 그렇게 무거운 짐을 지우지 말았어야 했는데.

〈should have + p.p.〉는 했어야 했는데 그러지 못한 안타까움을 나타내는 표현이라고 했죠. 반대로 하지 말았어야 했는데 그렇게 해버린 안타까움은 〈should not have + p.p.〉로 나타냅니다. 그런데 여기서 부정의 의미를 좀 더 강하게 표현하고 싶다면 그럴 때 바로 '절대'란 의미의 never를 써서 〈never should have + p.p.〉라고 하면 된답니다.

★영화 속 패턴 익히기

❹ If you are ready to go home... I will be with you. 네가 집에 갈 준비가 됐다면 내가 함께 가마.

〈be ready to + 동사원형〉는 '~할 준비가 되다'는 의미로 매우 유명한 표현이죠. 필요한 때 적절하게 써먹을 수 있게 다음 예문뿐 아니라 스스로 여러 예문을 만들어보며 연습해 보세요.

* We **are ready to** face any challenges. 우리는 어떤 도전이든 맞설 준비가 되어 있어.
* We **are ready to** do anything. 우리는 어떤 일이든 할 준비가 되어 있어.

❺ Why do you hesitate? 왜 주저하니?

왜 그렇게 했냐고 상대방이 이미 한 행동에 대해 따질 때는 Why did you ~?이지만, 지금 현재의 사실에 대해 물어볼 때는 Why do you ~?를 써야겠죠. 물론 뒤에는 동사원형을 말해줍니다. 여기서 한 가지 더! 뒤에 형용사나 부사, 전치사구를 넣어 이유를 물어봐야 할 때는 do가 아니라 be동사 are를 넣어 Why are you ~?라고 해야 한다는 것도 함께 연습해 두세요.

★영화 속 패턴 익히기

영화 속 패턴 익히기

오늘 배운 장면에서 뽑은 핵심 패턴으로 다양한 표현을 만들어 보세요.

26-2.mp3

I never should have + p.p. ~. (절대) ~하지 말았어야 했는데.

Step 1 기본 패턴 연습하기

1 **I never should have** let you go. 절대 네가 가게 내버려두지 말았어야 했는데.

2 **I never should have** hired him. 절대 그 남자를 고용하지 말았어야 했는데.

3 **I never should have** got mixed up with her in the first place.
애당초 절대로 그 여자와 엮이지 말았어야 했는데.

4 ______________ left you. 절대 너를 떠나지 말았어야 했는데.

5 ______________ you that. 절대 너한테 그런 얘기를 하지 말았어야 했는데.

Step 2 패턴 응용하기 You never should have + p.p.

1 **You never should have** come to me in the first place. 애당초 넌 절대로 나한테 오지 말았어야 했는데.

2 **You never should have** agreed to help me if you were going to resent it.
후회할 거였으면 넌 절대 나를 돕겠다고 하지 말았어야 했어.

3 **You never should have** gone with them. 넌 절대로 그 사람들과 같이 가지 말았어야 했어.

4 ______________ him the money. 넌 절대로 그 남자에게 그 돈을 빌려주지 말았어야 했어.

5 ______________ stopped me. 넌 절대로 날 막지 말았어야 했어.

Step 3 실생활에 적용하기

A 절대 그 남자를 고용하지 말았어야 했는데.
B Why is that?
A He's turned out to be a complete psycho.

A I never should have hired him.
B 왜 그런데?
A 그 친구는 완전히 싸이코라는 게 밝혀졌어.

정답 Step 1 4 I never should have 5 I never should have told Step 2 4 You never should have lent 5 You never should have

26-3.mp3

Why do you ~? 왜 ~하니?

Step 1 기본 패턴 연습하기

1 **Why do you** treat me the way you do? 넌 왜 나를 이렇게 취급하니?

2 **Why do you** deceive yourself? 넌 왜 자신을 속이니?

3 **Why do you** have to worry so much? 넌 왜 그렇게 걱정을 해야만 하는 거니?

4 ______________ me? 넌 왜 날 혼란스럽게 하니?

5 ______________ want to be a lawyer? 넌 왜 변호사가 되려고 하니?

Step 2 패턴 응용하기 Why are you ~?

1 **Why are you** so sad? 넌 왜 그렇게 슬퍼하니?

2 **Why are you** here? 넌 왜 여기 있니?

3 **Why are you** fearful of these things? 넌 왜 이런 일들을 두려워하니?

4 ______________ still in bed? 넌 왜 아직 잠자리에 있니?

5 ______________ so arrogant? 넌 왜 그렇게 오만하니?

Step 3 실생활에 적용하기

A 넌 왜 그렇게 슬퍼하니?
B My dog died last night.
A Oh, I'm so sorry to hear that.

A Why are you so sad?
B 우리 집 개가 어젯밤에 죽었어.
A 아, 그 얘기를 들으니 너무 안됐다.

정답 Step 1 4 Why do you confuse 5 Why do you Step 2 4 Why are you 5 Why are you

확인학습

문제를 풀며 오늘 배운 표현을 완벽히 내 것으로 만드세요.

A | 영화 속 대화를 완성해 보세요.

MOANA ❶ ______________ me here? I'm not the ❷ ______________. You have to choose someone else. CHOOSE SOMEONE ELSE! Please...
왜 나를 이리로 데려왔어? 나는 적임자가 아냐. 다른 사람을 골라봐. 다른 사람을 고르라고! 제발…

GRAMMA TALA You're a ❸ ______________ ways past the reef.
넌 산호초에서 멀리 왔어.

MOANA Gramma? 할머니?

TALA Guess I chose the right ❹ ______________.
내가 적절한 문신을 골랐구나.

MOANA Gramma! I tried... Gramma, I... ❺ ______________ do it... 할머니! 난 해보려고 애를 썼어요… 할머니, 그런데 난, 난 할 수가 없었어요…

GRAMMA TALA It's not your fault... I never ❻ ______________ so much on your shoulders. If you ❼ ______________ go home... I will be with you. Why do you ❽ ______________?
그건 네 잘못이 아니란다… 네 어깨에 그렇게 무거운 짐을 지우지 말았어야 했는데. 네가 집에 갈 준비가 됐다면 내가 함께 가마. 왜 주저하니?

MOANA I don't know... 모르겠어요…

B | 다음 빈칸을 채워 문장을 완성해 보세요.

1 애당초 넌 절대로 나한테 오지 말았어야 했는데.
______________ to me in the first place.

2 넌 왜 자신을 속이니?
______________ yourself?

3 넌 왜 이런 일들을 두려워하니?
______________ of these things?

4 절대 너한테 그런 얘기를 하지 말았어야 했는데.
____

5 넌 왜 그렇게 오만하니?
____

정답 A

❶ Why did you bring
❷ right person
❸ long
❹ tattoo
❺ I couldn't
❻ should have put
❼ are ready to
❽ hesitate

정답 B

1 You never should have come
2 Why do you deceive
3 Why are you fearful
4 I never should have told you that.
5 Why are you so arrogant?

Day 27

Nice Work, Heihei!

잘했어, 헤이헤이!

모아나는 자신의 내면의 목소리를voice inside 들으려고 애를 쓰죠. 자신의 정체성을 찾으려고find oneself 애를 씁니다. 그러는 사이 조상들의 환영이 나타나 모아나와 함께 노래를 부릅니다. 모아나는 돛 위에 서서 해저에서 빛을 발하고glow 있는 심장을 내려다보죠.look down 그리고는 무엇을 해야 하는지 확신하게 됩니다. 다시 힘을 얻은 모아나는 바다 속으로 들어가 테피티의 심장을 도로 갖고 오는군요. 그리고 배를 수리해repair 테피티를 향해 나아갑니다. 용암 괴물 테카의 공격을 요리조리 피하며 드디어 보초도를 뚫고through the barrier 테피티 앞에 다다르죠. 하지만 그 찰나, 테카가 바위들이 겹겹이 쌓여 있는 곳을rockpile 찢고 고함을 지르며 나타나 모아나의 배가 뒤집히고capsized 마는군요.

오늘 등장하는 표현들입니다. 어떤 표현이 들어가야 할지 생각해 보세요.

* LOVES MY ISLAND. 난 우리 섬을 사랑하는 여자애예요.
* WE ARE VOYAGERS WHO FOUND THEIR WAY ACROSS THE WORLD. 우리는 세상을 가로질러 길을 찾은 항해자들의 후손이죠.
* US TO WHERE WE ARE. 난 우리들을 현재 있는 곳으로 데리고 왔단다.
* THE TIDE. 그건 조수 같아.
* THAT COME WHAT MAY, I KNOW THE WAY! 너 때문에 난 알게 됐어, 무슨 일이 벌어지든, 난 길을 알아!

바로 이 장면!

오디오 파일을 듣고 3번 따라 말해보세요.

27-1.mp3

MOANA
모아나

I AM A GIRL WHO LOVES MY ISLAND[1] / AND A GIRL WHO LOVES THE SEA / IT CALLS ME

난 우리 섬을 사랑하는 여자애예요 / 그리고 바다를 사랑하는 여자애이죠 / 바다가 나를 불러요

I AM THE DAUGHTER OF THE VILLAGE CHIEF / **WE ARE DESCENDED FROM** VOYAGERS / **WHO** FOUND THEIR WAY ACROSS THE WORLD[2] / THEY CALL ME

난 마을 족장의 딸이에요 / 우리는 세상을 가로질러 길을 찾은 / 항해자들의 후손이죠 / 그 조상들이 나를 불러요

I HAVE DELIVERED US TO WHERE WE ARE[3] / I HAVE JOURNEYED FARTHER / I AM EVERYTHING I'VE LEARNED AND MORE / STILL IT CALLS ME

난 우리들을 현재 있는 곳으로 데리고 왔단다 / 난 더 멀리 항해했어 / 내가 배운 것이 모두 바로 나야 / 그것이 아직도 나를 부르고 있단다

AND THE CALL ISN'T OUT THERE AT ALL IT'S INSIDE ME / **IT'S LIKE** THE TIDE,[4] ALWAYS FALLING AND RISING / I WILL CARRY YOU HERE IN MY HEART / **YOU REMIND ME / THAT** COME WHAT MAY, I KNOW THE WAY![5] I AM MOANA.

그런데 그 부르는 소리는 밖에 있는 게 절대 아니야. 내 안에 있어 / 그건 조수 같아. 언제나 올라갔다 내려갔다 하는 / 난 너를 바로 이 내 심장 안으로 데리고 올 거야 / 너 때문에 난 알게 됐어 / 무슨 일이 벌어지든, 난 길을 알아! 난 모아나야.

장면 파헤치기 구문 설명과 예문으로 이 장면의 핵심 표현을 완벽히 이해하세요.

❶ I AM A GIRL WHO LOVES MY ISLAND. 난 우리 섬을 사랑하는 여자애예요.

〈I am a girl who + 동사 ~〉는 '난 ~하는 여자(애)예요'라는 의미이죠. 내가 어떤 여자인지 사람들에게 어필하고 싶다면 이 패턴을 꼭 기억해둬야 합니다.

* **I am a girl who** is determined to get over any challenges. 난 어떤 도전도 극복하려고 결심한 여자애예요.
* **I am a girl who** believes in equality and that whatever a man can do, a woman can do. 난 평등을 믿고, 남자가 할 수 있는 어떤 일도 여자도 할 수 있다고 믿는 여자애예요.

❷ WE ARE DESCENDED FROM VOYAGERS WHO FOUND THEIR WAY ACROSS THE WORLD. 우리는 세상을 가로질러 길을 찾은 항해자들의 후손이죠.

우리가 어떤 사람들의 후손인지를 내세우며 사람들에게 자긍심을 드러낼 때 가끔 있죠? 바로 그럴 때 필요한 패턴이 〈We are descended from ~ who + 과거동사…〉입니다. '우린 …한 ~의 후손이야'라는 의미이죠. 물론 be descended from ~이 '~의 후손[자손]이다'라는 의미이고요.

* **We are descended from** ancestors **who** loved music and dance. 우리는 음악과 춤을 사랑했던 조상들의 후손이야.
* **We are descended from** a people **who** for tens of thousands of years, had no written language. 우리는 수 만년 동안 문자가 없었던 사람들의 후손이야.

❸ I HAVE DELIVERED US TO WHERE WE ARE. 난 우리들을 현재 있는 곳으로 데리고 왔단다.

〈have + p.p.〉는 예전부터 지금까지 죽 이어진 상황이나 결과를 말할 때 유용한 표현이죠. 따라서 〈I have + p.p. ~〉에는 '난 예전부터 죽 그렇게 했다'거나 '난 예전부터 그렇게 해서 지금 여기까지 왔다'는 의미가 내포되어 있습니다.

* **I have taken** your love for granted. 난 당신의 사랑은 당연한 것으로 여겼어요.
* **I have shown** myself as I was. 난 내 모습을 있는 그대로 보여줬어.

❹ IT'S LIKE THE TIDE. 그건 조수 같아.

It's like ~는 "그건 마법 같아." "그건 꿈 같아." 같은 말을 할 때 제격인 패턴입니다. 이 경우 뒤에 명사를 넣어 말하면 되죠. 또 It's like 뒤에는 완전한 문장을 넣어 "그 남자는 예전의 그 사람이 아닌 것 같아."와 같은 말도 할 수 있는데요, 이 경우 It에는 특별한 의미가 없답니다.

★ 영화 속 패턴 익히기

❺ YOU REMIND ME THAT COME WHAT MAY, I KNOW THE WAY! 너 때문에 난 알게 됐어, 무슨 일이 벌어지든, 난 길을 알아!

너를 보니까 평소 잊고 있었거나 간과하고 있었던 어떤 사실이나 사람이 떠오른다고 할 때 쓸 수 있는 표현이 You remind me ~입니다. 뒤에는 〈that 주어 + 동사 ~〉나 〈of + 명사(절)〉을 써야 한다는 사실, 잊지 마세요!

★ 영화 속 패턴 익히기

영화 속 패턴 익히기

오늘 배운 장면에서 뽑은 핵심 패턴으로 다양한 표현을 만들어 보세요.

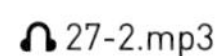
27-2.mp3

It's like + 명사 ~. 그건 ~같아.

Step 1 기본 패턴 연습하기

1 **It's like** a dream to me. 그건 나한테는 꿈 같았어.

2 **It's like** magic. 그건 마법 같았어.

3 **It's like** one of those animated characters. 그건 그 만화 영화의 주인공 같았어.

4 ______________ for me. 그건 나한테는 새로운 경험 같았어.

5 ______________ in a western movie. 그건 서부영화의 개척지 마을 같았어.

Step 2 패턴 응용하기 It's like S + V

1 **It's like** I'm lost in a dark forest. 내가 어두운 숲 속에서 길을 잃은 것 같았어.

2 **It's like** the world doesn't care anymore. 이제는 세상은 더 이상 관심이 없는 것 같아.

3 **It's like** he is not even the same person. 그 남자는 예전의 그 사람이 아닌 것 같아.

4 ______________ the only person in the world. 이 세상에서 너만 있는 것 같아.

5 ______________ still hear her voice. 그 여자의 목소리가 아직도 들리는 것 같아.

Step 3 실생활에 적용하기

A 이제는 세상은 더 이상 관심이 없는 것 같아.

B When do you feel like that?

A That's when I feel so lonely.

A It's like the world doesn't care anymore.

B 언제 그런 느낌이 드는데?

A 내가 너무 외로울 때.

정답 Step 1 4 It's like a new experience 5 It's like a frontier town Step 2 4 It's like you're 5 It's like I can

27-3.mp3

You remind me that S + V ~. 너를 보면[너 때문에] ~라는 게 떠올라.

Step 1 기본 패턴 연습하기

1 **You remind me that** softness is strength. 너를 보면 부드럽다는 것은 힘이 세다는 게 떠올라.

2 **You remind me that** even in becoming happy, I'm hurting someone.
너를 보면 행복해지는 것도 누군가에게 상처를 입히고 있다는 게 떠올라.

3 **You** always **remind me that** I'm special. 너를 보면 항상 내가 특별한 존재라는 것이 떠올라.

4 ______________ I'm still alive. 너를 보면 내가 아직 살아 있다는 것이 떠올라.

5 ______________ I'm not alone. 너를 보면 내가 혼자가 아니라는 것이 떠올라.

Step 2 패턴 응용하기 You remind me of ~

1 **You remind me of** how I was when I was 10. 너를 보면 내가 10살이었을 때 내가 어땠는지가 떠올라.

2 **You remind me of** my mother. 너를 보면 우리 어머니가 떠올라.

3 **You remind me of** someone I met long ago. 너를 보면 오래 전에 만났던 사람이 떠올라.

4 ______________ my daughter when she was your age.
너를 보면 내 딸이 네 나이였을 때가 떠올라.

5 ______________ a poem I read when I was at school.
너를 보면 내가 학교에 다닐 때 읽은 시가 떠올라.

Step 3 실생활에 적용하기

A 너를 보면 내가 10살이었을 때 내가 어땠는지가 떠올라.
B What do you mean by that?
A Don't get me wrong. I mean no offense.

A You remind me of how I was when I was 10.
B 그게 무슨 의민데?
A 오해하지 마. 네 감정을 상하게 하려고 하는 말이 아니니까.

정답 Step 1 4 You remind me that 5 You remind me that Step 2 4 You remind me of 5 You remind me of

확인학습

문제를 풀며 오늘 배운 표현을 완벽히 내 것으로 만드세요.

A | 영화 속 대화를 완성해 보세요.

MOANA ❶ ______________ LOVES MY ISLAND / AND A GIRL WHO LOVES THE SEA / IT ❷ __________ ME
난 우리 섬을 사랑하는 여자애예요 / 그리고 바다를 사랑하는 여자애이죠 / 바다가 나를 불러요

I AM THE DAUGHTER OF THE VILLAGE ❸ __________ / WE ARE ❹ ______________ VOYAGERS / ❺ ______________ THEIR WAY ACROSS THE WORLD / THEY CALL ME
난 마을 족장의 딸이에요 / 우리는 세상을 가로질러 길을 찾은 / 항해자들의 후손이죠 / 그 조상들이 나를 불러요

❻ ______________ US TO WHERE WE ARE / I HAVE JOURNEYED FARTHER / I AM EVERYTHING I'VE LEARNED AND MORE / STILL IT CALLS ME
난 우리들을 현재 있는 곳으로 데리고 왔단다 / 난 더 멀리 항해했어 / 내가 배운 것이 모두 바로 나야 / 그것이 아직도 나를 부르고 있단다

AND THE CALL ISN'T OUT THERE AT ALL IT'S ❼ __________ ME / IT'S LIKE THE ❽ __________, ALWAYS FALLING AND RISING / I WILL CARRY YOU HERE IN MY HEART / ❾ ______________ / THAT COME WHAT MAY, I KNOW THE WAY! I AM MOANA.
그런데 그 부르는 소리는 밖에 있는 게 절대 아니야. 내 안에 있어 / 그건 조수 같아. 언제나 올라갔다 내려갔다 하는 / 난 너를 바로 이 내 심장 안으로 데리고 올 거야 / 너 때문에 난 알게 됐어 / 무슨 일이 벌어지든, 난 길을 알아! 난 모아나야.

B | 다음 빈칸을 채워 문장을 완성해 보세요.

1 그건 나한테는 꿈 같았어.
______________ to me.

2 그 남자는 예전의 그 사람이 아닌 것 같아.
______________ not even the same person.

3 너를 보면 부드럽다는 것은 힘이 세다는 게 떠올라.
______________ is strength.

4 너를 보면 우리 어머니가 떠올라.
____

5 이 세상에서 너만 있는 것 같아.
____

정답 A

❶ I AM A GIRL WHO
❷ CALLS
❸ CHIEF
❹ DESCENDED FROM
❺ WHO FOUND
❻ I HAVE DELIVERED
❼ INSIDE
❽ TIDE
❾ YOU REMIND ME

정답 B

1 It's like a dream
2 It's like he is
3 You remind me that softness
4 You remind me of my mother.
5 It's like you're the only person in the world.

Day 28

A Cappella Voice of Moana

모아나의 무반주 노래

뒤집힌 배를 바로 하려고 낑낑대고struggle 있는 사이, 테카가 일격을blow 가하려 합니다. 테카의 주먹이 모아나를 향해 내려오는hurtle down 순간, 매로 변신한 마우이가 번쩍 하고 나타나 모아나를 구해주는군요. 테카는 자신이 맡을 테니 모아나에게 어서 테피티 섬으로 가라고 하네요. 용암을 요리조리 피하며dodge 능숙한 항해술로 모아나는 해변에 도달합니다. 나선형spiral 산에 심장을 꽂으라는 마우이의 지시대로 모아나는 모랫둑을sandy embankment 달려 올라가지만… 꼭대기에는 빈 분화구만crater 있을 뿐, 심장을 놓을 자리가 없습니다. 모아나는 당황하지 않고 주변을 둘러보며 해결책을 찾으려 하죠. 그리고는 다름아닌 테카의 가슴에 테피티의 심장 모양에 딱 맞는 자리가 있음을 발견하게 됩니다.

오늘 등장하는 표현들입니다. 어떤 표현이 들어가야 할지 생각해 보세요.

* Te Ka's ________ catch me first. 그보다 먼저 테카가 나를 처치해야 할 거야.
* ________ her come to me. 테카를 나에게 보내줘.
* ________ CROSSED THE HORIZON ________ FIND YOU. 난 너를 찾으러 수평선을 건넜어.
* ________ DEFINE YOU. 이런 게 바로 네 자신은 아니야.
* ________ WHO YOU ARE. 이런 게 바로 너는 아냐.

바로 이 장면!

오디오 파일을 듣고 3번 따라 말해보세요. 28-1.mp3

MAUI 마우이

Te Ka's gotta catch me first.[1] I got your back, Chosen One. Go save the world.

그보다 먼저 테카가 나를 처치해야 할 거야. 이제 내가 네 뒤를 봐줄게, 선택받은 아가씨야. 가서 세상을 구해.

MOANA 모아나

Maui! Thank you.

마우이! 고마워요.

MAUI 마우이

You're welcome. Hot-hot-hot-hot-hot! Hey Te Ka! Shark-head. CHEEHOO! Moana! GET THE HEART TO THE SPIRAL!

천만에. 앗, 뜨거, 뜨거, 뜨거, 뜨거워! 이봐, 테카! 상어 머리야. 치이이후우우! 모아나! 나선형 산에 심장을 꽂아!

MOANA 모아나

Te Fiti... It's gone...

테피티가… 테피티가 사라졌어…

MAUI 마우이

TE KA! Ka tu te ihiihi / ka tu te wanawana / Ki runga I te rangi / e tu iho nei / tu iho nei hi!

테카! 카 투 테 이히이히 / 카 투 테 와나와나 / 키 룬가 이 테 란기 / 에 투 이호 네이 / 투 이호 네이 히이!

MOANA 모아나

Let her come to me.[2]

테카를 나에게 보내줘.

I HAVE CROSSED THE HORIZON **TO** FIND YOU...[3] / I KNOW YOUR NAME / THEY HAVE STOLEN THE HEART FROM INSIDE YOU... / BUT **THIS DOES NOT DEFINE** YOU[4] / **THIS IS NOT WHO** YOU ARE[5]

난 너를 찾으러 수평선을 건넜어… / 난 네 이름을 알아 / 네 내면에 있는 심장을 누군가가 훔쳤어… / 그러나 이런 게 바로 네 자신은 아니야 / 이런 게 바로 너는 아냐

장면 파헤치기

구문 설명과 예문으로 이 장면의 핵심 표현을 완벽히 이해하세요.

❶ Te Ka's gotta catch me first. 그보다 먼저 테카가 나를 처치해야 할 거야.

여기서 Te Ka's는 Te Ka has의 축약형입니다. 따라서 Te ka's gotta ~는 '테카는 ~해야 한다'는 의미이죠. 여기서 has gotta는 has got to의 축약형이며, has got to는 has to의 구어체 표현입니다. 물론 to 뒤에는 동사원형을 써야죠.

★영화 속 패턴 익히기

❷ Let her come to me. 테카를 나에게 보내줘.

〈Let 사람 + 동사원형 ~〉은 '그 사람에게 ~하게 해줘'라는 의미입니다. 반대로 '그 사람이 ~하게 하지 마'라고 하고 싶다면 앞에 Don't을 붙여 Don't let ~이라고 하면 되죠. 그런데 '사람' 자리에 me를 넣어 〈Let me + 동사원형 ~〉이라고 하면 '나에게 ~하게 해줘'니까, 결국 '내가 ~해볼게[할게]'라는 의미인 거죠.

★영화 속 패턴 익히기

❸ I HAVE CROSSED THE HORIZON TO FIND YOU. 난 너를 찾으러 수평선을 건넜어.

〈I have + p.p. ~〉에는 '난 예전부터 죽 그렇게 했다'거나 '난 예전부터 그렇게 해서 지금 여기까지 왔다'는 의미가 내포되어 있다고 했는데요. 이 자리에서는 여기에 '~하러[하기 위해서]'라는 의미의 〈to + 동사원형〉까지 붙여 말하는 연습을 해보죠.

* **I have come to** see what you are doing. 네가 뭘 하는지 보려고 왔어.
* **I have gone** out **to** talk with them. 그 사람들과 얘기를 해보려고 나갔어.

❹ THIS DOES NOT DEFINE YOU. 이런 게 바로 네 자신은 아니야.

이 문장을 직역하면 '이게 너를 정의해주는 것은 아니다'란 의미인 거고요. 여기서 기억해둘 것은 '이게 ~를 말해주는[정의해주는] 건 아니다'라는 의미의 This does not define ~입니다. define은 '~을 정의하다'는 의미의 동사죠.

* **This does not define** who we are. 이게 우리가 누구인가를 말해주는 건 아냐.
* **This does not define** the term with absolute clarity. 이게 그 용어를 절대적으로 정확하게 정의해주는 건 아냐.

❺ THIS IS NOT WHO YOU ARE. 이런 게 바로 너는 아냐.

〈This is not who 주어 + 동사 ~〉는 '이게 ~인 사람은 아냐'라는 의미입니다. 특히 동사 자리에 be동사가 오면 그 사람의 본질에 대해 말하는 것으로, '그게 그 사람의 모습은 아냐'라는 의미가 되죠.

* **This is not who** they really are. 이게 그 사람들의 진정한 모습은 아냐.
* **This is not who** he thought he was. 이게 그 남자가 생각하는 자신의 모습은 아냐.

영화 속 패턴 익히기

오늘 배운 장면에서 뽑은 핵심 패턴으로 다양한 표현을 만들어 보세요.

28-2.mp3

He's/She's gotta + V ~. 그 남자가/그 여자가 ~해야 해.

Step 1 기본 패턴 연습하기

1 **He's gotta** go over the report first. 그 남자는 먼저 이 보고서를 검토해야 해.

2 **She's gotta** do her homework now. 그 애는 지금 숙제를 해야 해.

3 **He's gotta** prepare for his presentation tomorrow. 그 남자는 내일 해야 하는 발표회 준비를 해야 해.

4 ______________ truly apologize to him for that first.
그 여자는 먼저 그것에 대해서 그 남자에게 진심으로 사과해야 해.

5 ______________ care of his kids this weekend. 그 남자는 이번 주말에 자기 아이들을 보살펴야 해.

Step 2 패턴 응용하기 I've/You've gotta + V

1 **I've gotta** go. 난 가야 해.

2 **You've gotta** pay for the utility bill by tomorrow. 넌 내일까지는 공과금을 내야 해.

3 **I've gotta** get back to work. 난 다시 일하러 가야 해.

4 I think ______________ take a rest for a while. 넌 한 동안 좀 쉬어야 된다고 생각해.

5 ______________ to the boss about that. 난 그것에 관해서 상사에게 말해야 해.

Step 3 실생활에 적용하기

A Let's go for lunch.
B I'm afraid I'll skip lunch.
2시까지 이 보고서를 검토해야 해.
A Oh, come on. I'll help you, so eat first.

A 점심 먹으러 가자.
B 난 점심을 건너뛰어야겠어.
I've gotta go over this report by 2.
A 이런, 그러지 말고. 내가 도와줄게. 그러니까 우선 먹고 보자.

정답 Step 1 4 She's gotta 5 He's gotta take Step 2 4 you've gotta 5 I've gotta talk

28-3.mp3

Let him/her/them + V ~. 그 남자가/그 여자가/그 사람들이 ~하게 해줘.

Step 1 기본 패턴 연습하기

1 **Let him** go. 그 남자를 가게 해줘.

2 Don't **let her** catch up with you. 그 여자가 너를 따라잡게 내버려두지 마.

3 **Let them** know the truth. 그 사람들이 진실을 알게 해줘.

4 ______________ make a mess of it. 그 남자가 그것을 엉망진창으로 하게 내버려두지 마.

5 ______________ care of it. 그 여자가 그걸 처리하게 둬.

Step 2 패턴 응용하기 Let me + V ~

1 **Let me** help you. 내가 널 도와줄게.

2 **Let me** tell you something. 너한테 할 말이 있어.

3 **Let me** get that for you. 내가 그걸 갖다 줄게.

4 ______________ once again. 내가 다시 한 번 해볼게.

5 ______________ this. 내가 이걸 해볼게.

Step 3 실생활에 적용하기

A 내가 이 프로젝트를 해보겠습니다.

B Well, this time let Ms. Kim take care of it.

A I can make it successfully. I'm confident. Please let me do it.

A Let me do this project.

B 이번에는 김씨가 이걸 처리하도록 하자.

A 내가 성공적으로 처리할 수 있습니다. 확신해요. 내가 하게 해주세요.

정답 Step 1 4 Don't let him 5 Let her take Step 2 4 Let me try 5 Let me do

확인학습

문제를 풀며 오늘 배운 표현을 완벽히 내 것으로 만드세요.

A | 영화 속 대화를 완성해 보세요.

MAUI Te Ka's gotta ❶ __________ me first. I got your ❷ __________, Chosen One. Go save the world. 그보다 먼저 테카가 나를 처치해야 할 거야. 이제 내가 네 뒤를 봐줄게, 선택받은 아가씨야. 가서 세상을 구해.

MOANA Maui! Thank you. 마우이! 고마워요.

MAUI You're welcome. Hot-hot-hot-hot-hot! Hey Te Ka! Shark-head. CHEEHOO! Moana! GET THE HEART TO THE ❸ __________! 천만에. 앗, 뜨거, 뜨거, 뜨거, 뜨거워! 이봐, 테카! 상어 머리야. 치이이후우우! 모아나! 나선형 산에 심장을 꽂아!

MOANA Te Fiti... It's ❹ __________... 테피티가… 테피티가 사라졌어…

MAUI TE KA! Ka tu te ihiihi / ka tu te wanawana / Ki runga I te rangi / e tu iho nei / tu iho nei hi! 테카! 카 투 테 이히이히 / 카 투 테 와나와나 / 키 룬가 이 테 란기 / 에 투 이호 네이 / 투 이호 네이 히이!

MOANA ❺ __________ to me. 테카를 나에게 보내줘.

I HAVE ❻ __________ THE HORIZON ❼ __________ FIND YOU... / I KNOW YOUR NAME / THEY HAVE STOLEN THE HEART FROM INSIDE YOU... / BUT THIS DOES NOT ❽ __________ YOU / THIS IS NOT ❾ __________

난 너를 찾으러 수평선을 건넜어… / 난 네 이름을 알아 / 네 내면에 있는 심장을 누군가가 훔쳤어… / 그러나 이런 게 바로 네 자신은 아니야 / 이런 게 바로 너는 아냐

B | 다음 빈칸을 채워 문장을 완성해 보세요.

1 그 남자는 먼저 이 보고서를 검토해야 해.

__________ over the report first.

2 넌 내일까지는 공과금을 내야 해.

__________ for the utility bill by tomorrow.

3 그 사람들이 진실을 알게 해줘.

__________ the truth.

4 그 남자가 그것을 엉망진창으로 하게 내버려두지 마.

__________ a mess of it.

5 너한테 할 말이 있어.

____

정답 A

❶ catch
❷ back
❸ SPIRAL
❹ gone
❺ Let her come
❻ CROSSED
❼ TO
❽ DEFINE
❾ WHO YOU ARE

정답 B

1 He's gotta go
2 You've gotta pay
3 Let them know
4 Don't let him make
5 Let me tell you something.

Day 29

Time to Say Goodbye

작별의 시간

모아나가 바다로 걸음을 옮기자^step toward^ 바다가 갈라지더니^part^ 테카의 보초도까지 길이 생겼죠. 그 길로 모아나와 테카가 서로를 향해 다가갑니다.^approach^ 모아나는 다가오는 테카를 바라보며 노래를 부릅니다. 모아나의 아카펠라에 테카는 고분고분해지고^submit to^ 모아나는 손을 뻗어^reach out^ 테카의 가슴에 테피티의 심장을 꽂았죠. 그러자 사방으로 빛이 뿜어져 나온 뒤 테피티가 살아난 것입니다. 테피티는 모아나에게 감사의 몸짓을 하죠. 마우이는 심장을 훔친 것을 테피티에게 사과합니다.^apologize^ 마우이는 테카와의 싸움에서 갈고리를 완전히 잃었지만, 테피티가 새 갈고리를 마우이에게 선물합니다. 이제 세상에 풍요와 평화가 다시 찾아왔고 모아나와 마우이의 임무는^mission^ 끝났군요.

오늘 등장하는 표현들입니다. 어떤 표현이 들어가야 할지 생각해 보세요.

* ______ your hook. 당신 갈고리가 사라져서 미안해요.
* ______ was... wrong. 내가 못된 짓을 했어.
* ______ excuse. 변명은 하지 않을게.
* ______ refuse a gift from a goddess. 여신이 준 선물을 거절하는 것은 무례한 짓이에요.
* ______ come with us you know. 있잖아요, 당신도 우리와 함께 가도 돼요.

바로 이 장면!

오디오 파일을 듣고 3번 따라 말해보세요. 29-1.mp3

MOANA 모아나

I'm sorry about your hook... [1]

당신 갈고리가 사라져서 미안해요…

MAUI 마우이

Well, hook, no hook. I'm Maui. Te Fiti! Hey... how ya been...? Look, **what I did was**... wrong... [2] **I have no** excuse... [3] I'm sorry.

뭐, 갈고리가 있든, 없든 괜찮아. 난 그래도 마우이니까. 테피티! 이봐, 잘 있었어? 이봐, 내가 못된 짓을 했어… 변명은 하지 않을게… 미안해.

MOANA 모아나

You know... **it'd be rude to** refuse a gift from a goddess... [4]

저기요, 여신이 준 선물을 거절하는 것은 무례한 짓이에요.

MAUI 마우이

CHEE-HOOO— Thank you... your kind gesture is deeply appreciated. Cheehoo. I'm gonna miss you, Drumstick.

치이후우… 고마워… 네 친절한 행동에 대해 깊이 감사하고 있어. 치이후우… 네가 보고 싶을 거야, 이 닭다리야.

MOANA 모아나

You could come with us you know. [5] My people are going to need a master wayfinder.

있잖아요, 당신도 우리와 함께 가도 돼요. 우리 마을 사람들에게는 능숙한 항해사가 필요하거든요.

MAUI 마우이

They already have one.

네 마을 사람들에게는 항해사가 이미 한 명 있어.

장면 파헤치기

구문 설명과 예문으로 이 장면의 핵심 표현을 완벽히 이해하세요.

❶ I'm sorry about your hook. 당신 갈고리가 사라져서 미안해요.

함께 살아가다 보면 항상 좋을 수만은 없습니다. 사과할 일은 언제든 생기기 마련이죠. 그래서 영어를 배운다면 사과 표현은 기본적으로 할 수 있어야 하죠. I'm sorry about ~은 '~에 대해서 미안해' 혹은 '~해서 유감이야'라는 의미로, about 대신 for를 써도 상관없습니다. 또 사과 내용이 보다 구체적일 땐 I'm sorry 뒤에 완전한 문장으로 그 내용을 이어주면 되죠.

★ 영화 속 패턴 익히기

❷ What I did was... wrong. 내가 못된 짓을 했어.

직역하면 '내가 한 짓은 나빴어'입니다. 여기서 문장 주어는 What I did로 '내가 한 일[짓]'이란 의미이죠. 따라서 〈What I did + 동사 ~〉는 '내가 한 일은 ~야'라는 뜻입니다.

* **What I did was** not something that they could accept. 내가 한 일은 그 사람들이 받아들일 수 있는 것은 아니었어.
* **What I did make** a positive benefit to society. 내가 한 일은 사회에 도움이 돼.

❸ I have no excuse. 변명은 하지 않을게.

I have no idea 하면 '아이디어가 없다', 즉 '전혀 모르겠다'는 의미이고, I have no excuse 하면 '변명의 여지가 없다', 즉 '변명하지 않겠다'는 의미이죠. 아주 단순하게는 '돈이 없다'는 의미의 I have no money.도 있고요. 이처럼 '~이 없다'고 할 때는 간단히 〈I have no + 명사〉 패턴을 이용해 보세요.

* **I have no** particular comment to make on that. 나는 그 일에 관해서 특히 할 말은 없어.
* **I have no** doubt about it. 난 그것에 관해서 의심의 여지가 없어.

❹ It'd be rude to refuse a gift from a goddess. 여신이 준 선물을 거절하는 것은 무례한 짓이에요.

〈It'd be rude to + 동사원형 ~〉은 '~한다면 무례한 짓일 거야'라는 의미입니다. 그렇게 하면 무례한 짓이 될 테니까 그렇게 하지 말라는 뜻을 담고 있는 표현이죠. 반면, rude 자리에 nice를 쓰면 '~한다면 멋진 일일 거야' 정도의 의미가 됩니다.

★ 영화 속 패턴 익히기

❺ You could come with us you know. 있잖아요, 당신도 우리와 함께 가도 돼요.

〈You could + 동사원형 ~〉은 '너 ~해도 돼'라는 의미로, 모아나처럼 상대방에게 좀 예의 바르게 권유할 때 쓸 수 있는 표현이죠. 또, 아래 두 번째 예문처럼 '넌 ~할 수 있을 거야'라고 가능성 있는 사실을 점잖게 얘기할 때도 쓸 수 있고요.

* **You could** eat the last piece of cake. 케이크 마지막 조각 네가 먹어도 돼.
* **You could** find lots of bargains. 싼 것을 많이 발견할 수 있을 거야.

영화 속 패턴 익히기

오늘 배운 장면에서 뽑은 핵심 패턴으로 다양한 표현을 만들어 보세요.

29-2.mp3

I'm sorry about/for ~.

~에 대해서는/~해서 유감이야/미안해.

Step 1 기본 패턴 연습하기

1 **I'm sorry about** that. 그것에 대해서는 미안해.

2 **I'm sorry about** being so late. 너무 늦어서 미안해.

3 **I'm so sorry for** your loss. (죽어서 가족이나 사랑하는 사람을 잃은 이에게) 상심이 정말 크겠구나.

4 ______________ calling you late at night. 늦은 밤에 전화해서 미안해. (for 활용)

5 ______________ not telling you the truth earlier.
사실을 더 일찍 말해주지 못해서 미안해. (about 활용)

Step 2 패턴 응용하기 | I'm sorry (that) S + V

1 **I'm sorry** I can't help you. 너를 도와주지 못해서 미안해.

2 **I'm sorry** I can't remember right. 제대로 기억을 못해서 미안해요.

3 **I'm sorry** I kept you waiting so long. 이렇게 오래 기다리게 해서 미안해.

4 ______________ I didn't write this earlier. (이메일을 보내면서) 좀 더 빨리 메일을 보내지 못해 미안합니다.

5 ______________ see you there. 그곳에서 너를 보지 못해 아쉬워[유감이야].

Step 3 실생활에 적용하기

A 늦은 밤에 전화해서 미안해.
B What's up?
A I just can't sleep. What are you doing?

A I'm sorry for calling you late at night.
B 무슨 일인데?
A 내가 잠이 안 와서 그런 거야. 뭐 하니?

정답 Step 1 4 I'm sorry for 5 I'm sorry about Step 2 4 I'm sorry 5 I'm sorry I didn't

29-3.mp3

It'd be rude to + V ~. ~한다면 무례한 짓일 거야.

Step 1 기본 패턴 연습하기

1 **It'd be rude to** say no. 아니라고 말한다면 무례한 짓일 거야.

2 **It'd be rude to** leave now. 지금 떠난다면 무례한 짓일 거야.

3 **It'd be rude to** call him late at night. 밤 늦게 그 남자한테 전화한다면 무례한 짓일 거야.

4 ______________ while the other person is speaking.
상대방이 얘기하는 도중에 끼어든다면 무례한 짓이 될 거야.

5 ______________ those kinds of questions. 그런 종류의 질문을 한다면 무례한 짓일 거야.

Step 2 패턴 응용하기 It'd be nice to + V

1 **It'd be nice to** find a soul mate. 영혼이 통하는 사람을 찾게 된다면 멋진 일일 거야.

2 **It'd be nice to** meet you again. 너를 다시 만나게 된다면 멋진 일일 거야.

3 **It'd be nice to** live without eating meat. 고기를 먹지 않고도 살 수 있게 된다면 멋진 일일 거야.

4 ______________ someone to share Christmas with.
같이 크리스마스를 보낼 수 있는 사람이 있다면 멋진 일일 거야.

5 ______________ a president who truly works for the people.
진정으로 국민을 위해 일하는 대통령을 가진다면 멋진 일일 거야.

Step 3 실생활에 적용하기

A Is it okay if I go home now?
B 글쎄, 지금 나간다면 무례한 일이 될 거야. He's in the middle of giving the presentation.
A It's dead boring. I really wanna go home.

A 지금 집에 가도 되니?
B Well, it'd be rude to leave now. 지금 한창 발표를 하고 있잖아.
A 너무 지루해. 난 정말 집에 가고 싶어.

정답 Step 1 4 It'd be rude to interrupt 5 It'd be rude to ask Step 2 4 It'd be nice to have 5 It'd be nice to have

확인학습

문제를 풀며 오늘 배운 표현을 완벽히 내 것으로 만드세요.

A | 영화 속 대화를 완성해 보세요.

MOANA ❶ ______________ your hook...
당신 갈고리가 사라져서 미안해요…

MAUI Well, hook, no hook. I'm Maui. Te Fiti! Hey... how ya been...? Look, ❷ ______________... wrong... ❸ ______________ excuse... I'm sorry.
뭐, 갈고리가 있든, 없든 괜찮아. 난 그래도 마우이니까. 테피티! 이봐, 잘 있었어? 이봐, 내가 못된 짓을 했어… 변명은 하지 않을게… 미안해.

MOANA You know... ❹ ______________ a gift from a goddess...
저기요, 여신이 준 선물을 거절하는 것은 무례한 짓이에요.

MAUI CHEE-HOOO— Thank you... your kind gesture is deeply ❺ ______________. Cheehoo. I'm gonna ❻ ______________ you, Drumstick.
치이후우… 고마워… 네 친절한 행동에 대해 깊이 감사하고 있어. 치이후우… 네가 보고 싶을 거야, 이 닭다리야.

MOANA ❼ ______________ with us you know. My people are going to ❽ ______________ a master wayfinder.
있잖아요, 당신도 우리와 함께 가도 돼요. 우리 마을 사람들에게는 능숙한 항해사가 필요하거든요.

MAUI They ❾ ______________ have one.
네 마을 사람들에게는 항해사가 이미 한 명 있어.

B | 다음 빈칸을 채워 문장을 완성해 보세요.

1 사실을 더 일찍 말해주지 못해서 미안해.
______________ you the truth earlier.

2 이렇게 오래 기다리게 해서 미안해.
______________ you waiting so long.

3 아니라고 말한다면 무례한 짓일 거야.
______________ no.

4 영혼이 통하는 사람을 찾게 된다면 멋진 일일 거야.
______________ a soul mate.

5 (죽어서 가족이나 사랑하는 사람을 잃은 이에게) 상심이 정말 크겠구나.
____

정답 A

❶ I'm sorry about
❷ what I did was
❸ I have no
❹ it'd be rude to refuse
❺ appreciated
❻ miss
❼ You could come
❽ need
❾ already

정답 B

1 I'm sorry about not telling
2 I'm sorry I kept
3 It'd be rude to say
4 It'd be nice to find
5 I'm so sorry for your loss.

Day 30

Leading to Worlds Unknown

미지의 세계로

그 시각, 모투누이 섬은 까맣게 죽어가던 식물들이 갑자기 생기를 띠며come to life 녹색으로 가득 찹니다. 투이와 시나는 모아나가 무사히 테피티의 심장을 돌려놓았다는 사실을 감지하고realize 해변으로 모아나를 마중하러 갑니다. 엄마와 아빠, 그리고 마을 사람들의 환영을 받으며 모아나는 고향 섬으로 돌아왔군요.come back home 이제 모투누이의 세상은 바뀌었습니다. 족장의 제단에는 모아나의 소라고둥이conch shell 올려져 있고, 모투누이 섬의 사람들은 모아나를 필두로 미지의 세계를worlds unknown 항해하던 본연의 기질 대로in one's element 살아가기 시작하네요. 모아나는 훌륭한 항해사가 되었습니다. 그리고 위대한 항해자의 지위를 이어 길을 찾는 항해자로서 마을 사람들의 미래를 이끌어가는 어엿한 지도자가 되었습니다.

오늘 등장하는 표현들입니다. 어떤 표현이 들어가야 할지 생각해 보세요.

* gone a little ways past the reef. 산호초를 지나 조금 멀리 갔는지도 몰라요.
* TO FIND A BRAND-NEW ISLAND WE ROAM! 우리가 가는 곳마다 새로운 섬을 찾으려고!
* WE KEEP OUR ISLAND . 우리는 우리 섬도 잊지 않아요.
* FIND HOME WE KNOW THE WAY! 집으로 돌아가야 하는 때가 되면 우리는 그 길을 잘 알고 있죠!
* EXPLORERS EVERY SIGN. 우리는 징조는 모두 읽을 수 있는 탐험가들이라네.

바로 이 장면!

오디오 파일을 듣고 3번 따라 말해보세요.

30-1.mp3

SINA
시나

MOANA!
모아나!

MOANA
모아나

I may have gone a little ways past the reef...❶
산호초를 지나 조금 멀리 갔는지도 몰라요.

TUI
투이

It suits you.
그게 너답다.

MOANA
모아나

Pua!
푸아!

CHOIR
합창

AWAY AWAY! WE SET A COURSE TO FIND / A BRAND-NEW ISLAND **EVERYWHERE** WE ROAM!❷
멀리 멀리! 우리는 코스를 정했어 / 우리가 가는 곳마다 새로운 섬을 찾으려고!

AWAY AWAY! WE **KEEP** OUR ISLAND **IN OUR MIND**❸ / AND **WHEN IT'S TIME TO** FIND HOME / WE KNOW THE WAY!❹
멀리 멀리! 우리는 우리 섬도 잊지 않아요 / 집으로 돌아가야 하는 때가 되면 / 우리는 그 길을 잘 알고 있죠!

AWAY AWAY! **WE ARE** EXPLORERS READ**ING** EVERY SIGN❺ / WE TELL THE STORIES OF OUR ELDERS IN A NEVER-ENDING CHAIN / AWAY AWAY
멀리 멀리! 우리는 징조는 모두 읽을 수 있는 탐험가들이라네 / 우리는 끊임없이 우리 조상들의 이야기를 들려주지 / 멀리 멀리

장면 파헤치기

구문 설명과 예문으로 이 장면의 핵심 표현을 완벽히 이해하세요.

❶ I may have gone a little ways past the reef. 산호초를 지나 조금 멀리 갔는지도 몰라요.

과거에 한 일에 대해 말하는 방식에는 여러 가지가 있죠. 〈may have + p.p.〉도 그 중 하나로, '~했는지도 몰라'라는 의미입니다. 긴가 민가 확실치가 않을 때 쓰기 좋은 표현입니다.

★영화 속 패턴 익히기

❷ TO FIND A BRAND-NEW ISLAND EVERYWHERE WE ROAM! 우리가 가는 곳마다 새로운 섬을 찾으려고!

'~하는 곳마다' 어떠니 저떠니라는 식의 말을 하고 싶다면 〈everywhere 주어 + 동사 ~〉 패턴을 기억해 두세요. '~하는 곳마다'라는 의미로 이 표현 앞이나 뒤에 '어떠니 저떠니'에 해당되는 내용을 완전한 문장으로 말해주면 됩니다.

* People are the same **everywhere** I go. 내가 가는 곳마다 모두 사람들은 똑같아.
* **Everywhere** you look there's snow. 보는 곳마다 눈이 있어.

❸ WE KEEP OUR ISLAND IN OUR MIND. 우리는 우리 섬도 잊지 않아요.

keep ~ in mind는 '~을 잊지 않고 명심한다'는 의미입니다. 잊지 않고 명심하는 주체가 주어와 동일할 때는 in someone's mind가 아니라 in mind로 쓰는 게 일반적이죠. 하지만 특별히 강조하고자 할 때는 someone's를 넣기도 하는데요. 이 영화에서 노래가사로 시적 강조의 의미로 our를 넣어 쓴 것이 바로 이에 해당되는 경우입니다.

* We will **keep** you **in mind.** 우리는 마음 속에 당신을 잊지 않을 겁니다.
* We should **keep** one thing **in mind.** 우리는 한 가지를 마음 속에 새기고 있어야 합니다.

❹ WHEN IT'S TIME TO FIND HOME WE KNOW THE WAY!
집으로 돌아가야 하는 때가 되면 우리는 그 길을 잘 알고 있죠!

〈It's time to + 동사원형 ~〉은 '~할 때가 됐다'는 의미라고 했는데요. 이번에는 이 앞에 접속부사 when을 넣어 표현을 좀 더 확장해보죠. when it's time to ~는 영화에서처럼 '~할 때가 되면'이란 의미로 쓰일 수도 있고, 아래 두 번째 예문처럼 질문의 일부로 쓰여 '언제가 ~할 때인지[해야 하는지]'라는 의미로도 쓸 수 있습니다.

* **When it's time to** quit, I'll quit. 그만둬야 될 때가 되면 그만둘 거야.
* How will I know **when it's time to** change the batteries? 배터리를 언제 바꿔야 하는지 어떻게 알 수 있죠?

❺ WE ARE EXPLORERS READING EVERY SIGN. 우리는 징조는 모두 읽을 수 있는 탐험가들이라네.

〈Wer are + 명사 + -ing ~〉는 '우리는 ~한 …야'란 의미로, -ing 이하가 앞에 언급된 명사의 본질을 설명해주죠. 명사 자리에 직업을 넣으면 그 직업의 성격이나 본질을 설명할 수 있게 되는 거고요.

★영화 속 패턴 익히기

영화 속 패턴 익히기

오늘 배운 장면에서 뽑은 핵심 패턴으로 다양한 표현을 만들어 보세요.

30-2.mp3

I may have + p.p. ~. ~했는지도 몰라.

Step 1 기본 패턴 연습하기

1 **I may have been** there. 난 거기에 가봤는지도 몰라.

2 **I may have relied** on him for a long time. 난 오랫동안 그 남자에게 의지했는지도 몰라.

3 **I may have met** her, but I can't remember now. 내가 그 여자를 만났는지도 모르지만 지금은 기억이 안 나.

4 ______________________ the line. 내가 선을 넘었는지도 몰라.

5 ______________________ right. 내가 옳았는지도 몰라.

Step 2 패턴 응용하기 | S + may have + p.p.

1 **He may have visited** here frequently. 그 남자는 여기에 자주 왔는지도 몰라.

2 **She may have been** sleeping when you called. 그 여자는 네가 전화했을 때 자고 있었는지도 몰라.

3 **They may** not **have known** about that at all. 그 사람들은 그것에 관해서 전혀 몰랐는지도 몰라.

4 ______________________ Mr. Simpson for Mr. Smith. 너는 심슨 씨를 스미스 씨로 착각했는지도 몰라.

5 ______________ already ____________ that she's been lying. 그 남자는 이미 그 여자가 거짓말을 하고 있는 것을 알았을지도 몰라.

Step 3 실생활에 적용하기

A 난 여기 와봤는지도 몰라.
B What's so familiar?
A I remember that red house, those trees and...

A I may have been here.
B 뭐가 그렇게 친숙한데?
A 저 빨간 집이랑, 저 나무들이랑 그리고 또…

정답 Step 1 4 I may have crossed 5 I may have been Step 2 4 You may have mistaken 5 He may have / known

30-3.mp3

We're + 명사 + -ing ~. 우리는 ~한 …야.

Step 1 기본 패턴 연습하기

1 **We're** soldiers fight**ing** for peace. 우리는 평화를 위해 싸우는 병사야.

2 **We're** architects build**ing** the future. 우리는 미래를 건설하는 건축가야.

3 **We're** firefighters guard**ing** the lives and property of this community. 우리는 이 지역사회의 인명과 재산을 지키는 소방관이야.

4 ________ teachers ________ the future generation. 우리는 미래의 세대를 이끄는 교사야.

5 ________ pioneers ________ new territories. 우리는 새로운 영토를 탐색하는 개척자야.

Step 2 패턴 응용하기 You're/He's/She's/They're + 명사 + -ing ~

1 **You're** a doctor sav**ing** people's lives. 넌 사람들의 생명을 구하는 의사야.

2 **He's** a warrior prepar**ing** for battle. 그 남자는 전투를 위해 준비하는 전사야.

3 **She's** an author writ**ing** from time to time. 그 여자는 가끔 글을 쓰는 작가야.

4 ________ losers ________ their lives. 그 사람들은 자신들의 생활을 낭비하는 패배자들이야.

5 ________ a designer ________ other people's dreams.
넌 사람들의 꿈을 디자인하는 디자이너야.

Step 3 실생활에 적용하기

A 그 사람들은 자신들의 생활을 낭비하는 패배자들이야.
B Why do you call them losers?
A Because they don't want to work.

A They're losers wasting their lives.
B 넌 왜 그 사람들을 패배자라고 부르는데?
A 그 사람들은 일하기 싫어하니까.

정답 Step 1 4 We're / guiding 5 We're / exploring Step 2 4 They're / wasting 5 You're / designing

확인학습

문제를 풀며 오늘 배운 표현을 완벽히 내 것으로 만드세요.

A | 영화 속 대화를 완성해 보세요.

SINA MOANA! 모아나!

MOANA ❶ ______________ a little ways past the reef...
산호초를 지나 조금 멀리 갔는지도 몰라요.

TUI It ❷ ______ you. 그게 너답다.

MOANA Pua! 푸아!

CHOIR AWAY AWAY! WE SET A COURSE TO FIND / A ❸ ______ ISLAND ❹ ______ WE ROAM! 멀리 멀리! 우리는 코스를 정했어 / 우리가 가는 곳마다 새로운 섬을 찾으려고!

AWAY AWAY! WE ❺ ______ OUR ISLAND ❻ ______ / AND ❼ ______ FIND HOME / WE KNOW ❽ ______! 멀리 멀리! 우리는 우리 섬도 잊지 않아요 / 집으로 돌아가야 하는 때가 되면 / 우리는 그 길을 잘 알고 있죠!

AWAY AWAY! WE ARE ❾ ______ / WE TELL THE STORIES OF OUR ELDERS IN A ❿ ______ CHAIN / AWAY AWAY 멀리 멀리! 우리는 징조는 모두 읽을 수 있는 탐험가들이라네 / 우리는 끊임없이 우리 조상들의 이야기를 들려주지 / 멀리 멀리

정답 A

❶ I may have gone
❷ suits
❸ BRAND-NEW
❹ EVERYWHERE
❺ KEEP
❻ IN OUR MIND
❼ WHEN IT'S TIME TO
❽ THE WAY
❾ EXPLORERS READING EVERY SIGN
❿ NEVER-ENDING

B | 다음 빈칸을 채워 문장을 완성해 보세요.

1 난 오랫동안 그 남자에게 의지했는지도 몰라.
______________ for a long time.

2 그 사람들은 그것에 관해서 전혀 몰랐는지도 몰라.
______________ about that at all.

3 내가 그 여자를 만났는지도 모르지만 지금은 기억이 안 나.
______________, but I can't remember now.

4 우리는 이 지역사회의 인명과 재산을 지키는 소방관이야.
______________ the lives and property of this community.

5 넌 사람들의 생명을 구하는 의사야.
____

정답 B

1 I may have relied on him
2 They may not have known
3 I may have met her
4 We're firefighters guarding
5 You're a doctor saving people's lives.

영어회화 무작정 따라하기

영어 초보자도 100일이면 다시 태어난다!

25개 핵심동사와 75개 핵심패턴으로
100일이면 영어 말문이 열린다!

난이도	첫걸음 | **초급** | 중급 | 고급	기간	100일
대상	탄탄한 영어 기본기를 다지고 싶은 독자	목표	기본동사와 핵심패턴으로 하고 싶은 말을 자유자재로 만들기